L'UN POUR L'AUTRE,
LES ÉCRIVAINS DESSINENT

LES CAHIERS DESSINÉS

collection dirigée par Frédéric Pajak

Cet ouvrage a été réalisé en coédition entre les Cahiers dessinés et l'IMEC, à l'occasion de l'exposition *L'un pour l'autre, les écrivains dessinent*, présentée à l'abbaye d'Ardenne, à Caen, du 19 janvier au 6 mars 2008, au musée Berardo de Lisbonne (Portugal), en septembre et en octobre 2008, et au musée communal d'Ixelles (Belgique), de novembre 2008 à janvier 2009.

Commissariat : Jean-Jacques Lebel.
Responsable des expositions : Emmanuelle Lambert (IMEC).
Coordination éditoriale : Sophie Bogaert.
Recherche documentaire : Claire Paulhan, Pierre Clouet (IMEC).
Chargée de production des expositions : Caroline Dévé (IMEC).
Mise en pages et traitement des images : Lea Lund et F. P.
Photographies : © Zoran Mikleusevic
Numérisations : IMEC

7, rue des Canettes — 75006 Paris
ISBN : 978-2-283-02316-7

L'UN POUR L'AUTRE, LES ÉCRIVAINS DESSINENT

LES COULEURS DE L'ŒUVRE, par Olivier Corpet.

L'UN DANS L'AUTRE, par Jean-Jacques Lebel.

NOTICES de Claire Paulhan, Sophie Bogaert,

Emmanuelle Lambert, François Letaillieur.

PUBLICATION ORALE, PUBLICATION SUR TOILE, par Michèle Métail.

LA REVANCHE DU PEINTRE, par Jean Le Gac.

UN ENTRE-DEUX AVEC DES TROUS, par Emmanuelle Lambert

BUCHET CHASTEL
LES CAHIERS DESSINÉS

imec
éditeur

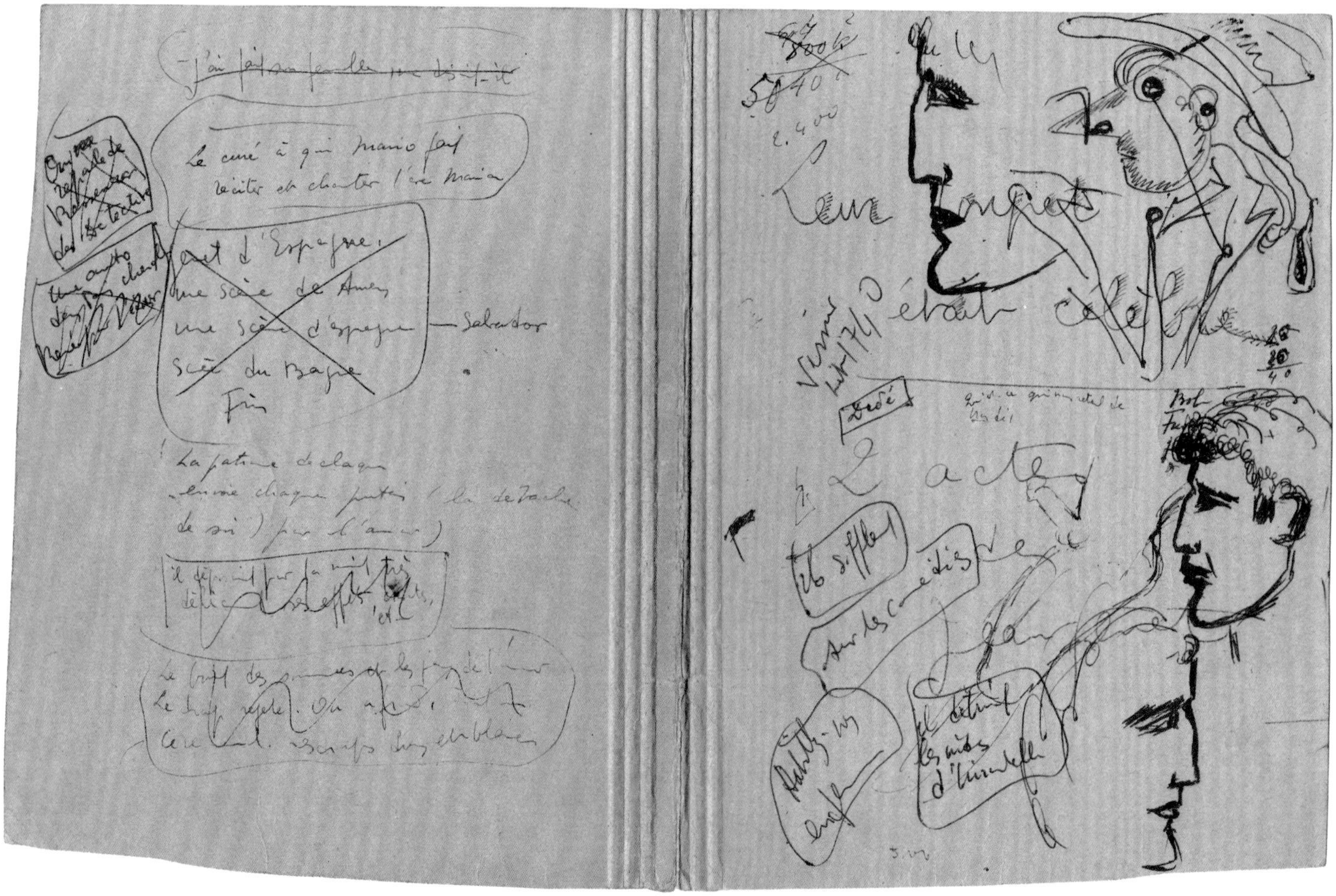

Carnet de Jean Genet.
Fonds Genet / IMEC.

LES COULEURS DE L'ŒUVRE

par Olivier Corpet

DE L'ARCHIVE à l'œuvre il n'y a qu'un pas, mais il est difficile à franchir : cet ouvrage en est la démonstration. Je m'explique. À peine le projet d'une exposition sur les « dessins d'écrivains » s'était-il esquissé, à l'instigation de Pierre Belfond et de Jean-Jacques Lebel, qu'un malentendu s'installait.

Non pas, je le précise d'emblée, un malentendu paralysant, mais au contraire une équivoque féconde, une contradiction productive entre les attentes plus ou moins explicites que nous avions, les uns et les autres, en nous engageant dans ce projet : Pierre Belfond tout à son plaisir de faire partager généreusement sa passion de collectionneur éclectique, Jean-Jacques Lebel mobilisé par sa volonté d'en découdre, souvent à juste titre, avec les spécialistes de tout poil obsédés par le classement des artistes et des poètes dans des cases pré-établies et donc mutilantes ; moi-même enfin, intéressé au premier chef par le rapport entre l'archive et l'œuvre. J'avais en effet l'idée que nous allions peut-être réussir à faire émerger des interrogations intéressantes sur le sens de ces « dessins d'écrivains », à partir de la confrontation entre ceux présentés comme œuvres d'art à part entière, souvent conçus comme tels par leurs auteurs, et ceux demeurés à l'état d'archives, montrés le plus souvent dans leur support originel, manuscrit, carnet, lettre ou simple paperolle. Emmanuelle Lambert rapporte précisément (p. 171) les variations et les débats qui ont été les nôtres tout au long de la préparation de cette exposition et de cet ouvrage ; je n'y insiste donc pas, sauf pour souligner ce dont le lecteur comme le visiteur se rendront compte immédiatement, c'est-à-dire la qualité et l'intérêt de la plupart de ces pièces, qu'elles soient déjà-œuvres ou encore-archives.

Les collectionneurs qui nous ont si généreusement donné accès à leurs trésors n'avaient pas, et pour cause, à être convaincus de l'importance de ces documents. Mais la recherche conduite par Claire Paulhan dans l'ensemble des fonds d'archives de l'IMEC pour dénicher de nombreuses perles rares nous a permis de découvrir les talents cachés ou méconnus de certains auteurs, et ainsi d'enrichir la connaissance que nous avions de leur œuvre, tout en laissant aux chercheurs futurs le soin de réfléchir à l'importance et au sens de cette pratique artistique, qu'elle soit complémentaire ou seconde, secrète ou avouée.

Par une intéressante coïncidence — signe que la question du statut de ces dessins par rapport à la pratique artistique dont ils ressortent ne vaut pas seulement pour les écrivains — plusieurs autres expositions et ouvrages s'intéressent, dans d'autres domaines de la création, à des documents de même nature. Ainsi, par exemple, le Whitney Museum de New York a-t-il récemment présenté une exposition, « Summer of Love : Art of the Psychedelic Era » (mai-septembre 2007) qui, outre de très nombreuses archives des années 1960-1970 présentait, dûment encadré et donné comme œuvre, un grand dessin en couleurs de Jimmy Hendrix. Dans le même ordre d'idée, on vient d'apprendre que le musée de Chemnitz, dans l'est de l'Allemagne, présentait 175 peintures de Bob Dylan (*Libération*, 29 octobre 2007). On devine qu'on pourrait faire une très belle exposition de dessins avec les archives de danseurs, de metteurs en scène ou de

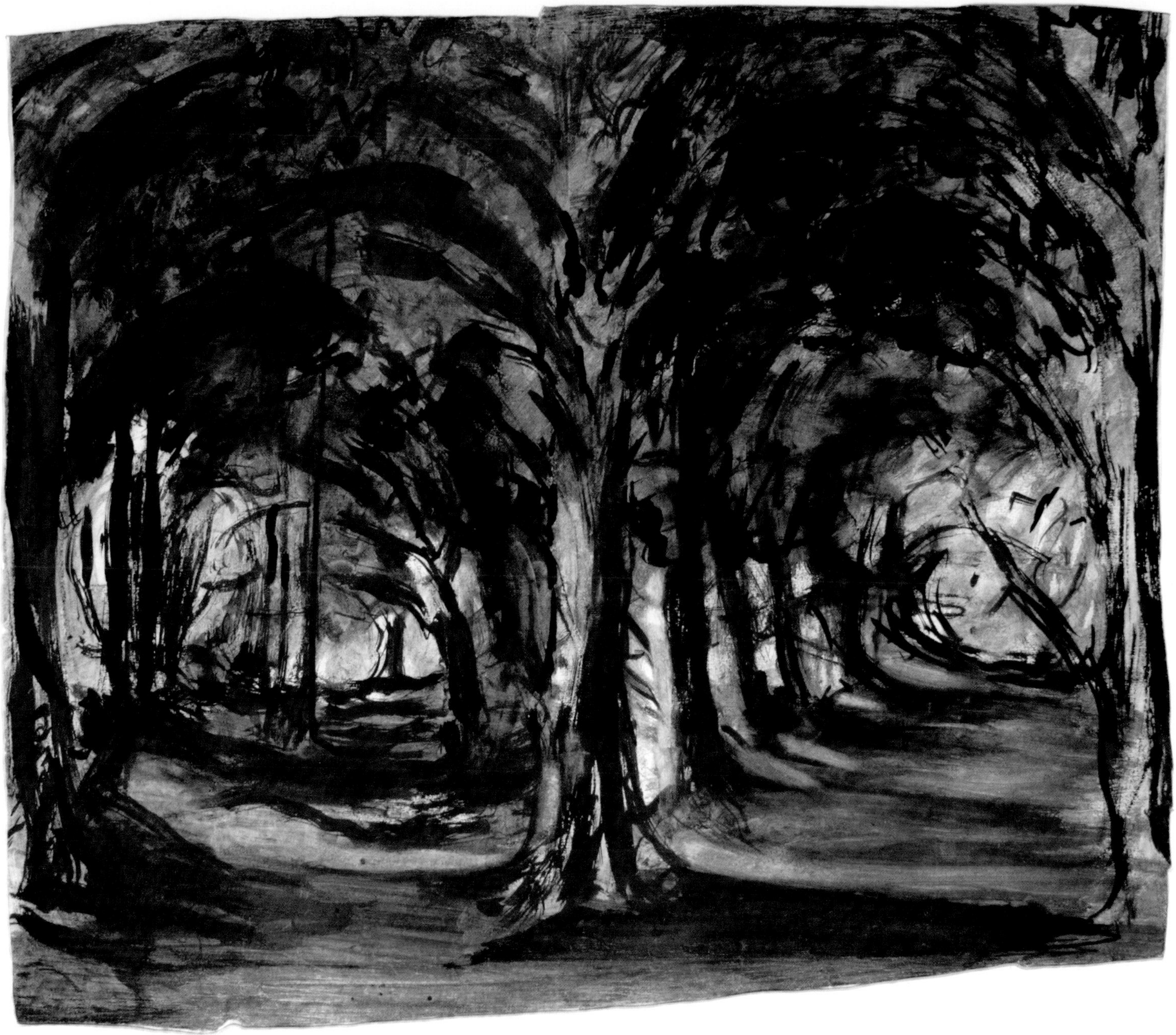

Guillaume Apollinaire : Sans titre, lavis d'encre sur papier, sans date, 49 x 58 cm. Collection particulière.

cinéastes (je pense en particulier aux nombreux croquis qui figurent à l'IMEC dans les archives d'Antoine Vitez ou de Patrice Chéreau) ; on pourrait, de la même manière, exposer des photographies d'écrivains, de danseurs, de metteurs en scène ou de cinéastes, et reprendre à nouveau les interrogations soulevées par le présent ouvrage. Ainsi, loin d'être anecdotique, comme on le croit et le dit trop souvent, loin également d'être seulement une curiosité pour collectionneur averti, le « dessin d'écrivain » permet de découvrir d'autres dimensions de la création littéraire, qui montrent la diversité et la complexité des voies qu'elle emprunte. En ce sens, l'archive donne des couleurs à l'œuvre.

Olivier Corpet

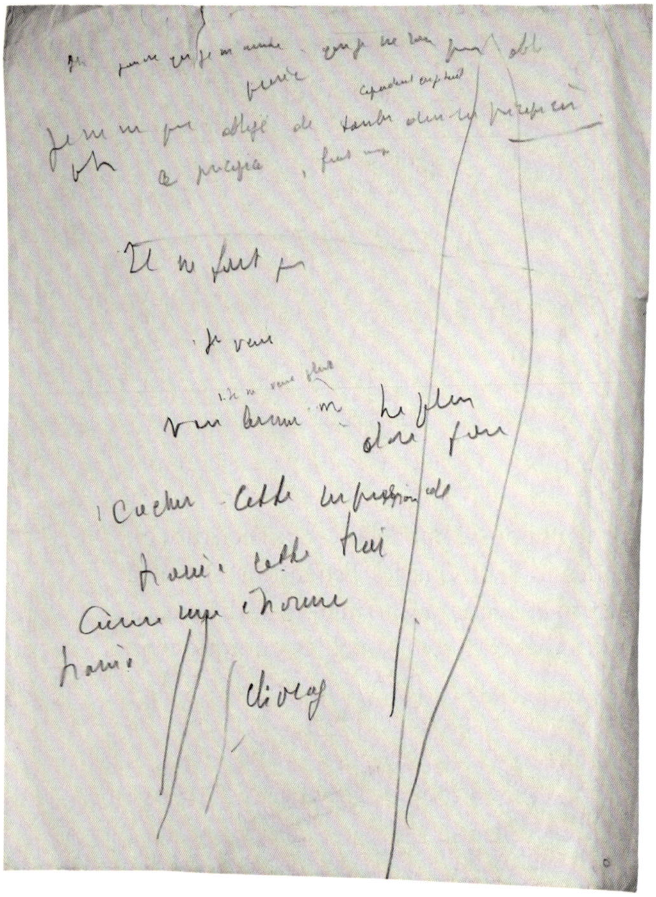

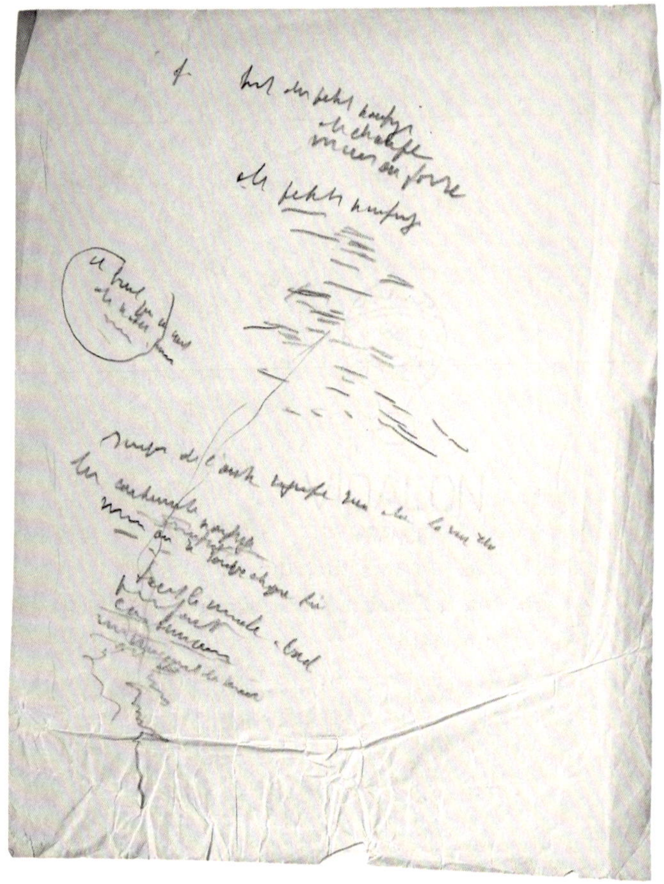

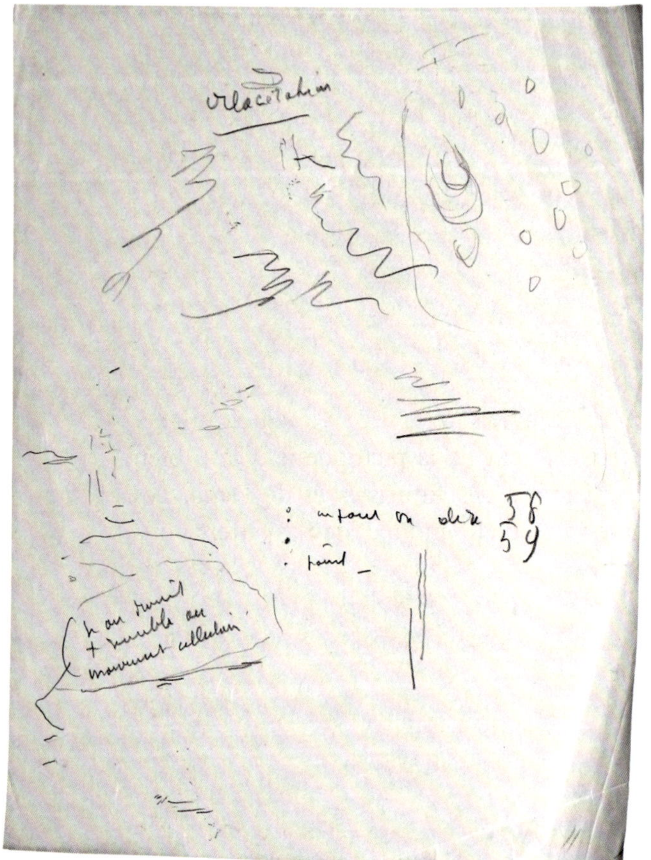

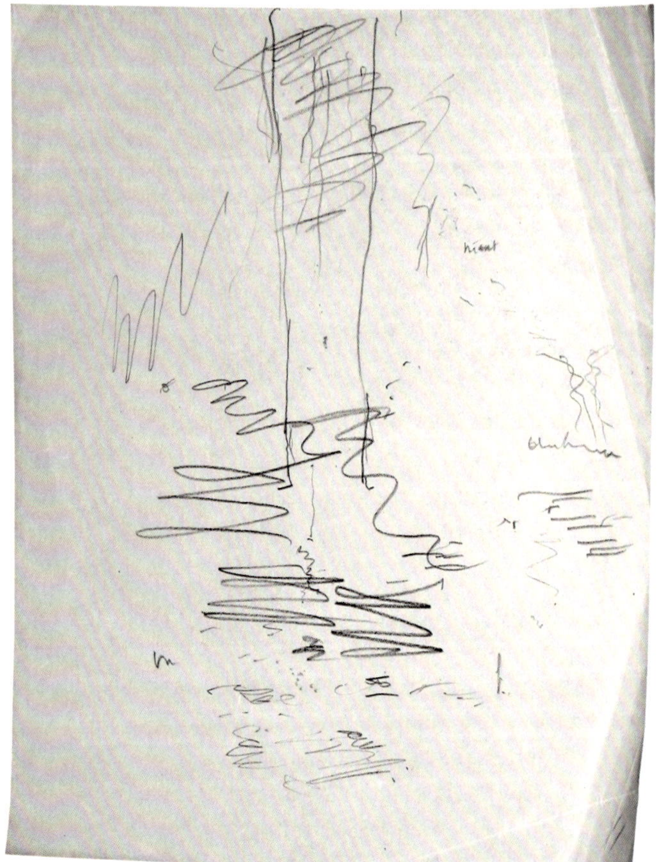

Nous remercions Mme Micheline Phankim de nous avoir transmis et autorisés à publier ces quatre inédits d'Henri Michaux. Il s'agit de protocoles d'expériences mescaliniennes datant de la fin des années 1950 ; ils sont éloquents quant à l'entre-deux — relevant du scriptural et du graphique — où notre ouvrage et notre position se situent.

L'UN DANS L'AUTRE

par Jean-Jacques Lebel

Tout lecteur attentif d'Henri Michaux aura noté l'importance — dont c'est peu dire qu'elle fut cruciale — des premières pages de *Misérable miracle*, une des études, avec *L'Infini turbulent* et *Connaissance par les gouffres*, qu'il a spécifiquement consacrées à l'impact des substances hallucinogènes sur son système de perception et par conséquent sur sa vision du monde. Le livre débute par une phrase lisiblement calligraphiée qui, tout à coup, se liquéfie, et se met à dégouliner sous l'effet de la crise psychotique expérimentale délibérément provoquée par l'écrivain en ingérant de la mescaline. Les lettres, les mots, se sont mis à couler comme de l'aquarelle trop liquide, comme du « dripping » incontrôlé, incontrôlable, se transformant sous nos yeux en peinture. En admettant que ce fût nécessaire, ces pages de *Misérable miracle* pourraient résumer à elles seules le pourquoi de notre projet. Dans ce cas précis, les cloisonnements factices, les artifices culturels, qui séparent écriture et arts plastiques, se sont pliés sous la pression de l'éruption mescalinienne. Les digues et barrières « de protection » ont cédé sous la puissance, littéralement renversante, des flux surgis de l'inconscient de l'expérimentateur.

Mescaline ou pas, la poésie, la peinture, la musique n'ont-elles pas été en premier lieu, de tout temps, des protocoles d'expérience ? Les dessins mescaliniens de Michaux — dont nous présentons deux « échantillons » saisissants — ne sont pas les seuls dont l'intensité ait été chimiquement induite et surmultipliée. Les dessins d'Artaud et de Daumal, ainsi que la peinture collective des poètes de la *Beat Generation* et de Ghérasim Luca, témoignent des mêmes orientations. Expérience des limites ? Voire. Le Club des Haschichins est ici chez lui. Les « paradis artificiels » ont-ils poussé Baudelaire vers l'écriture ou vers le dessin ? Et Charles Estienne ? Quant à Unica Zürn et Leonora Carrington — deux écrivaines dessinatrices remarquables quoique trop méconnues — elles n'ont, ni l'une ni l'autre, eu à recourir aux hallucinogènes pour halluciner.

Il existe bien d'autres façons de sortir de ses gonds. Par exemple les activités collectives, ludiques par définition, telles que la peinture à plusieurs — qui vient d'être mentionnée — ainsi que les jeux du *Cadavre exquis* et du *Dessin communiqué*. Dans ce cas-là, il n'y a plus à proprement parler « auteur » individuel, mais éros de groupe. Ce qui change tout. De même les « transes » des performers — Pey, Blaine, Heidsieck, Dufrêne... — comparables à plus d'un égard aux fameux « sommeils » de Desnos, productifs en diable, se « traduisant » tantôt en textes, tantôt en dessins ou les deux à la fois. Les rébus du même Desnos ou de Breton ne sont pas loin. On évoquera plus avant les miniromans épistolaires de Butor, les *cuts-up* de Gysin et Burroughs et les calligrammes d'Apollinaire qui relèvent délibérément de la pictopoésie. C'est, bien sûr, aussi le cas des futuristes et de Dada. Les poèmes visuels de Rognoni et de Schwitters nous en administrent d'éclatantes preuves. Futuristes et Dada constituent plus que jamais des points de repère auxquels la poésie et l'art d'aujourd'hui — sauf à abjurer leur raison d'être — ne peuvent pas ne pas se référer.

Certes, les mythes des avant-gardes et de la *tabula rasa* se sont évaporés au profit d'un *continuum* transculturel, d'un réseau de rhizomes

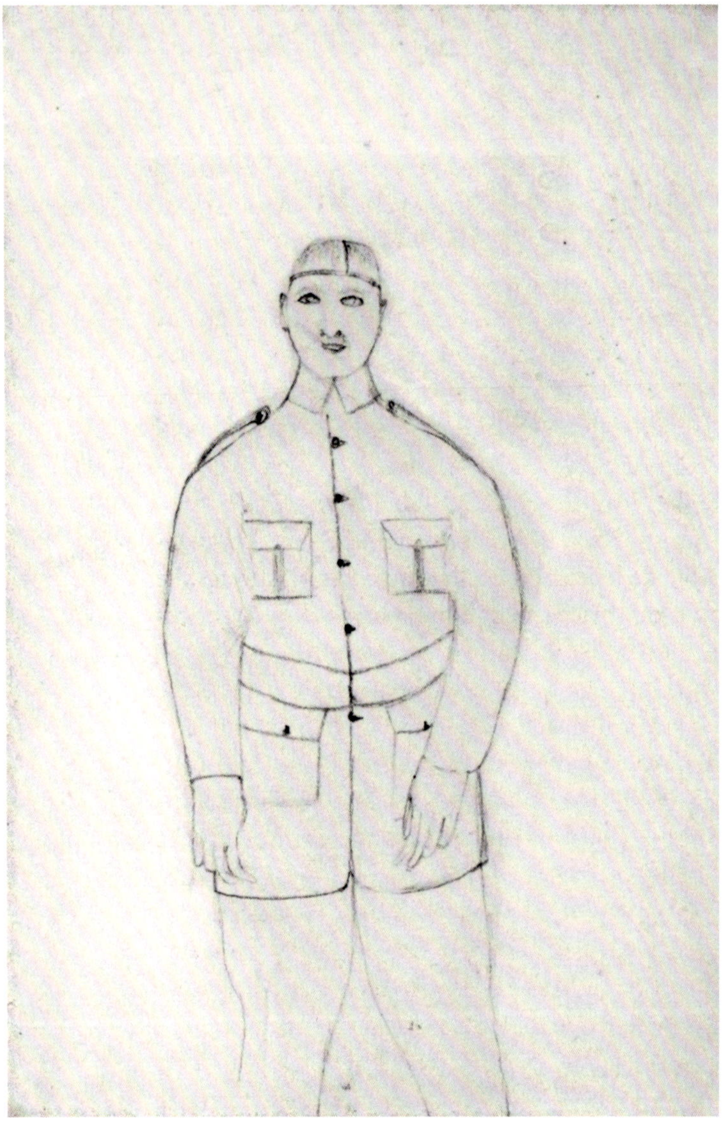

Portrait d'Apollinaire par Marie Laurencin, crayon sur papier, sans date, 15,5 x 10,5 cm. Collection particulière.

actifs, mais cela ne signifie nullement qu'il faille tolérer le moindre néo-académisme, ni la psycho-rigidité cadavérique exigés par le marché dont l'objectif est de réduire les littératures et les arts à des langues de bois. Rimbaud qui, hélas, ne figure ici que par un petit croquis de jeunesse, exaltait le « Paris insurgé », dans *Les Mains de Jeanne-Marie.* C'est celui qui nous tient à cœur, pas le répugnant Paris agenouillé de 2008. Au fait, le sonnet des *Voyelles* — chef-d'œuvre pictochromatique incontesté — où le mettez-vous, dans la case « écriture » ou dans la case « peinture » ? Et si la dualité entre écriture et peinture n'était qu'un fantasme, une astuce de rangement, un truc d'archiviste et non une réalité existentielle ?

Victor Hugo, que je tiens pour l'inventeur — *circa* 1856 — de la peinture gestuelle, a produit toute sa vie des œuvres dessinées, peintes, sculptées, des collages, des lavis, des rébus, des empreintes, des galets écrits et même des assemblages-installations dans l'espace. Il n'a jamais voulu les exposer en public de son vivant, refusant toutes les propositions dans ce sens, préférant en faire don autour de lui (surtout aux femmes). Cependant, le catalogue raisonné de ses œuvres graphiques, qui est loin d'être achevé, atteint déjà plus de trois mille cinq cents numéros. Pour son malheur, Hugo a légué sa production artistique à la Bibliothèque nationale, un clerc de notaire ou un employé de cette auguste institution s'empressant d'apposer machinalement un hideux tampon encré au beau milieu de certains des plus superbes lavis. Résultat : les dessins de Hugo sont considérés non comme des œuvres d'art — qu'ils sont — mais comme des « documents »... du fait qu'ils « appartiennent » au département des Manuscrits d'une bibliothèque ! D'où le mépris et l'ignorance que la « crème » de l'histoire de l'art affiche à leur égard. Eussent-ils été légués à un musée qu'ils auraient, peut-être, été vus, reconnus et admirés pour ce qu'ils sont. Hypothèse hasardeuse ? Autrement dit, c'est l'administration dépositaire des œuvres, et non les œuvres elles-mêmes qui font problème, celles-ci étant, en quelque sorte, « enterrées vivantes » dans et par un trou institutionnel sans fond.

Autre malentendu, aussi comique que tragique : lorsque je lui rendis visite en son atelier de Meudon, il y a des lustres, pour lui demander un poème inédit à publier dans *Front Unique*[1], le grand Hans Arp — un de mes poètes préférés — me déclara, goguenard : « Tu sais, je ne fais de la sculpture que pour gagner ma vie. » Combien de collectionneurs, de critiques, d'historiens de l'art, de responsables de musées — y compris

1. Revue d'art, de poésie et de politique créée à Florence en 1955.

ceux qui ont organisé de grandes rétrospectives monographiques — savent que Arp, cofondateur du Cabaret Voltaire, fut l'un des poètes majeurs du XXe siècle ?

Et Francis Picabia, auteur de plusieurs volumes de poésie, dont *Pensées sans langage* — que Breton crédite de l'invention de l'écriture automatique, rien de moins — et de scénarios de films considérables ? Et Picasso, fabricant de magnifiques textes multilingues comme le justement célèbre *Désir attrapé par la queue* ? Et Dalí, qui écrivit *Le Grand Masturbateur* — long poème parmi les plus grandioses du mouvement surréaliste — avant même de peindre le tableau éponyme ? Et Max Ernst ? Et Victor Brauner ? Et Henry Miller ? Et Henri Michaux ? Et Ghérasim Luca ? Et tous les autres, poètes autant que plasticiens ? Toutes et tous affublés de plusieurs identités sociales, doubles ou multiples personnalités, justiciables d'électrochocs, comme Artaud ou bien, tout simplement, randonneurs hors piste ?

Notre objectif n'a pas été de présenter un livre et une exposition fourre-tout, sans discrimination qualitative, ni une « Mostra » spectaculaire mais, plutôt, un montrage ou, si l'on préfère, un point de vue atypique sur des œuvres d'écrivains que l'industrie culturelle — ses institutions et hiérarchies arbitraires — a laissés pour compte et relégués dans la catégorie des curiosités sans pertinence. Nous avons voulu réunir des œuvres singulières, à contre-courant des tendances du marché, témoignant d'une activité artistique souvent expérimentale, difficilement homologable. Il s'agit d'un entre-deux flottant, mal cartographié, situé sur des territoires autonomes, peu fréquentés, donc peu étudiés et mal vus des spécialistes de l'art ou de la littérature. Il se pourrait qu'apparaisse ainsi, ne serait-ce qu'en filigrane, le caractère indispensable de cette zone-laboratoire, qui a toujours existé. C'est là que s'élabore, en toute liberté, c'est-à-dire sans les contraintes de professionnalité et de rentabilité, une pensée, à la fois plastique et scripturale, obéissant rarement aux critères de l'esthétique dominante.

Cet ouvrage n'a pas la moindre prétention à l'exhaustivité. On n'y trouvera pas de dessin de Goethe, pas de peinture de D.H. Lawrence ou de Wyndham Lewis, aucun dessin de Federico Garcìa Lorca, de Pierre Loti, de Sylvia Plath, de Kafka, de Pazzi, de Morante, pas le moindre dessin de Bruno Schulz — grand parmi les plus grands — pas de poème-objet de Joan Brossa ni de sculpture de Joyce Mansour — et j'en passe — pour ne mentionner que les écrivains bien connus pour avoir consacré une part considérable de leur énergie vitale aux arts plastiques. Le peu de place n'explique pas, à lui seul, ces absences.

L'IMEC a posé comme principe que notre exposition devait s'en tenir exclusivement aux œuvres et documents archivés à l'IMEC ou bien intégrés à l'une ou à l'autre des deux collections privées choisies, en raison d'une sorte d'affinité élective. Cette règle du jeu a été respectée. Or, aucune œuvre plastique ni document dessiné des écrivains que je viens de nommer ne s'y trouvent. En outre, notre budget ne nous permettait pas de faire venir une œuvre de Goethe de Weimar, une de Bruno Schulz de Varsovie, une de Lorca de Màlaga, une de D.H. Lawrence d'Angleterre, et ainsi de suite. Nous prions les amateurs éclairés et les historiens pointilleux[2] de nous en excuser.

2. La présente manifestation est la suite de certaines expositions que nous avons déjà coorganisées : « Victor Hugo, peintre » (musée d'Art moderne, Ca' Pesaro, de Venise, 1993) ; « Juegos Surrealistas, Cent Cadavres exquis » (musée Thyssen-Bornemisza, Madrid,1996) ; « Du chaos dans le pinceau, dessins de Victor Hugo » (musée Thyssen-Bornemisza, Madrid et Maison Victor-Hugo, Paris, 2000 et 2001) ; deux expositions consacrées aux œuvres picturales des poètes de Polyphonix (galerie Lara Vinci, Paris, 1986, et Centre culturel suisse, Paris, 2002) où ont figuré un certain nombre de poètes/plasticiens présentés ici. L'ouvrage, édité à l'occasion de Polyphonix 40 par le Centre Pompidou et Léo Scheer, comportait plusieurs reproductions de ces œuvres. En 2005 et 2006, nous avons présenté (au Museum Kunst Palast de Düsseldorf et au Padiglione d'Arte Contemporanea de Milan) notre « Montrage Artaud » composé de dessins, de peintures, de manuscrits, de photos et de tous les films dans lesquels Artaud a joué.

Nous avons en revanche délibérément écarté les croquis de certains « grands écrivains » — en évitant de polémiquer sur le bien-fondé de cette appellation — qui nous sont apparus par trop médiocres. Exemples : les sempiternels « chats » de Malraux, les mièvreries de Saint-Exupéry, les éphèbes standardisés de Cocteau... Quant à l'admirable Nathalie Sarraute, ses « petits poussins » nous ont semblé indignes d'elle. La place réservée à certains autres a été réduite au minimum, pour les mêmes raisons. Il se pourrait que ces choix n'agréent pas à tout le monde, néanmoins nous les assumons.

Notre *modus operandi* est celui d'un laboratoire de recherche[3] où l'on procède par tâtonnements. Nous passerons sans crier gare de la bondieuserie de Max Jacob à l'humour « porno » de Claude Pélieu ou à la vision mystique de Daumal, de l'abstraction dite « Hard Edge » de Blum à un rébus de Breton ou de Desnos, d'un dessin mescalinien de Michaux à une diablerie romantique de Musset, d'une « visagéité » quasi psychotique esquissée par Genet à une vue champêtre de George Sand, d'une scène d'histoire de Mérimée à un calligramme d'Apollinaire, d'un autoportrait (très *American Comics* avant la lettre) de Baudelaire à un autoportrait d'Artaud, d'un dessin érotique de Jouve à une photographie érotique de Fleischer, d'un détournement de Jarry à un rarissime portrait par Vaché, ou à une missive à tiroirs de Butor, d'un paysage naïf de Miller à un dessous d'affiche lacérée de Dufrêne, d'un assemblage de bandes de magnétophone et de textes manuscrits de Heidsieck à une page de brouillon enluminée de Valéry, d'un croquis quasiment pédophilique de Louÿs à des bâtons écrits et dessinés de Pey, d'un collage de Schwitters ou de Prévert à une peinture gestuelle ou une empreinte de dentelle de Hugo, d'un inédit de Louise Michel à un inédit de Cros. Ce n'est pas un seul mais toute une multitude de fils d'Ariane qui permettent de circuler dans ce dédale, afin de s'y livrer aux repérages et aux rapprochements imprévus agencés par la seule subjectivité du regard.

L'incessant va-et-vient entre pulsion scripturale et pulsion picturale n'est pas uniquement dû à l'activation alternée du cortex cérébral gauche, puis droit, chez l'être humain. La neurobiologie fournit, certes, un éclairage irremplaçable quant à l'énigmatique déclenchement du processus de fabrication de nos percepts et concepts, mais elle n'éclaire pas tout le processus. Pourquoi telle sensation cherche-t-elle à prendre la forme d'une image dessinée ou peinte, et telle autre plutôt la forme d'un son, d'un mot ou d'une phrase ? Comment et pourquoi adviennent les grandes déflagrations psychiques qui, littéralement, mettent en crise le langage et provoquent la fonte de l'écriture (comme du beurre), sa transformation en peinture de l'informe ?

Que l'épisode psychotique soit d'origine endogène ou qu'il ait été suscité par l'ingestion de

3. Il convient de citer les propositions qui nous ont précédés dans ce domaine : l'accrochage curieusement intitulé « Si vous savez écrire, vous savez dessiner » (galerie Pléiade-NRF, 1946), sous l'égide de Jean Lescure et qui comprenait, entre autres, des dessins d'écrivains ici présents : Baudelaire, Musset, Prévert, Aragon, Queneau... L'ambitieuse exposition de 1966, à la galerie Le Bateau-Lavoir, intitulée « Dessins de poètes », accompagnée d'un catalogue (nous remercions notre ami Didier Schulmann, responsable de la Bibliothèque Kandinsky au Centre Pompidou, de nous l'avoir communiqué), comprenant, entre autres, des œuvres graphiques de Victor Hugo, de Charles Baudelaire, de Stéphane Mallarmé, de Paul Verlaine, de Germain Nouveau, d'Arthur Rimbaud, de Jules Laforgue, de Paul Valéry, d'Alfred Jarry, de Max Jacob, de Guillaume Apollinaire — dont l'aquarelle *Les Fraises au Mexique* que les lecteurs retrouveront ici —, de Paul Éluard, d'André Breton, d'Antonin Artaud — y compris le portrait de Mania Oïfer-Germain ici présent —, de Jacques Prévert, de Robert Desnos, de Raymond Queneau, de René Char. En 1983-1984 s'est déroulée, à la Maison de Balzac, à Paris, une exposition intitulée « Dessins d'écrivains français du XIXe siècle », incluant plusieurs œuvres ici présentes. L'exposition « Poésure et Peintrie » (1993, Centre de la Vieille Charité, Marseille) qui fit date, partant de Hugo et Baudelaire et aboutissant aux poètes d'aujourd'hui, en passant par les avant-gardes classiques. En 2006 enfin, sous la direction éclairée de Juan-Manuel Bonnet, eut lieu au musée d'Art moderne de Palma de Majorque l'exposition « La Paraula Pintada. Pintors-Escriptors », incluant, entre plusieurs écrivains/plasticiens ici représentés, William Blake, Strindberg, Lorca et Schulz.

substances hallucinogènes — comme dans le cas de Michaux ou d'autres expérimentateurs de l'« infini turbulent » — l'énigme demeure. Existe-t-il un quelconque lien, organique ou causal, entre le *Zaoum* de Khlebnikov et Iliazd, les « mots en liberté » des futuristes italiens, les calligrammes d'Apollinaire, les pictogrammes des lettristes, de Gysin ou de Dotremont, la poésie phonétique des dadaïstes, l'écriture automatique des surréalistes, le « charabié » d'Artaud, les « cri-rythmes » de Dufrêne, la poésie sonore de Heidsieck, la prosodie jazzée de Kerouac et Ginsberg et les saccades, soubresauts et séismes qui ont ébranlé et mû les arts visuels ? Les écrivains plasticiens ou les plasticiens écrivains, peu importe, sont-ils mieux placés que les neurobiologistes ou que le premier archiviste venu, pour penser la transversalité et la force de propagation des crises ? En quoi les arts (sous toutes leurs formes) préfigurent-ils les crises du monde dit « réel » ?

Dans les années 1950-1960, à l'époque où il appliquait à la « fabrication » de ses livres (notamment *Nova Express*, *The Ticket that Exploded*) la méthode du *cut-up*[4] (inventée par inadvertance par Brion Gysin, en taillant avec une lame au travers d'une pile de journaux placée sous un dessin qu'il venait de couper), mon ami William Burroughs aimait à dire que, selon Gysin, « l'écriture avait pris cinquante ans de retard sur les arts plastiques ». Et Schwitters ? Et Joyce ? Et Artaud ? Cette affirmation qui me semblait, il y a un demi-siècle, peu convaincante l'est-elle davantage aujourd'hui ?

Il va sans dire qu'il ne s'agit pas de rivalité, ni de course à l'abîme, mais bien d'un tissu de passerelles, d'interconnexions et de permutations. En quoi, malgré quelques recoupements occasionnels et superficiels, notre entreprise se différencie-t-elle des mortellement ennuyeuses exhibitions sous cellophane de manuscrits et de dessins d'écrivains à quoi les bibliothèques, grandes et petites, nationales et municipales, s'efforcent de réduire la problématique du dédoublement ? Nous ne cherchons pas, quant à nous, à classer les inclassables, à régulariser les irréguliers, à sédentariser ou à formater les nomades mais, plutôt, à respecter la logique interne de leurs schizes. Contrairement aux manifestations officielles, conformes par définition à la *doxa*, nous militons en faveur des hors-norme, voire des hors-la-loi : action dissidente, en symbiose avec la fin de non-recevoir que certains des auteurs ici présents ont opposée, par leur irréductibilité même, à la culture dominante de leur époque.

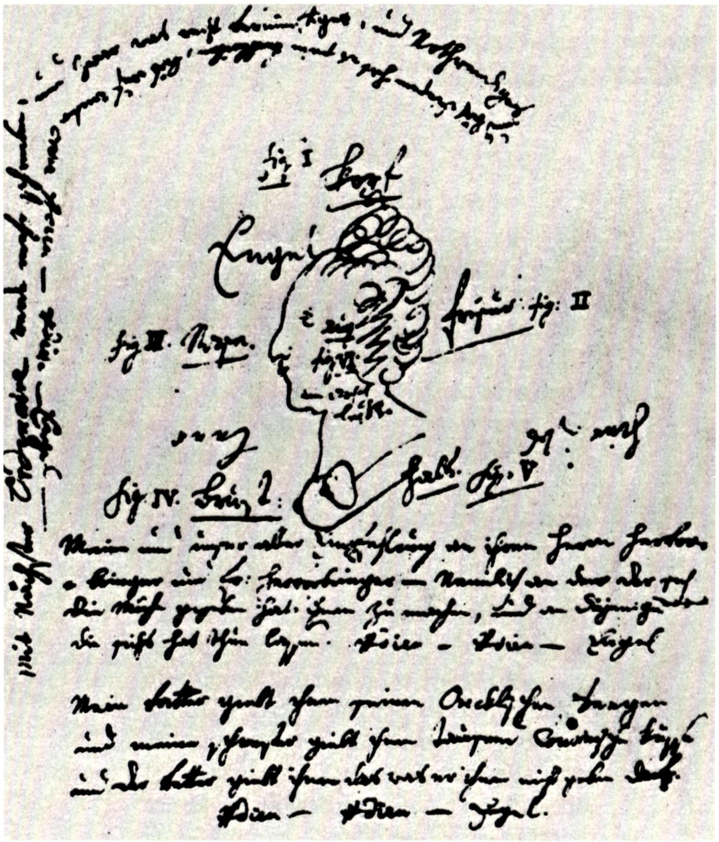

Dessin de Mozart extrait d'une lettre manuscrite adressée à sa cousine. D.R.

4. Notons au passage que le *cut-up*, en tant que technique de production textuelle, présente une profonde similitude avec les mots ramassés au hasard, dans un chapeau, par les dadaïstes et avec les techniques de composition de la musique aléatoire pratiquée par Earle Brown et Morton Feldman, puis par John Cage (qui, lui, interrogeait le *I Ching*, le livre divinatoire des Taoïstes).

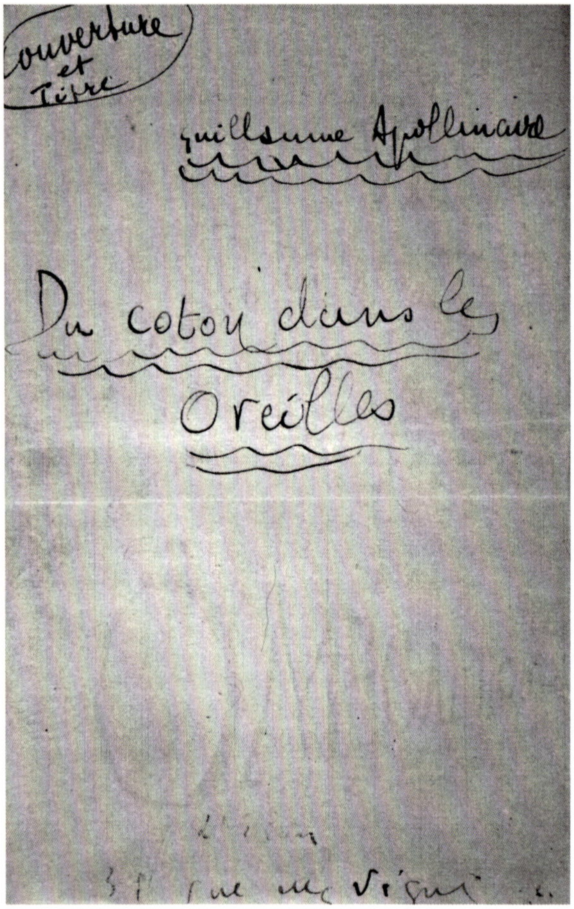

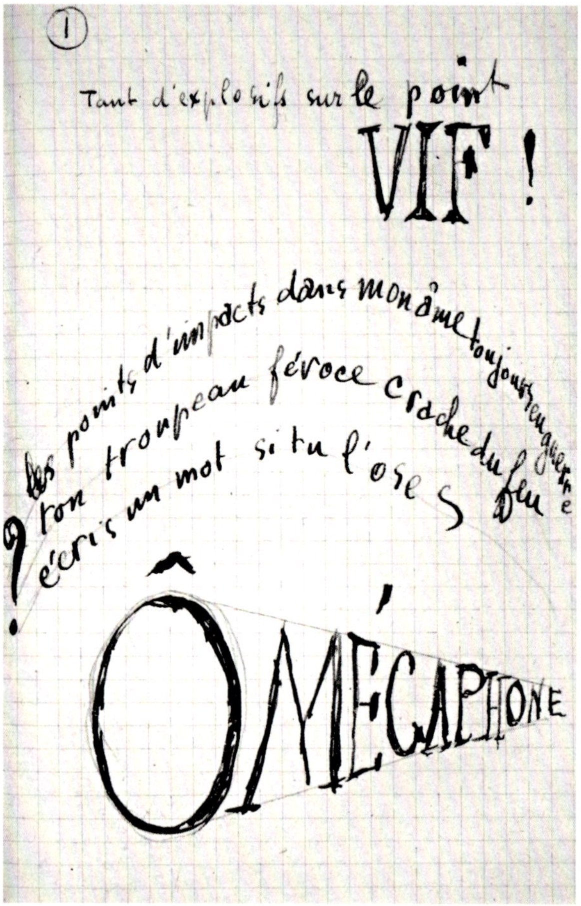

Première page et calligramme extraits du carnet de tranchée de Guillaume Apollinaire (1915) qui sera publié *in extenso*, sous le titre *Du coton dans les oreilles* par les Éditions de l'IMEC, collection « L'originale », début 2008.

Conglomérat, donc, de singularités le plus souvent ingouvernables, inassignables à un quelconque « créneau » cultural ou social, et de figures conventionnelles, voire ringardissimes, notre mélange hétérodoxe n'est pas de tout repos. Que vient faire Anatole France à proximité d'Antonin Artaud, de Ghérasim Luca ? Excellente question. Et s'il servait de contrepoint révulsif, d'appeau, de borne dérisoire ? Nous nous devions d'outrepasser les désuets cloisonnements catégoriels, cette vieille manie du « classement par genre » — aveugle à toute subjectivité — et de refuser tout net la hiérarchisation entre « valeurs sûres » et « expressions marginales », qui ne relève que d'une conception bureaucratique du monde. Rien de ce qui est « tendance » ne nous concerne. Ici, pas de produits de grande ou de petite consommation, mais uniquement quelques propositions d'itinéraires inhabituels à l'usage de ceux et celles que rebute l'histoire des littératures et des arts distillée par les académies. Notre préférence, c'est clair, va aux insoumis et aux inventeurs, et c'est à eux seuls qu'hommage est rendu.

En continuant à faire le plus de lumière possible sur le devenir-dessin de l'écriture, comme sur le devenir-écriture des arts visuels, en partant du processus de mutation à l'œuvre dans *Misérable miracle* et en aboutissant, pour l'heure, aux *Calligrammes* d'Apollinaire, de Dotremont ou de Gysin, à l'ultralettrisme de Dufrêne, aux bâtons écrits de Pey et à tant d'autres formes de déviances expressives, nous avons délibérément participé aux fouilles pratiquées dans la substance même du langage, à la recherche de ce qu'il faut bien appeler, faute de mieux, *le fonctionnement réel de la pensée.*

Jean-Jacques Lebel

LES ÉCRIVAINS DESSINENT

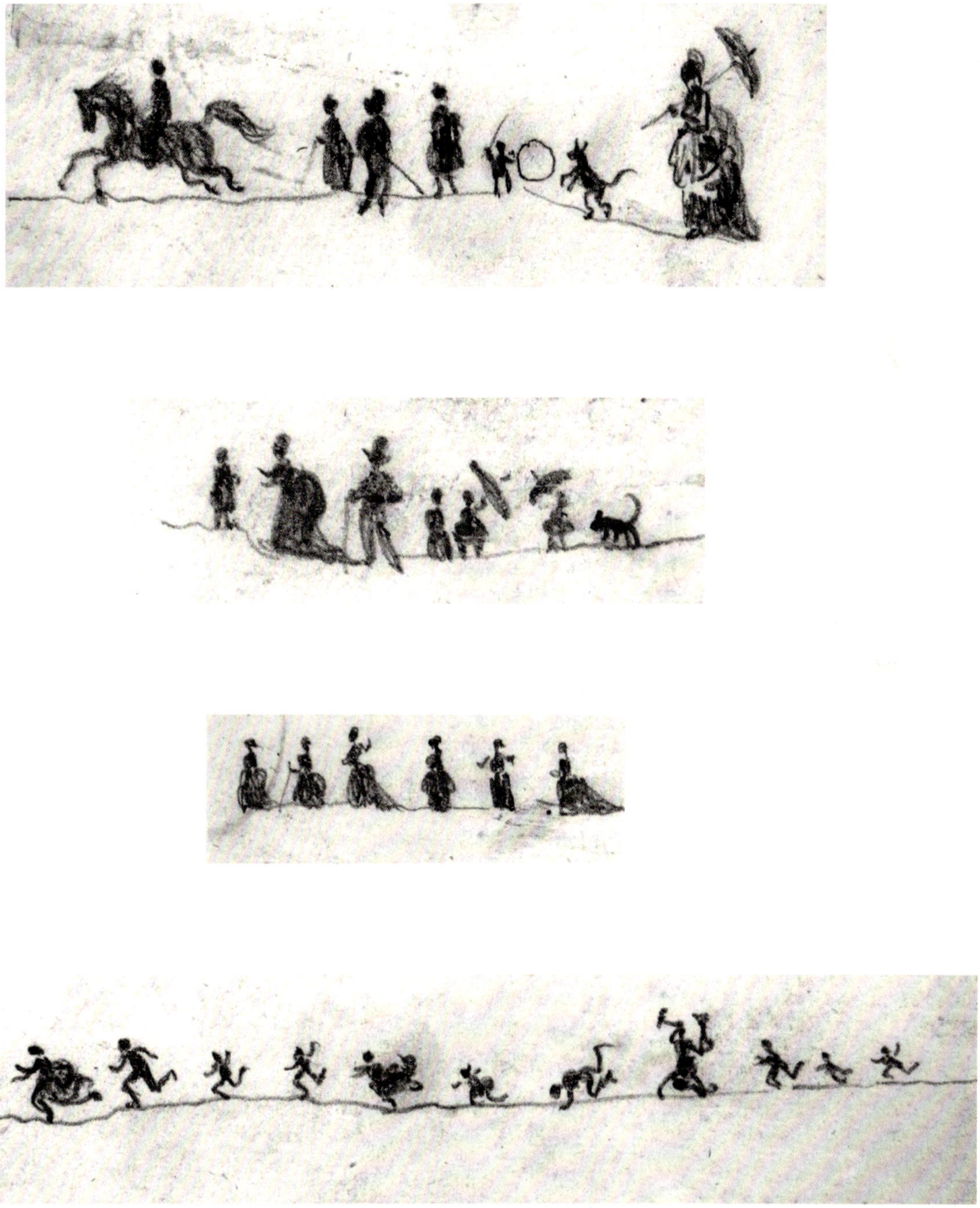

George Sand : Sans titre, crayon sur papier. Collection P.F.B.

1 Victor Hugo
(1802-1885)

Hugo, illustre méconnu, est l'artiste-écrivain par excellence. Le grand public, hélas pour lui, ne connaît que la fière « figure de proue du Romantisme », le dramaturge hyperproductif de la « Bataille d'*Hernani* », l'imprécateur — fort attachant — de « Napoléon le Petit », l'auteur-illustrateur des *Travailleurs de la mer* et le signataire de *L'Art d'être grand-père*. C'est très insuffisant. Le Hugo expérimentateur demeure occulté. Un texte de Théophile Gautier décrit par le menu l'extrême modernité de la méthode de production picturale de Hugo. Lui-même évoque, dans une lettre de 1860 à Baudelaire : « Toutes sortes de mixtures bizarres qui arrivent à rendre à peu près ce que j'ai dans l'œil et dans l'esprit. »

Je veux parler des dessins spirites, des innombrables lavis, croquis et œuvres sur papier qu'il a produits tout au long de sa vie — il n'avait rien du « peintre du dimanche » et tout du bricoleur de génie —, des rébus imagés, des pyrogravures et sculptures sur bois, des empreintes de dentelle ou de feuilles — laissées en l'état ou exploitées avec ingéniosité —, des textes calligraphiés sur des galets ramassés sur la plage de Guernesey, des véritables assemblages/environnements élaborés à partir de morceaux de meubles disparates, de vaisselle exotique et d'objets trouvés chinés chez les brocanteurs, et de ces surprenantes peintures gestuelles, véritables explorations picturales du non-figuratif, du pur mouvement, de l'informe et de la chaosmose qui font de lui un innovateur de première importance.

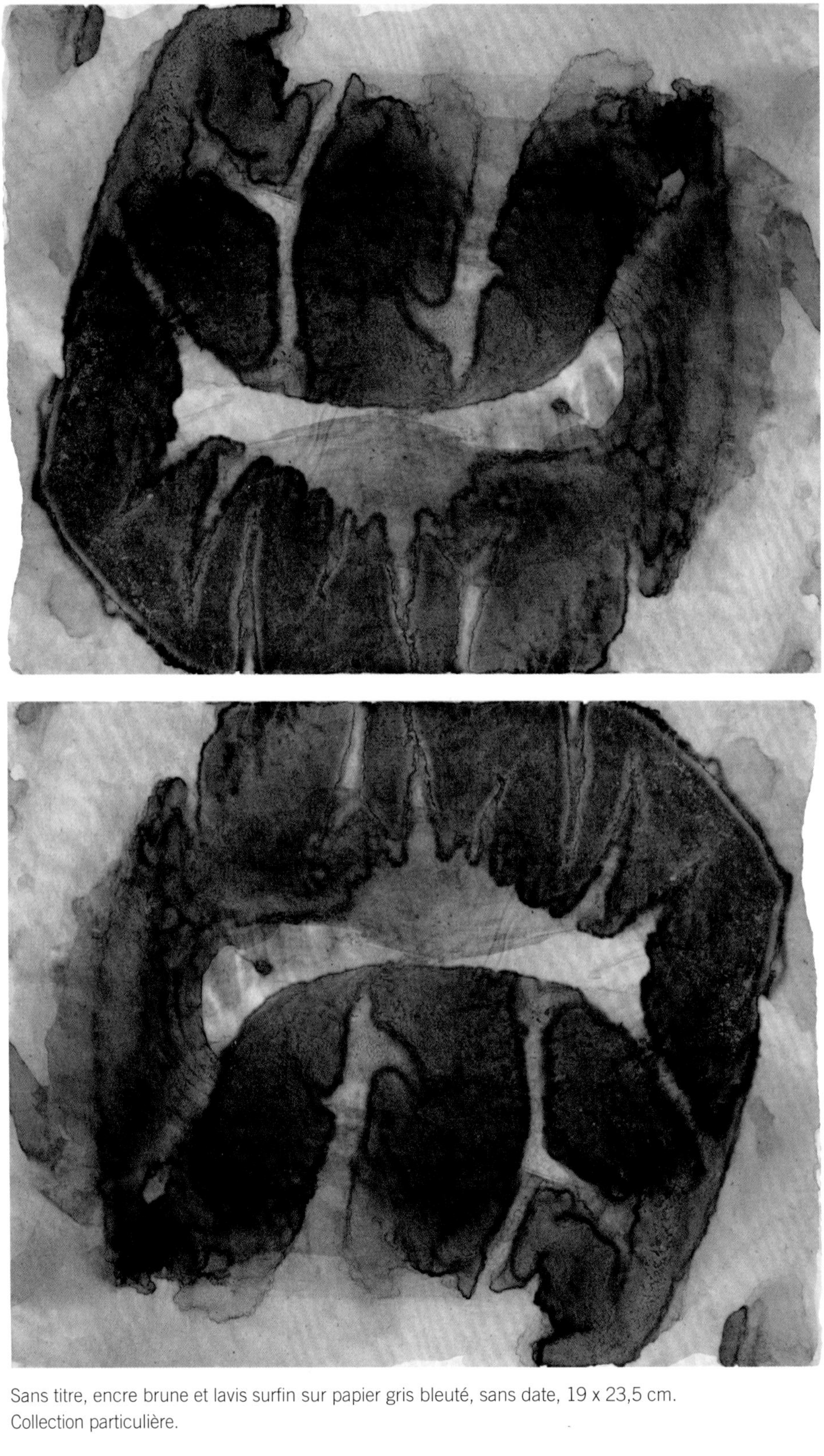

Sans titre, encre brune et lavis surfin sur papier gris bleuté, sans date, 19 x 23,5 cm. Collection particulière.

Tout cela tarde à être reconnu à sa juste valeur, en dépit des récentes expositions phares qui lui sont consacrées — au musée d'Art moderne de Venise (Ca' Pesaro), au musée Thyssen-Bornemisza de Madrid et à la Maison Victor-Hugo de Paris — où l'accent fut mis, précisément, sur sa foisonnante inventivité picturale. Deux des œuvres que nous reproduisons ici ressortent de cette logique : un paysage imaginaire avec empreinte de dentelle et une composition informe, réversible. Il se livra à la peinture gestuelle et au tachisme avant la lettre — précédant d'un siècle les tenants européens ou américains de l'expressionnisme abstrait.

J.J.L.

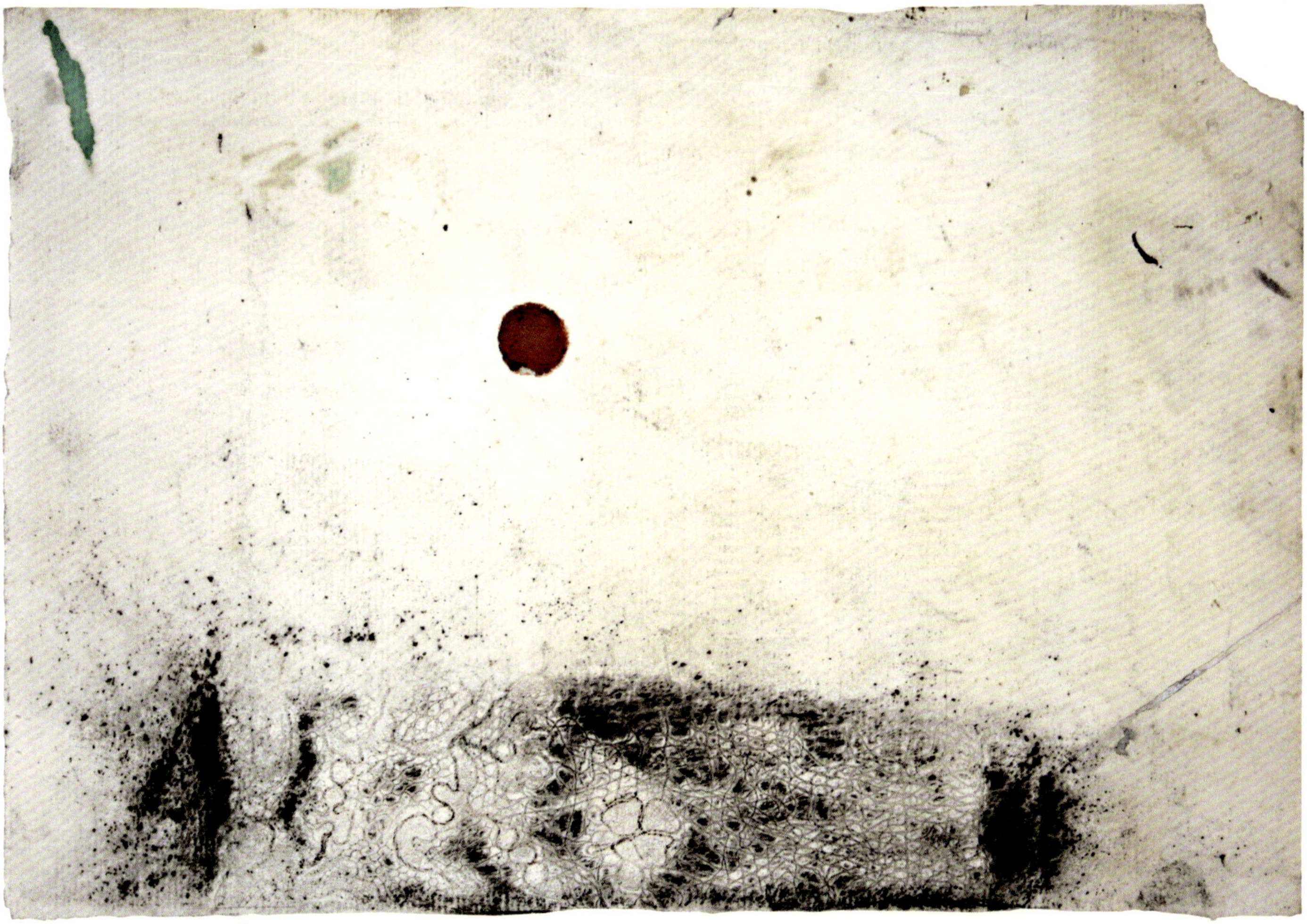

Sans titre, empreinte de dentelle, fusain, trace d'encre brune, bleue et verte, cire rouge sur papier vergé, sans date, 17,2 x 29 cm. Collection particulière.

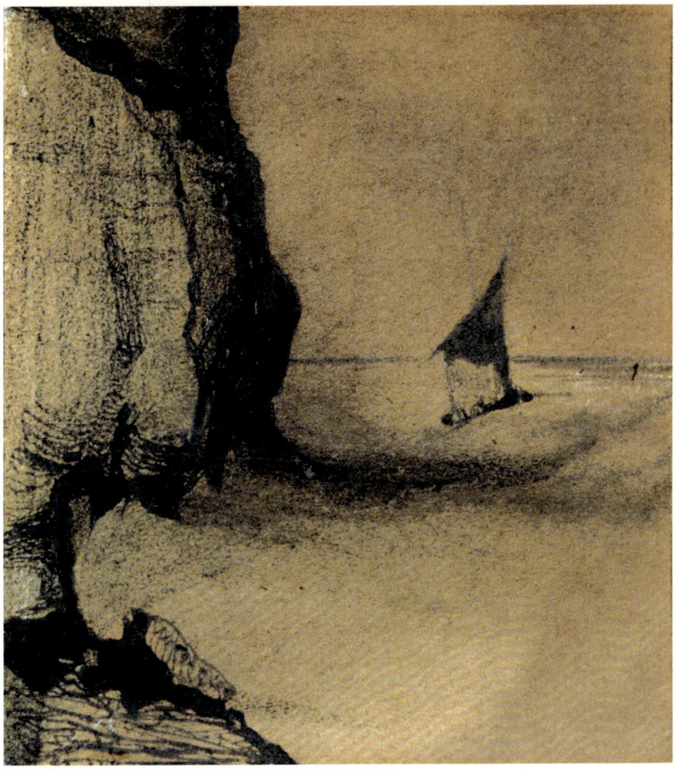

Les falaises d'Étretat, aquarelle et encre sur papier, sans date, 11,5 x 10 cm. Collection P.F.B.

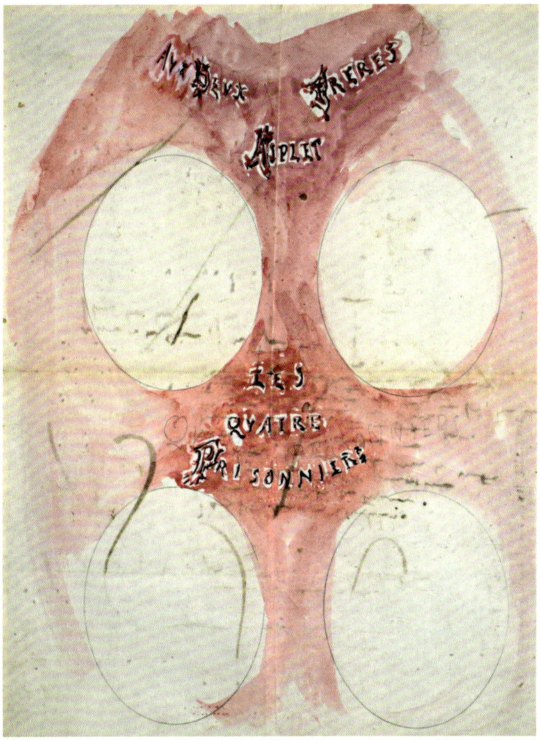

Sans titre, aquarelle et encre sur papier, sans date, 24 x 18,5 cm. De la main de l'auteur : « Aux deux frères Asplet. Les quatre prisonniers. » Collection P.F.B.

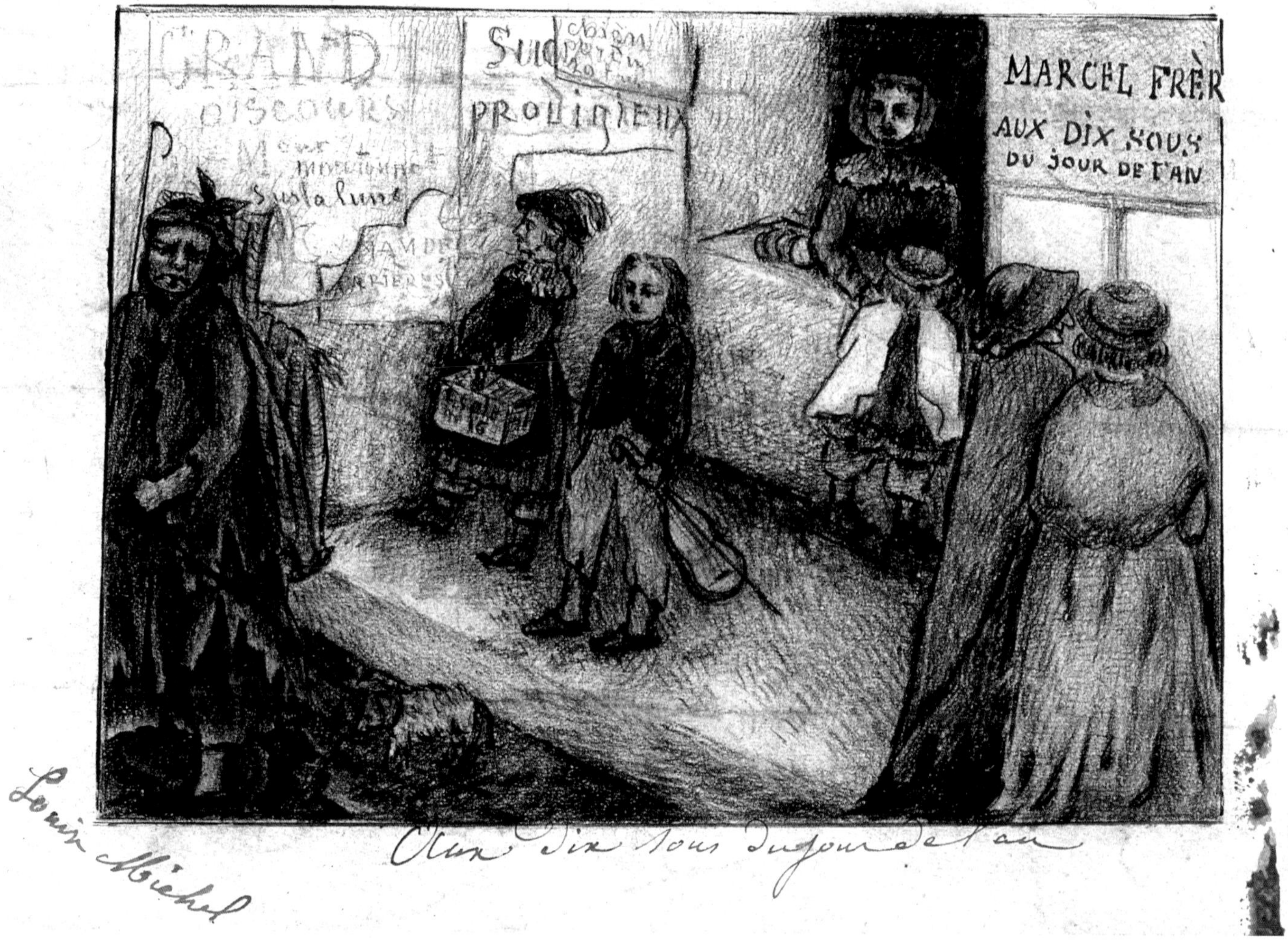

Aux dix sous du jour de l'An, mine de plomb sur papier, sans date, 12,5 x 18 cm. Collection P.F.B.

2 Louise Michel (1830-1905)

Au sujet de Louise Michel, les avis divergent. Pour les Versaillais, elle fut la *Louve avide de sang*, la *Dévote de la Révolution*, la *Pucelle de Belleville*. Pour les partisans de la Commune, elle fut la *Vierge rouge*, l'*Amazone de la Liberté*. Pour ses camarades de détention, au bagne de Nouméa, elle fut la *bonne Louise*, la *Sainte laïque* refusant d'être libérée avant les autres. Le souvenir ému qui nous en a été transmis est celui de la communarde charismatique correspondante de Victor Hugo, lui écrivant de Montmartre — pendant l'insurrection populaire —, et de Nouméa — pendant ses longues années de relégation, des lettres de « fanatique de la cause » empreintes de vénération, et auxquelles il fut extrêmement sensible.

Sa biographe, Xavière Gauthier, la dépeint en grande femme brune aux traits taillés à la serpe, habillée de noir, brandissant un drapeau au-dessus d'une barricade, tandis que les balles ennemies sifflent à ses oreilles, ou bien vêtue d'un uniforme de garde national, une carabine Remington à la main. Elle visait très bien, avec une intrépidité folle. Le *Journal officiel* du 10 avril 1871 parle d'elle dans les termes suivants : « Dans les rangs du 61e bataillon [aux Moulineaux] combattait une femme énergique, elle a tué plusieurs gendarmes et gardiens de la paix. » Dans ses propres *Mémoires*, remarquables, elle esquisse cet autoportrait : « Oui, barbare que je suis, j'aime le canon, l'odeur de la poudre, la mitraille dans l'air, mais je suis surtout éprise de la révolution. »

Louise Michel a beaucoup enseigné, écrit et dessiné. Quelques-uns de ses croquis, notamment des paysages de la Nouvelle-Calédonie, dessinés au bagne, sont parvenus jusqu'à nous. Dans son ouvrage illustré *Légendes et chants de gestes canaques* (1885), elle met en pratique cette phrase qu'elle avait adressée à Hugo : « On ne fait pas six mille lieues pour ne rien voir et n'être utile à rien. »

J.J.L.

3 Charles Baudelaire
(1821-1867)

L'œuvre de Charles Baudelaire est l'une de celles qui marquent l'entrée de la littérature française dans la « modernité ». En quête d'une Beauté « toujours bizarre », le poète invente une langue qui n'exclut pas le prosaïsme, où l'artifice et la laideur, le mal et la ville, prennent le pas sur la célébration de la nature et de la pureté.

Marqué par le second mariage de sa mère avec un homme autoritaire qu'il haïra toute sa vie, étudiant agité et jeune homme déjà dissolu, il est envoyé par sa famille, en 1841, dans un voyage au long cours (notamment à l'île Maurice et à La Réunion) qui exacerbe sa passion de la « sensation ». À son retour, il est mis sous tutelle et jusqu'à sa mort il vivra criblé de dettes. Il n'en consacre pas moins sa vie à l'art, en dandy scandaleux, fréquentant aussi bien les bas-fonds que le milieu littéraire parisien. Il se lie avec Jeanne Duval, comédienne, sa compagne et sa muse pendant une grande partie de sa vie. Des années durant, il souffre d'une syphilis contractée précocement avant d'y succomber, aphasique.

Chez Baudelaire, la principale ressource du poète est l'imagination, conçue non comme la faculté de produire de la fiction, mais plutôt de déchiffrer la « ténébreuse unité » du monde, les liens innombrables entre le spirituel et le sensible : il est le « traducteur, déchiffreur de l'universelle analogie ». Fervent admirateur de Wagner ou de Delacroix, Baudelaire est un grand critique d'art. Ses chroniques révèlent les « correspondances » qui font de l'intensité la qualité primordiale de l'existence comme de l'art, réunissant musique et peinture, prose et poésie dans une même « sorcellerie évocatoire ».

S.B.

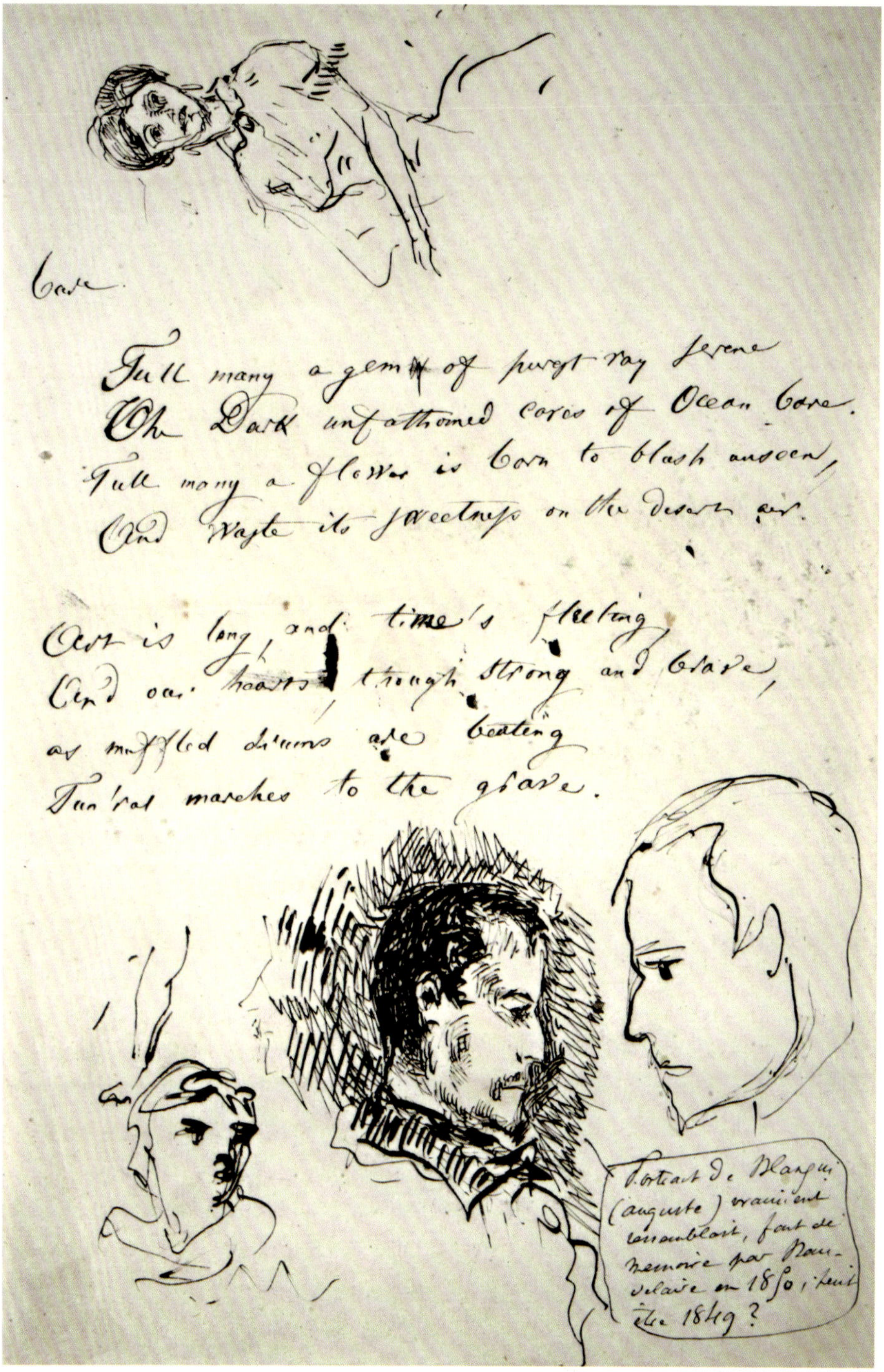

Double portrait d'Auguste Blanqui avec Jeanne Duval, encre sur papier, sans date, 27,5 x 18 cm. Collection particulière.

« L'art consiste à créer une magie suggestive contenant à la fois l'objet et le sujet, le monde extérieur à l'artiste et l'artiste lui-même. »

« L'art philosophique »,
in *Appendices aux curiosités esthétiques,* 1868.

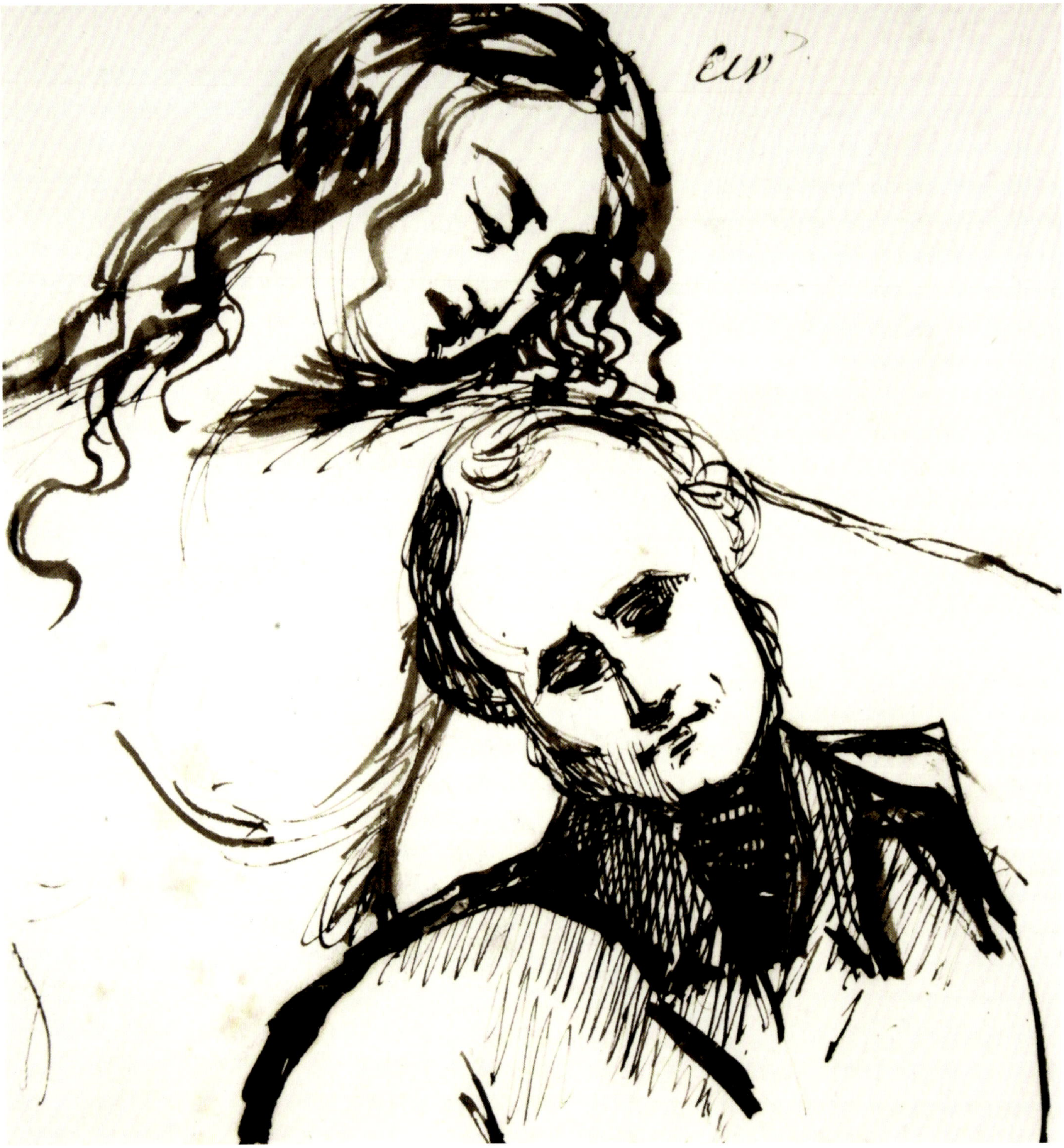

Autoportrait avec femme, encre sur papier, sans date, 11,5 x 11 cm. Collection particulière.

« La modernité, c'est le transitoire, le fugitif, le contingent,
la moitié de l'art dont l'autre moitié est l'éternel et l'immuable. »
Le Peintre de la vie moderne, 1863.

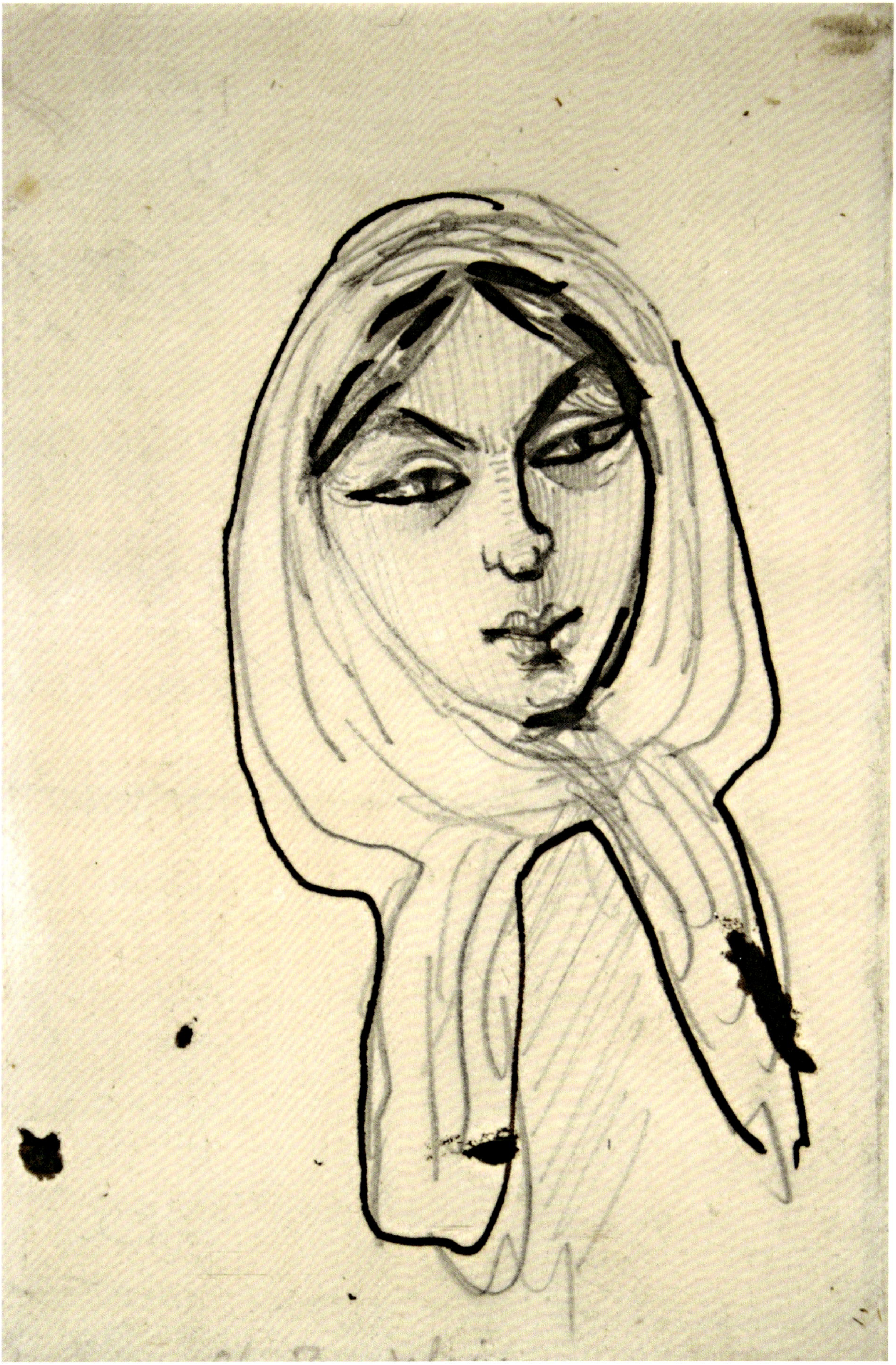

Portrait, encre sur papier, 29,5 x 20 cm, sans date. Collection P.F.B.

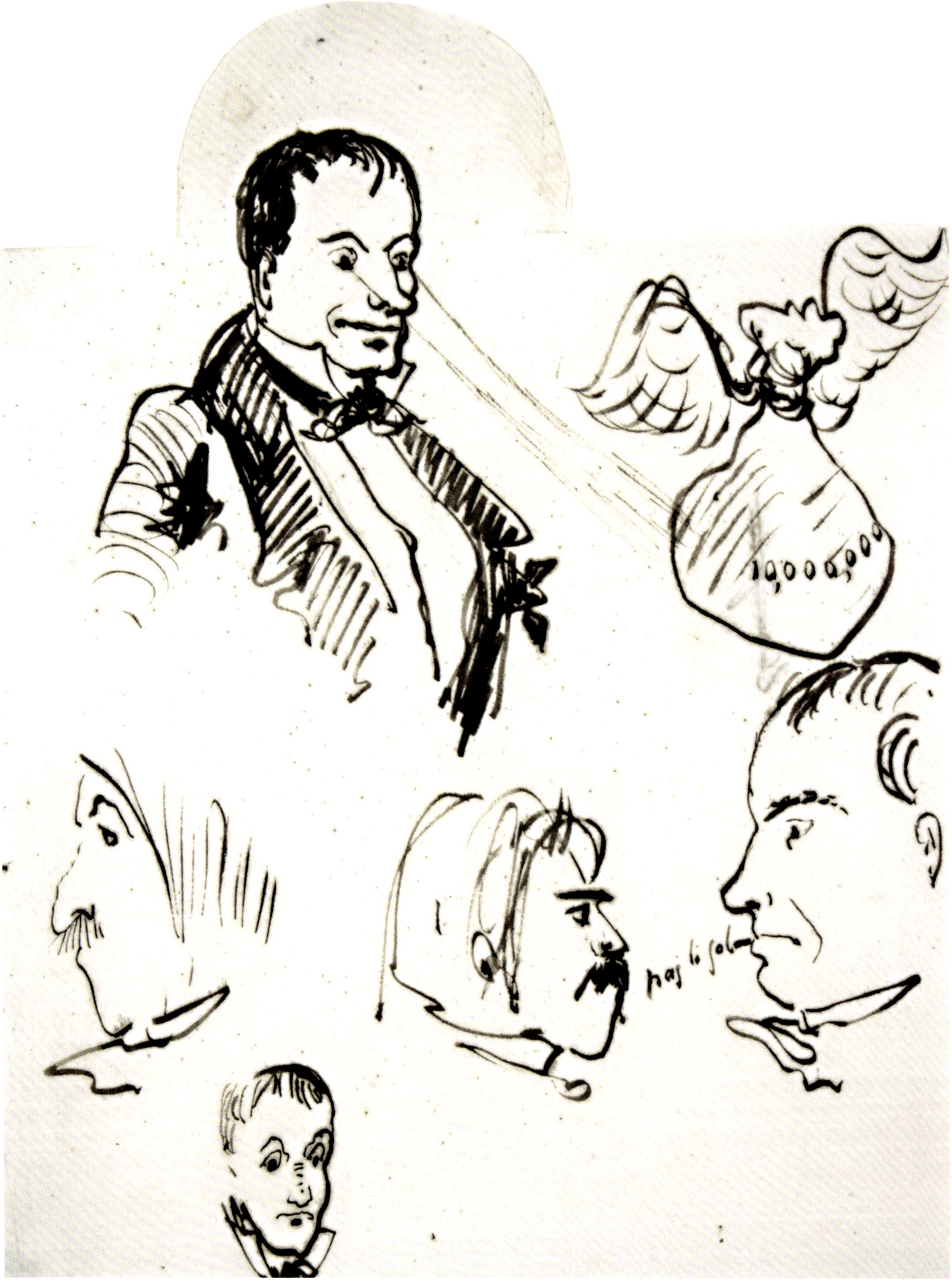

Double autoportrait, encre sur papier, sans date, 27,5 x 16,5 cm. Collection particulière.

4 Gustave Flaubert
(1821-1880)

Gustave Flaubert expliquera ses « allures funèbres et cyniques » par son enfance passée dans l'enceinte de l'hôpital de Rouen, où son père est chirurgien. Très tôt, il commence à écrire des comédies, liant amitiés, écriture, lecture et théâtre. À quinze ans, il rencontre Elisa Schlesinger, probable modèle de la Mme Arnoux de *L'Éducation sentimentale* ; il lit Rabelais, Byron, Sade, Montaigne. Étudiant en droit à Paris, il fréquente les cabarets et les théâtres, qu'affectionnera aussi son personnage Frédéric Moreau.

En 1844, une grave crise d'épilepsie met fin à ses études ; la même année, il s'installe à Croisset et se voue à l'écriture. Sa vie se passe dès lors entre Croisset et Paris, où il fréquente les cercles intellectuels, mondains et artistiques. En 1850, il fait un long voyage en Orient, son rêve de toujours. Véritable « forçat » de l'écriture, Flaubert produit une œuvre marquée par le grotesque, l'ironie et une vision désabusée de l'existence, qui constitue un tournant déterminant dans l'histoire littéraire du XIXe siècle et devient, au siècle suivant, la référence de nombreux romanciers de l'après-guerre.

S.B.

Sans titre, encre sur papier, sans date, 12 x 12,5 cm. De la main de l'auteur : « Monsieur Léon Fontaine – le fameux écuyer de M. Sari – essaye sans repos toutes les pouliches de l'établissement, ce qui lui a mérité ce gracieux surnom de Monsieur Poulichon. Zim boum boum, zim boum boum boum. » Collection P.F.B.

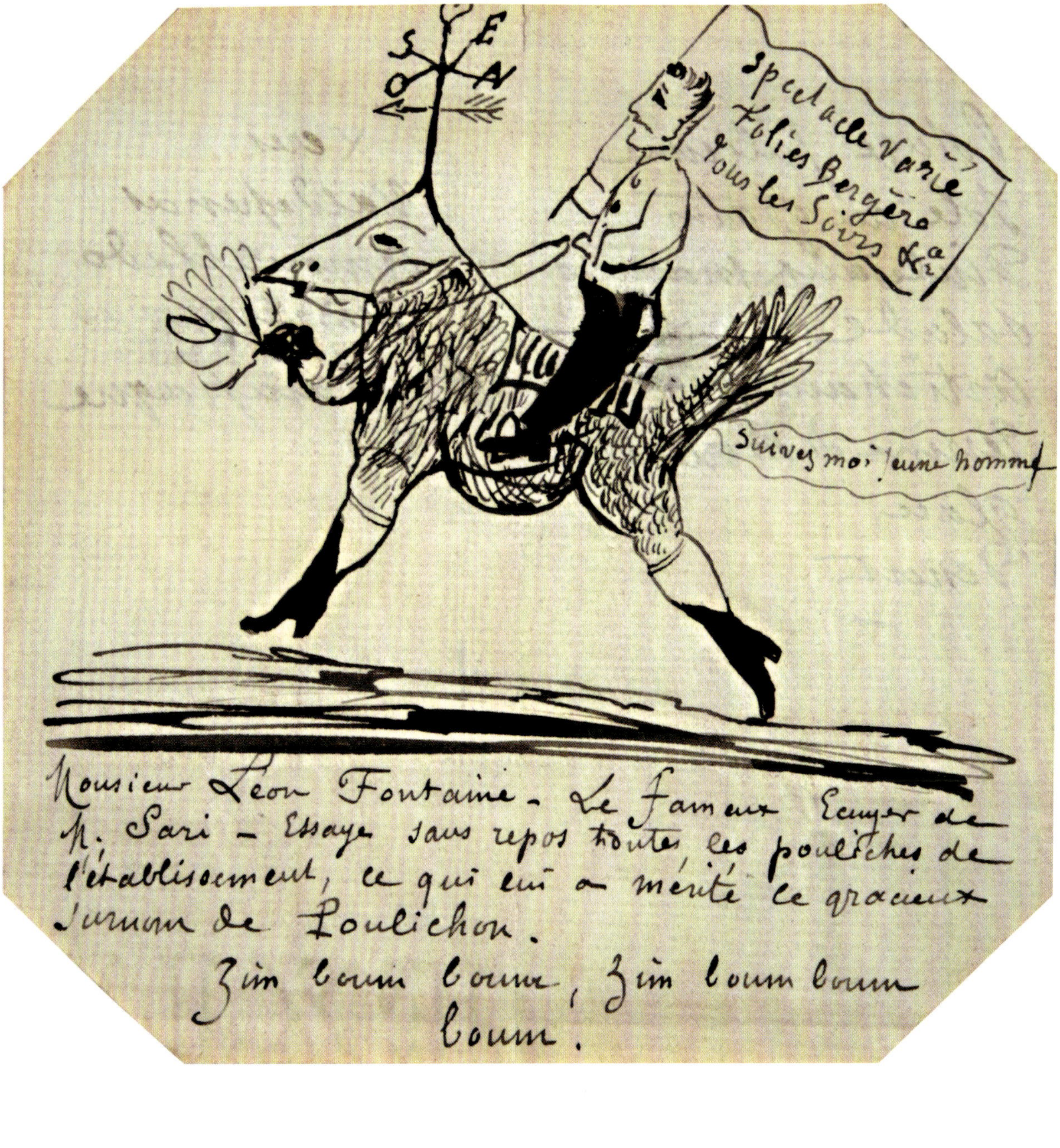

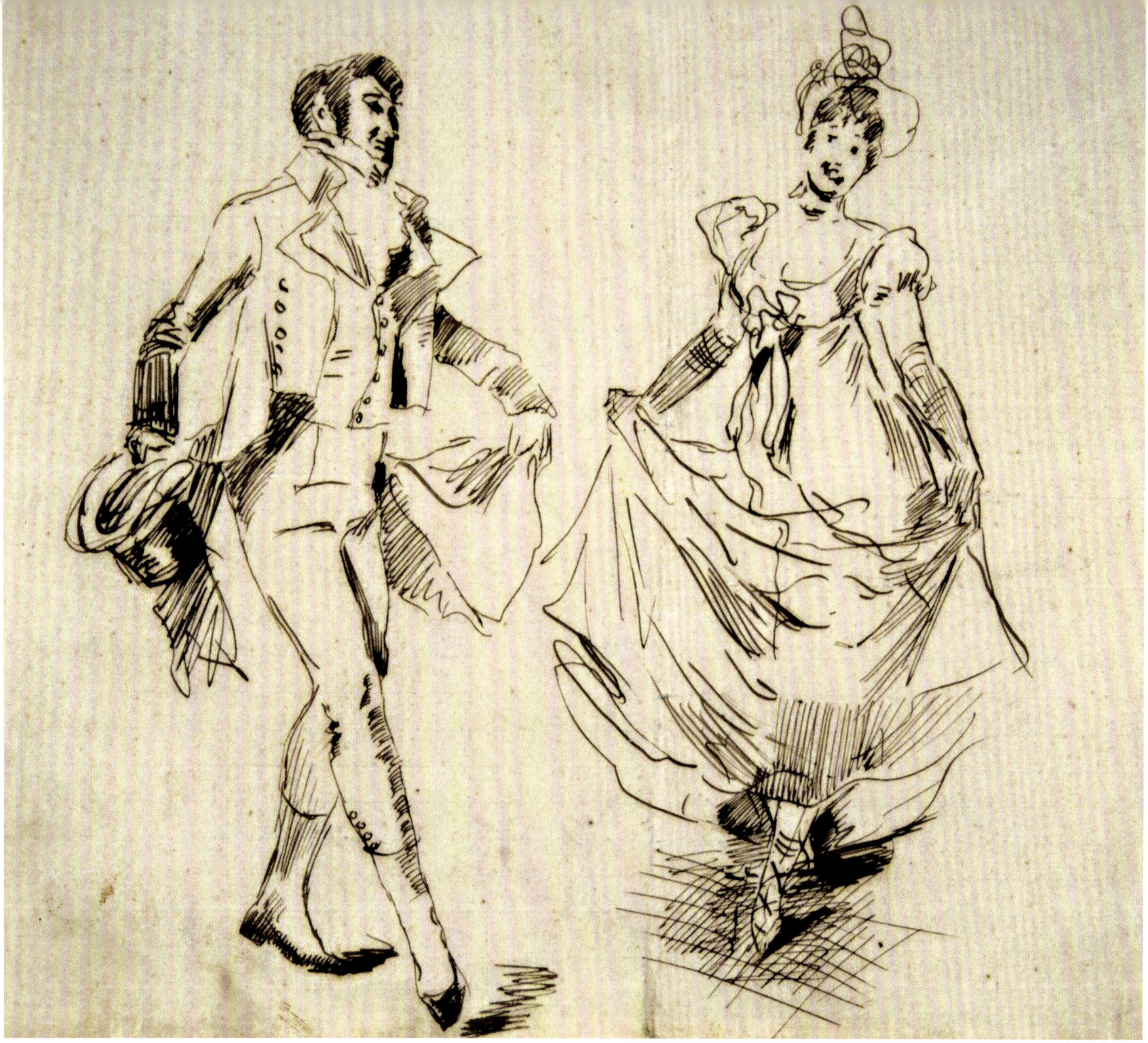

Scène de bal, encre de Chine sur papier, sans date, 22 x 14 cm. Collection P.F.B.

5 Edmond de Goncourt
(1822-1896)

Les frères Goncourt sont, sans doute, le cas le plus fameux de gémellité littéraire et artistique. Orphelins en 1848, Edmond et Jules décident dès lors de renoncer à toute carrière bourgeoise au profit des arts et des lettres, et partagent, jusqu'à la mort du plus jeune, une parfaite communauté de sort et d'activité. Ils écrivent à quatre mains, dessinent ensemble, vivent ensemble, partagent même quelques femmes.

C'est en amateurs qu'ils commencent à écrire et à dessiner, « le crayon à la main, le pinceau dans l'autre » : d'un voyage, en 1849, ils rapportent un carnet de route abondamment illustré. Ils se perfectionnent peu à peu, pratiquant la peinture, le dessin, la gravure, et contribuent à la renaissance de l'eau-forte. Parallèlement, ils collectionnent les œuvres et les objets d'art, rédigent des critiques et des portraits d'artistes et publient un *Art au XVIIIe siècle* en trois volumes (1882).

Ils sont aussi modernistes en littérature qu'ils sont réactionnaires en politique. Aux ouvrages historiques ils préfèrent bientôt les romans (notamment *Germinie Lacerteux*, 1865). Pour ces observateurs sans indulgence, moralistes pessimistes et désabusés, la « vérité » importe avant tout ; c'est pour cela, sans doute, que leur monumental *Journal* est resté leur œuvre la plus célèbre, décrivant avec minutie les bassesses et les hypocrisies de la vie parisienne. La parution (toujours inconvenante, bien qu'expurgée) de ce *Journal* en volumes successifs, sera assez mal accueillie, de même que celle de leurs romans. On peut ainsi comprendre la volonté d'Edmond, toute sa vie en mal de reconnaissance, de fonder une académie portant son nom et décernant un prix annuel, réservé à une œuvre littéraire novatrice. *S.B.*

6 Prosper Mérimée
(1803-1870)

Fils de deux peintres, Prosper Mérimée baigne depuis toujours dans un milieu artistique et mondain. Sa prédilection pour l'art ne se trahira jamais, et sa vie durant il pratique le dessin, la peinture et la critique d'art. Les voyages, qu'il entreprend d'abord pour son plaisir, puis pour son métier d'inspecteur général des Monuments historiques (à partir de 1834), sont pour lui l'occasion de mêler écriture et croquis, paysages et caricatures, études et reproduction de scènes vécues ; il est, notamment, fin connaisseur de l'Angleterre et de l'Espagne qui lui inspirera son célèbre récit *Carmen* (1845). Il contribue à mettre en place une administration capable de mener une véritable politique de protection des monuments en danger.

Son orientation politique libérale le laisse en retrait sous la Restauration, mais le pousse à exercer de hautes fonctions sous la Monarchie de Juillet. Horrifié par la Révolution de 1848, il professe dès lors des opinions plus conservatrices ; ami de la famille de l'impératrice Eugénie, il se rapproche encore du pouvoir sous le second Empire, et devient sénateur en 1853.

Mérimée écrit ses œuvres littéraires les plus fameuses entre 1825 et 1846. Il s'illustre dans le genre de la nouvelle (*Mateo Falcone*, 1829 ; *Colomba*, 1840), et est élu à l'Académie française en 1844. Curieux et érudit, il contribue à introduire la littérature russe en France, et passe pour un spécialiste de Cervantès. Il admire avant tout les écrivains de la concision, qui renferment « dans leurs vers plus de sens que de mots », comme Byron ou Pouchkine. En écriture comme en art, il reste fidèle aux mêmes principes esthétiques : en quête de naturel et de simplicité, il fuit le grotesque ou l'emphase qu'il reproche à nombre de ses contemporains. *S.B.*

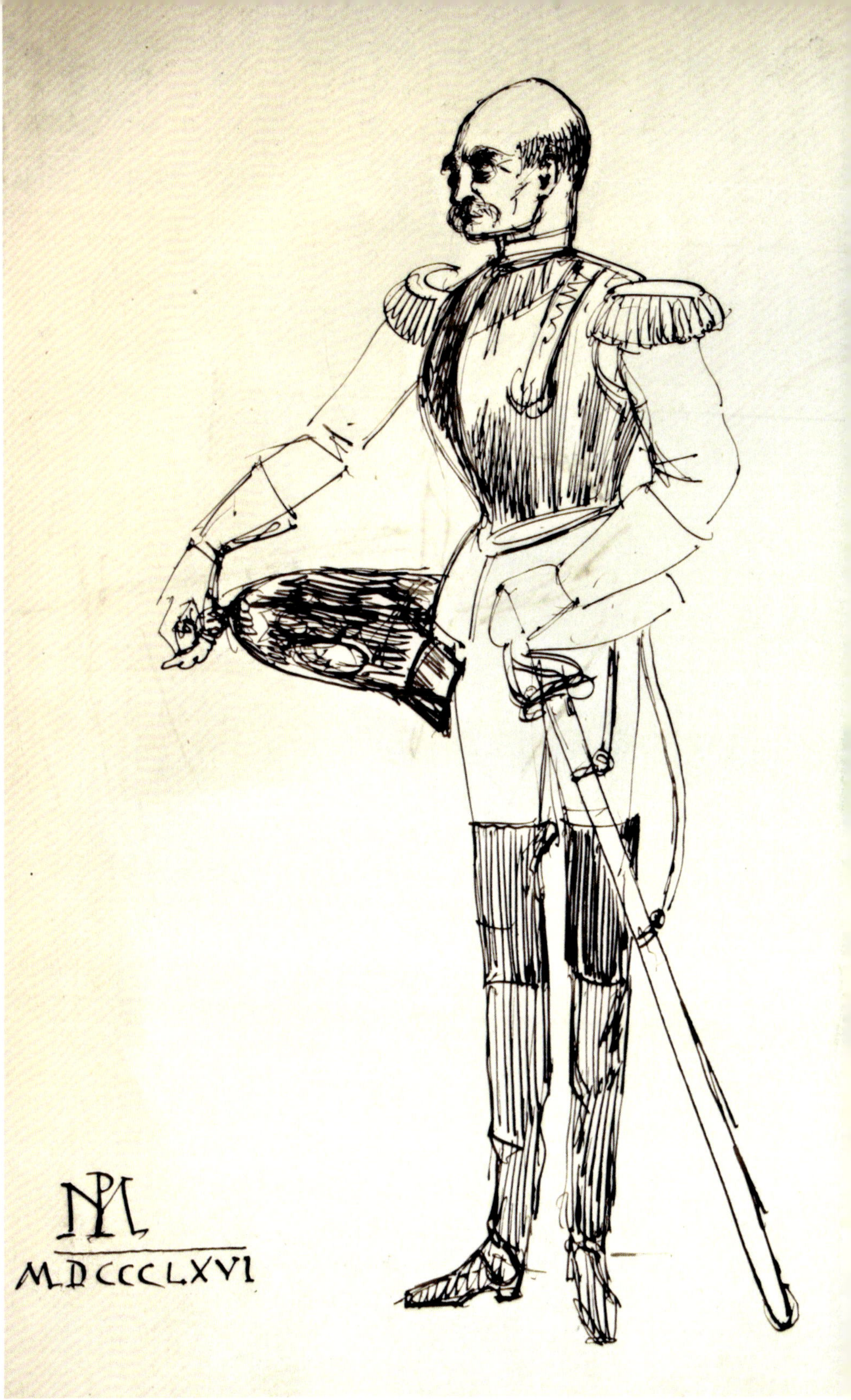

Cuirassier, encre sur papier, 1866, 27 x 20,8 cm. Collection P.F.B.

« Savoir choisir dans la nature ce qu'il faut imiter est assurément le grand problème de l'art, du moins c'est à le résoudre que se sont appliqués de tout temps les maîtres qui ont laissé une renommée durable. »

« Les Beaux-Arts en Angleterre »,
Revue des Deux Mondes, octobre 1857.

Матилда Еремѣевна
Повѣрьте мнѣ, не лгу я.
Попробуйте сударыня
Россійскаго вы хуя.

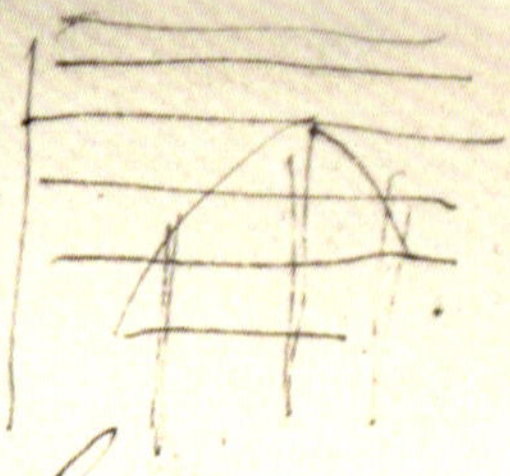

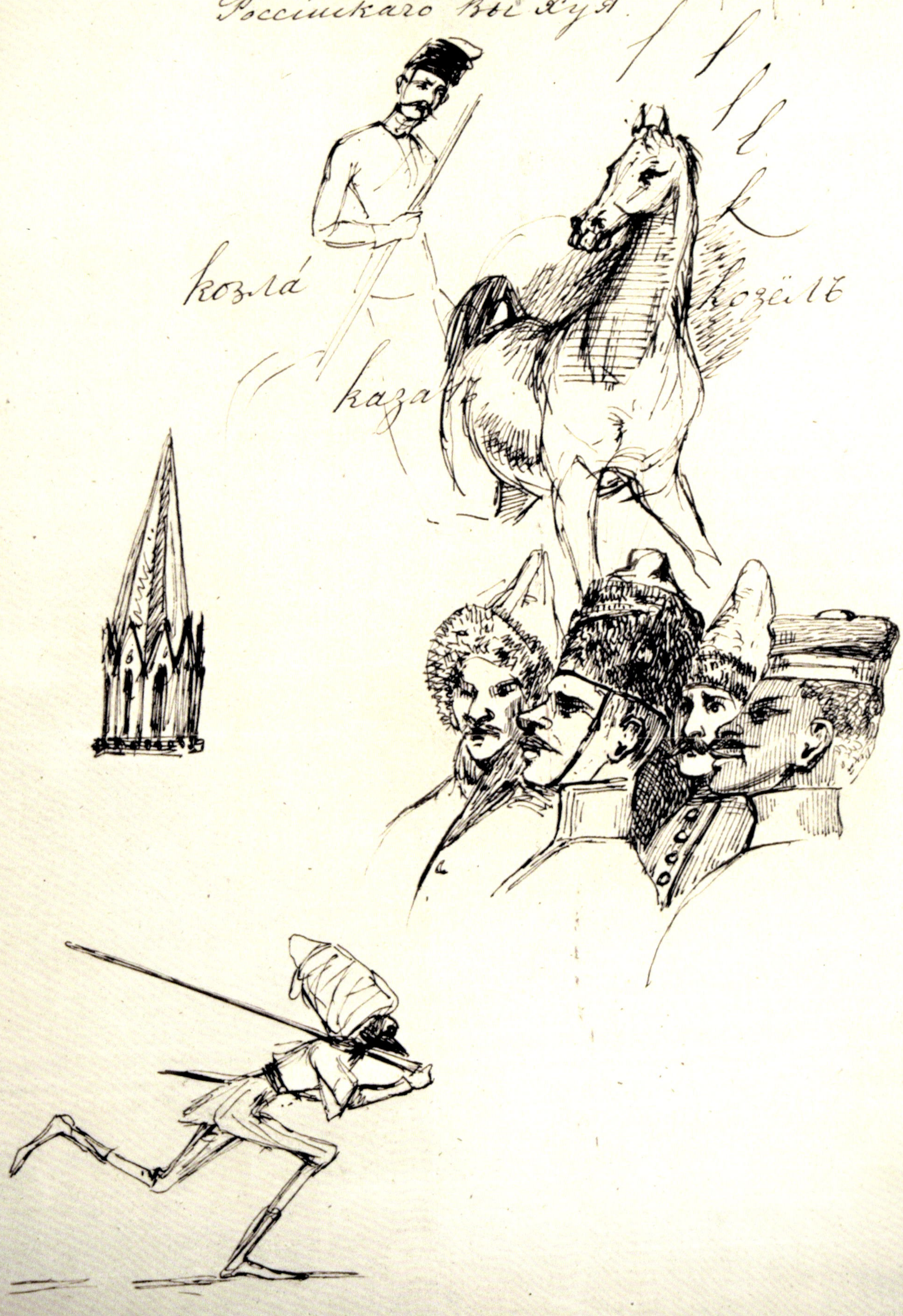

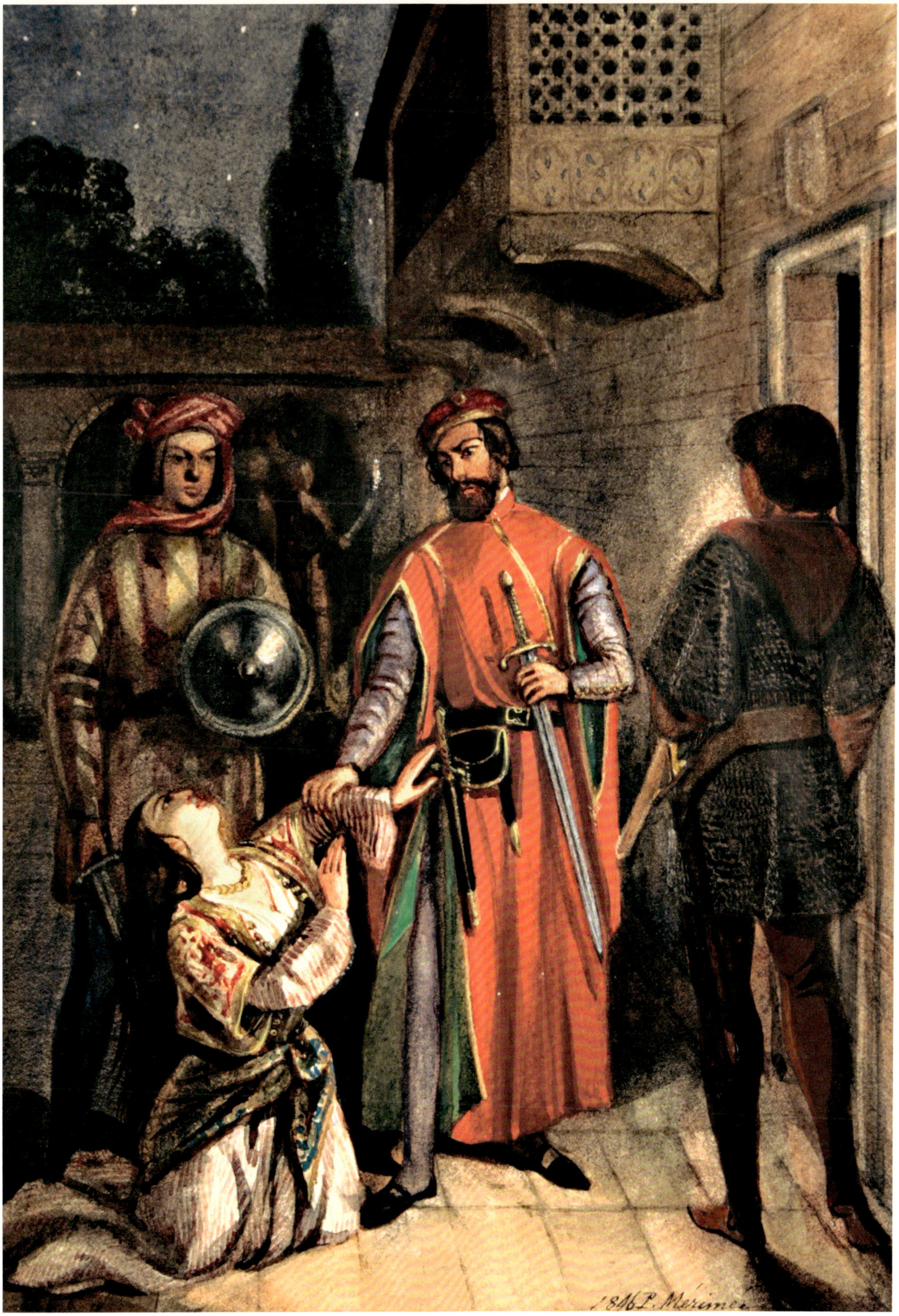

Page de gauche, Prosper Mérimée : sans titre, dessin à l'encre sur papier et quatrain manuscrit en russe, sans date, 30,1 x 21,4 cm.
Ci-dessus, Prosper Mérimée : *La Supplication*, aquarelle et gouache sur papier, 1846, 21,1 x 14,6 cm. Collection P.F.B.

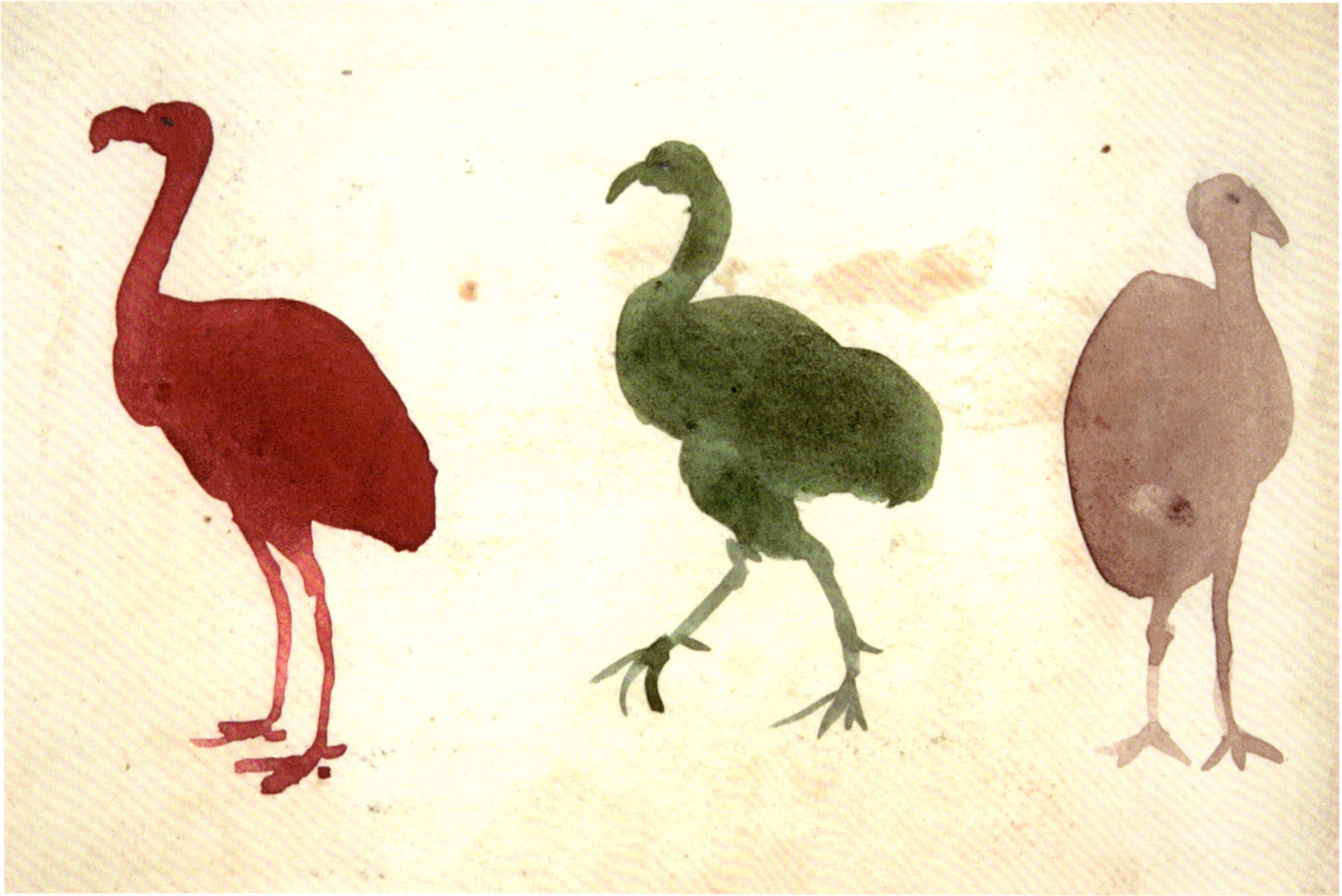

Oiseaux, aquarelle sur papier, sans date, 4,5 x 6,7 cm. Collection P.F.B.

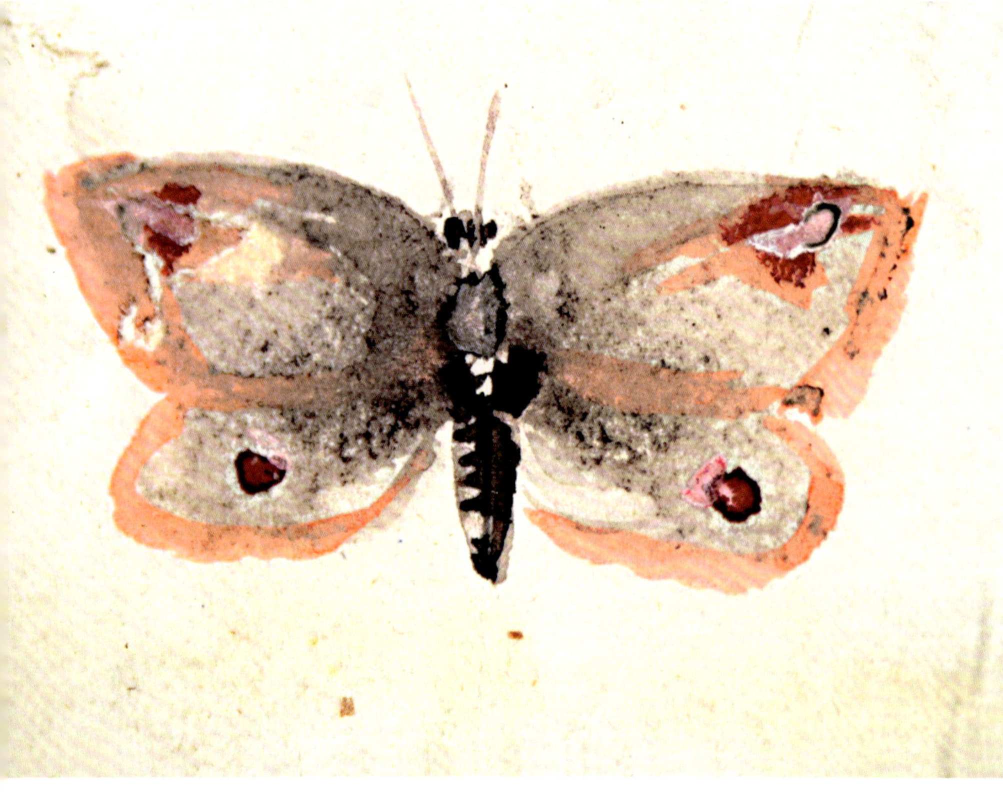

Papillon, dentrite et rehauts de gouache sur papier, 2,8 x 4,1 cm.
Collection P.F.B.

7 George Sand
(1804-1876)

Armandine Lucile Aurore Dupin de Francueil, épouse Dudevant, a amplement contribué à définir les contours de son milieu et de son époque — le Romantisme — par ses idylles vagabondes avec des personnages en vue, qu'elle transposera dans un nombre incalculable de romans de mœurs ou de récits édifiants et rustiques, signés de son nom de plume, George Sand. Cette prolixité lui valut d'être traitée par Nietzsche de « vache à lait ». Le sévère philosophe eût-il connu et apprécié ce qu'il faut bien appeler les « charmants petits paysages » qu'elle se plaisait à peindre sur papier préparé à la dentrite qu'il aurait peut-être pu — sait-on jamais ? — être enclin à quelque indulgence envers la romancière.

J.J.L.

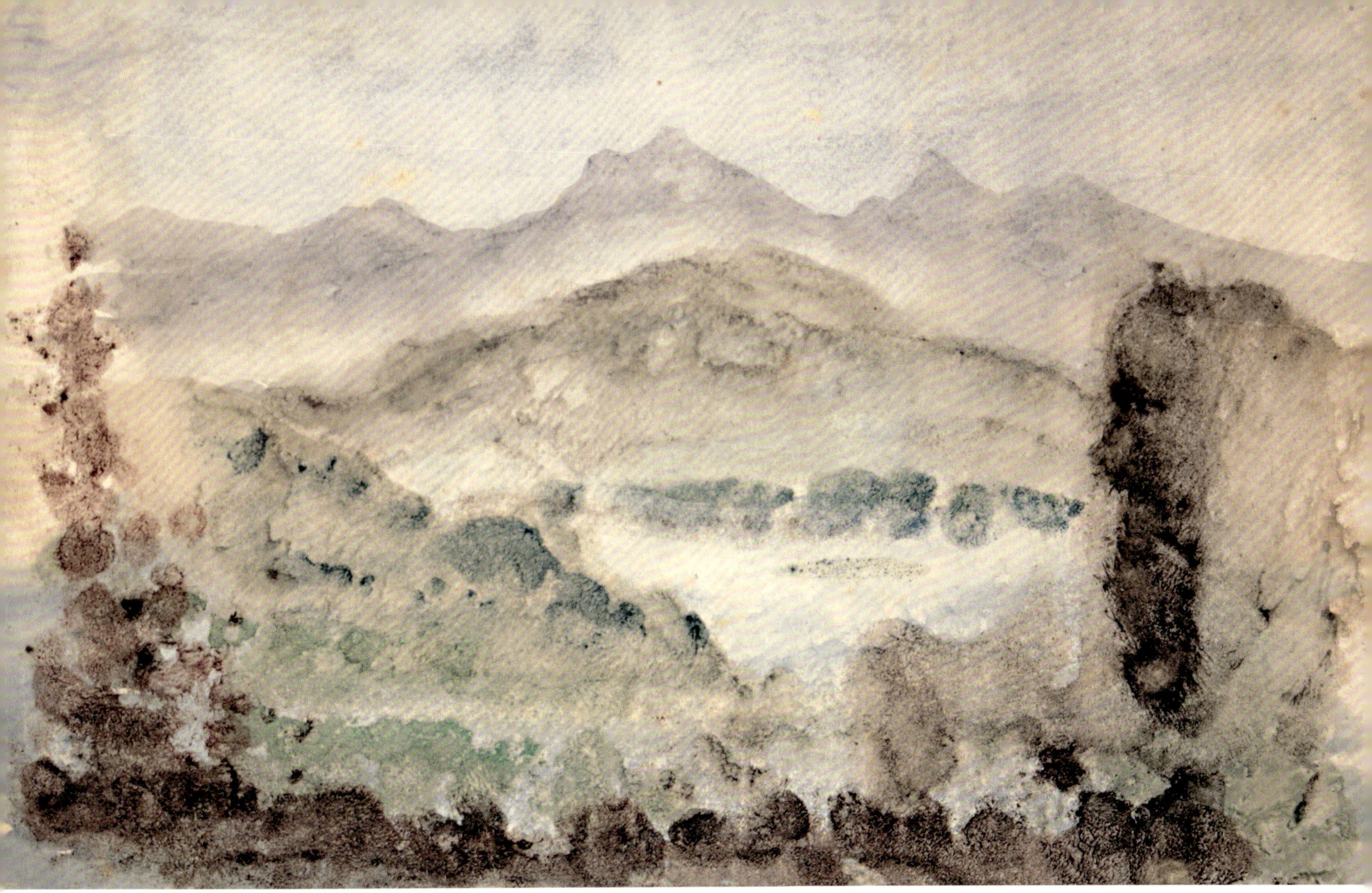

Sans titre, aquarelle sur papier, sans date, 11,4 x 13,8 cm. Collection P.F.B.

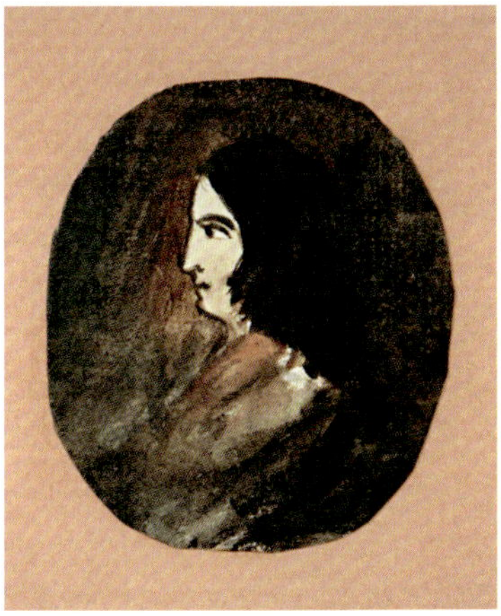

Autoportrait, encre et lavis sur papier, sans date, 17,7 x 15,5 cm. Collection P.F.B.

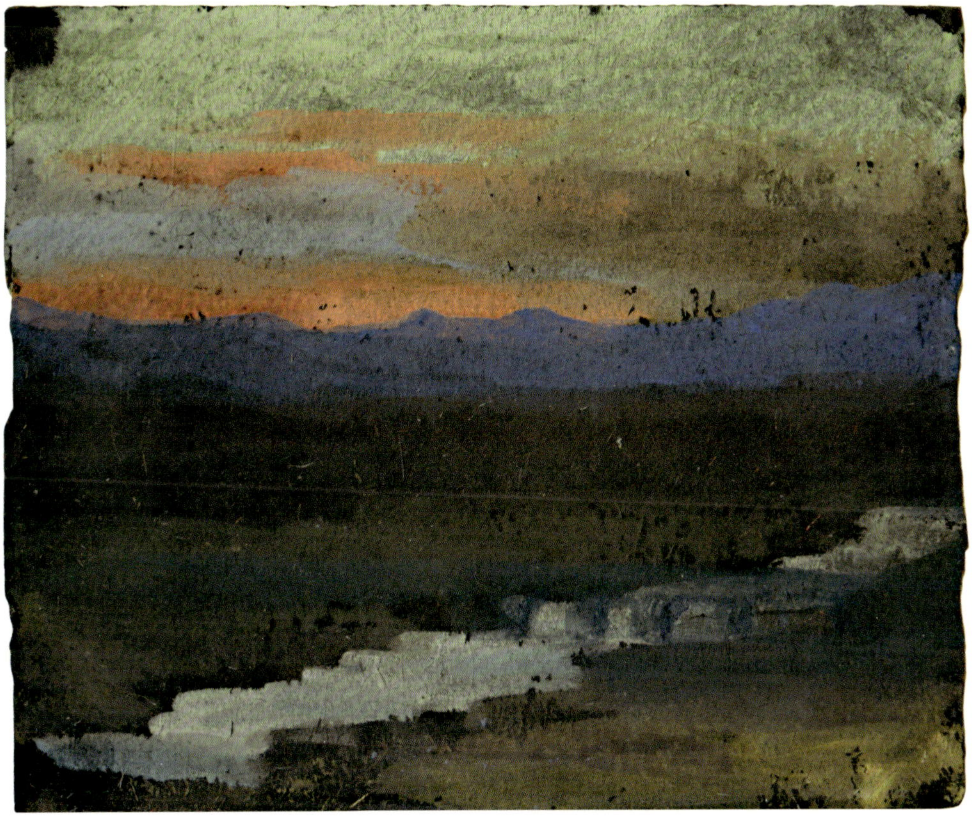

Paysage de bord de mer, lavis sur papier, 1870, 5 x 8,3 cm. Collection P.F.B.

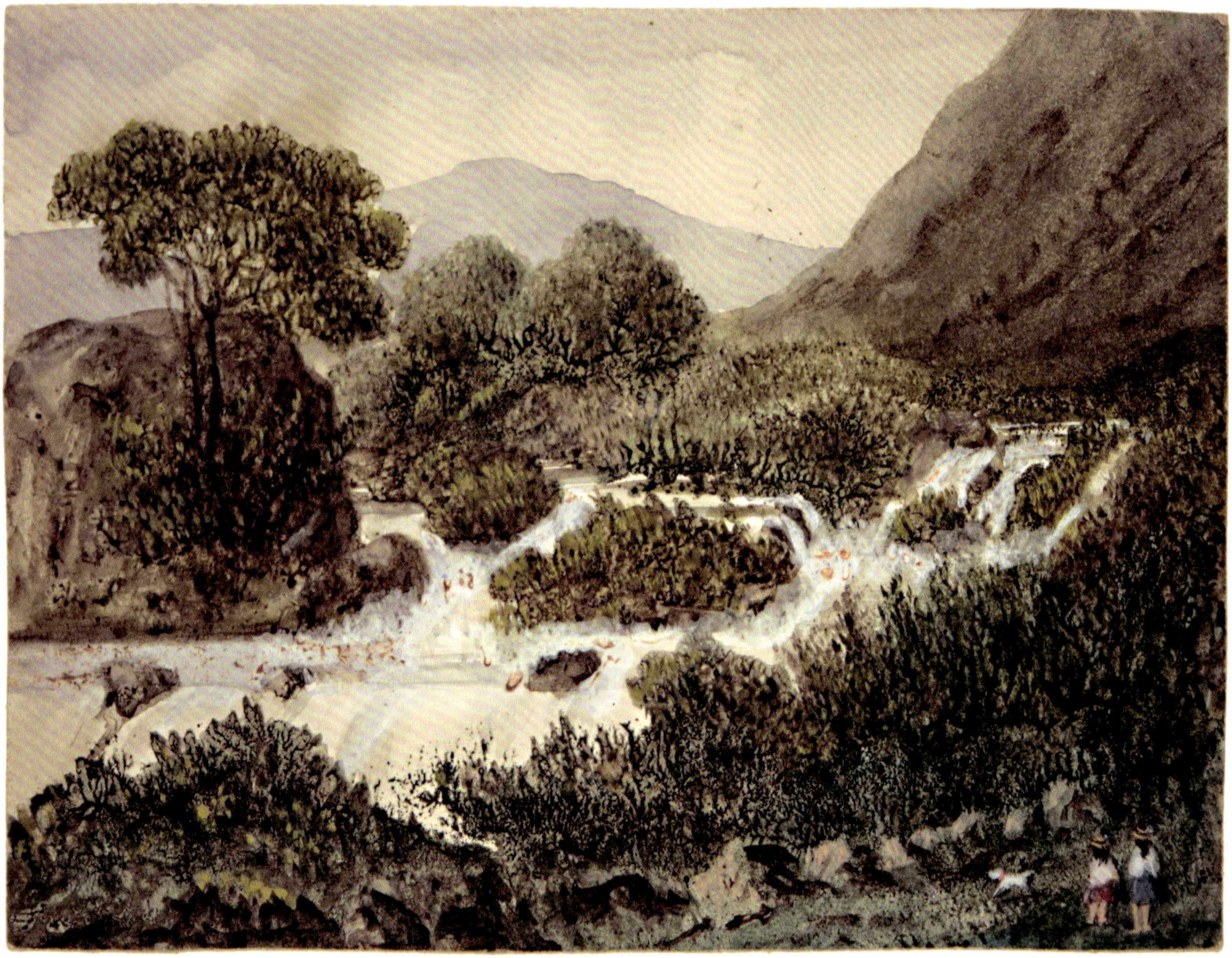

Lolo, Titi et Fadet près des chutes, dentrite et aquarelle sur papier, sans date, 16 x 46 cm. Collection P.F.B.

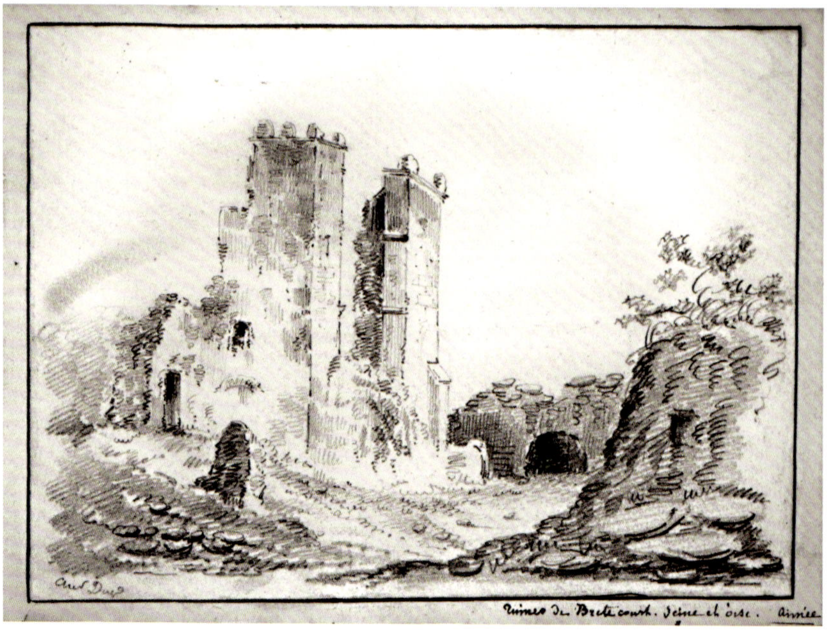

Ruines de Brethecourt, mine de plomb sur papier, sans date, 12,3 x 16,8 cm. Collection P.F.B.

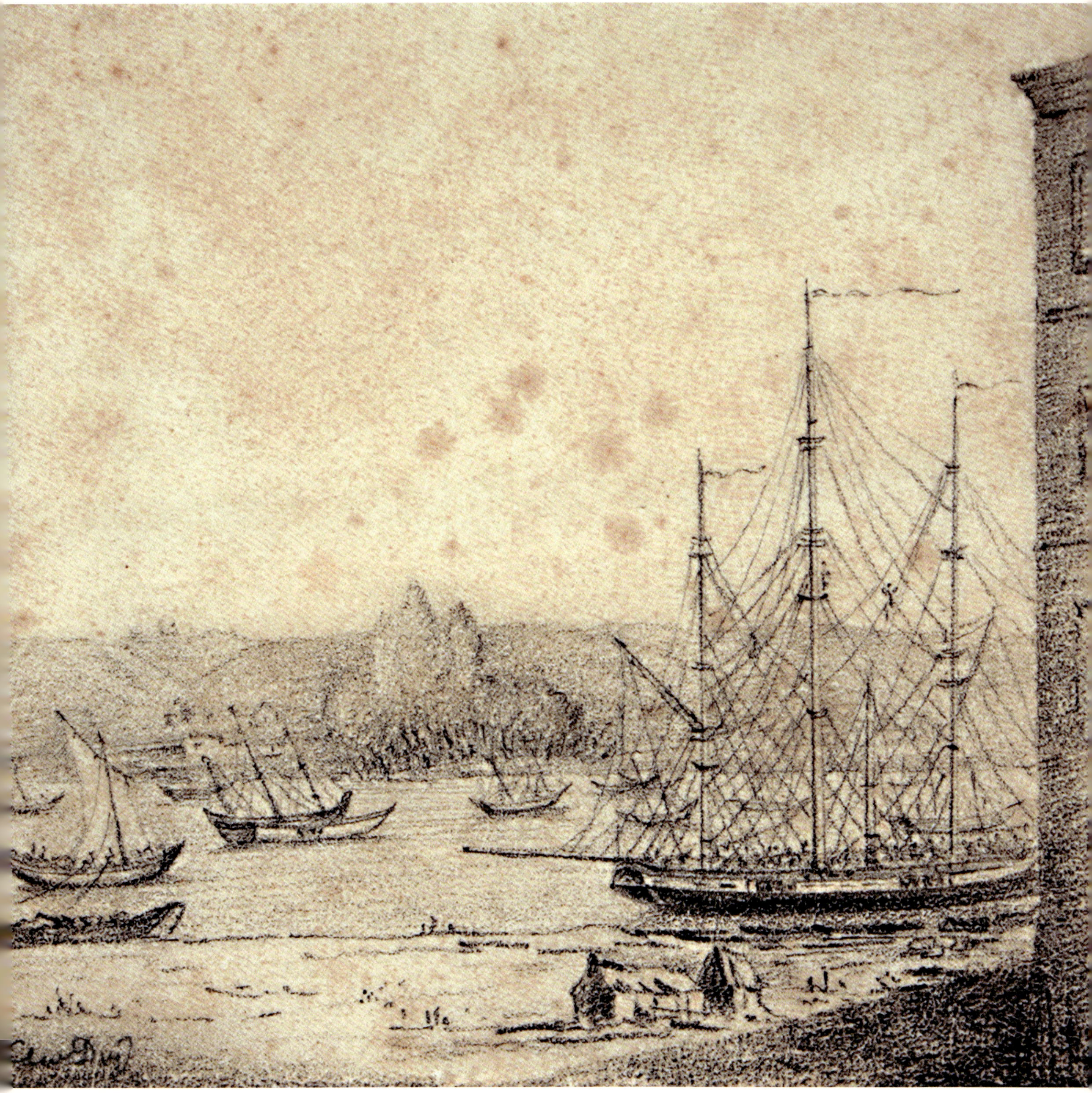

Le port de Bordeaux, mine de plomb sur papier, 16 mars [1830], 9 x 9,5 cm. Collection P.F.B.

8 Alfred de Musset
(1810-1857)

L'œuvre d'Alfred de Musset, avec ses excès, ses contradictions et ses attendrissements, est représentative des ambiguïtés du courant romantique. Prise entre une tentation lyrique et sentimentale et une froideur cynique confinant au désespoir, elle signe la naissance d'une certaine forme de modernité en littérature.

Né dans une famille parisienne aisée, Musset se destine très tôt à la littérature et mène une existence de dandy. Il entre au Cénacle, le salon de Charles Nodier, où il rencontre notamment Hugo, Vigny, Mérimée, Sainte-Beuve. Son premier recueil en vers (1829) connaît un grand succès, au contraire de ses pièces pour le théâtre dont l'échec le conduit à la provocation du *Spectacle dans un fauteuil*, théâtre à lire qui exclut théoriquement la représentation. Il pratique la musique et le dessin en brillant dilettante, et préfère la caricature et le dessin d'humour à l'étude sérieuse.

Musset rencontre George Sand en 1833, avec qui il vit jusqu'à l'année suivante. Cette passion malheureuse lui inspire, entre autres, les *Confessions d'un enfant du siècle* (1836), emblème d'une génération qui ne se reconnaît ni dans l'orientation de plus en plus matérialiste de ses contemporains ni dans la foi désormais disparue de ses aînés. À la même période, il compose les *Nuits*, ses poèmes lyriques les plus éclatants.

Élu à l'Académie française à quarante-deux ans, il s'est déjà illustré dans les genres poétique, théâtral et romanesque. Il s'enfonce pourtant dans une vie dissipée qui n'épuise pas ses aspirations à la pureté, et meurt précocement, délaissé de ses contemporains. *S.B.*

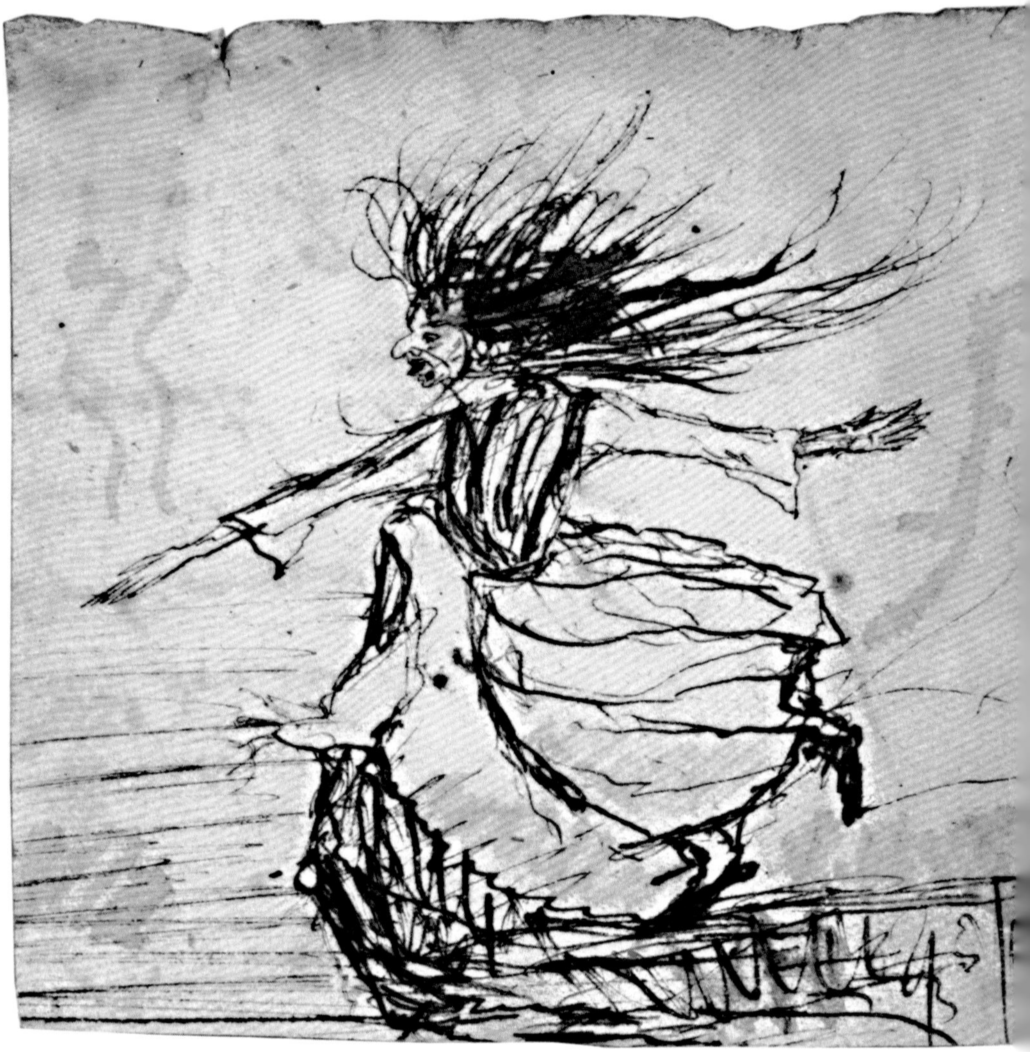

La Sorcière, encre de Chine sur papier, sans date, 5,5 x 5,5 cm. Collection P.F.B.

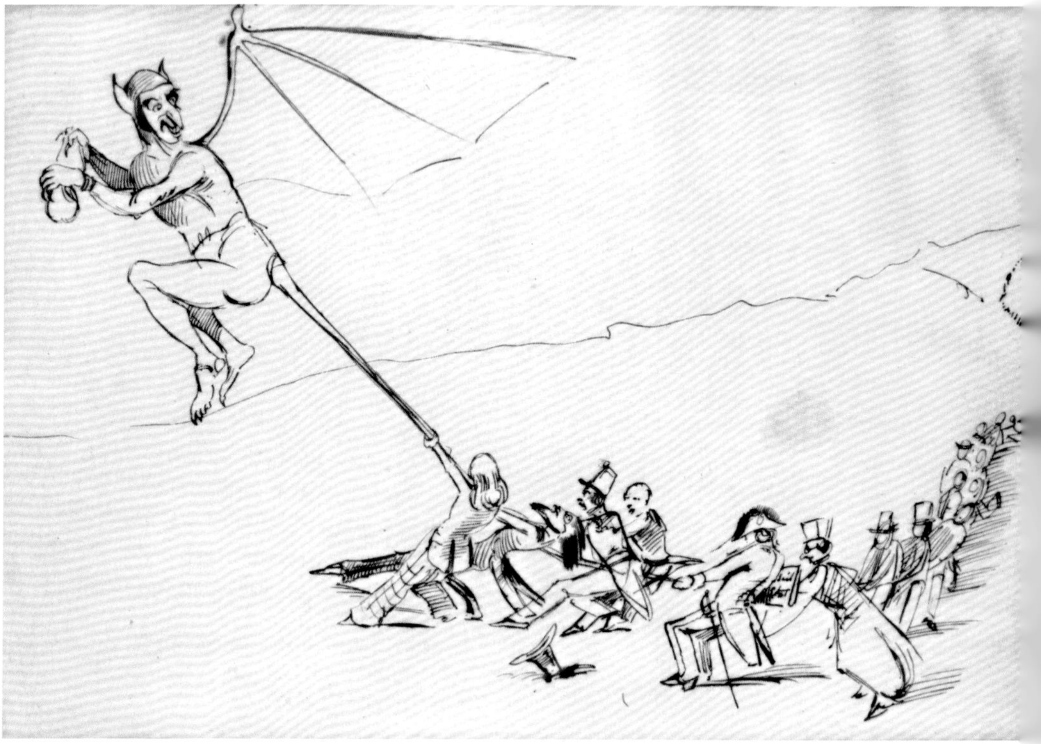

Diable par la queue, encre de Chine sur papier, sans date, 15 x 21,5 cm. Collection P.F.B.

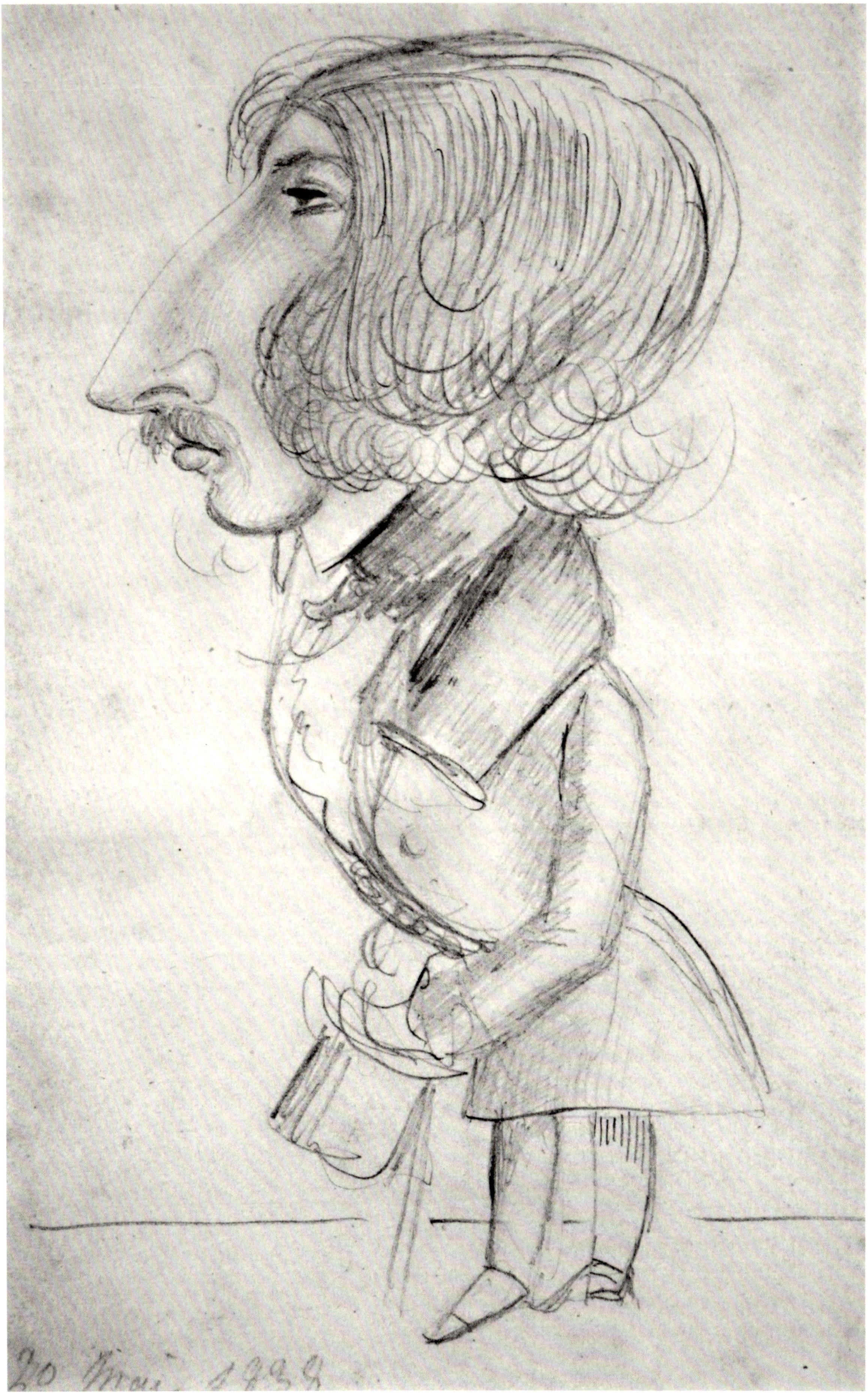

Autoportrait-charge, mine de plomb sur papier, 20 mai 1838, 16 x 10,5 cm. Collection P.F.B.

9 Anatole France
(1844-1924)

Anatole France est initié à la lecture par son père, libraire, et il écrit depuis son adolescence. Très jeune, il connaît les milieux érudits et bibliophiles de Paris et se mêle aux représentants de l'École parnassienne. Ses propres poèmes sont marqués par cette influence. Son inspiration classique et son attrait pour l'Antiquité se font également sentir dans ses pièces de théâtre, mais c'est avec le roman qu'il acquiert une véritable notoriété littéraire (*Le Crime de Sylvestre Bonnard*, 1881).

Plus progressiste en matière de politique que de littérature, Anatole France écrit pour de nombreux journaux, prend parti sur les questions sociales et politiques qui agitent la fin du XIXe siècle et le début du XXe, notamment dans l'affaire Dreyfus au côté de Zola — dont il prononcera l'éloge funèbre. Son cycle intitulé *L'Histoire contemporaine* (1897-1901) fait le tableau des travers de son temps et rend compte de son engagement humaniste. Ironique et sceptique, il use de son sens aigu de la formule pour décrire et condamner les dérives de certains de ses contemporains, à qui il reproche fanatisme et intolérance. Anatole France publie également des romans historiques. Depuis 1888, il anime le salon de Mme de Caillavet ; il écrit plusieurs romans pour celle qui restera, jusqu'à sa mort en 1910, sa maîtresse et son égérie.

Tombé aujourd'hui dans l'oubli, critiqué par ses successeurs pour son manque d'audace littéraire, il bénéficie de son vivant d'une immense reconnaissance : il est élu à l'Académie française en 1896 et obtient le prix Nobel en 1921.

S.B.

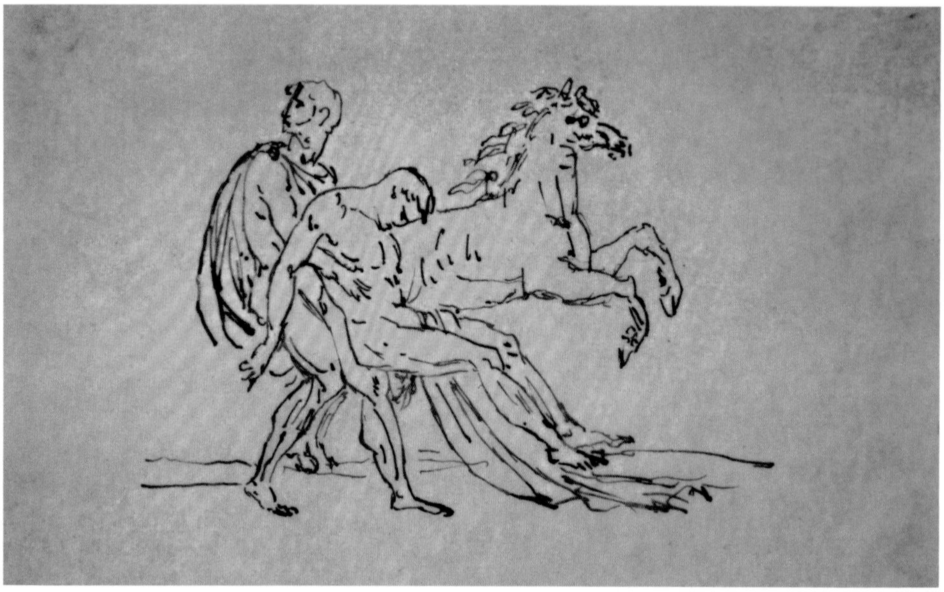

Guerrier mort, encre de Chine sur papier calque, sans date, 13 x 20,3 cm. Collection P.F.B.

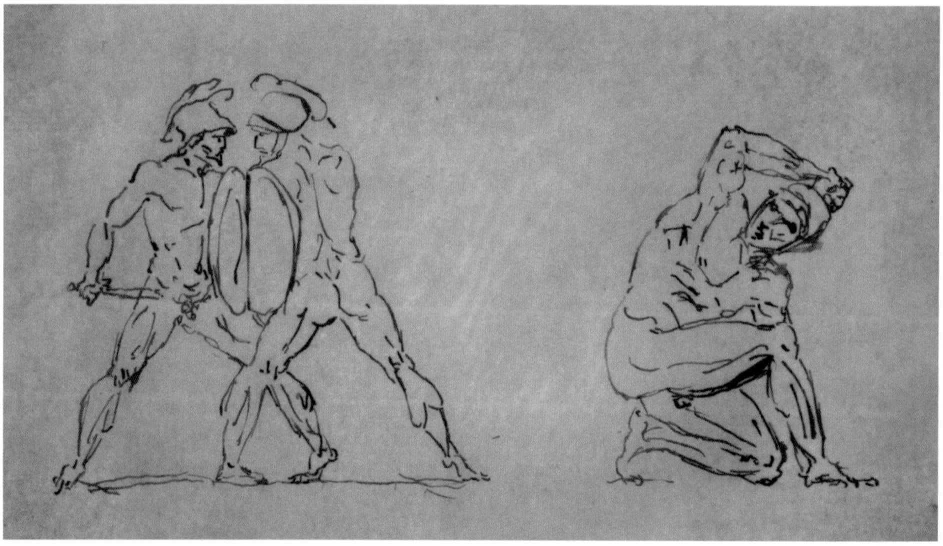

Trois hommes nus au combat, encre de Chine sur papier calque, sans date, 13 x 20,3 cm. Collection P.F.B.

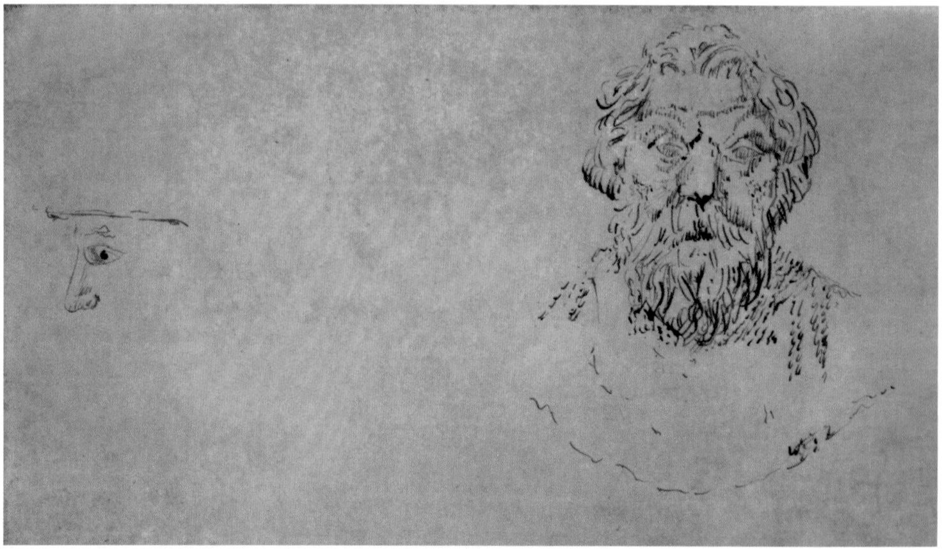

Portrait de Platon, encre de Chine sur papier calque, sans date, 12 x 20,7 cm. Collection P.F.B.

10 Guy de Maupassant
(1850-1893)

La Normandie, région natale de Guy de Maupassant, sert de décor à une grande partie de ses œuvres de fiction. Il grandit à Fécamp, au bord de la mer ; océans violents ou cours d'eau pernicieux, l'élément liquide, « [sa] grande, [son] absorbante passion », sera la toile de fond inquiétante de nombre de ses récits.

Sa jeunesse est tiraillée entre la liberté de la vie à la campagne, l'enfermement et les contraintes de l'internat. Après des premiers textes d'inspiration symboliste, il rencontre Louis Bouilhet et Gustave Flaubert qui lui révèlent sa vocation. Flaubert l'encourage à poursuivre dans l'écriture et lui trouve un emploi de fonctionnaire qui assure sa survie matérielle.

L'expérience de la guerre de 1870 est pour Maupassant un profond traumatisme ; on retrouve cette atmosphère de débâcle dans sa première nouvelle publiée, *Boule-de-Suif* (1880), qui connaît un succès immédiat. Journaliste, écrivain prolifique et désormais reconnu, Maupassant fréquente Zola et ses soirées de Médan. Du fait de cette proximité, on rapprochera longtemps Maupassant du naturalisme. Réaliste ou fantastique, son œuvre se caractérise pourtant par un refus de toute démonstration comme de tout dogmatisme. Ses récits brillent par leur simplicité narrative et stylistique et leur refus de l'emphase.

Maupassant publie plus de trois cents textes brefs, contes ou nouvelles, entre 1880 et 1890, et consacre la fin de sa carrière au roman. Atteint de syphilis, sujet à des crises de démence de plus en plus fréquentes, il meurt dans l'asile où il est interné. *S.B.*

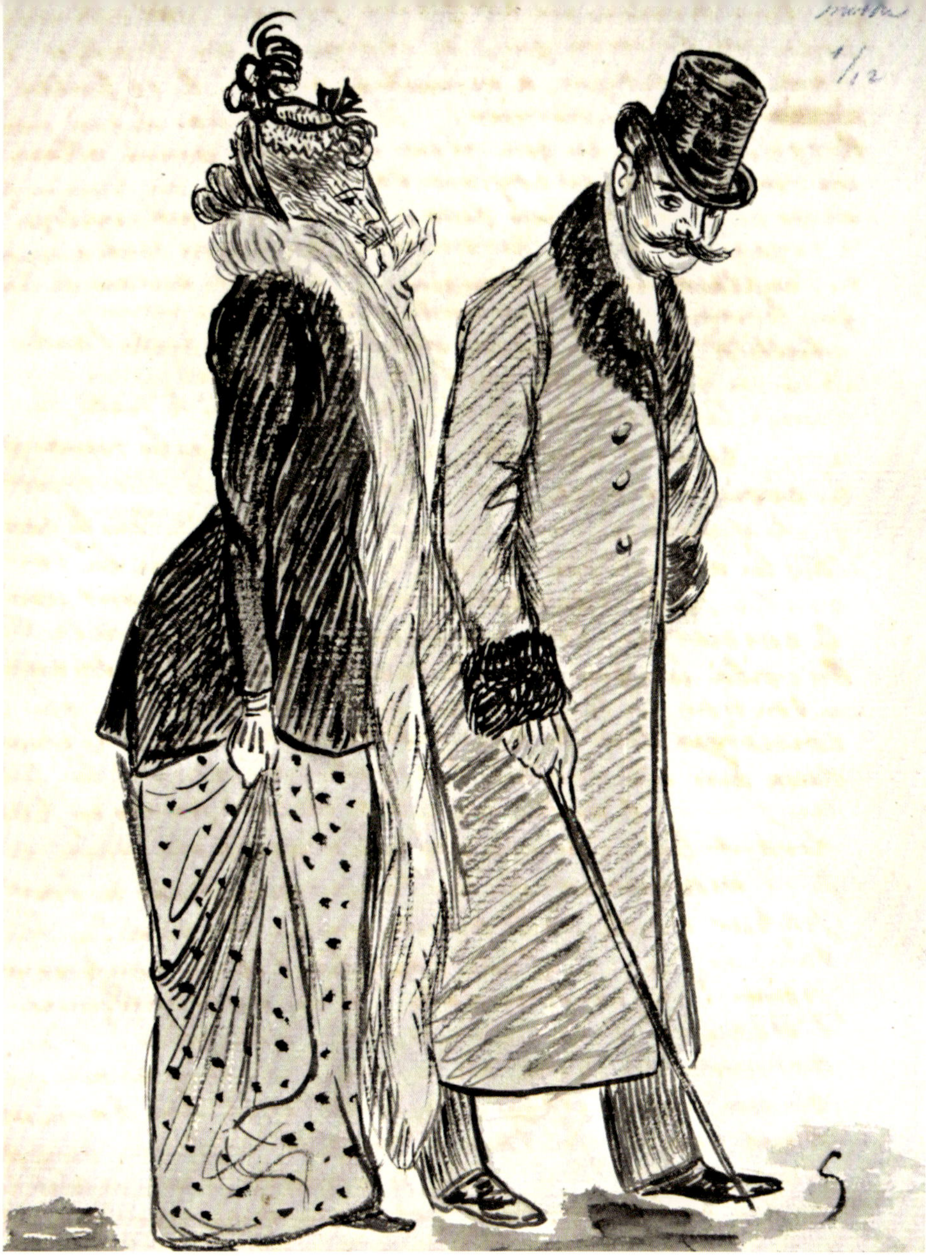

Couple, encre, fusain et lavis, sans date, 21,5 x 15,5 cm. Collection P.F.B.

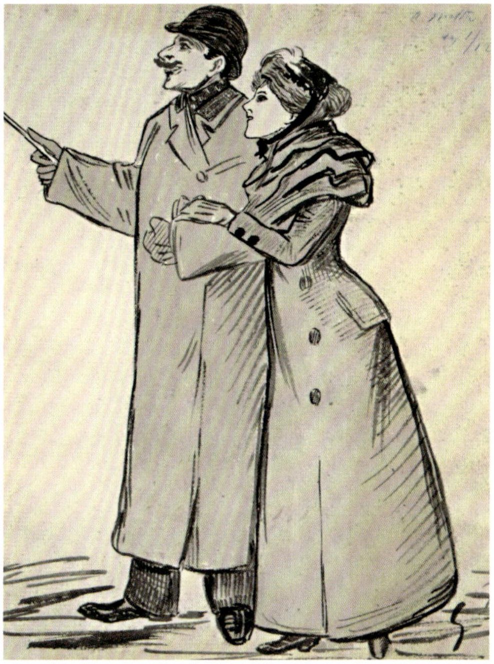

« Une œuvre d'art n'est supérieure que si elle est, en même temps, un symbole et l'expression exacte d'une réalité. »
La Morte.

« La moindre chose contient un peu d'inconnu. Trouvons-le. »
Pierre et Jean.

Couple, encre, fusain et lavis, sans date, 21,5 x 15,5 cm. Collection P.F.B.

11 Paul Verlaine
(1844-1896)

Paul Verlaine grandit à Paris. À vingt ans, il est employé de mairie. Il fréquente les cafés littéraires, écrit dans le *Parnasse contemporain* et publie en 1866 ses *Poèmes saturniens*, très inspirés de Baudelaire. Il se marie en 1870 avec Mathilde ; la même année, il prend fait et cause pour les communards et rencontre le jeune Arthur Rimbaud qui va bouleverser sa vie. Il quitte sa femme, part avec lui pour la Belgique et l'Angleterre où il écrit ses *Romances sans paroles*. En 1873, les coups de feu qu'il tire sur son amant au cours d'une dispute le conduisent à deux ans de prison. Conséquence d'une nuit d'illumination mystique, il compose le recueil *Sagesse*. Converti et séparé, il rentre à Paris et publie en 1883 la première série des *Poètes maudits* qui contribue à sa notoriété. Considéré comme le chef de file des Décadents, salué par ses contemporains, il s'enfonce malgré tout dans la misère et l'alcoolisme.

On réduit trop souvent Verlaine à une opposition entre Parnasse et Symbolisme. Il échappe de fait à ces classifications ; *L'Art poétique* et son précepte fameux (« De la musique avant toute chose... ») sont à l'origine d'un changement esthétique radical et durable. Avec Verlaine, la « nuance » devient le terrain de prédilection de la poésie qui laisse toute sa place à l'expression d'un *moi* aux contours mal définis, aux émotions diffuses, aux modes d'expression incertains. Le vers perd de sa rigidité, le « charme » prend le pas sur la perfection formelle. La négligence naïve, apparente, de ses poèmes instaure une forme de lyrisme intime qui tire toute sa force de l'effet de proximité qu'il procure au lecteur. Avec Verlaine, l'expression poétique explore toutes ses ressources musicales et s'ouvre à l'informe, à l'éphémère et à l'impondérable. *S.B.*

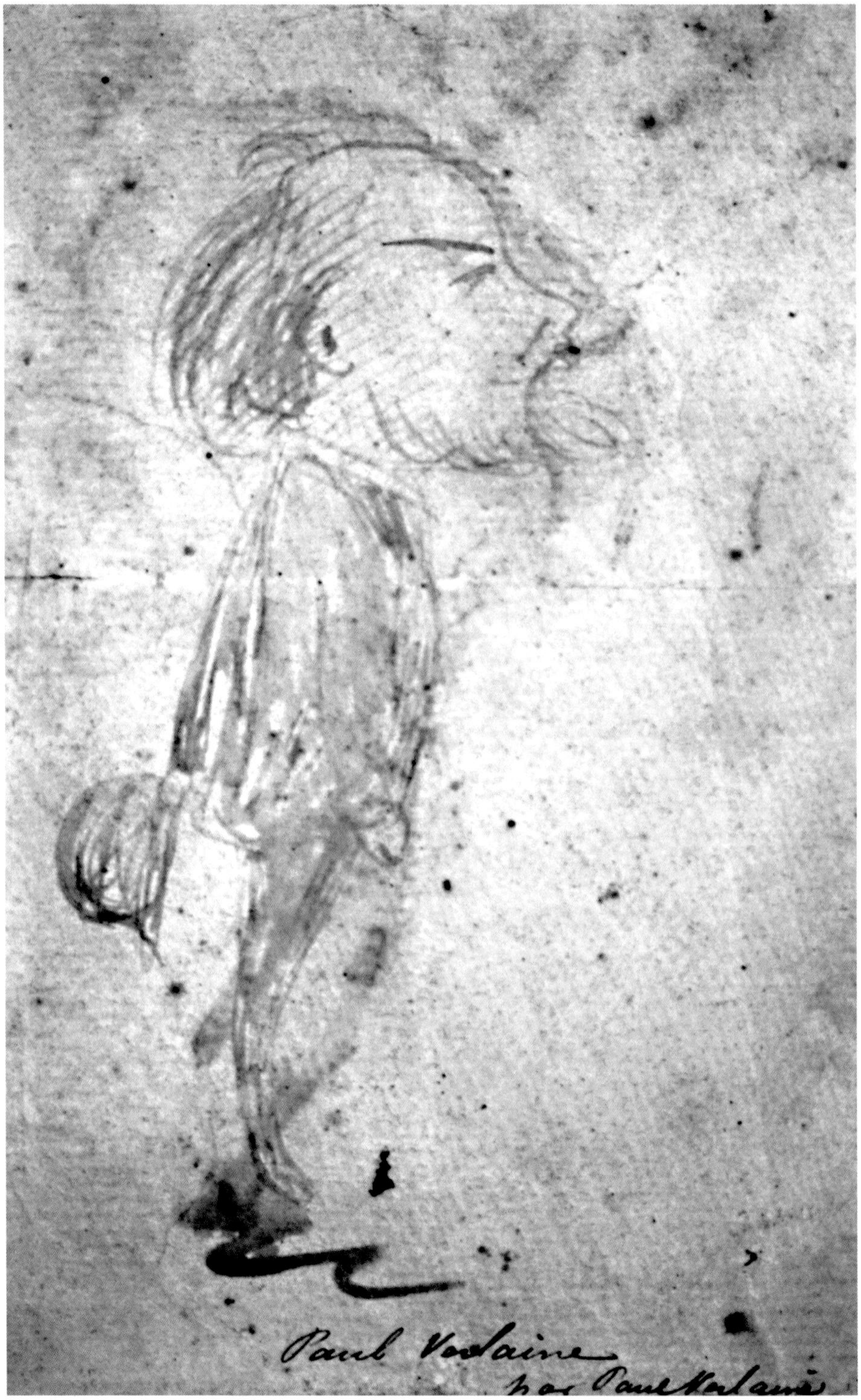

Paul Verlaine par Paul Verlaine, encre sur papier, sans date, 18 x 11 cm. Collection P.F.B.

« Je suis l'Empire à la fin de la décadence,
Qui regarde passer les grands Barbares blancs
En composant des acrostiches indolents
D'un style d'or où la langueur du soleil danse. »
Jadis et Naguère, « Langueur », 1884.

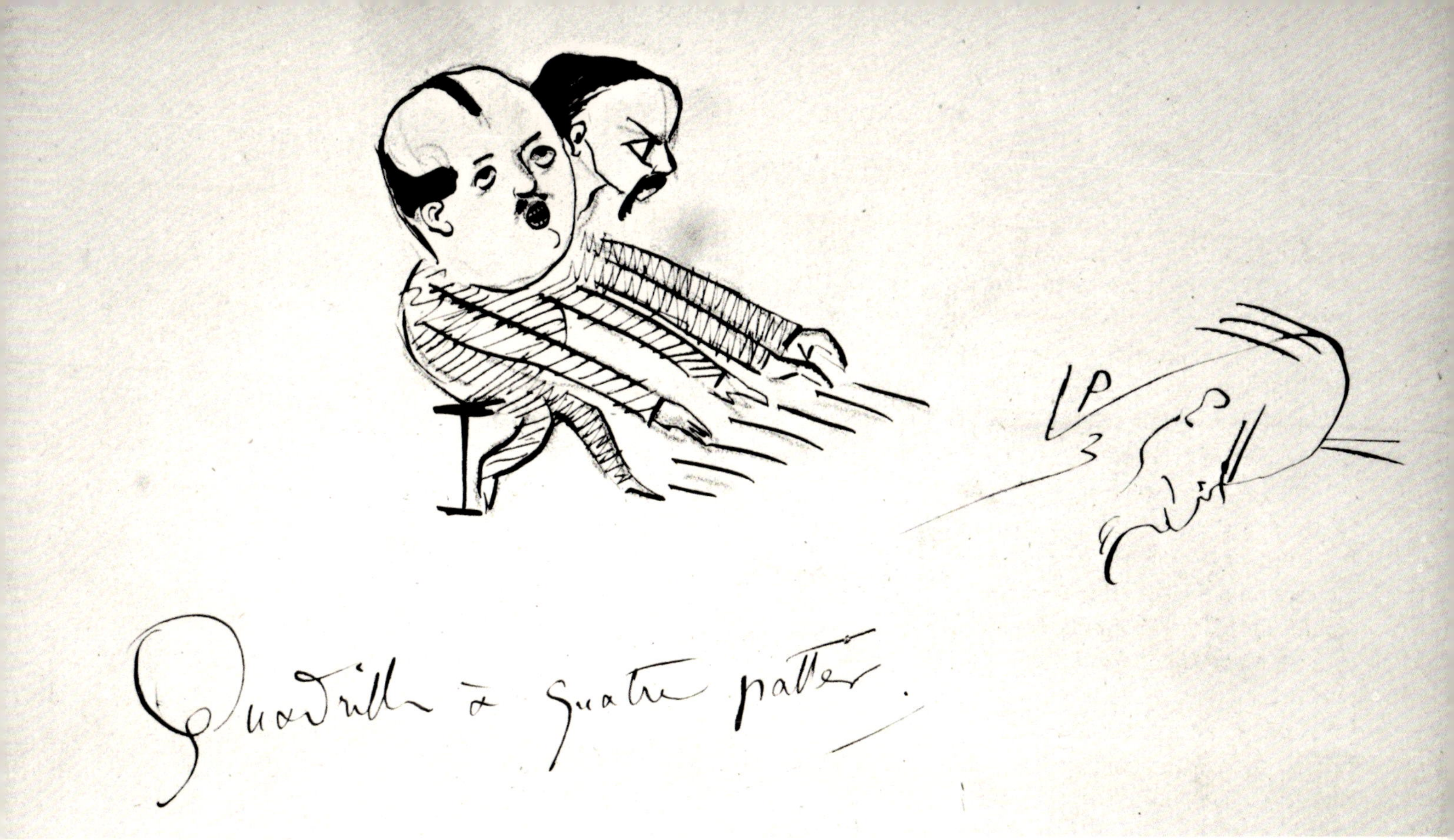

Quadrille à quatre pattes avec autoportrait, crayon et encre sur papier, 1870, 20,3 x 25,9 cm. Collection P.F.B.

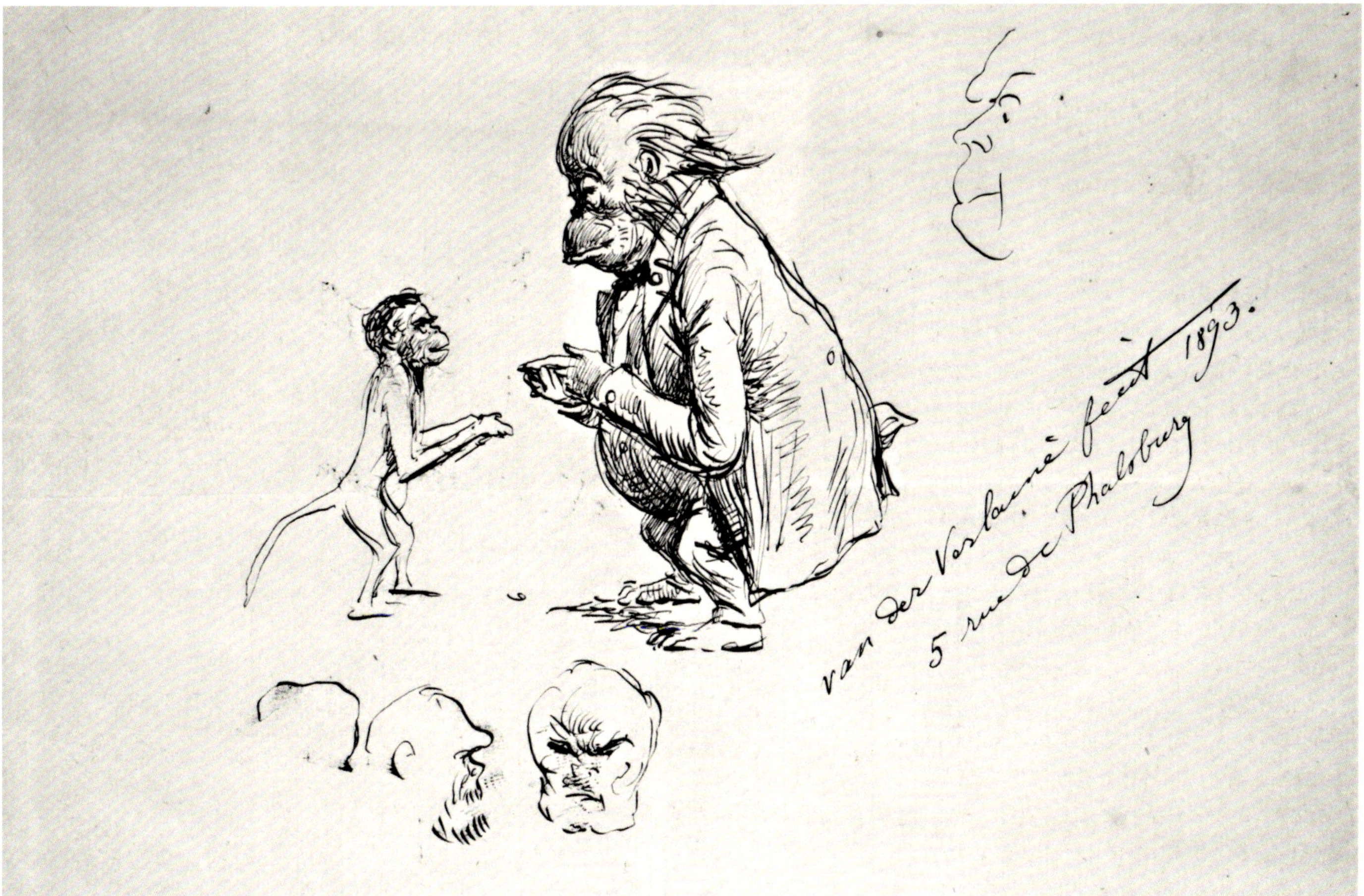

Couple de singes et autoportrait simiesque, encre sur papier, 1893, 18,5 x 23,5 cm.
De la main de l'auteur : « Van der Verlaine fecit 1893. 5 rue de Phaloburg ». Collection P.F.B.

12 Arthur Rimbaud
(1854-1891)

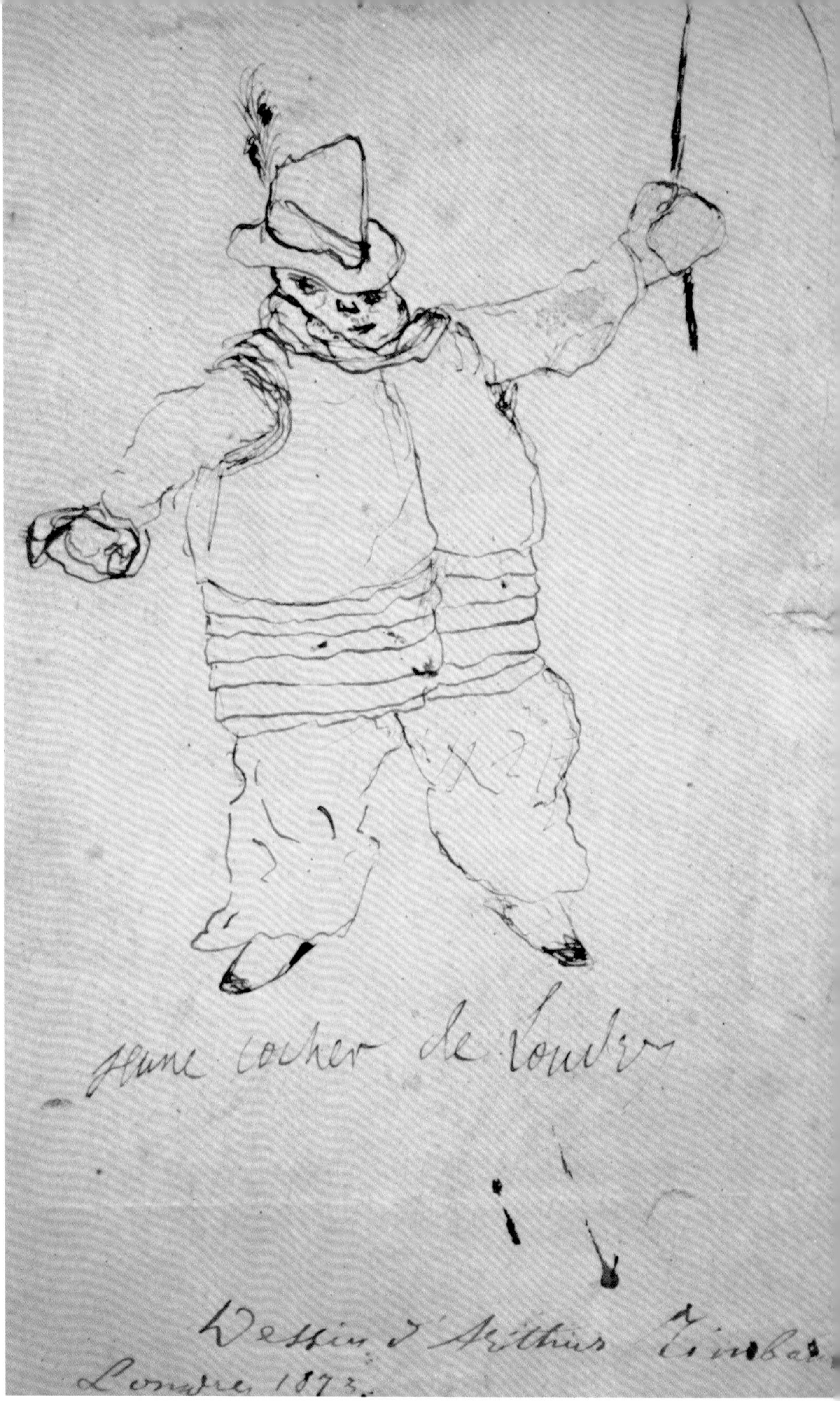

Jeune cocher de Londres, encre sur papier, 1873, 12 x 7,3 cm.
De la main de Paul Verlaine : « Dessin d'Arthur Rimbaud, Londres, 1973. »
Collection P.F.B.

Difficile, aujourd'hui, d'aborder l'œuvre d'Arthur Rimbaud hors de tout cliché, en oubliant le mythe persistant qui entoure sa biographie et les multiples visages que la postérité lui prête : élève prodige et enfant rebelle, poète voyant, voyou charmeur, amant redoutable, aventurier trafiquant… Chacun a en tête le souvenir des traits fragiles et boudeurs de celui qui, à vingt ans, avait déjà donné le meilleur de son œuvre.

De sa première jeunesse à Charleville, on sait qu'il fut malheureux, à l'étroit dans le cadre étriqué imposé par les austérités de la vie provinciale et les rigueurs de sa mère. Lors de ses tentatives de fugue, autour de l'année 1870, il écrit ses premiers poèmes qu'il renie très vite. Sa quête de territoires « absolument nouveaux » ne connaît pas de cesse. Il croit trouver, avec son amant Verlaine, « le lieu et la formule » d'une poétique nouvelle, mais leur relation houleuse prend fin en 1873, lorsque Verlaine manque de le tuer.

Rimbaud écrit alors, très vite, *Une saison en enfer*, prose poétique emportée, aux intonations brutales et subjuguantes, son chef-d'œuvre aux yeux de la postérité. Il termine les *Illuminations* en 1874, approfondissant son exploration des ressources de l'imaginaire et du langage. Il quitte, dès lors, toute carrière littéraire, entreprenant une existence de voyages et de commerce qui ne prend fin qu'à sa mort.

Impossible, donc, d'enfermer la poésie de Rimbaud dans un cadre, analytique, institutionnel ou esthétique. Pour preuve de cet insaisissable, le nombre et la diversité de ceux qui se revendiquèrent de son influence, et la multiplicité des étiquettes qu'on lui accola : « météore » et « passant considérable » pour Mallarmé, « poète maudit » pour Verlaine, « mystique à l'état sauvage » pour Claudel, « surréaliste dans la pratique de la vie et ailleurs » pour Breton, Rimbaud laisse partout, aujourd'hui encore, les traces indélébiles de ses « semelles de vent ».

S.B.

13 Charles Cros
(1842-1888)

Ami de Rimbaud, de Verlaine, participant aux réunions des zutistes et contributeur émérite à l'*Album Zutique* — avec un poème érotique de très haut vol, mallarméen, déjà, par sa forme —, il fut un de ces inventeurs, par définition hors catégorie et hors norme, dont on peut dire, sans abus de langage, qu'ils ont fait preuve de génie.

« Je connais peu de figures aussi étranges et aussi sympathiques que celle de Charles Cros. Un monsieur qui écrit *Le Hareng saur* ou *Le Bilboquet,* et qui, en même temps, trouve la solution complète de cette question : la photographie des couleurs ou bien invente le phonographe (huit mois et demi avant Edison), constitue, vous en conviendrez, un ensemble quelque peu fantastique ! » Telles furent les premières touches du portrait de Charles Cros par Alphonse Allais.

André Breton, quant à lui, l'a présenté dans son *Anthologie de l'humour noir* de la façon suivante : « Charles Cros a vu dans les mots des "procédés" qu'il a chéris du même titre que ceux dont la découverte, puis l'application, marquent les étapes du progrès scientifique... » Physicien, chimiste, philosophe, poète — selon ses propres dires —, il était aussi dessinateur, ainsi que peuvent le constater les amateurs, en admirant quelques dessins de son album inédit.

Toutes les feuilles de cette remarquable réunion de croquis, d'aquarelles de portraits en tout genre, sont consacrées à un seul sujet : Nina de Villard (*La Dame aux éventails* d'Edouard Manet) avec qui il entretint une liaison pour le moins orageuse et passionnée, pendant onze ans. Cet album en dessine, pour ainsi dire, la chronique. *J.J.L.*

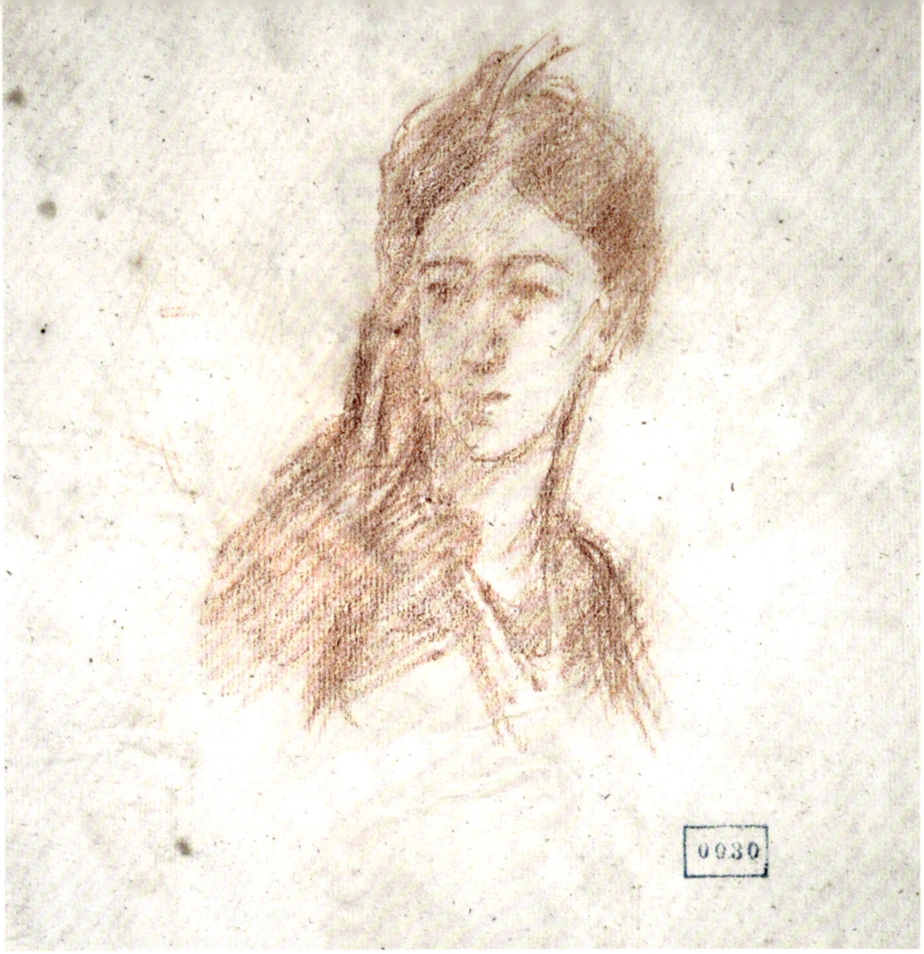

Tous les dessins des pages suivantes sont tirés d'un même album de ~~Charles~~ Cros. Techniques diverses, 1866-1877, 48 x 33,5 cm. Collection particulière. Henry

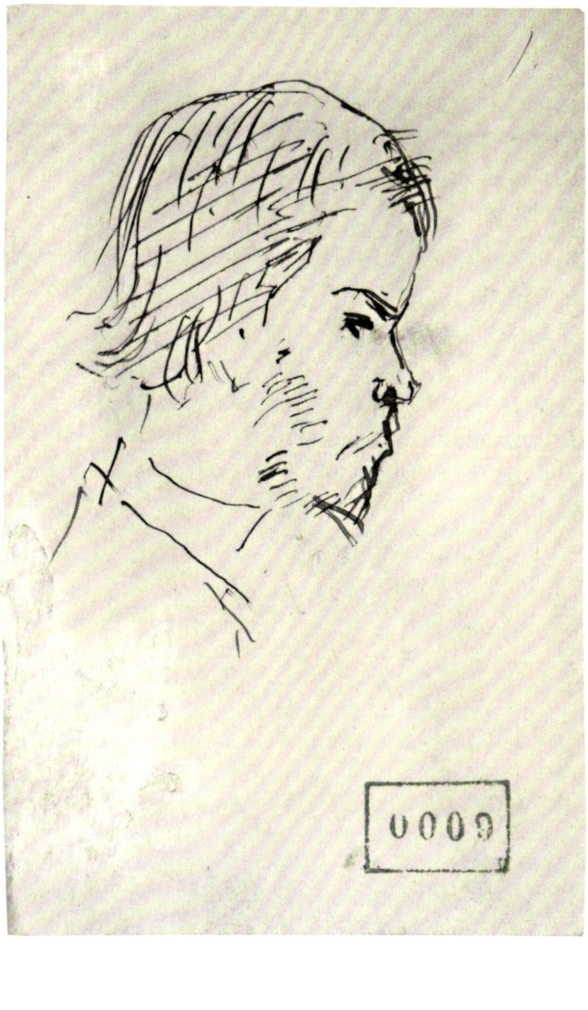

Portrait de Verlaine.

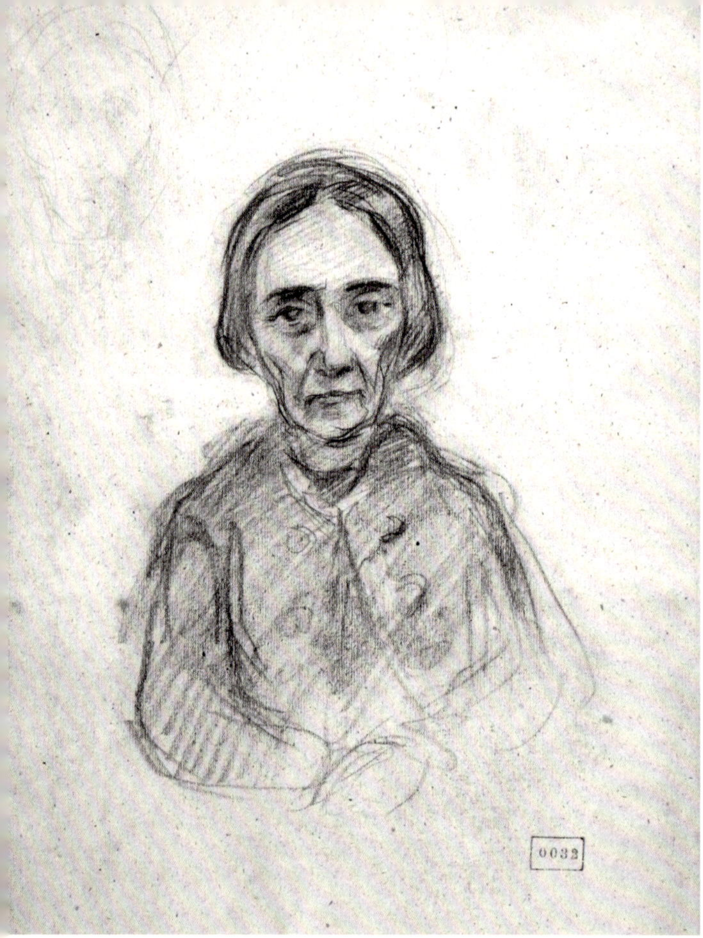
0032

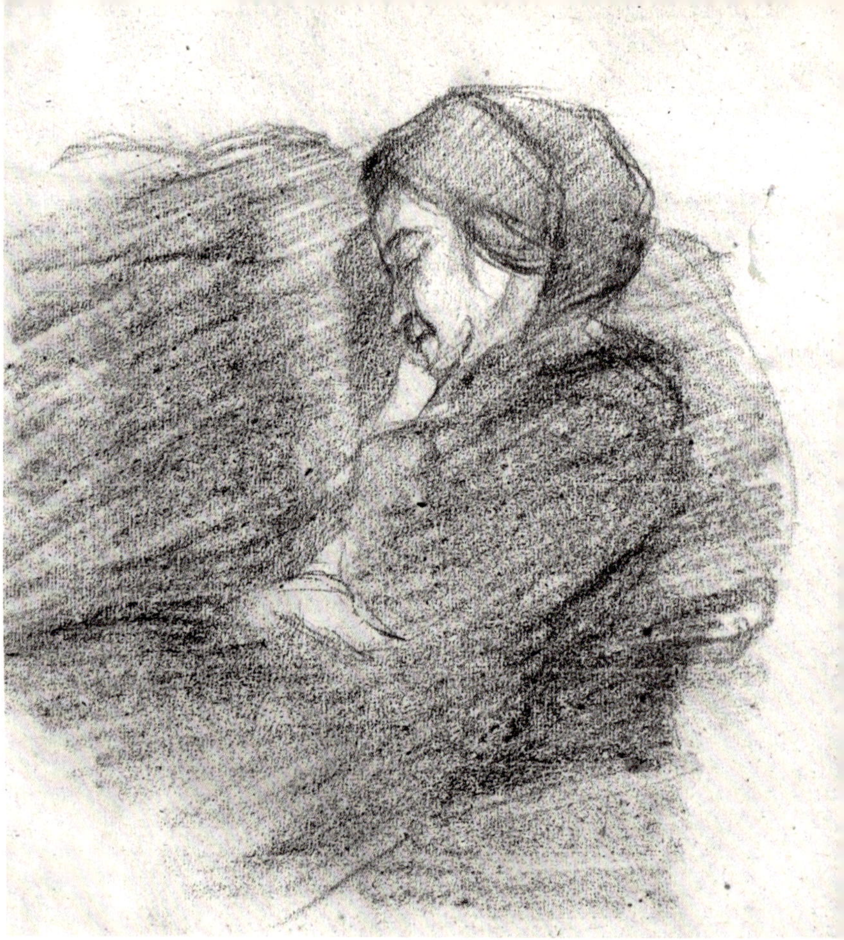

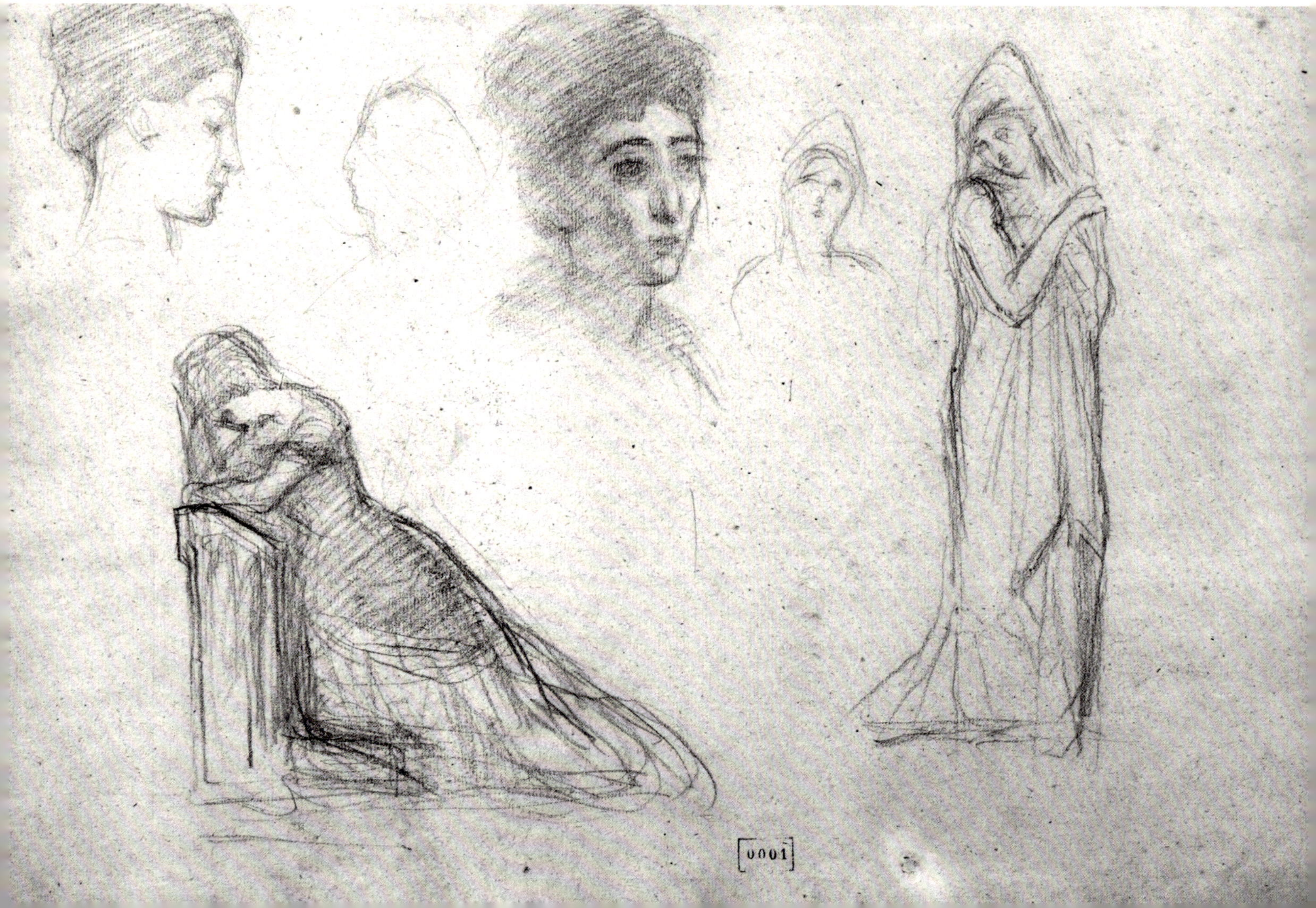
0001

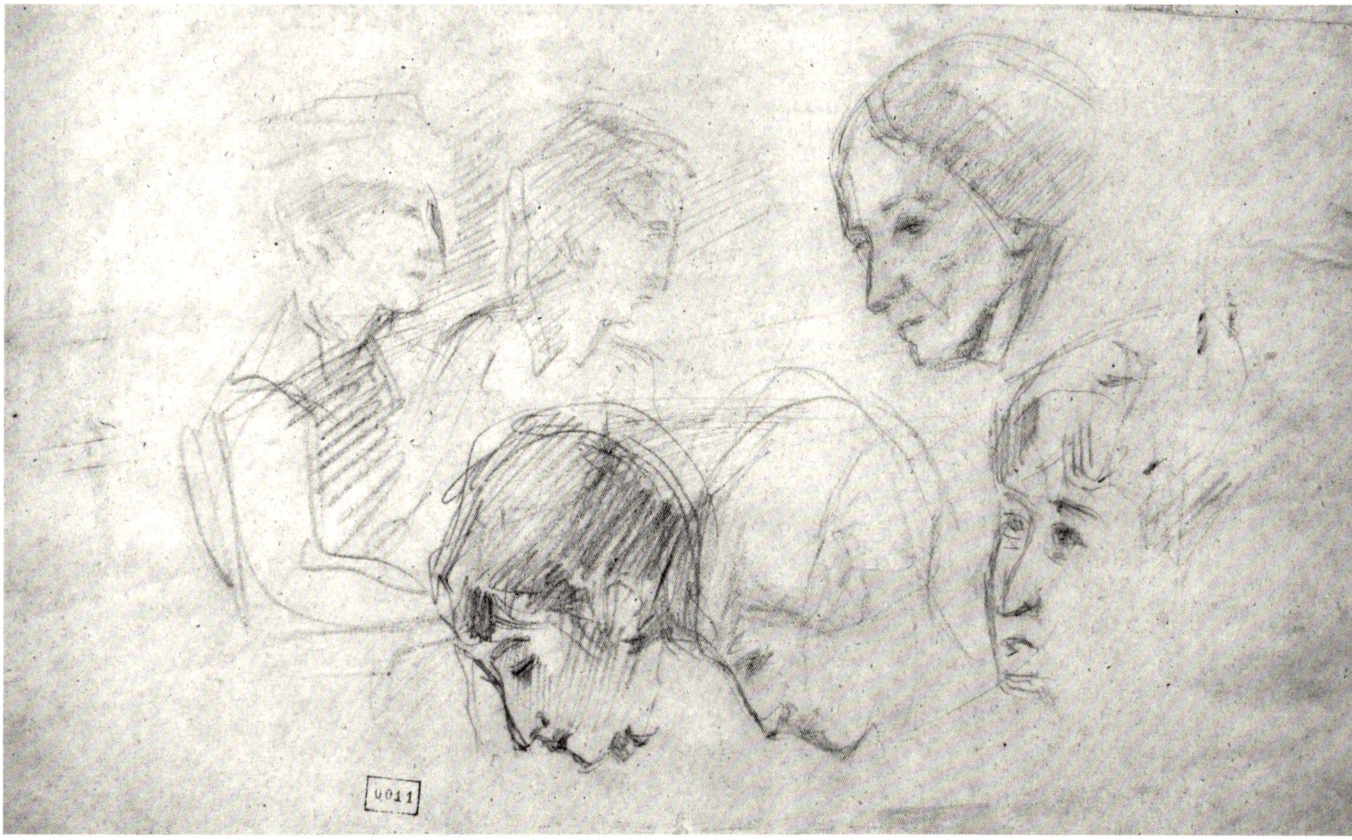
0011

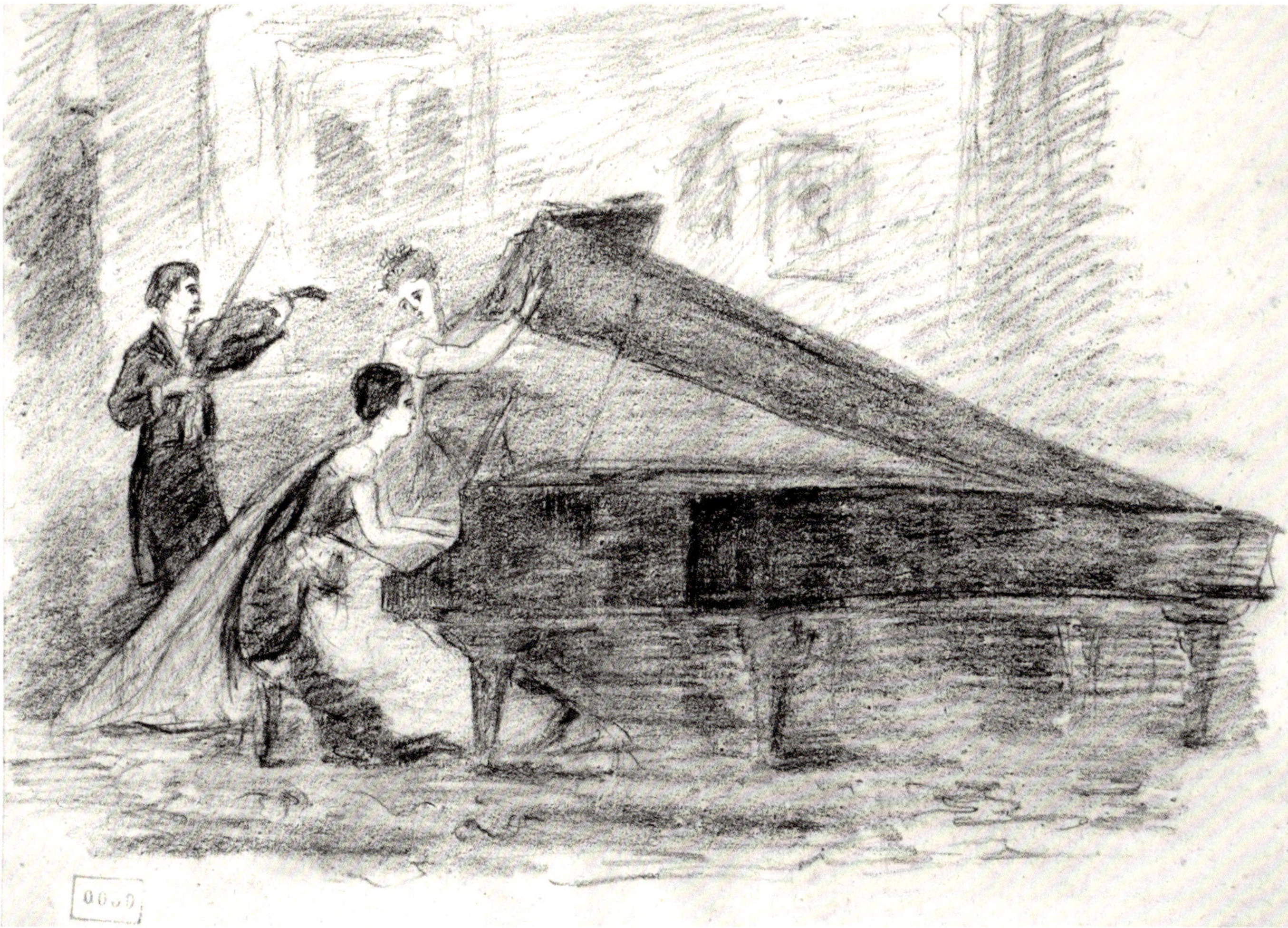

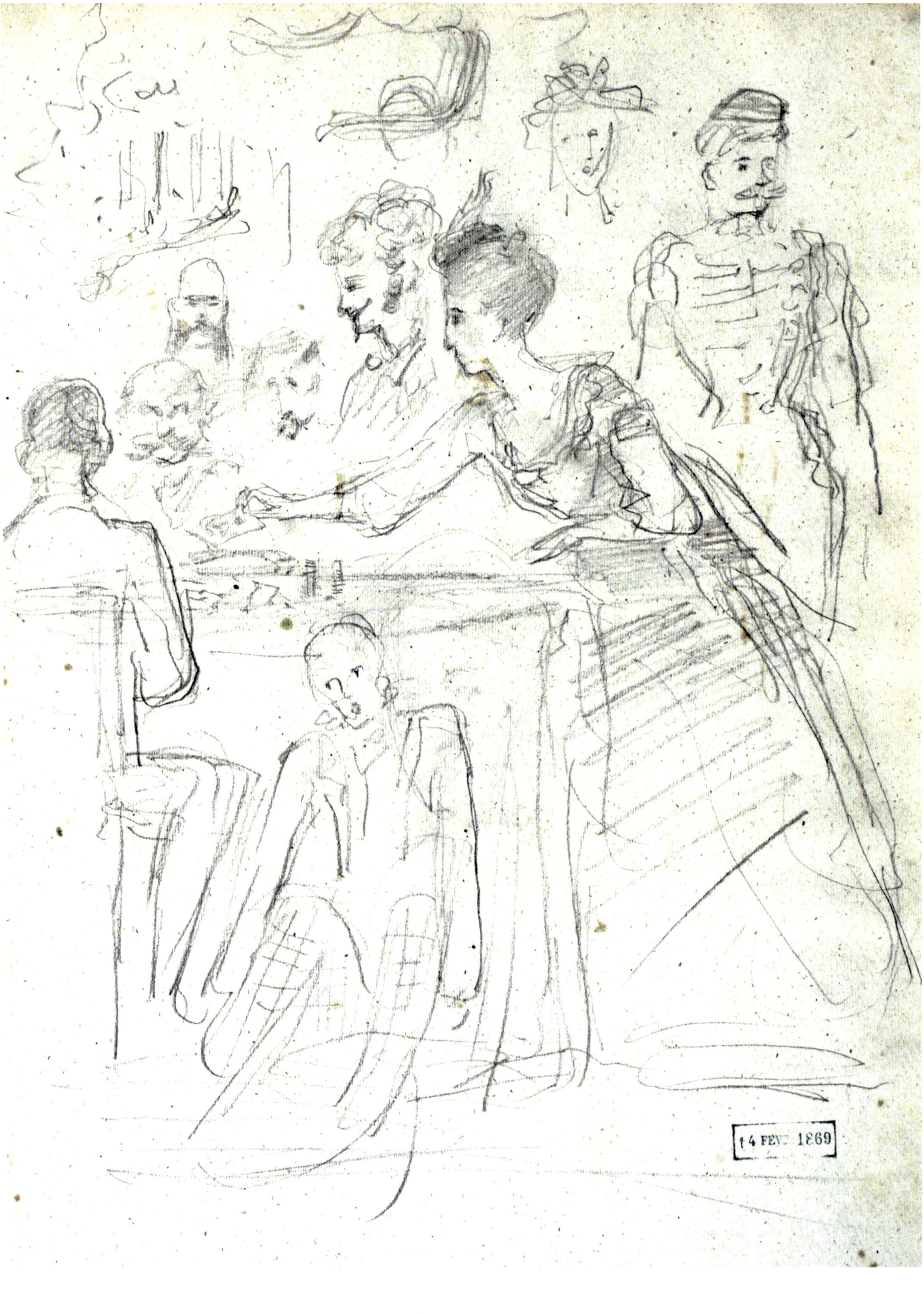
14 FEV 1869

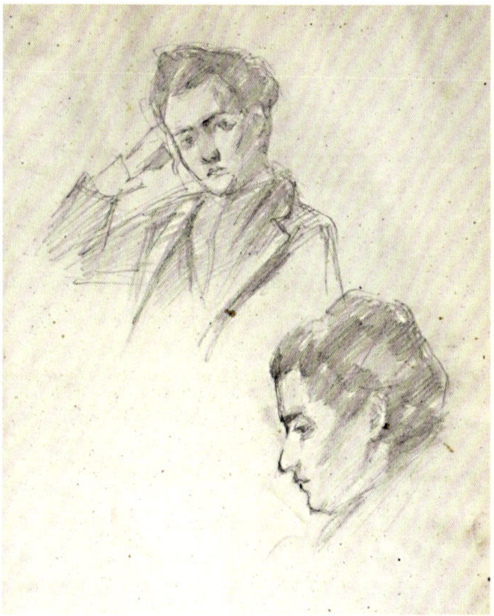

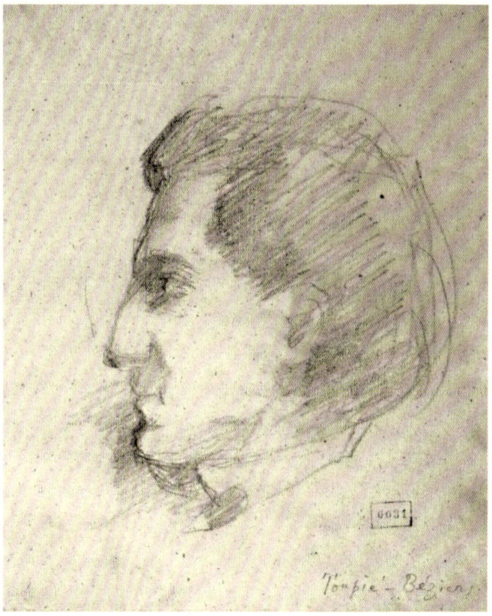
0031
Toupie – Béziers

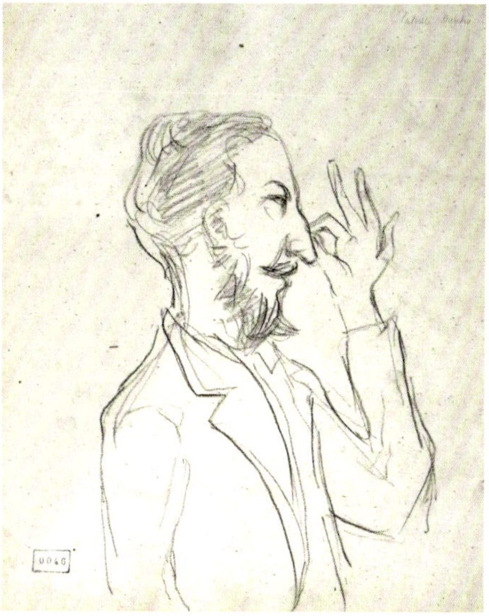
0046

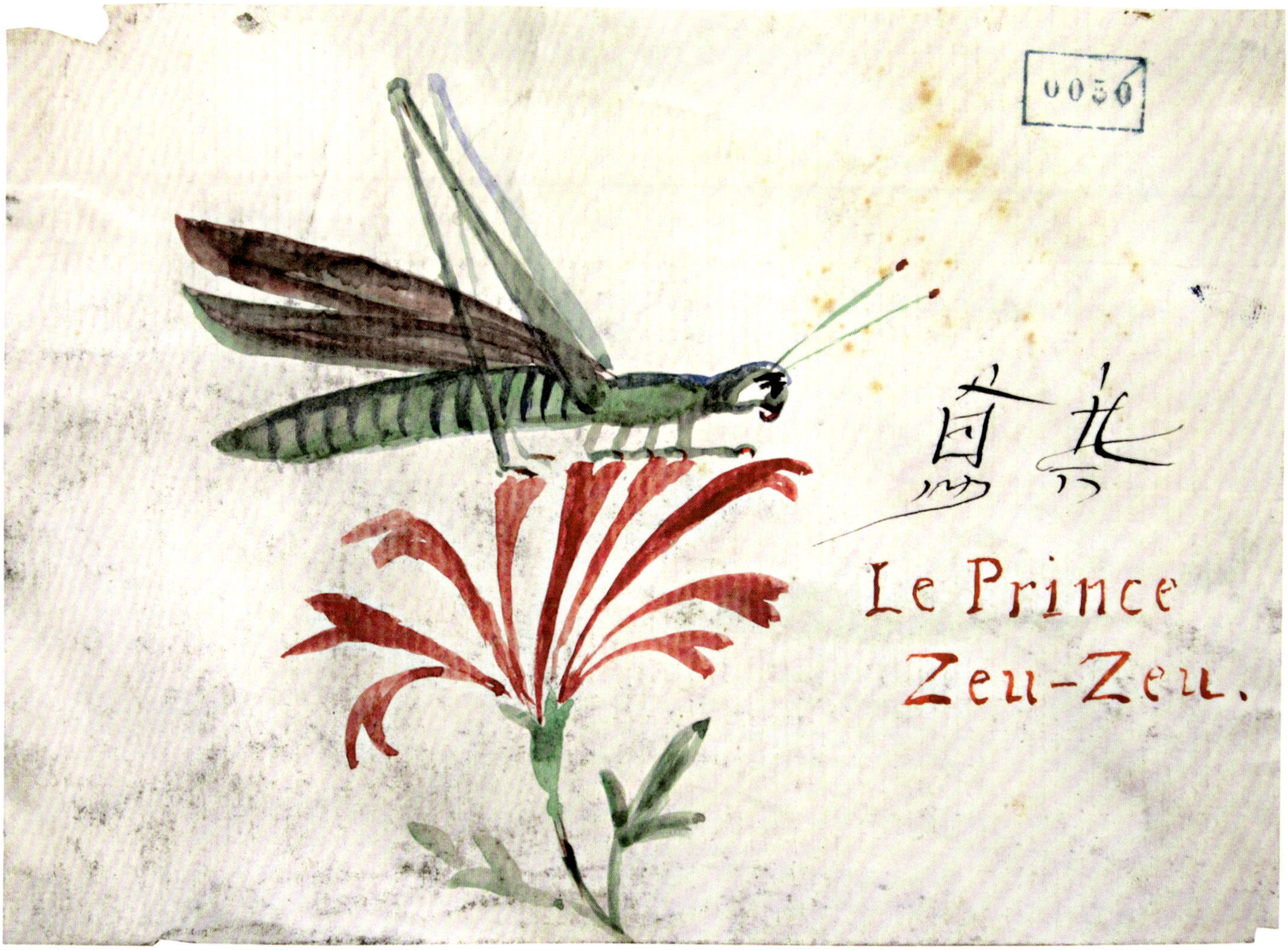
0030
Le Prince
Zeu-Zeu.

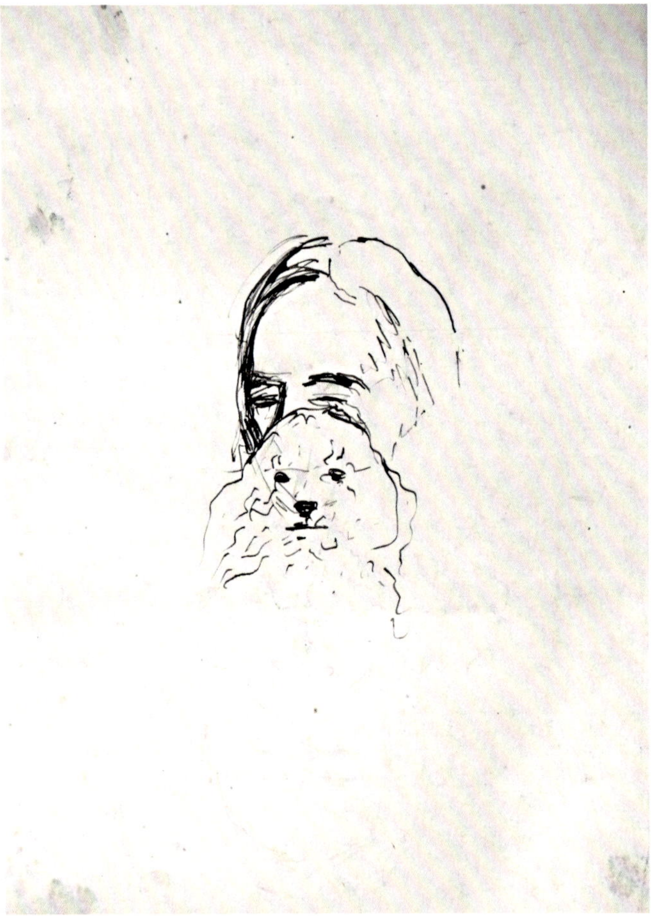

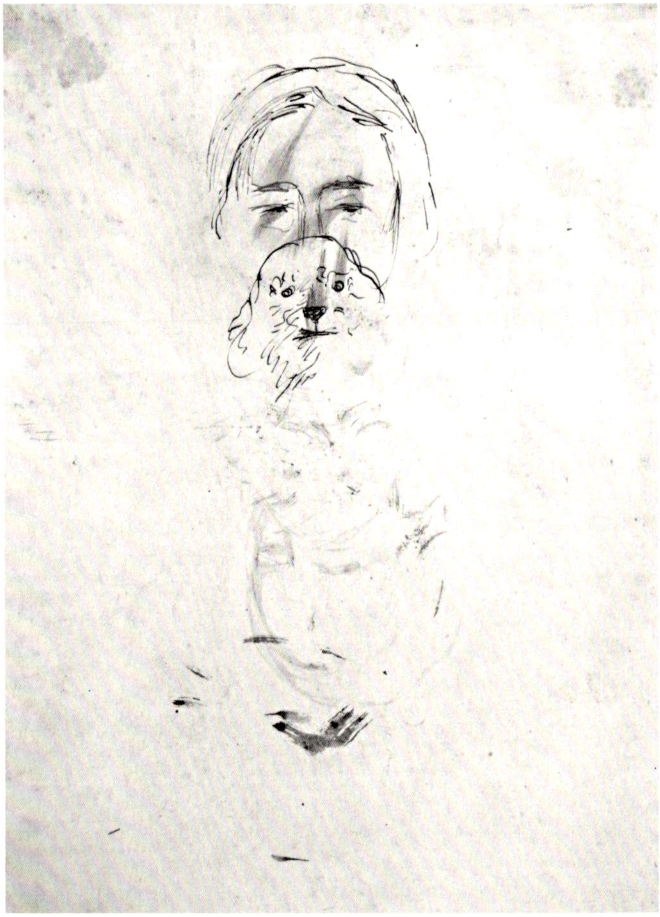

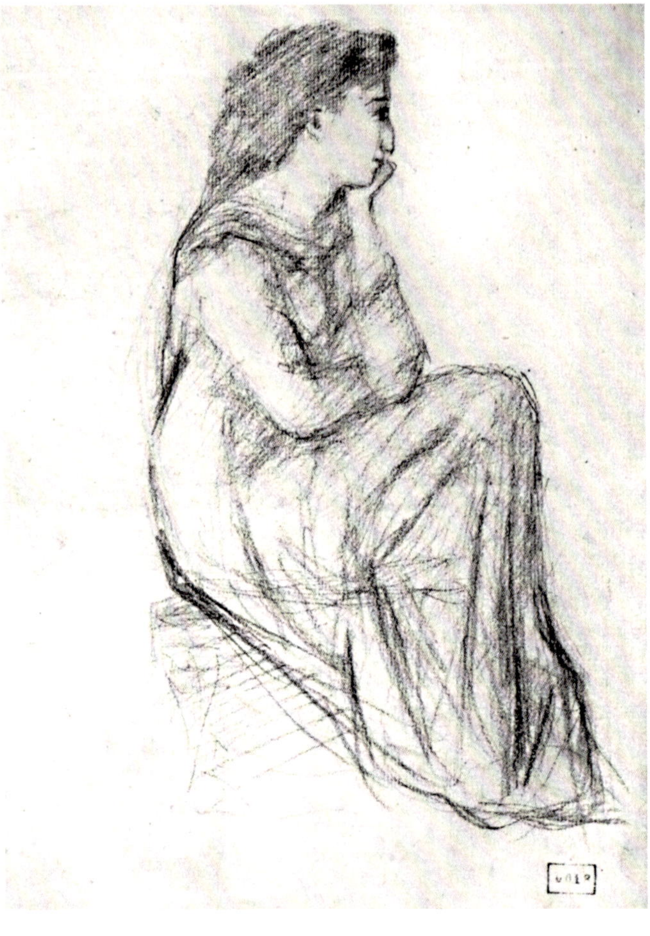

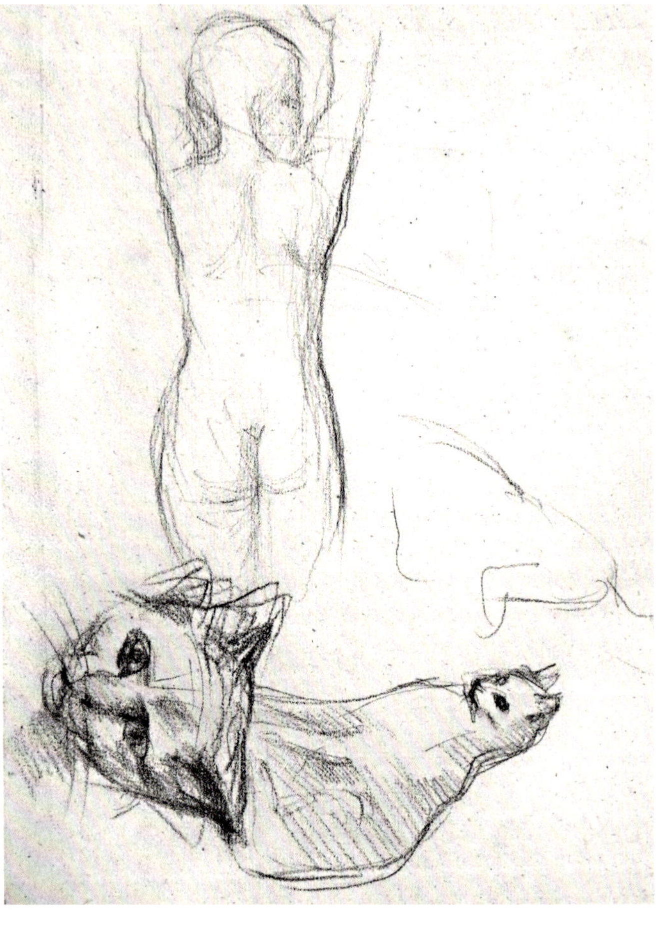

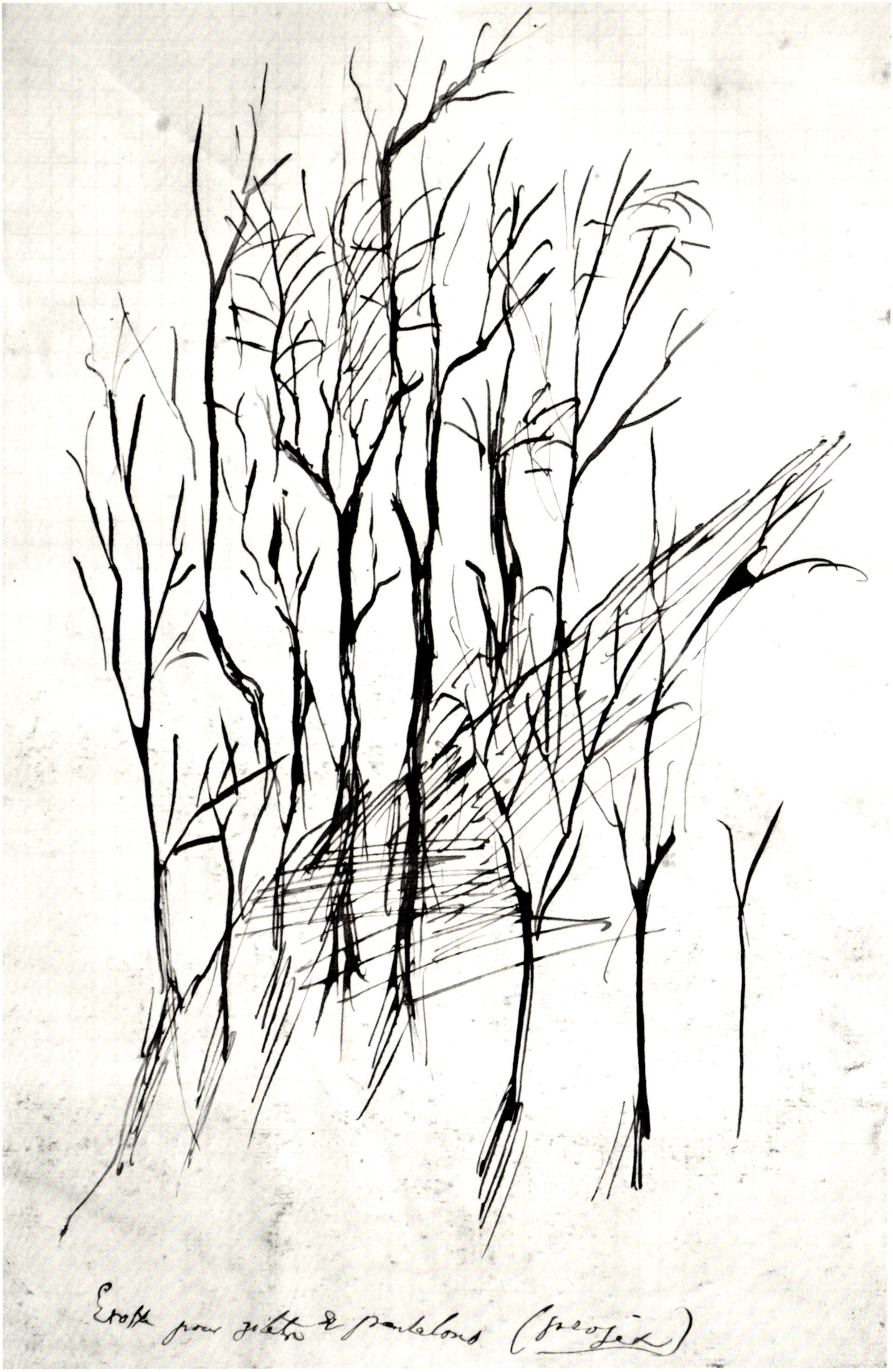
Étoffe pour gilets & pantalons (projet)

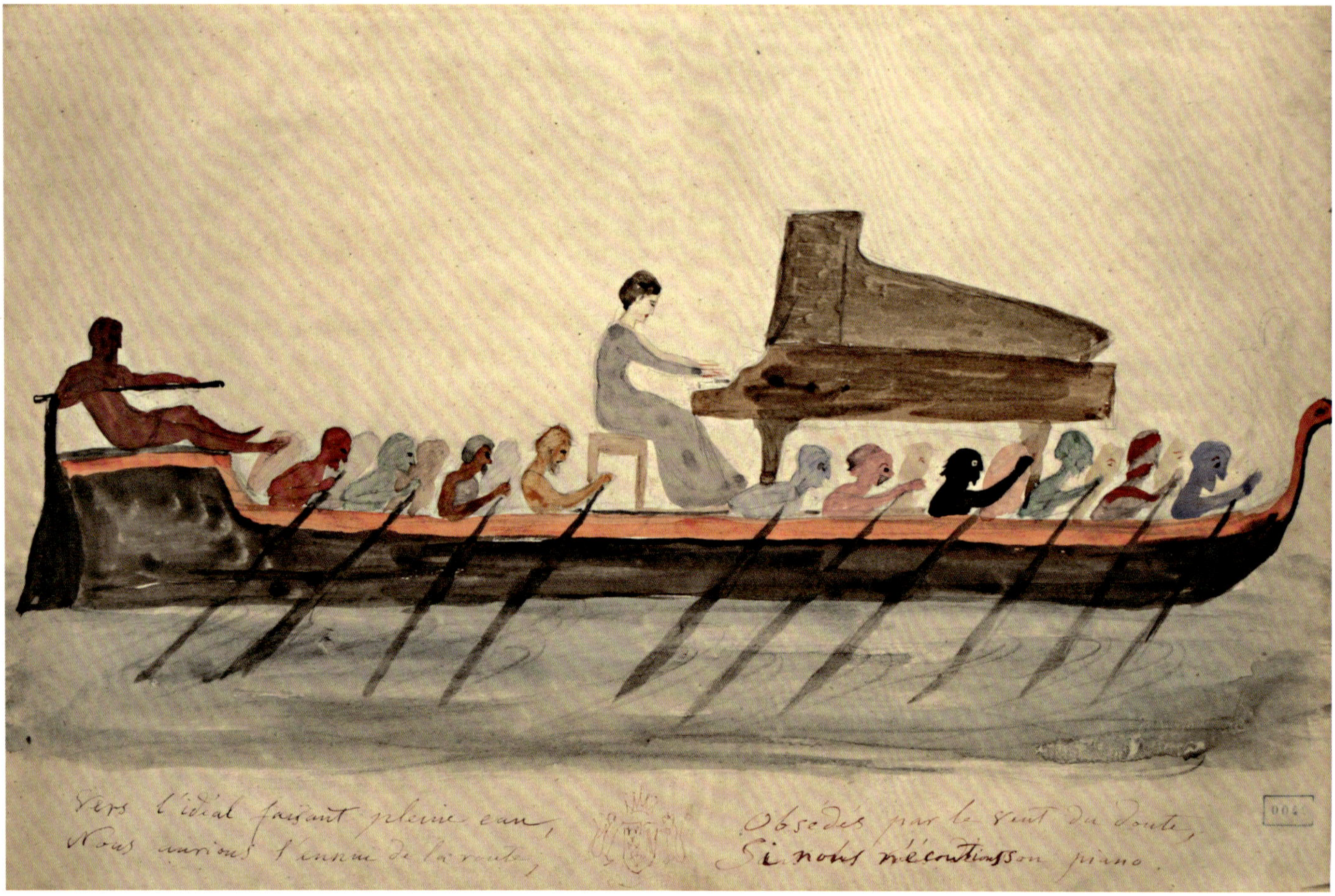

Vers l'idéal faisant pleine eau,
Nous aurions l'ennui de la route,
Obsédés par le vent du doute,
Si nous n'écoutions son piano.

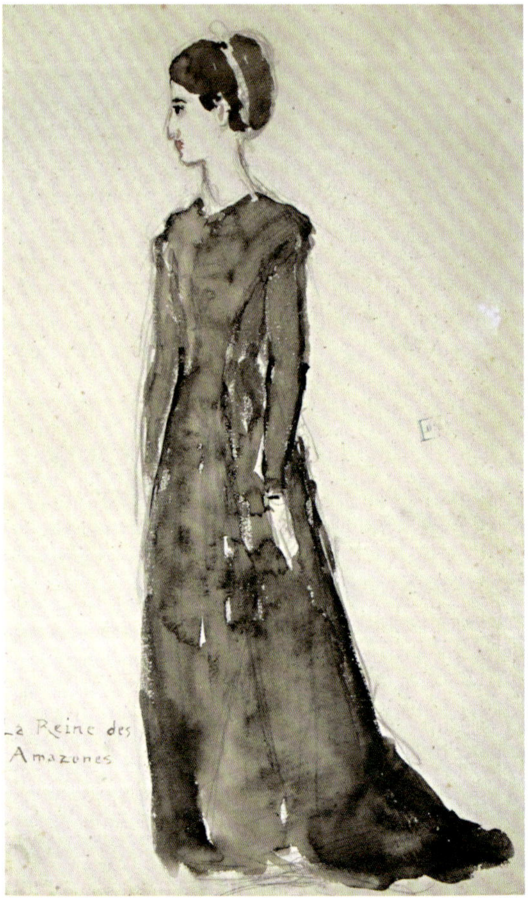

La Reine des
Amazones

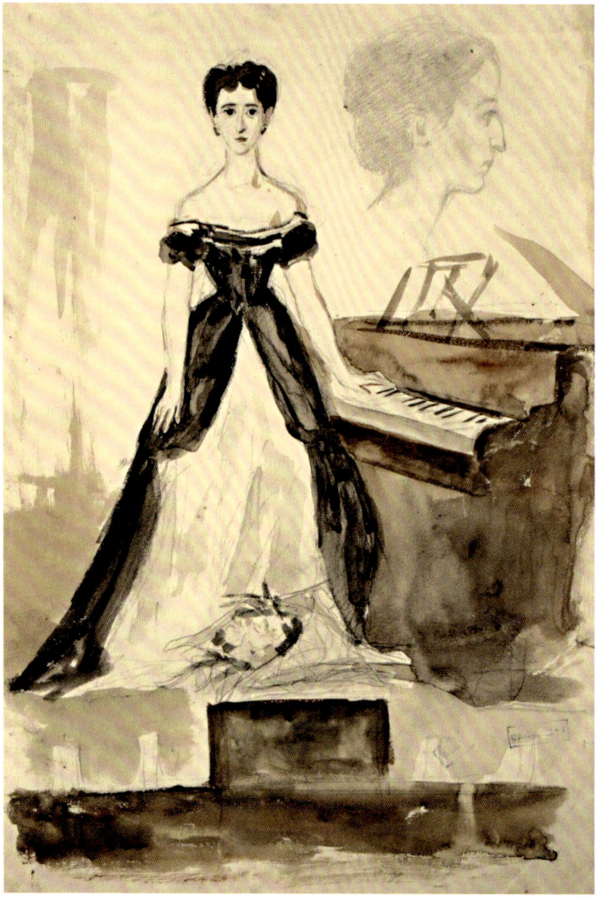

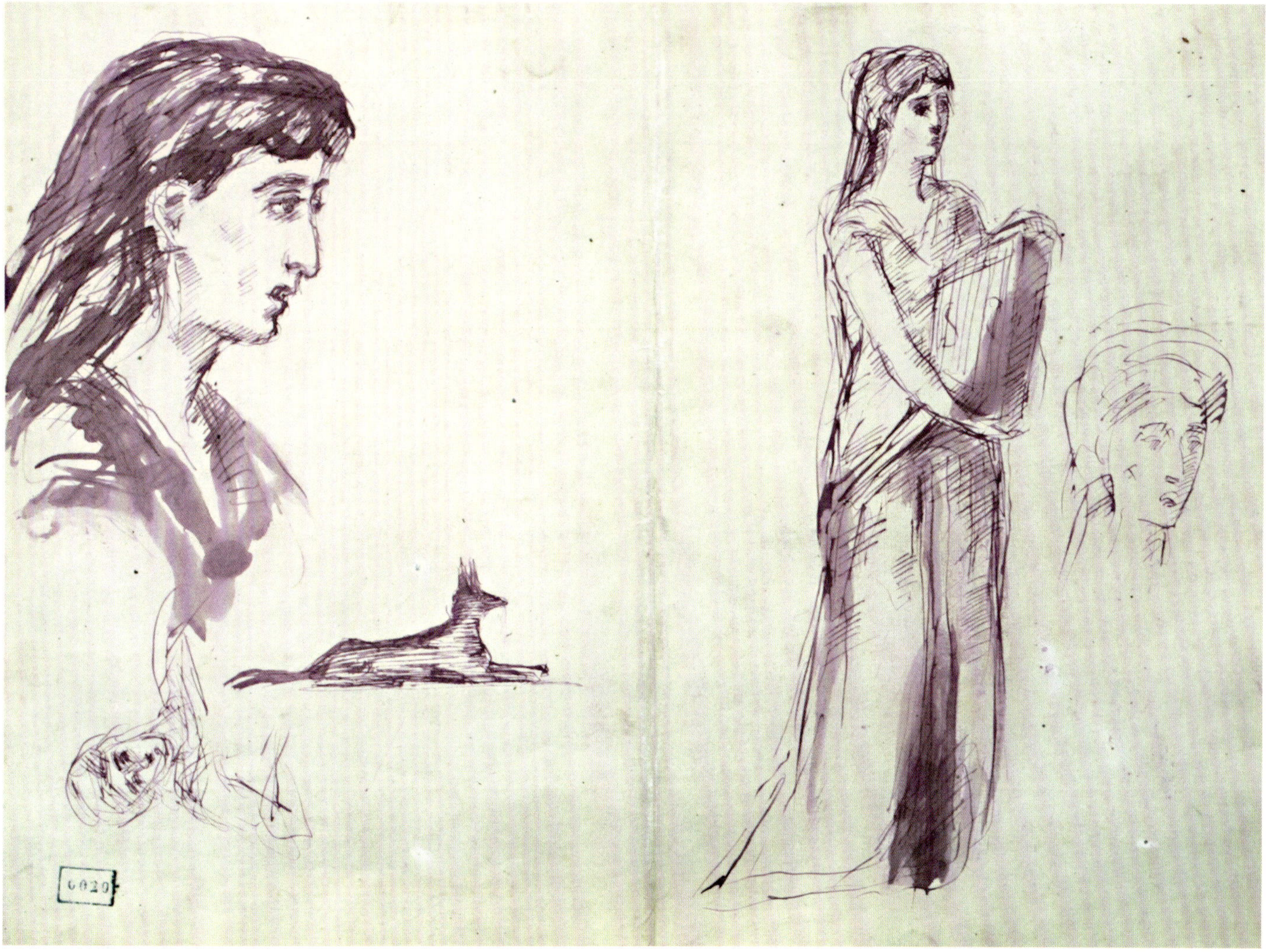
0020

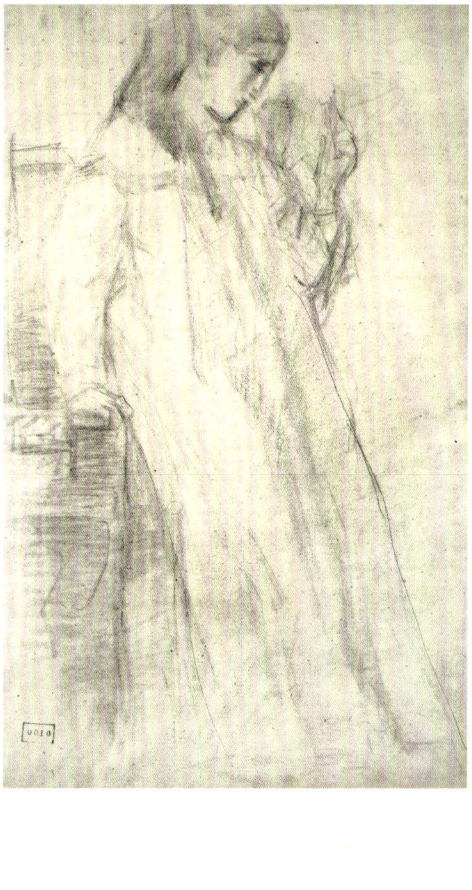

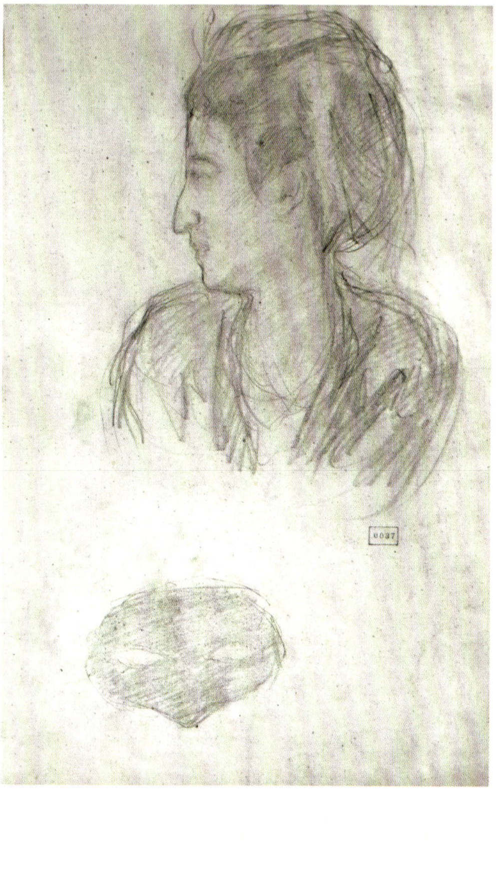

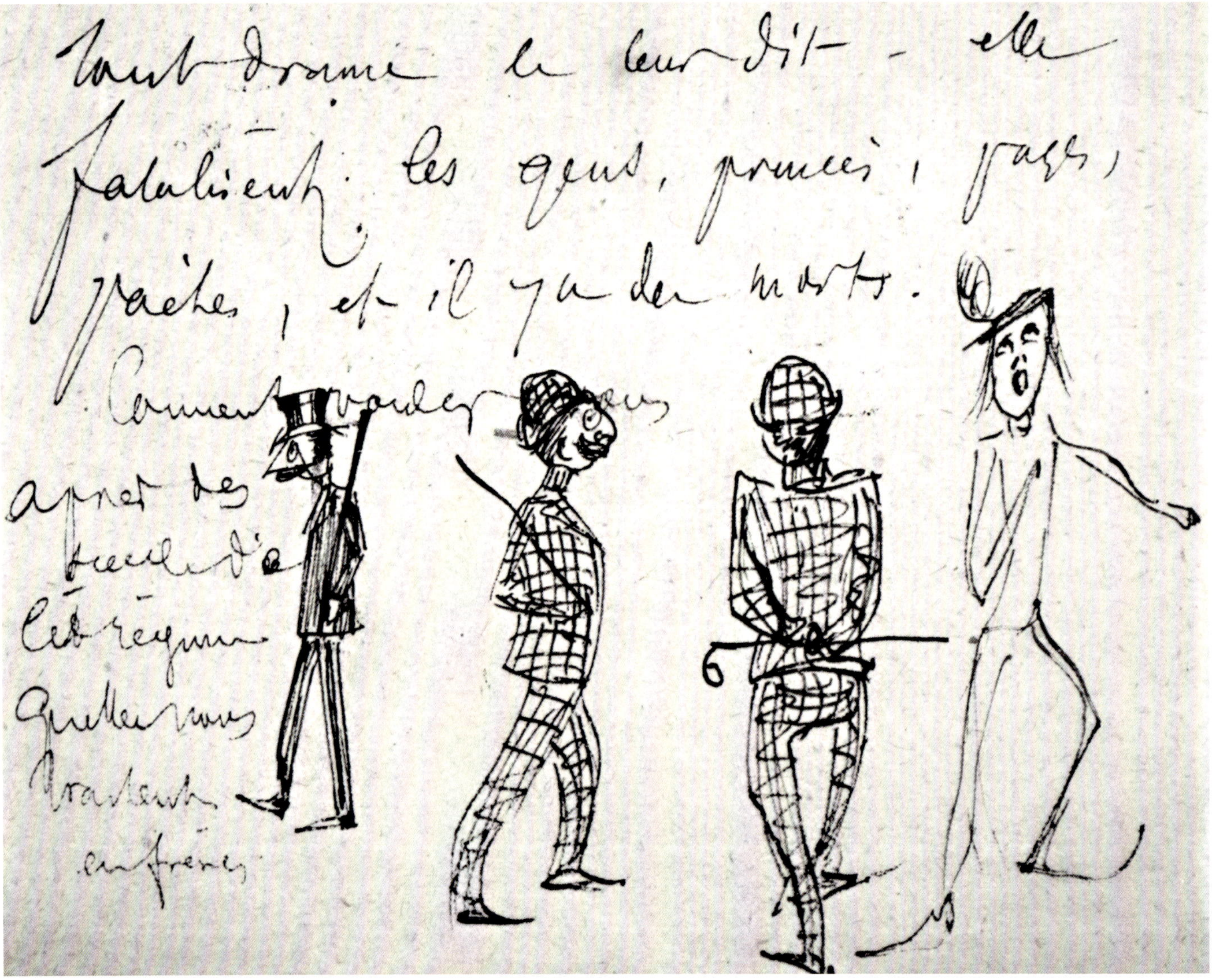

Portraits de Jean Moréas sur une lettre à ce dernier, encre de Chine et crayon sur papier, sans date, 14 x 10,5 cm. Collection P.F.B.

14 Jules Laforgue (1860-1887)

La poésie de Jules Laforgue se ressent de sa condition d'exilé. Il naît à Montevideo de parents français partis chercher fortune, mais passe la plus grande partie de son enfance loin d'eux, en France. Ils mourront alors qu'il n'a pas vingt ans. En 1879, le jeune homme publie ses premiers poèmes, et commence à collaborer à de petites revues, et à fréquenter les milieux littéraires parisiens : Paul Bourget, Charles Cros et les milieux « décadentistes ». Il rencontre également les peintres impressionnistes sur lesquels il écrit.

À partir de 1881, lecteur de français auprès de l'impératrice d'Allemagne, il voyage dans toute l'Europe. En 1885, il publie *Les Complaintes*. Atteint de tuberculose, il quitte Berlin en 1886, après avoir publié *L'Imitation de Notre-Dame de la lune*. L'année suivante, il traduit des poèmes de Walt Whitman.

Poète symboliste, Laforgue subit d'abord l'influence de Baudelaire, en qui il trouve l'expression de son ennui profond. Mais le *spleen*, chez lui, prend plutôt la forme de la chanson populaire, où la noirceur se mêle à la gouaille des faubourgs ; les figures légendaires (Salomé, Lohengrin, Pan), démystifiées, sont mêlées au quotidien. La musicalité de ses vers, et en particulier le travail très précis qu'il fait sur le mètre, se ressent de l'influence de Verlaine : Laforgue pratique le vers impair, le déhanchement musical et l'asymétrie ironique. Ses dernières œuvres sont écrites en vers libres, dont il est l'un des initiateurs.

La légèreté et le cynisme apparemment inoffensifs de ses poèmes, redoublés par la fausse désinvolture de sa métrique, le donnent parfois pour un auteur mineur. C'est que l'image du poète, avec lui, subit une dégradation irrémédiable : désespéré mais clownesque, dénué de toute grandeur, il lui reste l'humour, la pudeur et le masque en guise de noblesse.

S.B.

15 Guillaume Apollinaire
(1880-1918)

Guillaume Apollinaire grandit à Monaco avec son frère et sa mère, abandonnée par le père de ses enfants. Dès 1899, installé à Paris, il publie ses premiers poèmes et se consacre à la vie littéraire et artistique. Entre 1901 et 1904, sa passion pour Annie Playden lui inspire notamment « La chanson du mal-aimé ». À partir de 1907, il est lié à la peintre Marie Laurencin ; après leur rupture en 1912, il écrit « Zone », l'éclatant poème liminaire du recueil *Alcools* (1913). Au tout début de la guerre, il rencontre la dédicataire des *Poèmes à Lou*. Outre cette matrice sentimentale et personnelle, son esthétique porte la trace de ses amitiés artistiques avec les musiciens et les peintres d'avant-garde, notamment futuristes et cubistes. Son écriture, à la fois graphique et plastique, s'accorde aux réalités d'un monde en pleine métamorphose : la représentation simultanée, la rupture et la défaillance (syntaxique, métaphorique, logique) se substituent à la continuité et à l'harmonie.

Inventeur de formes poétiques et réinventeur du roman obscène, chroniqueur aventureux, érotomane distingué et éditeur (notamment de la Bibliothèque des curieux), traducteur, critique d'art avant-gardiste, infatigable chercheur-découvreur, Apollinaire était, de surcroît, un aquarelliste gauche quoique souvent expressionniste, qui ne nous laisse jamais indifférent. C'est par ses vers libres et ses calligrammes qu'il a bouleversé la poésie. S'inspirant des antiques pictotypographies orientales, moyen-orientales ou occidentales – y compris des *parole in libertà* de ses amis futuristes – il a largement contribué à forger ce qui s'appelait alors « l'esprit moderne », créant de toutes pièces – dans *le no man's land* séparant l'écriture des arts visuels – une zone d'expérimentation et de libre échange qui, de nos jours, est toujours en pleine activité.

Incorporé dans l'artillerie, Apollinaire est atteint à la tête par un éclat d'obus en 1916. Il meurt deux ans plus tard de la grippe espagnole.

S.B, J.J.L.

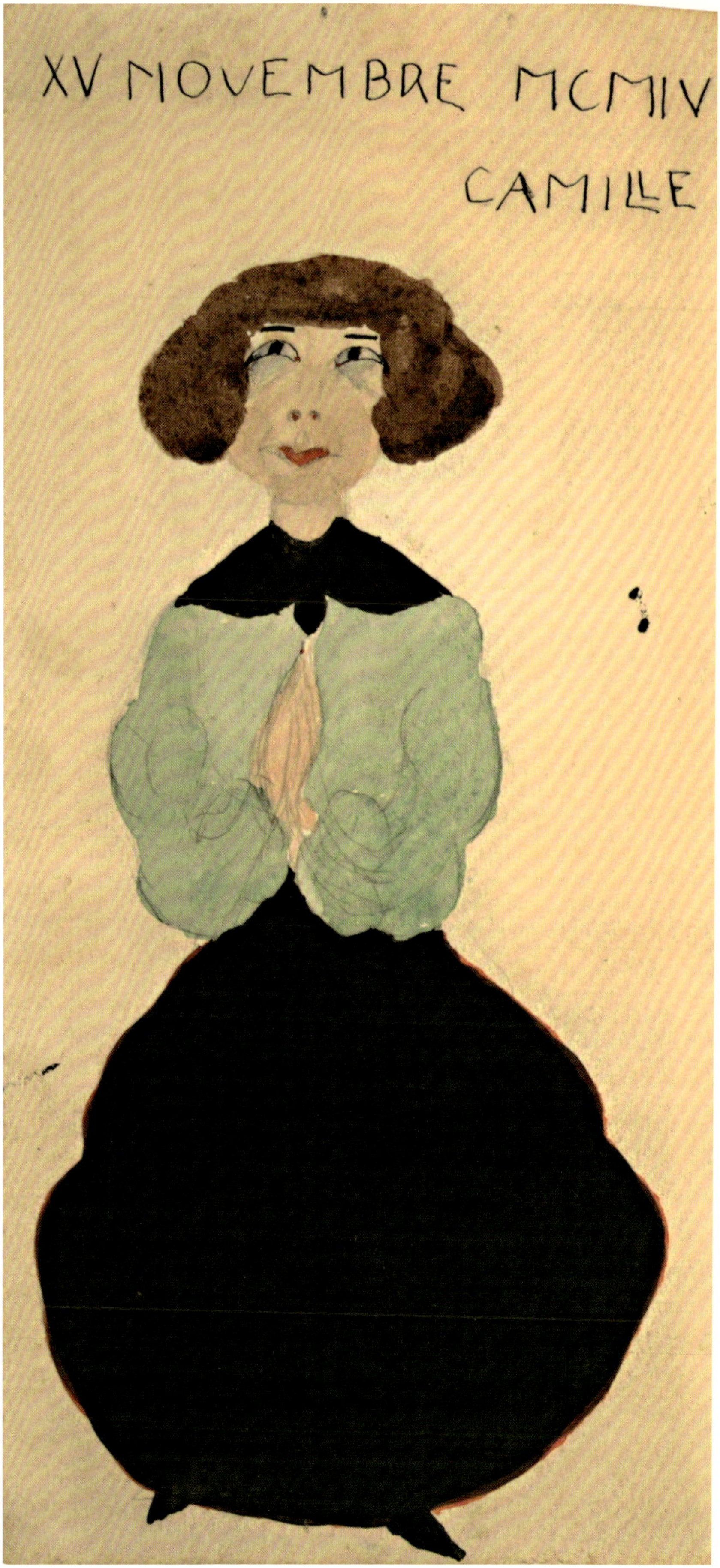

Portrait de Camille, aquarelle sur papier, 1904, 21,5 x 10,5 cm.
De la main de l'auteur : « XV novembre MCMIV Camille. » Collection particulière.

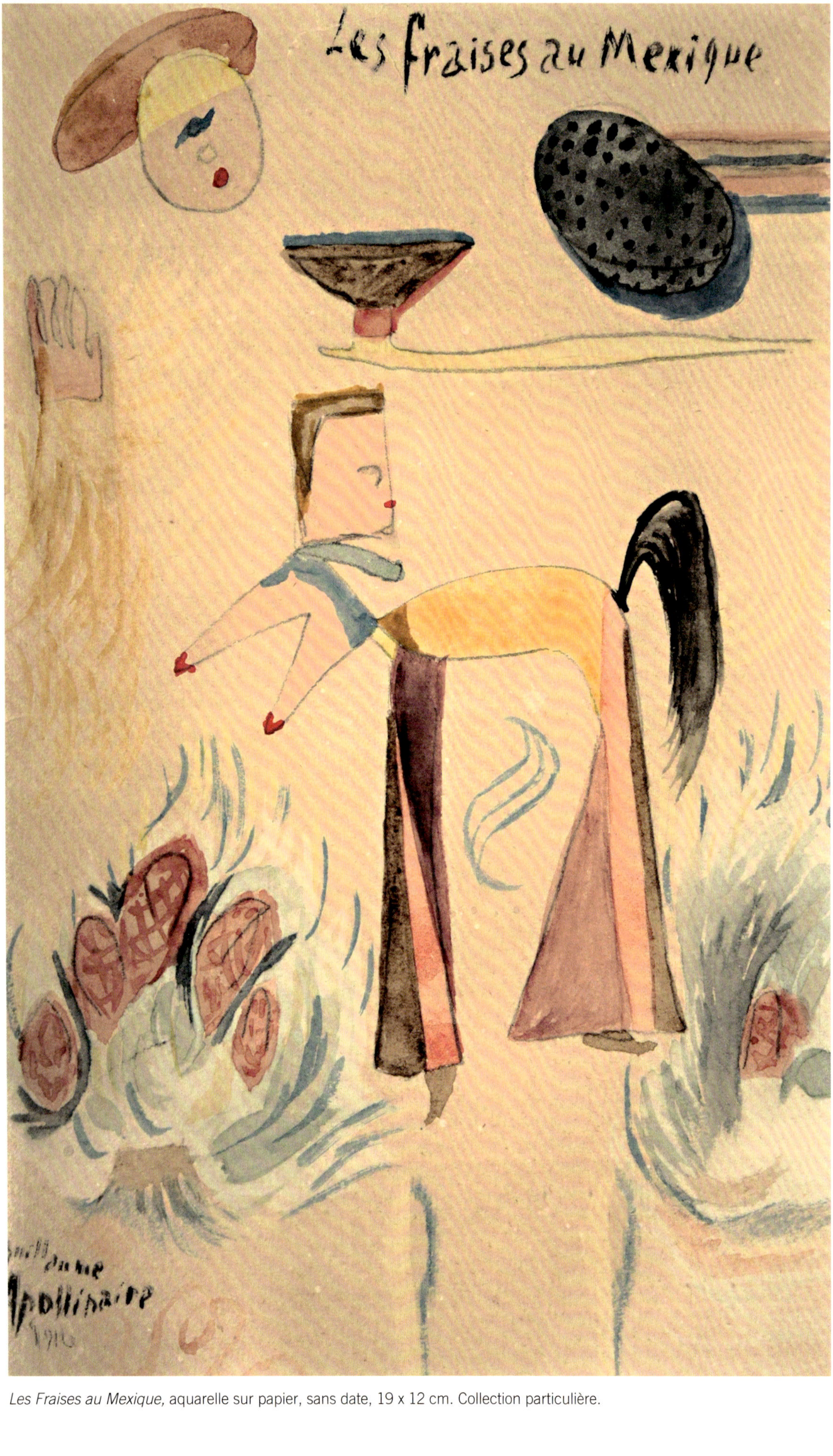

Les Fraises au Mexique, aquarelle sur papier, sans date, 19 x 12 cm. Collection particulière.

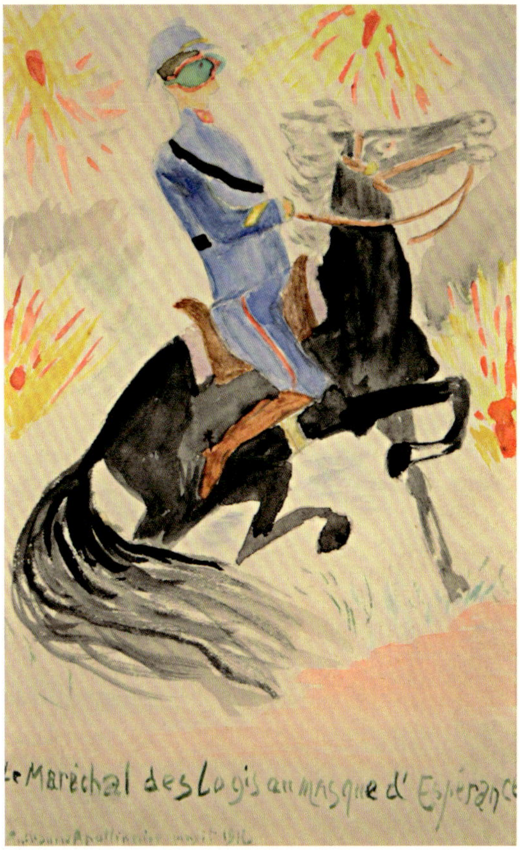

Le Maréchal des logis au masque d'espérance, aquarelle sur papier, 1916, 19,5 x 12 cm. Collection P.F.B.

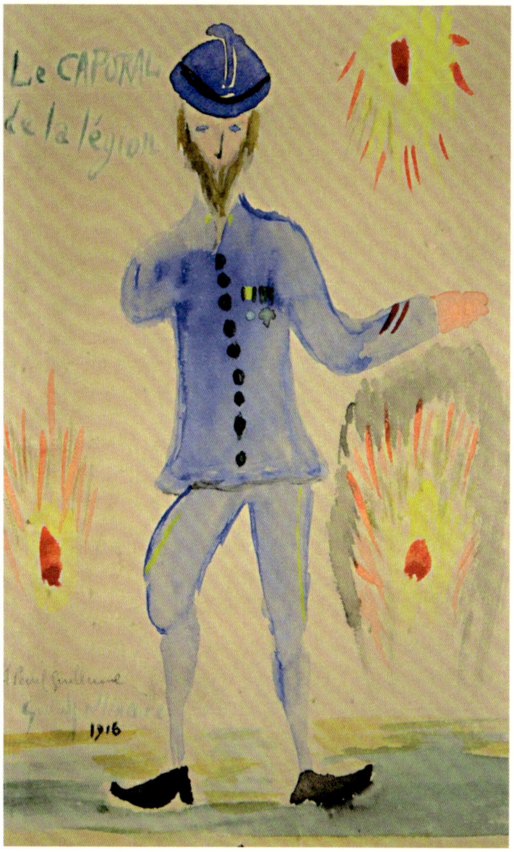

Le Caporal de la légion, aquarelle sur papier, 1916, 19 x 12,5 cm. Collection P.F.B.

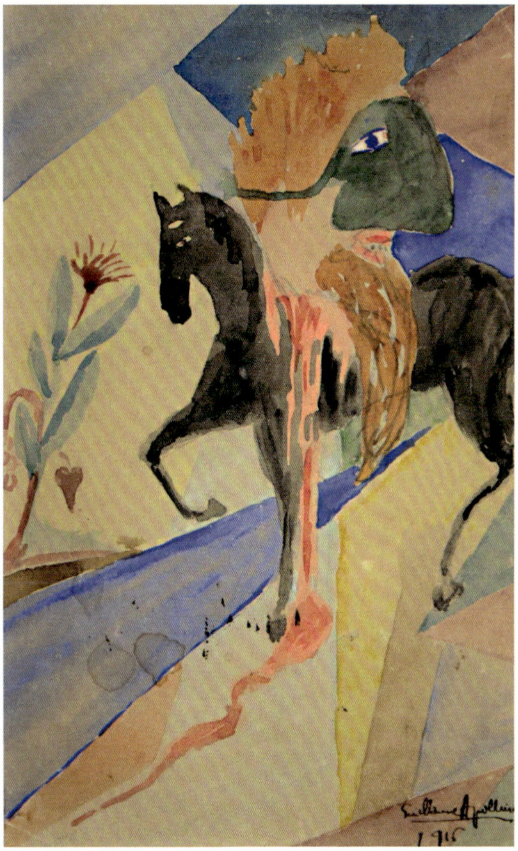

Personnage masqué sur un cheval, aquarelle sur papier, 1916, 19,5 x 12,5 cm. Collection P.F.B.

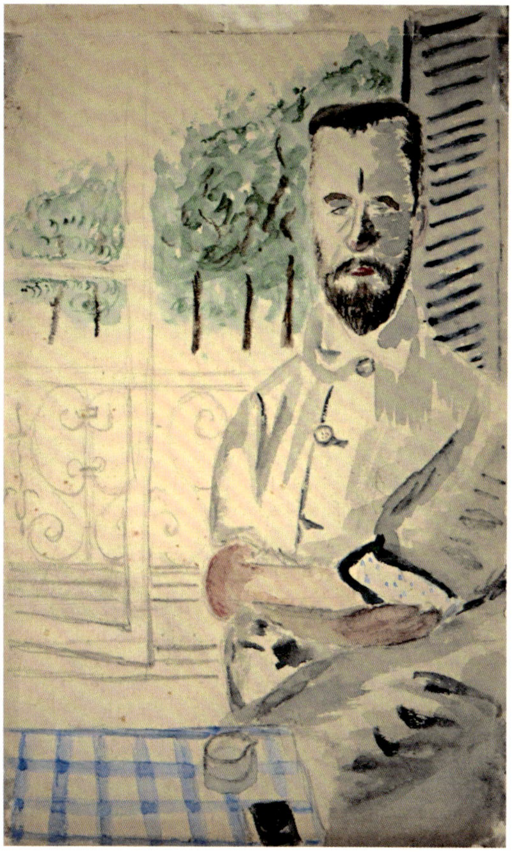

Portrait de Serge Ferat, aquarelle sur papier, sans date, 20,5 x 12,5 cm. Collection particulière.

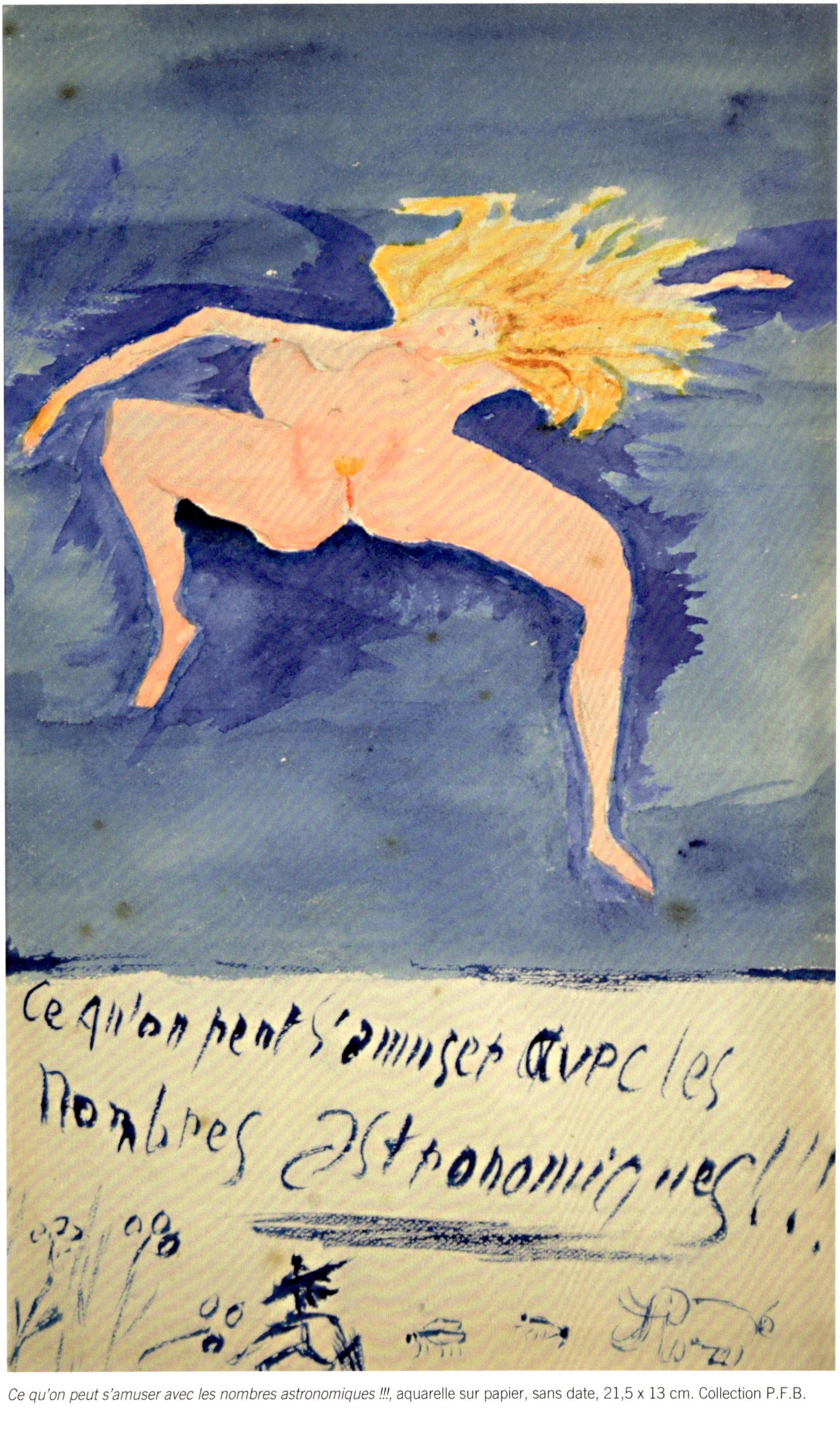

Ce qu'on peut s'amuser avec les nombres astronomiques !!!, aquarelle sur papier, sans date, 21,5 x 13 cm. Collection P.F.B.

16 André Rouveyre
(1879-1962)

Ami d'Apollinaire, Gide, Moréas, Gourmont, Léautaud, Matisse, ennemi acharné de Valéry, André Rouveyre fut le féroce dessinateur et chroniqueur du *Mercure de France*. Il collabora également au *Rire*, à *Gil Blas*, au *Crapouillot*. Méconnu comme romancier mélancolique, il fut un critique et mémorialiste très redouté. « Mauvais garçon de grande classe » selon Marie Dormoy, « personnage extraordinaire » selon Jean Cassou, « misanthrope injuste » selon Philippe Soupault, André Rouveyre était considéré comme « une sorte de génie » par Remy de Gourmont et Guillaume Apollinaire. Il a manifesté un sens du trait, du noir, qui trouve son expression la plus aboutie dans ses caricatures, économes et presque abstraites : *Visages des contemporains*, 1913.

C.P

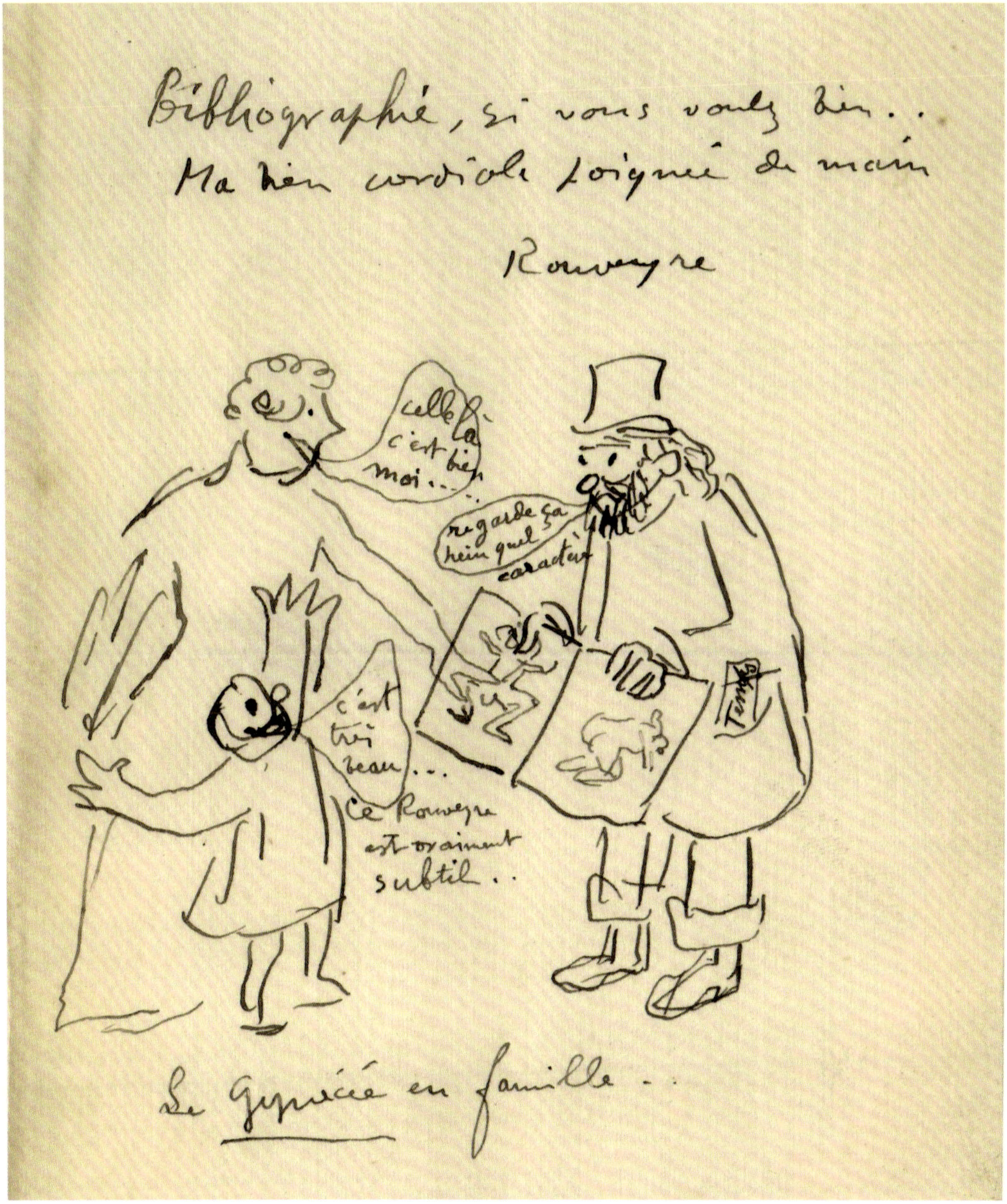

Le Gynécée en famille, lettre d'André Rouveyre à Alfred Vallette, directeur de la revue *Le Mercure de France*, encre sur papier, 2 janvier 1909, 16,9 x 24,9 cm. Fonds Mercure de France / IMEC.

« L'écriture a une matière, quelquefois elle s'étend, d'autres elle se ramasse. Il faudrait pouvoir la tailler à la mesure de ce que l'on ressent, et ne point consentir à ce qu'elle nous échappe, dans ses enroulements autour des idées, des sentiments ou des images. [...] Mais l'écriture ne se manie bien que dans le feu. Seulement là les formes que nous lui donnons se fixent bien. Et les arabesques sur le papier deviennent de bronze sur champs de lumière. »

Souvenirs de mon commerce, 1921.

« Je ne vois pas un art ou des arts plastiques, et, d'autre part, les autres arts. Il y a les arts : peinture, sculpture, musique, écriture… Et la vérité est que, parmi les produits de chacun d'eux, rien ne vaut que ce qui est plastique. Il faut prendre le mot plastique dans son sens de : ramener les idées ou les visions dans un tour net, une ellipse matérielle. Cela peut être aussi bien perçu par l'oreille que par l'œil ; aussi bien reçu d'une statue ou d'une peinture que d'un orchestre ou d'une phrase tracée. »

Propos recueillis par Louis Vauxcelles, *L'Éclair,* 19 août 1924.

17 Félix Fénéon (1861-1944)

L'anarchiste Félix Fénéon, qui travaillait au ministère de la Guerre, s'était lié étroitement dès 1884 au groupe des Symbolistes, dans l'esprit desquels il fonda la même année *La Revue indépendante*.

Chroniqueur et critique d'art, Félix Fénéon créa un nouveau style de critique, dans une perspective très mallarméenne : c'est à lui que l'on doit la révélation au public de la peinture postimpressionniste, et en particulier de Seurat, Signac et Pissarro…

En 1894, il fut l'un des accusés du célèbre « procès des Trente », qui tenta d'enrayer la vague d'attentats et de manifestations anarchistes, alors au faîte de leur activisme.

De 1895 à 1903, celui qui signait « F. F. » reprit en main le sort de *La Revue blanche* des frères Natanson et créa les éditions du même nom.

Devenu en 1906 l'éminence grise de la galerie Bernheim-Jeune, il fonda le *Bulletin de la vie artistique* qu'il dirigea jusqu'en 1924.

Au lendemain de la Grande Guerre, c'est aussi à la tête des Éditions de La Sirène qu'il exerça son influence.

Il est également l'auteur des célèbres « Nouvelles en trois lignes » que le quotidien *Le Matin* publiait anonymement.

C.P.

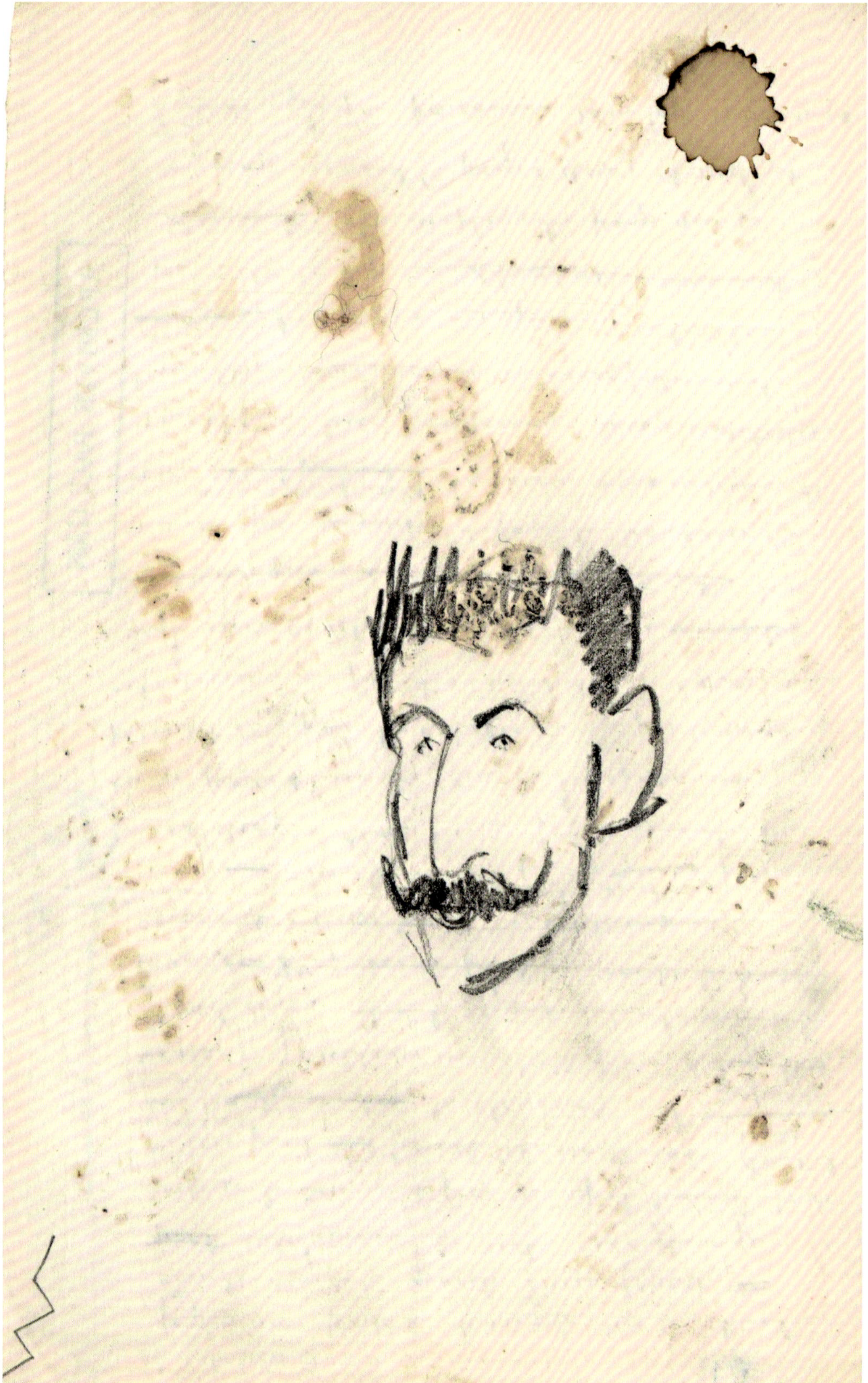

Portrait de Jean Lorrain sur le manuscrit de *Noirs, Blancs, Jaunes,* crayon noir sur papier, 1948, 21 x 13,3 cm. Fonds J. Paulhan / IMEC.

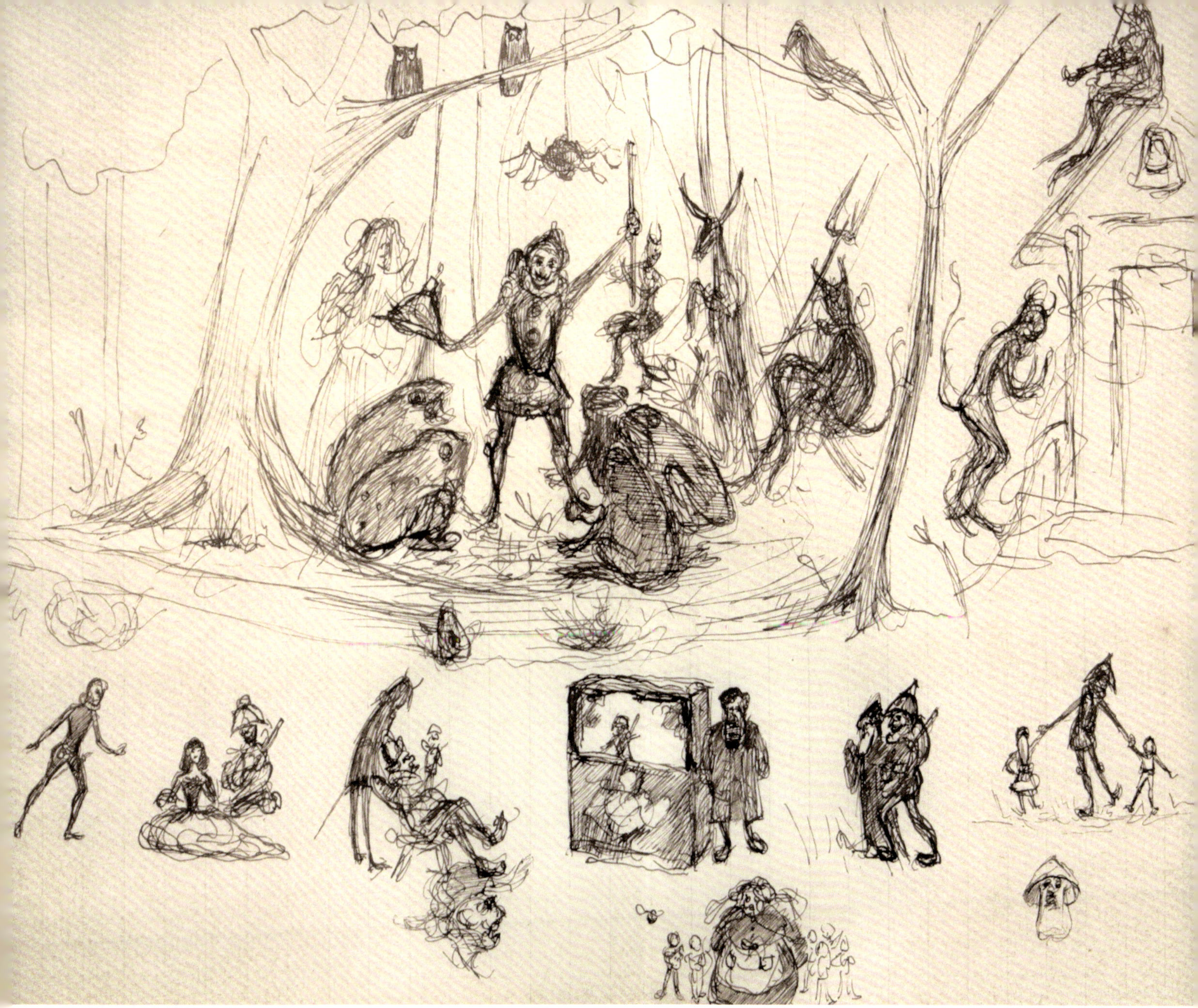

Sans titre, illustration pour *Chantecler*, encre sur papier, 1904, 19,9 x 25,7 cm. Collection P.F.B.

18 Edmond Rostand (1868-1918)

Edmond Rostand naît à Marseille, avant de s'installer dans les Pyrénées avec sa famille qui redoute les désordres de la Commune. Le jeune homme étudie quelque temps le droit à Paris, mais décide rapidement de se consacrer à l'écriture. Il se marie en 1890 avec Rosemonde, femme poète, qui lit et travaille ses textes avec lui durant toute leur vie commune. Il la quitte en 1915 pour son dernier amour, la comédienne Mary Marquet.

Son premier succès dramatique date de 1894 avec sa pièce *Les Romanesques*, présentée à la Comédie-Française.

L'année suivante, il écrit une pièce pour Sarah Bernhardt. La première représentation de *Cyrano de Bergerac*, en 1897, au Théâtre de la Porte-Saint-Martin, est un véritable triomphe, et le consacre comme un des auteurs dramatiques parisiens le plus en vue. En 1901, grâce à *L'Aiglon*, de nouveau interprété par Sarah Bernhardt, il est élu à l'Académie française. Dès lors, Edmond Rostand bénéficie d'une reconnaissance très large.

À partir de *Chantecler* (1900), apprécié du public, mais éreinté par la critique, on ne voit plus que la lourdeur dépassée de son théâtre. Roland Barthes, en 1955, prendra les centaines de kilos de plumes employés pour la mise en scène de cette pièce comme exemple d'une des « maladies du costume de théâtre » : la « surindication ». *S.B.*

19 Marcel Proust
(1871-1922)

Le nom de Marcel Proust est évocateur d'une des œuvres littéraires les plus monumentales de la littérature française du XXe siècle et d'une existence dévolue tout entière à la création. Proust est d'abord un enfant unique et aimé, fragile et asthmatique, qui grandit entre le VIIIe arrondissement de Paris et le village d'Illiers, en Eure-et-Loir (Combray). Cette période de l'enfance tiendra une place essentielle dans une œuvre qui place en son centre la question du temps passé et de son évocation.

L'immense roman de Marcel Proust, *À la recherche du temps perdu*, auquel son auteur consacre des années de vie recluse et qui ne sera entièrement publié que cinq ans après sa mort, est le fruit de nombreux tâtonnements. Son premier recueil publié, *Les Plaisirs et les Jours* (1894), est assez mal reçu ; Proust travaille dès lors à un roman qu'il laissera inachevé, *Jean Santeuil*. Nettement autobiographique, celui-ci peut être considéré comme la matrice, la version inaboutie de *La Recherche*.

Ses traductions de l'œuvre de John Ruskin (1904, 1906) jouent également un rôle déterminant dans sa formation, en le poussant à formuler certaines de ses positions esthétiques ; de même les *Pastiches* (1908) des grands auteurs du XIXe siècle lui permettent de se dégager de ses modèles romanesques. C'est en 1913 que paraît le premier tome de *La Recherche*. Dès lors, Proust ne cessera plus de travailler à cette somme qui concentre et explore les lignes structurantes de son imaginaire à travers les questions du temps, de la mémoire, de l'identité sociale ou profonde, de l'amour et de la jalousie. Les sept tomes de cette œuvre-monde questionnent et renouvellent les notions d'intrigue, de personnage et de voix narrative ; tout à la fois chronique sociale, élaboration fantasmatique, composition musicale et poétique, *La Recherche* reste l'une des sources inépuisables à laquelle la littérature s'abreuve, aujourd'hui encore. *S.B.*

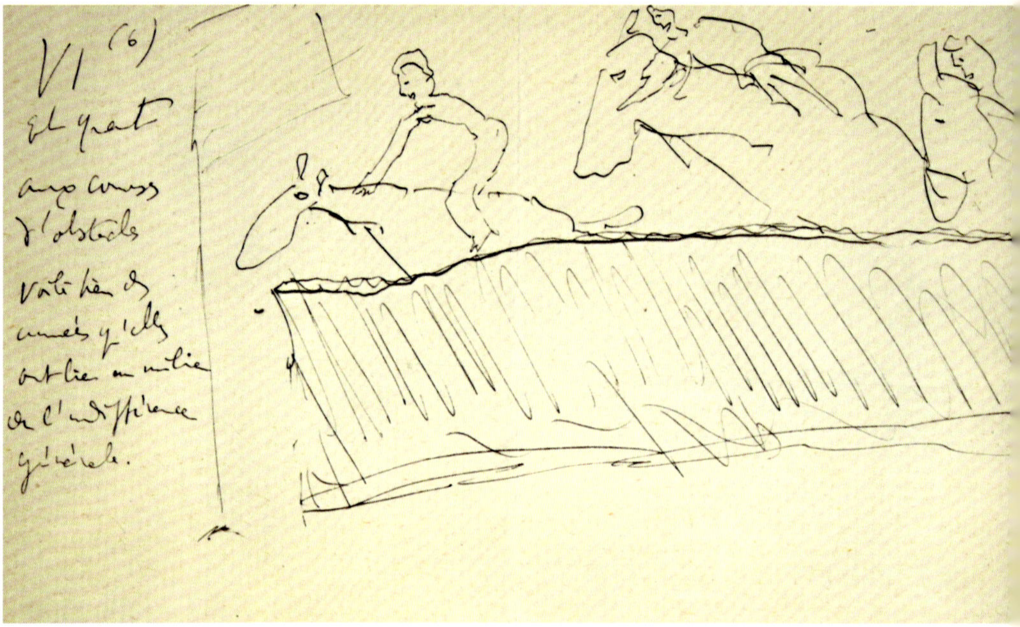

Sans titre, encre sur papier, sans date, 11,5 x 18 cm (recto). De la main de l'auteur : « VI (6) Et quant aux courses d'obstacles, voilà bien des années qu'elles ont lieu au milieu de l'indifférence générale. » Collection P.F.B.

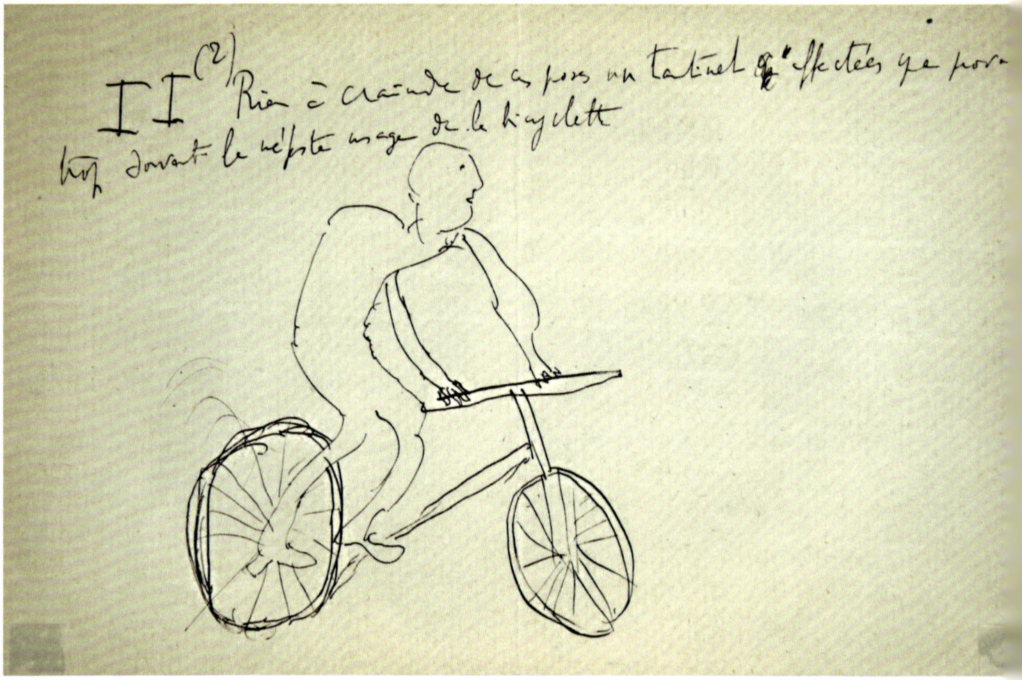

Sans titre, encre sur papier, sans date, 11,5 x 18 cm (verso). De la main de l'auteur : « II (2) Rien à craindre de ces poses un tantinet affectées que provoque trop souvent le néfaste usage de la bicyclette. » Collection P.F.B.

« Le style pour l'écrivain aussi bien que la couleur pour le peintre est une question non de technique, mais de vision. »

Le Temps retrouvé, 1927.

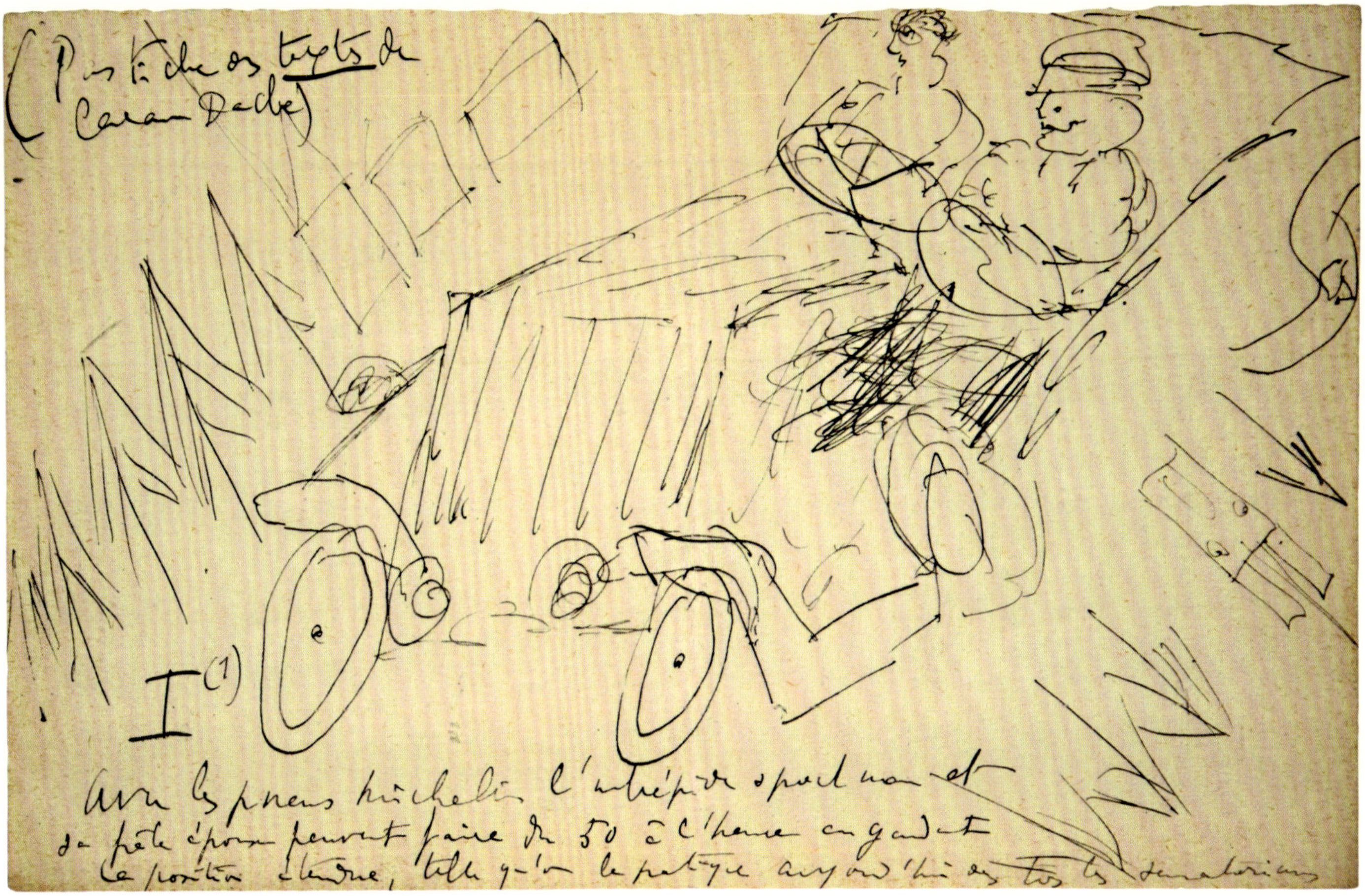

Sans titre, encre sur papier, sans date, 11,3 x 18 cm. De la main de l'auteur : « I (1) Pastiche des textes de Caran d'Ache. Avec les pneus Michelin, l'intrépide sportsman et sa frêle épouse peuvent faire du 50 à l'heure en gardant la position étendue, telle qu'on la pratique aujourd'hui dans tous les sanatoriums. » Collection P.F.B.

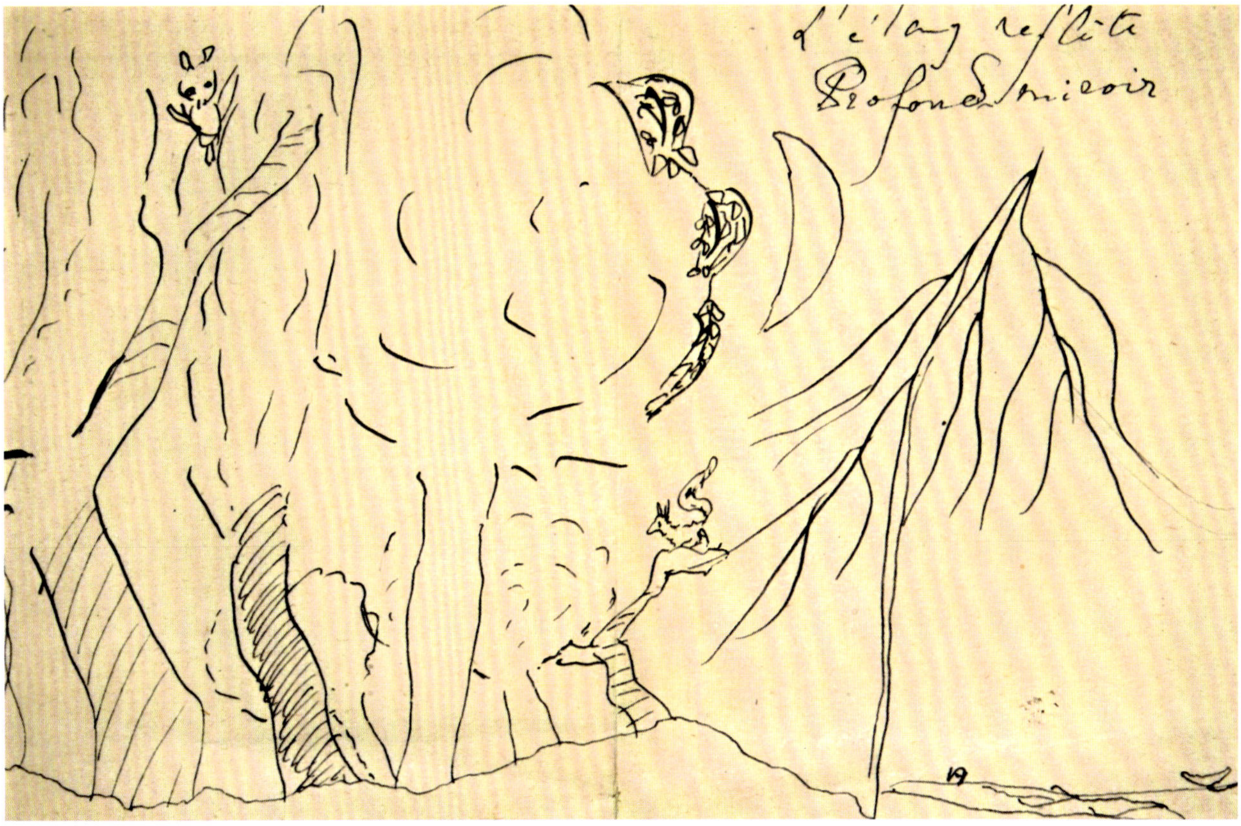

Sans titre, encre sur papier, sans date, 10,5 x 16,5 cm. De la main de l'auteur : « L'étang reflète / Profond miroir. » Collection P.F.B.

20 Pierre Louÿs
(1870-1925)

Pierre Louis naît à Gand en Belgique, mais fait sa scolarité à l'École alsacienne de Paris, où il se lie avec André Gide. Très tôt lié au groupe du Parnasse, il épouse une des filles du poète José Maria de Heredia. Proche de Paul Valéry, Leconte de Lisle, Mallarmé, Verlaine, celui qui se nomme désormais Pierre Louÿs fonde la revue *La Conque* où publient ses amis poètes. Il se rapproche du Symbolisme. En 1893, il publie son propre recueil de poèmes érotiques et précieux, *Astarté*.

Les *Chansons de Bilitis* (1894), célèbre supercherie littéraire (Pierre Louÿs les prétend traduites du grec, écrites par une poétesse de l'âge lyrique), réconcilient les esthétiques parnassienne et symboliste. S'y mêlent en effet fascination pour l'Antiquité païenne, érotisme bucolique, amour de la perfection formelle, goût de la référence savante. Le recueil connaît un vrai succès, et Claude Debussy met en musique trois des *Chansons*.

Les romans de Pierre Louÿs (*Aphrodite*, 1896 ; *La Femme et le Pantin*, 1898 ; *Psyché*, inachevé et publié en 1927) continuent d'accorder à l'amour, à l'érudition et à la célébration des très jeunes filles une place déterminante. Acculé par les difficultés financières à la fin de sa vie, il écrit beaucoup pour les journaux ; les derniers recueils poétiques de ce grand bibliophile (il possédait une bibliothèque de plus de vingt mille volumes) resteront longtemps inédits.

S.B.

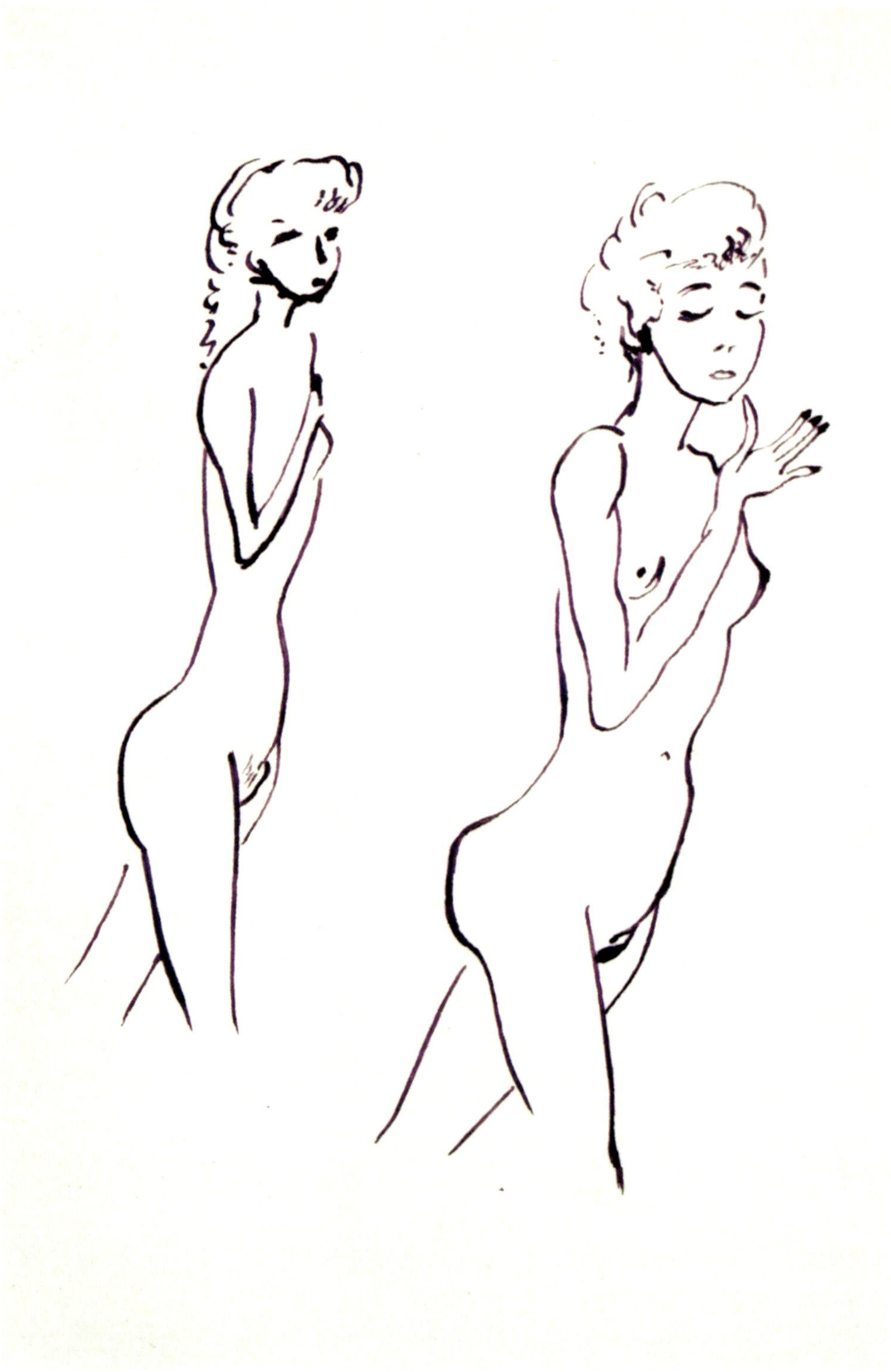

Sans titre, encre sur papier, sans date, 17,3 x 10,5 cm. Collection P.F.B.

« L'amour humain ne se distingue du rut stupide des animaux que par deux fonctions divines : la caresse et le baiser. »

Aphrodite, 1896.

« La sensualité est la condition mystérieuse, mais nécessaire et créatrice, du développement intellectuel. »

Préface d'*Aphrodite,*1896.

21 Paul Valéry
(1871-1945)

Paul Valéry grandit à Sète. Il lit Hugo, Poe, Huysmans, et surtout Mallarmé. Il publie ses premiers poèmes en revue en 1889, et noue une correspondance amicale avec Pierre Louÿs et André Gide. En 1890, le jeune poète écrit à Mallarmé. C'est le début d'une relation faite de bienveillance du côté du maître, d'admiration éperdue du côté de son disciple.

Une rupture radicale se produit dans la vie de Valéry au lendemain de ce qu'il appellera sa « nuit de Gênes » (4-5 octobre 1892) : au cours d'une introspection profonde et douloureuse, il se confronte violemment avec lui-même, avec ses exigences esthétiques et existentielles. Cette expérience le conduit à prendre une résolution ferme, qu'il aura toute sa vie à cœur de respecter : celle de « résister » et de penser « tout seul ».

Valéry se lance alors dans une entreprise d'écriture singulière, qui le fait se tenir à l'écart des modes et des mouvements, réunissant poésie et pensée dans un même exercice de rigueur. Il publie en 1896 l'*Introduction à la méthode de Léonard de Vinci* et *La Soirée avec M. Teste*, deux textes fondateurs. Retiré du monde littéraire, il continue d'écrire sans publier et remplit quotidiennement ce qui deviendra ses *Cahiers*. Il faut attendre 1917 pour le voir revenir publiquement à la poésie avec *La Jeune Parque*, puis *Le Cimetière marin* (1920). Il devient dès lors une figure en vue du monde littéraire et il est élu à l'Académie française, en 1927.

S.B.

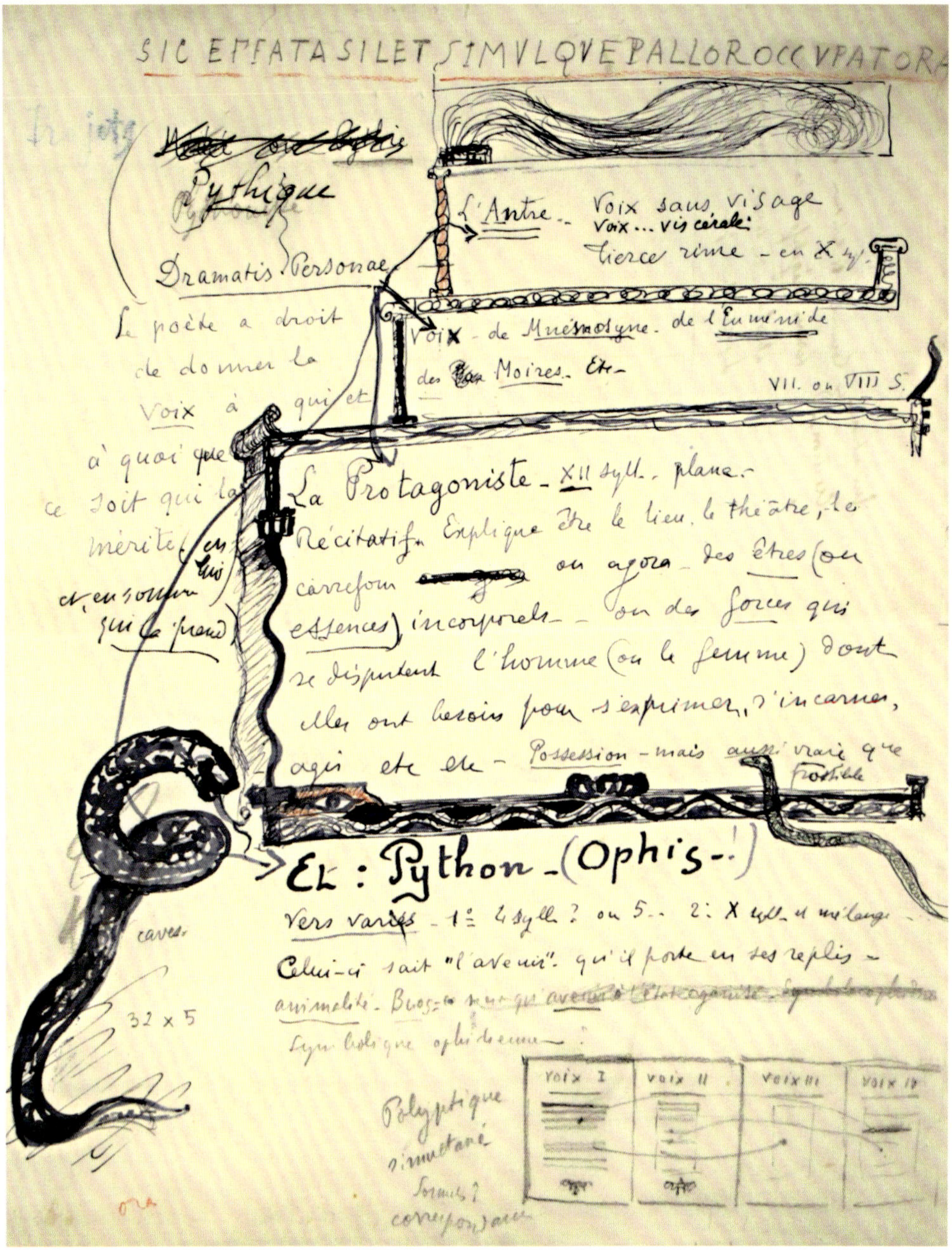

Dessin sur un manuscrit de projet théâtral, encre et crayon de couleur sur papier, sans date, 32,5 x 25 cm. Collection particulière.

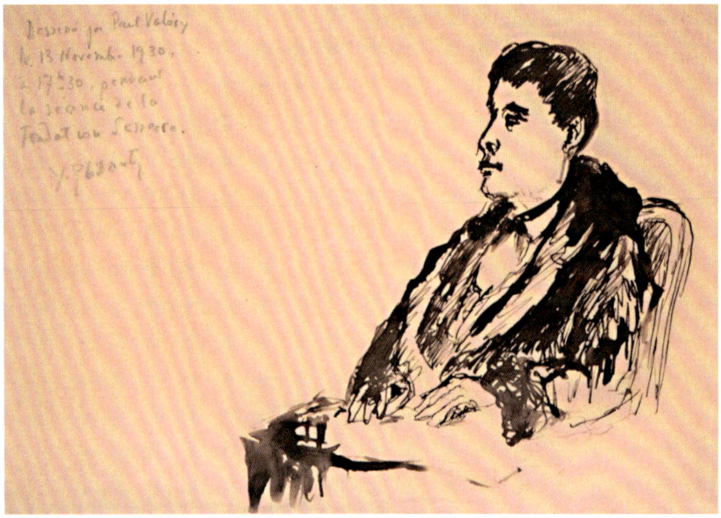

Le Président,
encre noire sur papier,
13 novembre 1930,
14,5 x 19 cm.
Collection P.F.B

22 Alfred Jarry (1873-1907)

On tient pour authentiques moins d'une dizaine d'œuvres graphiques — dessins, gravures, lithographies — du père de la pataphysique, à ne pas confondre avec les nombreuses illustrations des *Almanachs du père Ubu*, dues à Pierre Bonnard. De son vivant, Jarry a publié : *Véritable Portrait de Monsieur Ubu*, en 1896 (manuscrit et édition originale d'*Ubu roi*) ; *Ouverture d'Ubu roi*, en 1898 (couverture de la partition de Claude Terrasse) ; *Monsieur Ubu Maître des Phynances*, en 1896 (affiche de théâtre) ; *Monsieur Ubu à cheval*, en 1895 (édition originale de César Antéchrist) ; *Marche des Polonais*, en 1898 (couverture de la partition de Claude Terrasse) ; *Ubu roi* au Théâtre des Pantins, en 1898 (programme théâtral) ; *Chanson du décervelage*, en 1898 (couverture de la partition de Claude Terrasse).

À quoi, désormais, s'ajoute le portrait de petite dimension mais de grande portée — *Ubu en « Vérité sortant du puits »* — que nous présentons publiquement ici pour la première fois. En effet, ce dessin, qui est le détournement d'une carte de vœux, est inédit (si l'on excepte le catalogue de l'exposition Jarry organisée à l'IVAM, de Valencia, par Emmanuel Guigon).

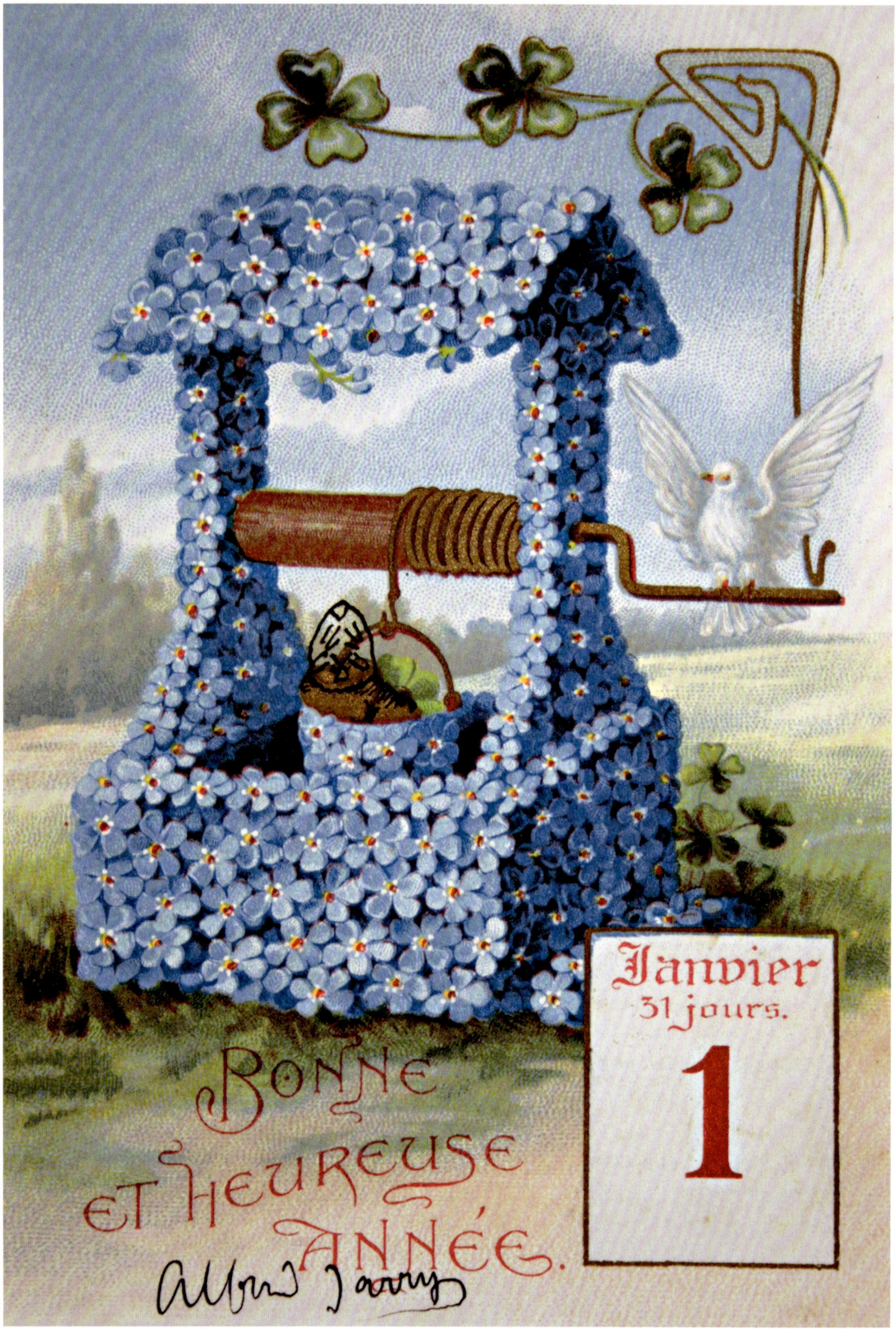

Ubu, dessin à l'encre sur carte postale imprimée, sans date, 37 x 25 cm. Collection particulière.

L'envoi, adressé à Alfred Vallette est signé et pourrait être daté de 1896. Et maintenant, pour fêter l'événement, reprenons tous en chœur le refrain de la *Valse d'Ubu cocu* mise en musique par Claude Terrasse :

...Voyez, voyez la machin' tourner,
Voyez, voyez la cervell' sauter,
Voyez, voyez les rentiers trembler ;
Hourra, cornes-au-cul, vive le père Ubu !

J.J.L.

23 Max Jacob (1876-1944)

L'écrivain Max Jacob, originaire de Bretagne, s'installa à Montmartre en 1895, où il connut la vie de bohème en compagnie d'André Salmon, Guillaume Apollinaire, Francis Carco, Jean Cocteau et toute une pléiade de jeunes écrivains sous son charme. Critique au *Moniteur des arts* et témoin privilégié de la naissance du cubisme, il se lia d'amitié avec des peintres comme Pablo Picasso, Juan Gris, Amedeo Modigliani ou Georges Braque. En 1909, converti au catholicisme, il commença une série de longues retraites à l'abbaye de Saint-Benoît-sur-Loire.

Parallèlement à son œuvre littéraire, Max Jacob consacra beaucoup de temps au dessin et à la peinture : dès le début du siècle, il exposa d'ailleurs au Salon des Indépendants.

À partir de 1920, la galerie Bernheim-Jeune montra régulièrement ses encres et ses gouaches qui se vendaient bien mieux que ses livres. Inspirée par des paysages de Bretagne, de Paris ou du Val de Loire, par les fresques romanes, par des scènes bibliques ou par le cirque qu'il appréciait particulièrement, son œuvre peinte et dessinée comporte également de nombreux autoportraits.

En raison de ses origines juives, Max Jacob allait être arrêté par la Gestapo le 24 février 1944, emmené au camp de transit de Drancy, d'où Jean Cocteau tenta désespérément de l'arracher, mais il y périt d'une pneumonie, le 5 mars 1944.

C.P.

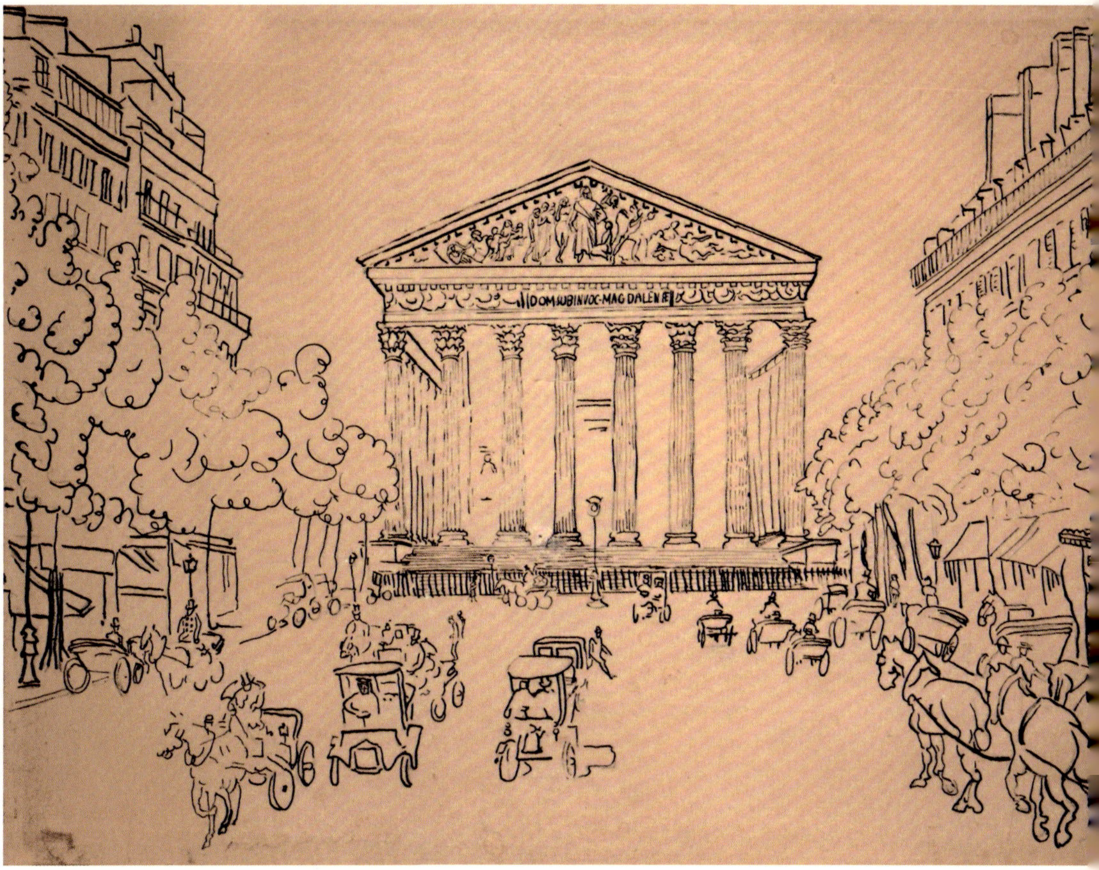

Rue Royale, encre sur papier, sans date, 26 x 35 cm. Collection P.F.B.

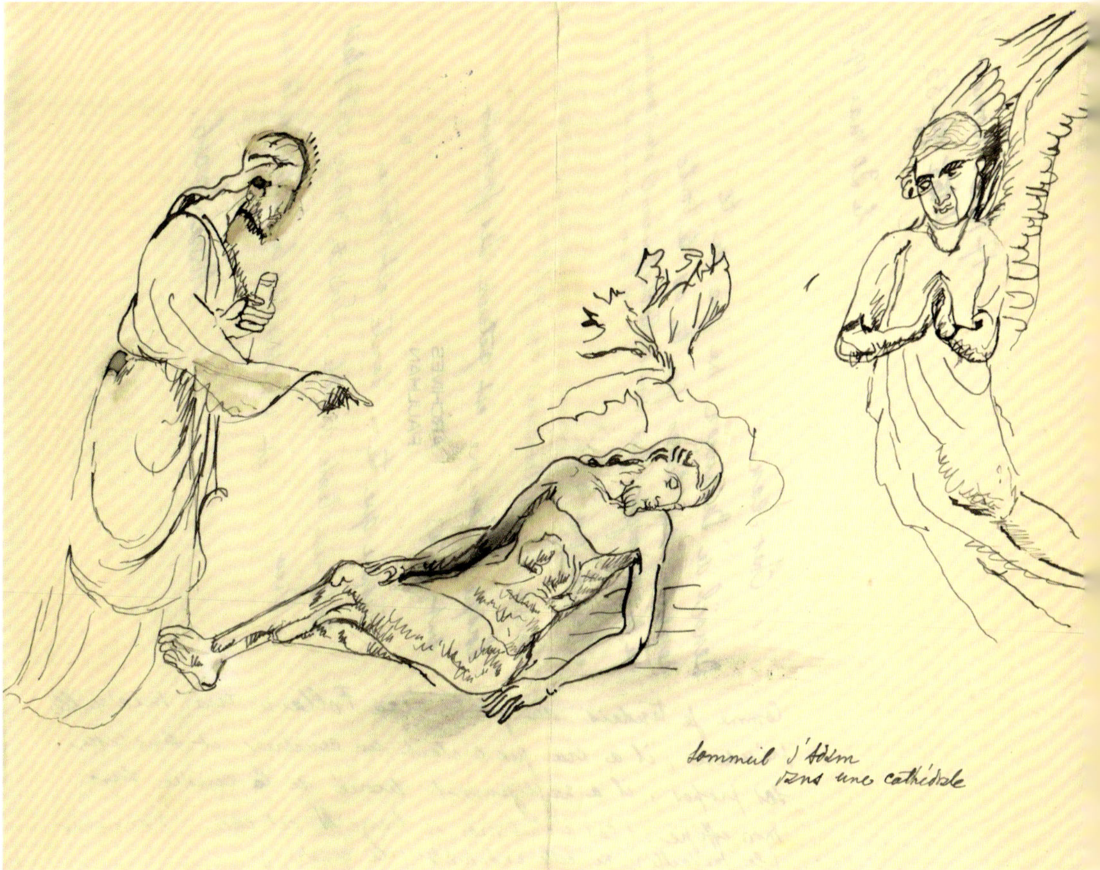

Sans titre, au dos d'une lettre à Jean Paulhan, encre sur papier, 20 mai 1935, 21 x 27 cm.
De la main de l'auteur : « Sommeil d'Adam dans une cathédrale. » Fonds J. Paulhan / IMEC.

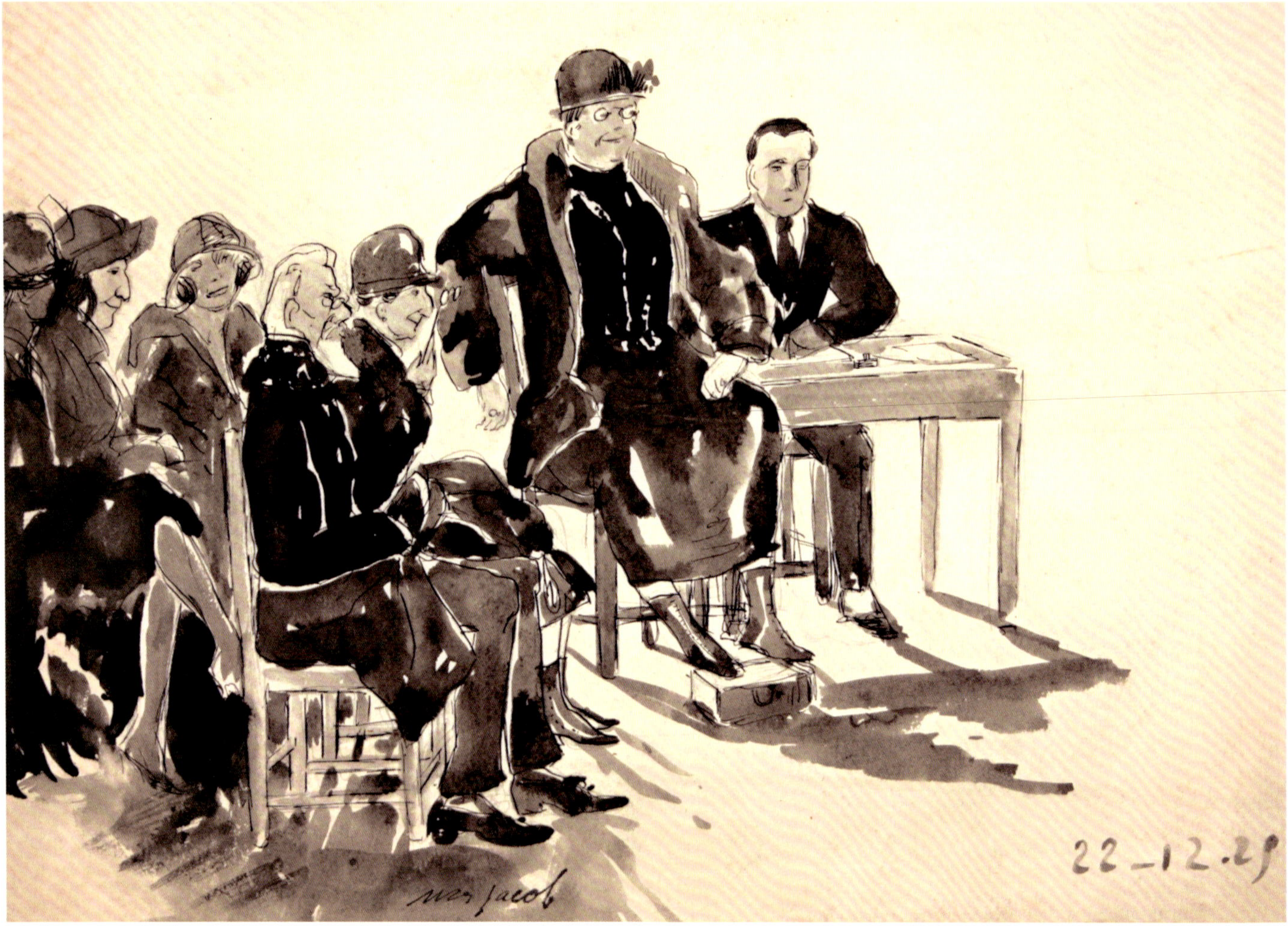

La Conférence, aquarelle et encre sur papier, 22 décembre 1929, 22,8 x 29,5 cm. Collection P.F.B.

« Aimer les mots. Aimer un mot. Le répéter, s'en gargariser. Comme un peintre aime une ligne, une forme, une couleur. »

Conseils à un jeune poète, 1945.

« Je ne peux pas appeler travail le métier de mettre des dessins en marge de mes livres comme je le fais depuis tout cet hiver pour les uns et pour les autres. »

Lettres à Roger Toulouse, février 1944.

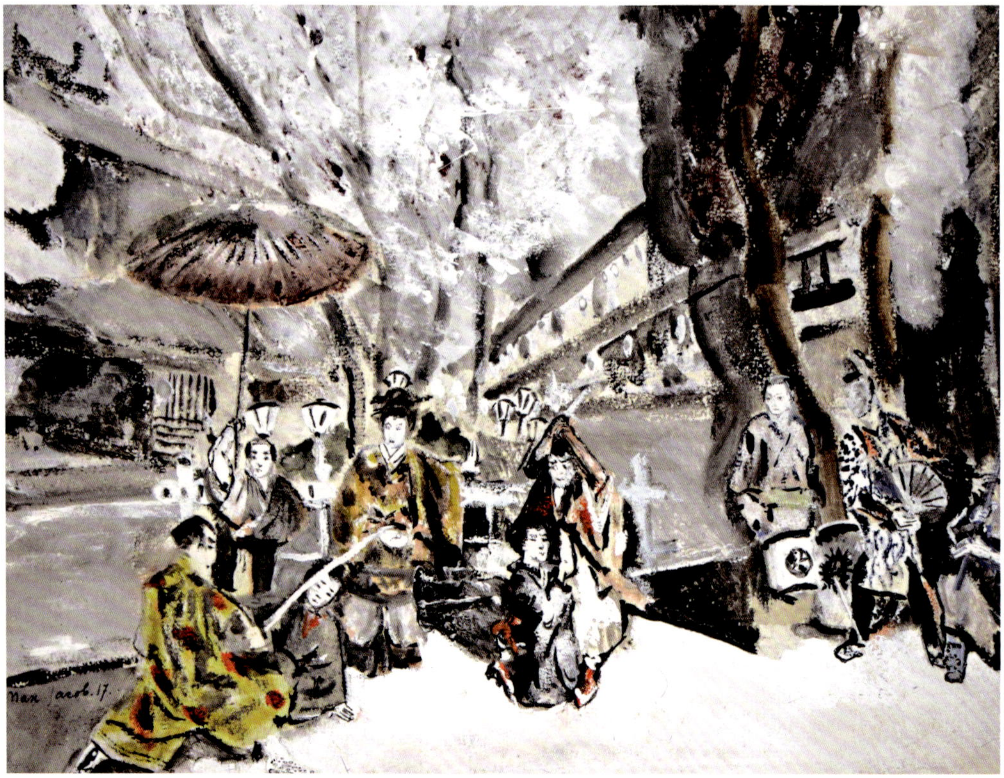

Scène japonaise, aquarelle, 1917, 22 x 28,5 cm. Collection P.F.B.

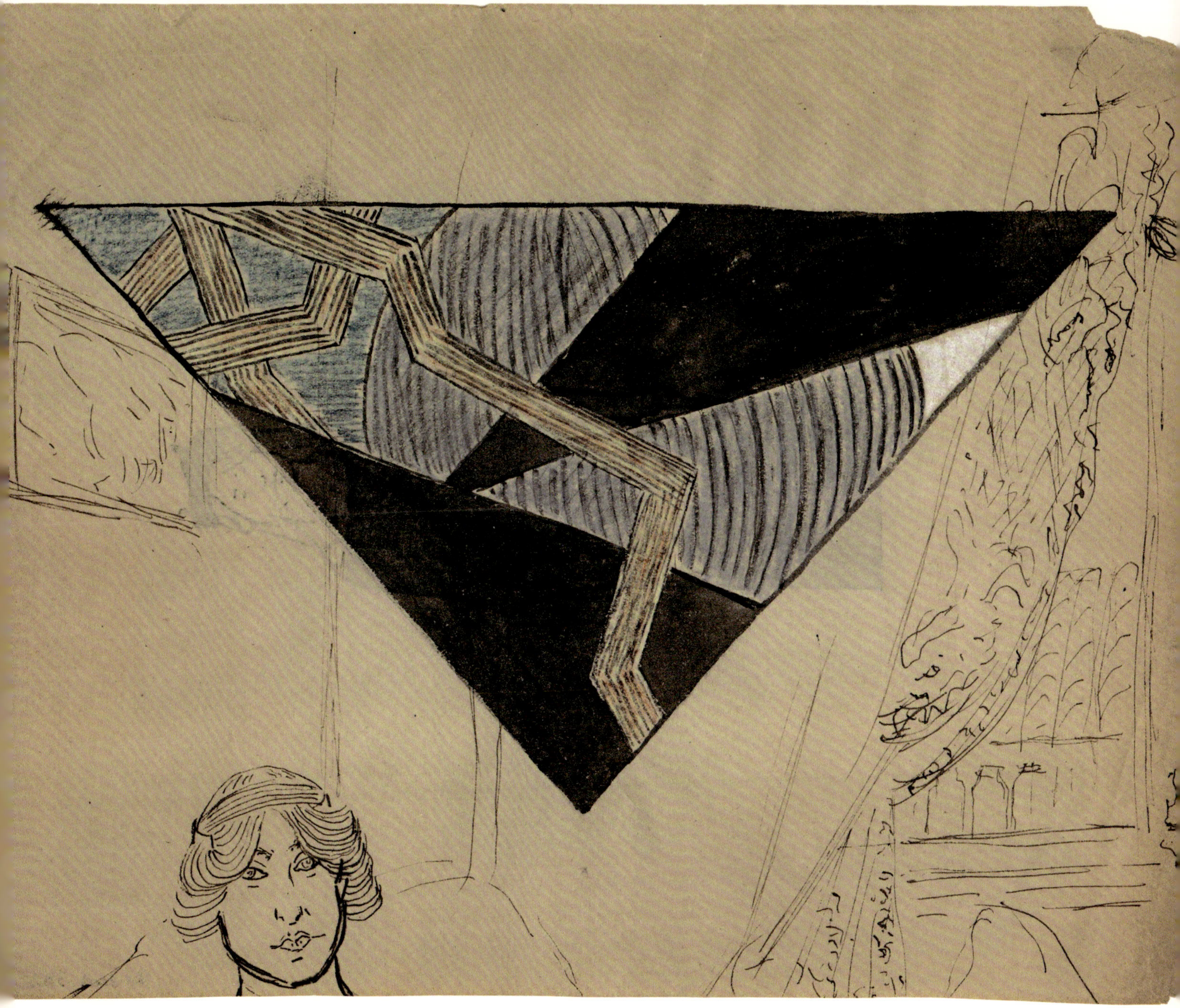

Sans titre, étude préparatoire pour *La Guerre* (1916), gouache, pastels, crayons de couleur sur papier, sans date, 22,4 x 28,3 cm. Collection particulière.

24 Pierre Albert-Birot (1876-1967)

C'est à l'École des beaux-arts que Pierre Albert-Birot s'est inscrit, en arrivant à Paris, à dix-sept ans : ses peintures et sculptures, comme les poèmes qu'il rédige, sont alors de facture très classique. La Grande Guerre le révèle à lui-même : il découvre la peinture abstraite et fonde la revue *SIC* (Son-Idée-Couleur) qui va devenir, de 1916 à 1919, l'organe de son école « nuniste » (pour un art neuf) et l'un des laboratoires de la modernité européenne, en accueillant les futuristes italiens, les noucentistes catalans, Apollinaire (dont il était le grand ami), Reverdy, Aragon, Soupault, Radiguet, Tzara, mais aussi des artistes comme Survage, Balla, Severini, Zadkine, Chana Orloff…

Par la suite, il fonde un théâtre, s'essaye aux marionnettes, au cinéma, et expérimente d'autres formes d'expressions littéraires, mais l'objet qui le requit réellement pendant une cinquantaine d'années est une épopée monumentale : les six livres de *Grabinoulor*. *C.P.*

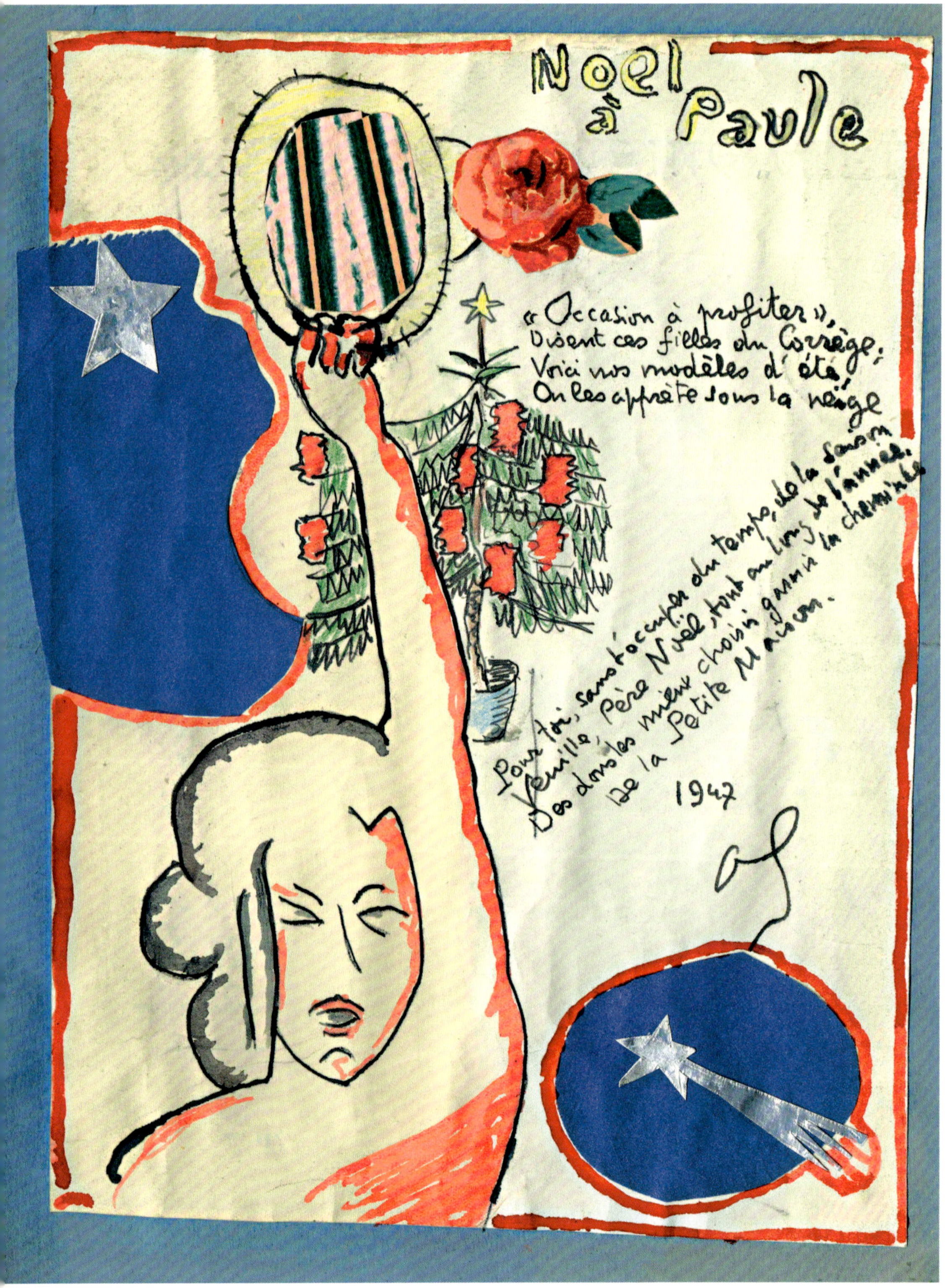

Sans titre, lettre et dédicace d'André Salmon à Paule Gaspart,
encres, crayons, lavis et papiers peints collés, Noël 1947, 27 x 21 cm. Fonds Follain / IMEC.

« Courbé sur mon texte, épiant la coquille, chassant le bourdon, ce n'est pas ce soin nécessaire qui accable un poète plaçant très haut les vertus de l'artisan. Je souffre du sentiment de respirer un bouquet, de fleurs ou d'herbes, tout de suite fané. Heureux le peintre dont l'œuvre ne s'éteint pas sous ses yeux. »

Souvenirs sans fin, tome III, 1961.

25 André Salmon

(1881-1969)

Le poète, romancier, journaliste de métier, chroniqueur judiciaire, critique d'art et essayiste André Salmon, élevé à Saint-Pétersbourg, fut l'une des figures les plus importantes du milieu intellectuel de Montmartre et de Montparnasse au début du XXe siècle. En 1903, il fonda, avec Max Jacob et Apollinaire, la revue *Le Festin d'Ésope*. Son premier recueil, d'inspiration symboliste, *Poèmes*, parut en 1905, alors qu'il était le secrétaire de Paul Fort à la revue *Vers et Prose*. Son premier roman, *Tendres Canailles*, date de 1913.

Défenseur avec Apollinaire de la peinture cubiste, André Salmon était le grand ami de Picasso qu'il avait rencontré en 1903 et dans la compagnie duquel il a vécu, dans le « sordide » Bateau-Lavoir d'alors : c'est d'ailleurs lui qui trouva le titre des *Demoiselles d'Avignon*, et fit connaître le tableau, en 1916.

Avec Géo Norge, Claire et Yvan Goll, Maurice Carême, Edmond Vandercammen, etc., il fut l'un des fondateurs du *Journal des Poètes*, en 1931. Auteur de plusieurs monographies, ce « poète soumis à la plastique » a aussi rédigé de nombreux « essais de critique fervente » portant sur *La Jeune Peinture française* (1912), *L'Art vivant* (1920) et des *Propos d'atelier* (1922). *C.P.*

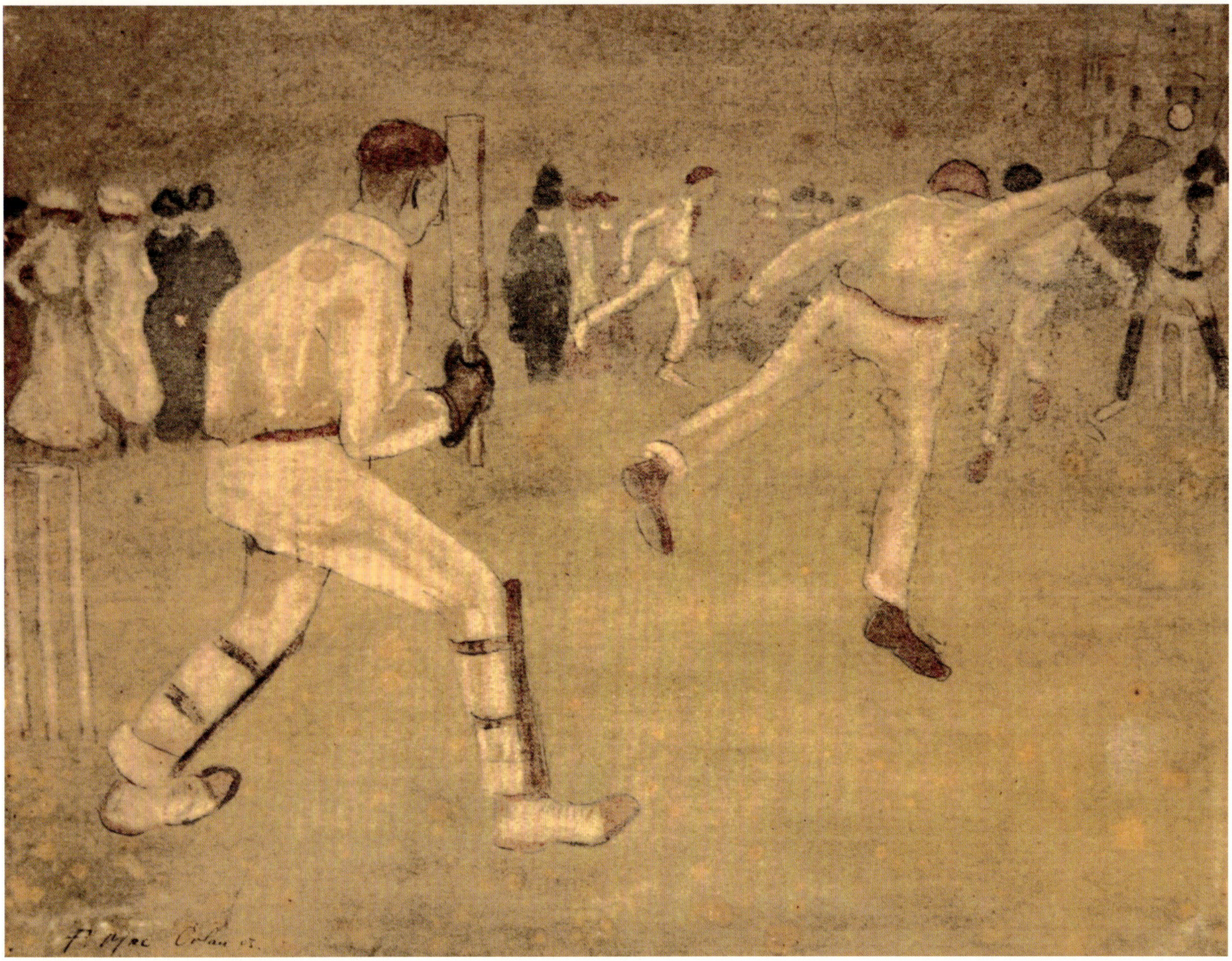

La Partie de cricket, crayon et aquarelle, sans date, 23 x 29,5 cm. Collection P.F.B.

26 Pierre Mac Orlan (1882-1970)

Pierre Dumarchey s'est attaché à inventer sa propre vie au point de rendre indiscernables, derrière le personnage de Pierre Mac Orlan, ses traces authentiques. Certains faits sont néanmoins avérés, comme sa découverte précoce de deux expériences pour lui fondatrices : celle de l'œuvre de François Villon et celle du rugby.

Pierre Mac Orlan décide à dix-sept ans qu'il sera peintre, et abandonne ses études pour vivre, à Paris, une vie de bohème. Il fréquente les milieux interlopes, partage l'existence aventureuse et souvent misérable des artistes et des voyous. Il s'installe à Montmartre en 1905 ; la même année, il emploie pour la première fois son pseudonyme, pour signer les illustrations d'un roman. Proche de Vlaminck, Picasso, Max Jacob, André Salmon, Apollinaire, il vit dans le désormais mythique Bateau-Lavoir et fréquente le Lapin Agile.

Ses tentatives de vivre de sa peinture se heurtent toujours au même insuccès. Son premier recueil de contes paraît en 1911 et lui vaut, en revanche, un début de notoriété. Sa réputation grandit, et il est salué par Marcel Proust et Antonin Artaud. En 1927 paraît son roman *Quai des brumes*, adapté au cinéma par Prévert et Carné en 1938. Pierre Mac Orlan est en même temps grand reporter : il est notamment le témoin du déclin de l'Allemagne dans les années 1930, des méthodes de Scotland Yard en Angleterre, de la Prohibition aux États-Unis. De ses observations, il tire la matière de plusieurs de ses romans.

Il est définitivement reconnu comme écrivain dans la France de l'après-guerre, et reçoit la Légion d'honneur en 1967. Toujours imprévisible, l'auteur de cent trente livres et soixante-cinq chansons, dont des textes érotiques, des romans policiers et des œuvres relevant du « fantastique social », rejoint Boris Vian et Raymond Queneau au Collège de pataphysique en 1968.

S.B.

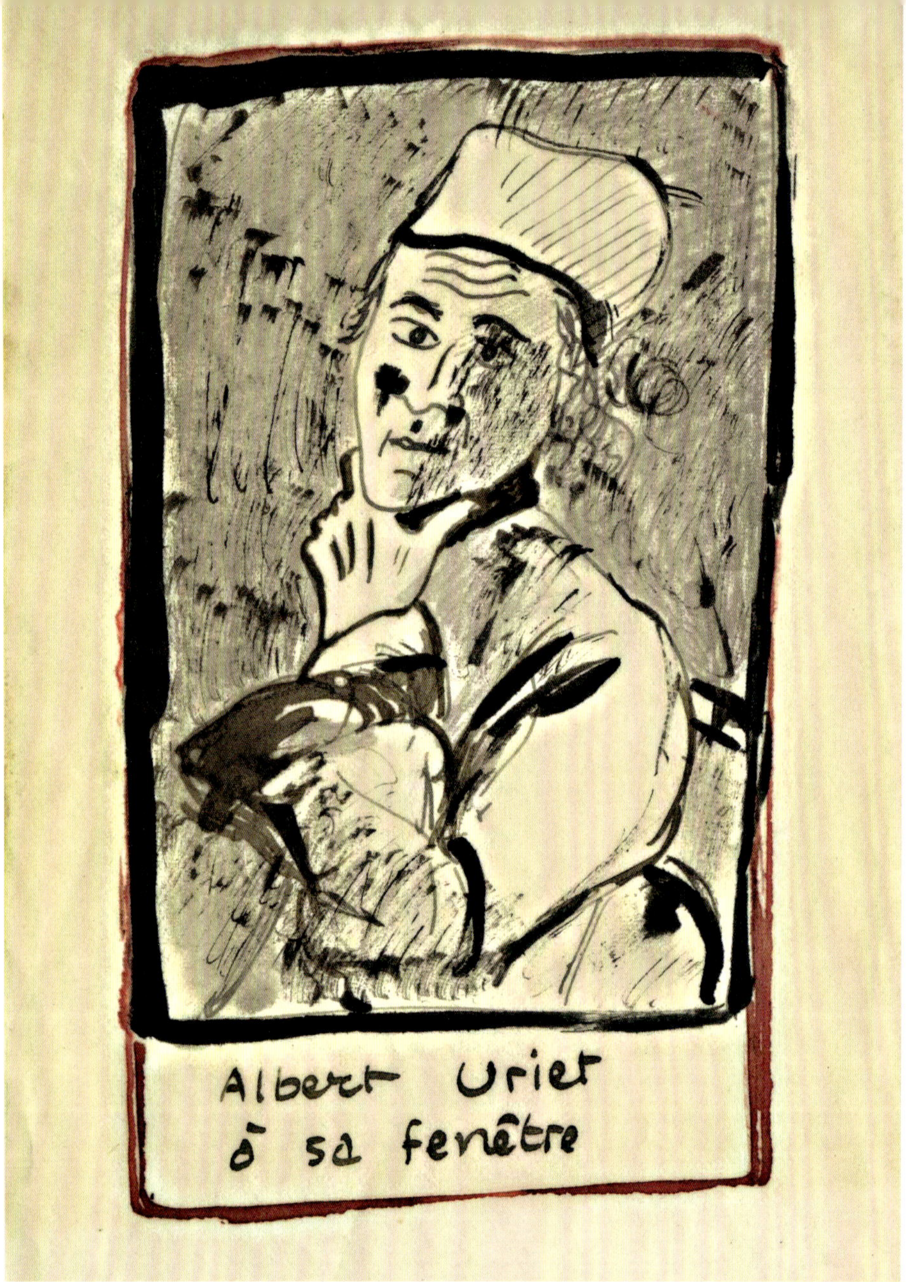

Albert Uriet à sa fenêtre, encres de Chine rouge et noire, lavis, encre bistre et crayon noir, 1916, 20,6 x 9,9 cm. Collection particulière.

27 Jean Paulhan
(1884-1968)

Jean Paulhan fut le directeur de *La Nouvelle Revue française* de 1925 à sa mort. De cette place, qui était aussi celle de l'un des directeurs littéraires les plus influents des Éditions Gallimard, il tenta, pendant plus de quarante années, de faire lire et coexister les littératures françaises et étrangères, classiques et contemporaines, les formes d'écriture les plus sobres et les plus loufoques, les plus théoriques et les plus romanesques. Tout en poursuivant ses propres recherches sur le langage, il se passionna, à partir des années 1930, pour des peintres comme Georges Braque et, après guerre, pour Jean Fautrier, Jean Dubuffet, Gaston Chaissac, Yolande Fièvre, Pierre Bettencourt, cherchant à définir la relation de leur art avec le sacré.

Lui-même, qui, dans son adolescence, fréquenta les académies de peinture avec sa mère, ne détestait pas orner ses innombrables lettres et ses manuscrits de petits dessins plus ou moins élaborés, et ses dédicaces de calligrammes ou de rébus. *C.P.*

28 Pierre Jean Jouve
(1887-1976)

Poète discret, autobiographe peu disert (*En miroir*, 1954), romancier hostile aux chapelles, Pierre Jean Jouve fait partie de ces figures littéraires dont la vie semble se fondre dans l'œuvre. D'abord proche du mouvement unanimiste autour de Jules Romains, Jouve rejette en 1925 tous les écrits qu'il a publiés pour aborder une *vita nuova* et y poser les premiers fondements d'une œuvre unique. Fortement imprégnée de psychanalyse (la femme de Pierre Jean Jouve, Blanche Reverchon, est psychanalyste, traductrice de Freud, amie notamment de Jacques Lacan), cette œuvre développe une prose poétique singulière et sans complaisance, empreinte de spiritualité et d'érotisme.

Éros et Thanatos, la sainteté et la chair, le rêve et le désir, sont les figures qui peuplent cette prose onirique, à la fois narrative et soumise aux détours de l'inconscient, comme dans *Les Aventures de Catherine Crachat* (1928, 1931). Jouve publie sa vie durant de la poésie, des traductions d'Hölderlin, des essais littéraires sur Baudelaire, et des textes sur l'art, sur Balthus ou sur Mozart. Il est proche de nombreux artistes, comme André Masson ou Joseph Sima, qui illustrent certains de ses livres. *S.B.*

« La poésie est un véhicule intérieur de l'amour. Nous devons donc, poètes, produire cette "sueur de sang" qu'est l'élévation à des substances si profondes, ou si élevées, qui dérivent de la pauvre, de la belle puissance érotique humaine. »

« Inconscient, Spiritualité et Catastrophe », préface à *Sueur de sang* (1933).

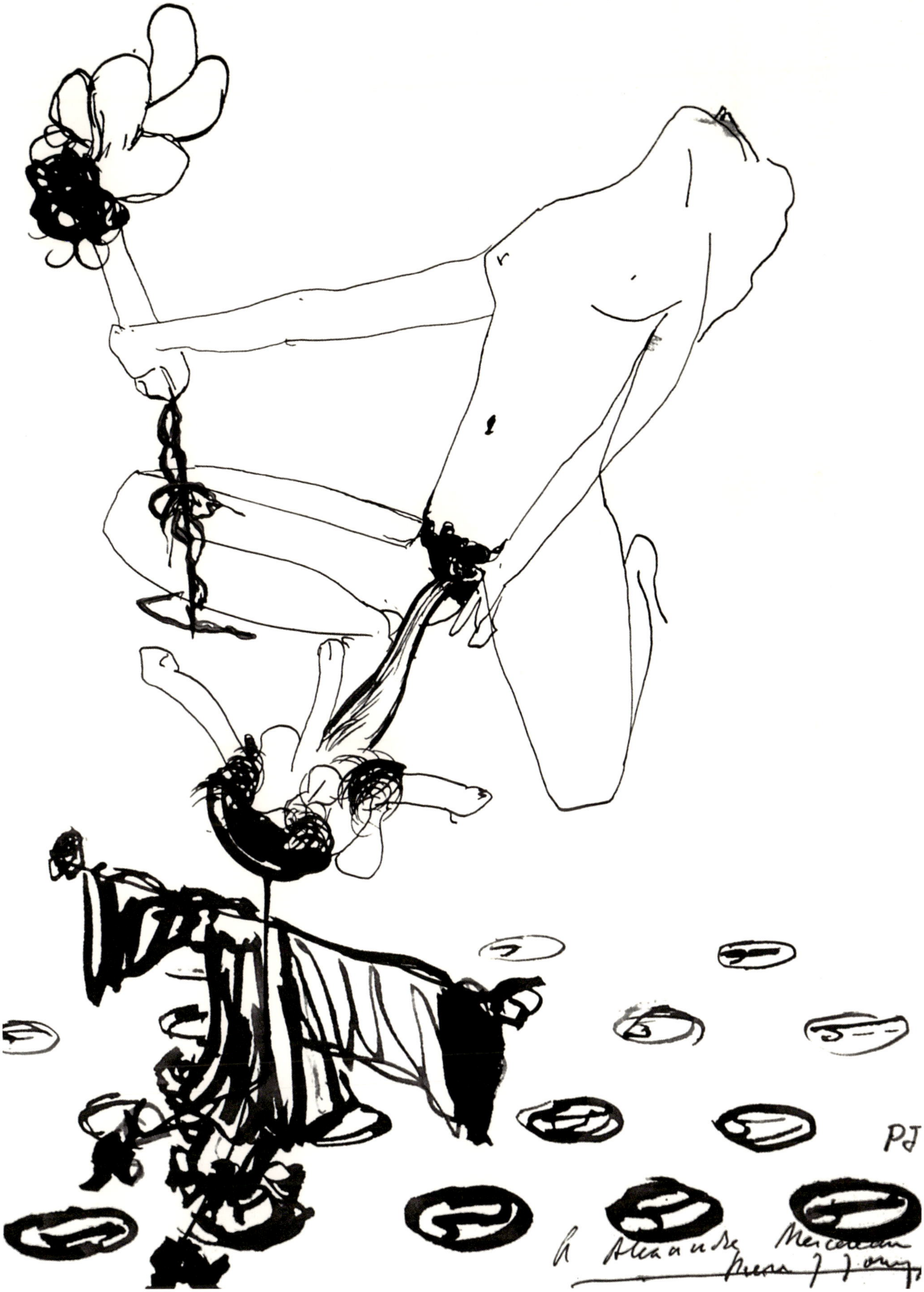

Sans titre, encre sur papier, 1908, 18 x 29,5 cm. Collection particulière.

29 Paul Morand
(1888-1976)

Paul Morand est un écrivain brillant et éclectique, qui fut, en soixante ans d'écriture, successivement nouvelliste, romancier, essayiste, chroniqueur… Il naît dans un milieu favorisé et cultivé. Son père occupe diverses fonctions dans l'art, dirigeant notamment l'École des arts décoratifs. Il fréquente dès l'enfance les plus fameux poètes, artistes et sculpteurs, et se découvre très tôt un goût du voyage qui ne le quittera plus.

Il fait ses premières armes en littérature en même temps qu'il commence sa carrière de diplomate au Quai d'Orsay. En 1921 paraît son premier ouvrage en prose, *Tendres Stocks*, préfacé par Proust, mais c'est son roman *Ouvert la nuit* (1922) qui lui apporte la notoriété. Les récits qui suivent se distinguent par la sécheresse et la rapidité de leur style, le goût de l'observation juste et de la formule lapidaire.

Son antigaullisme radical, son engagement officiel auprès de Vichy, ses prises de position ouvertement antisémites, le condamnent après la guerre à une période de déshonneur et de retrait. Mais, de la Suisse où il s'est exilé, peu à peu Morand renoue avec l'écriture et la publication, ainsi qu'avec le milieu littéraire parisien en se liant notamment à la génération émergente des « hussards ». Désormais nostalgique d'un temps révolu, épris de paradoxes et de cynisme, Morand poursuit son œuvre, et est finalement élu à l'Académie française en 1968.

S.B.

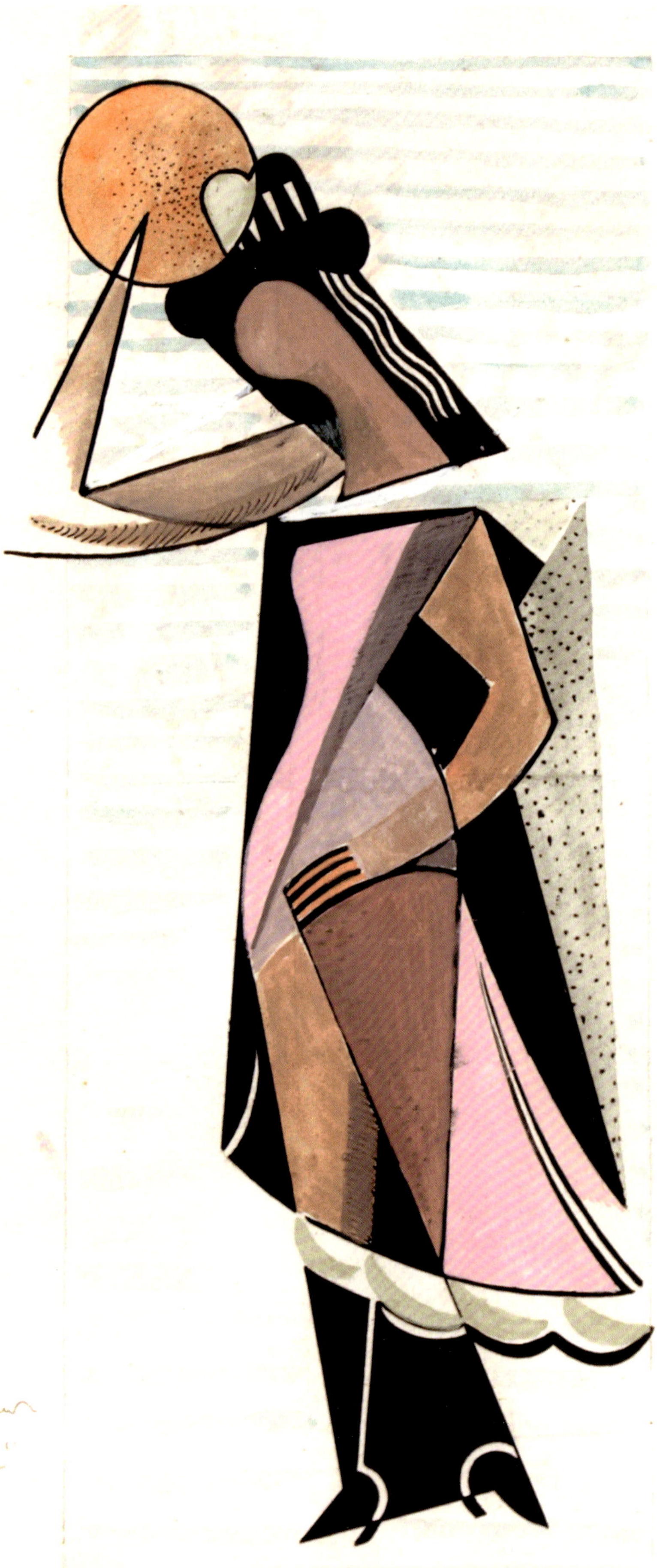

Projet pour les cigarettes « Gitane », feutre et gouache sur papier, sans date, 42 x 29 cm. Collection P.F.B.

30 Jean Cocteau
(1889-1963)

Touche-à-tout, génial pour les uns, superficiel pour les autres, intervenant dans tous les domaines artistiques, auteur, pour presque chacun d'eux, d'une ou de plusieurs œuvres qui ont connu le succès : on dit parfois que la postérité de Jean Cocteau souffre de cette pluridisciplinarité où l'on a pu voir du dilettantisme.

Jean Cocteau, dont la famille fréquente les artistes et intellectuels parisiens, est un adolescent prodige qui fait fureur dans les salons. Initié

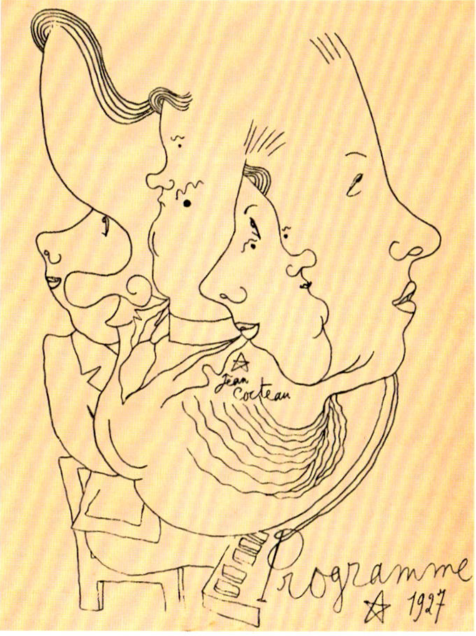

Illustration d'un programme de concert de Francis Poulenc et Georges Auric, encre sur papier, 1927, 35,5 x 29,7 cm. Fonds Satie / IMEC.

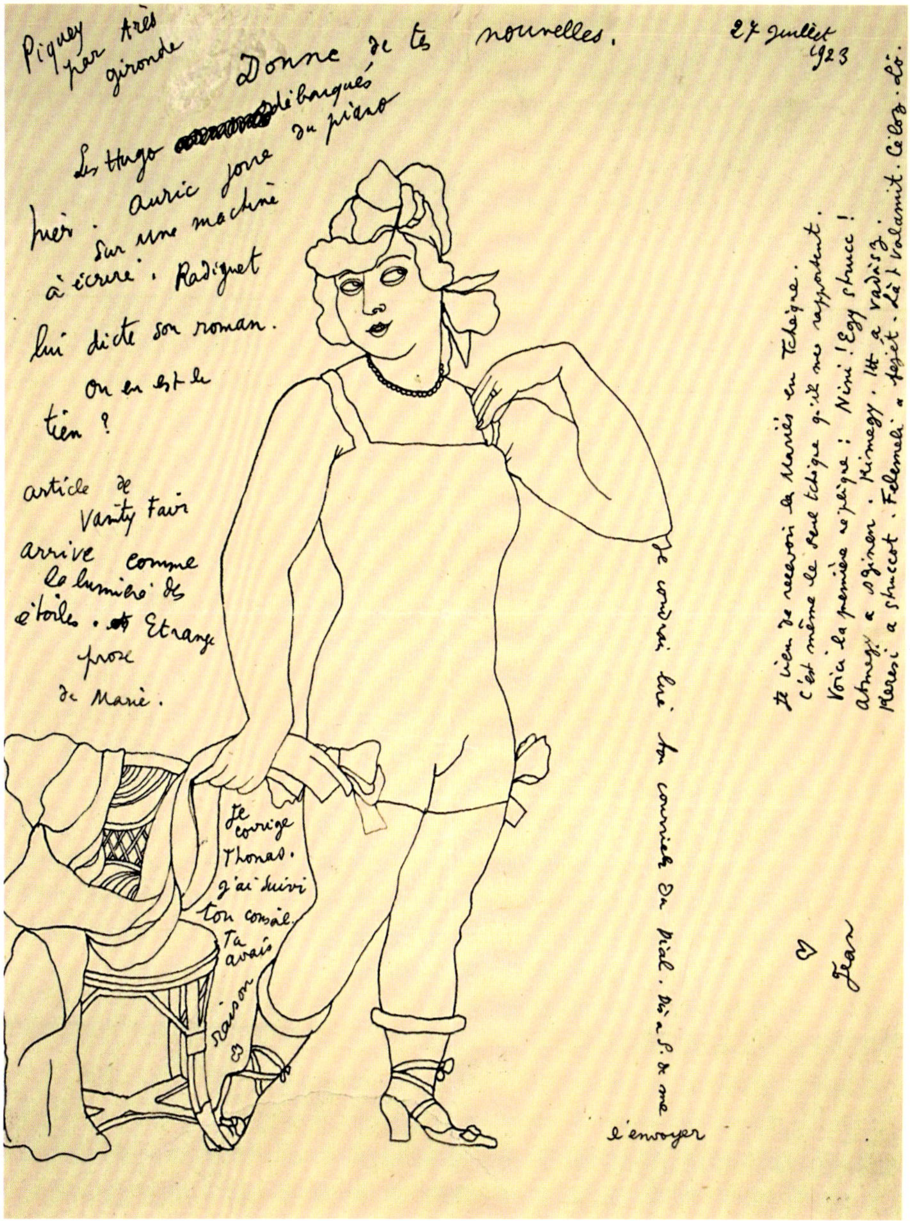

Lettre et dessin à l'encre sur papier, 27 juillet 1923, 26,7 x 20,2 cm. Collection P.F.B. (ancienne collection Christian Bernadac).

« Une œuvre d'art doit satisfaire toutes les Muses. C'est ce que j'appelle : preuve par 9. » *Le Coq et l'Arlequin*, 1918.

au dessin par son père peintre, il ne cesse d'établir des passerelles entre les arts, circulant d'un monde à l'autre. Après la publication de ses premiers recueils de poèmes, il compose un argument de ballet pour Diaghilev et travaille avec Stravinsky ; en 1917, les Ballets russes donnent la première représentation de *Parade*, ballet réalisé par Cocteau, Satie et Picasso. Détesté des surréalistes, il est proche de nombreux artistes d'avant-garde : Reverdy, Apollinaire, Max Jacob, Modigliani, Cendrars avec qui il fonde les Éditions de la Sirène… En 1923, la mort de Raymond Radiguet, qu'il fréquente depuis 1919, laisse Cocteau désemparé. Commence alors sa dépendance à l'opium, dont il tirera le recueil *Opium* (1930).

La conduite de Cocteau sous l'Occupation, faite de passivité politique et d'amitiés pour le moins suspectes, d'opportunisme et, parfois, de soutien à ses amis en danger, porte préjudice à son image. Il continue, après la guerre et jusqu'à sa mort, de produire avec abondance et diversité poésie, théâtre, peinture, dessins, cinéma. Le mystère de la création artistique, au centre de ses préoccupations, trouve une expression privilégiée dans la figure d'Orphée, qui lui inspire certaines de ses œuvres les plus connues.

S.B.

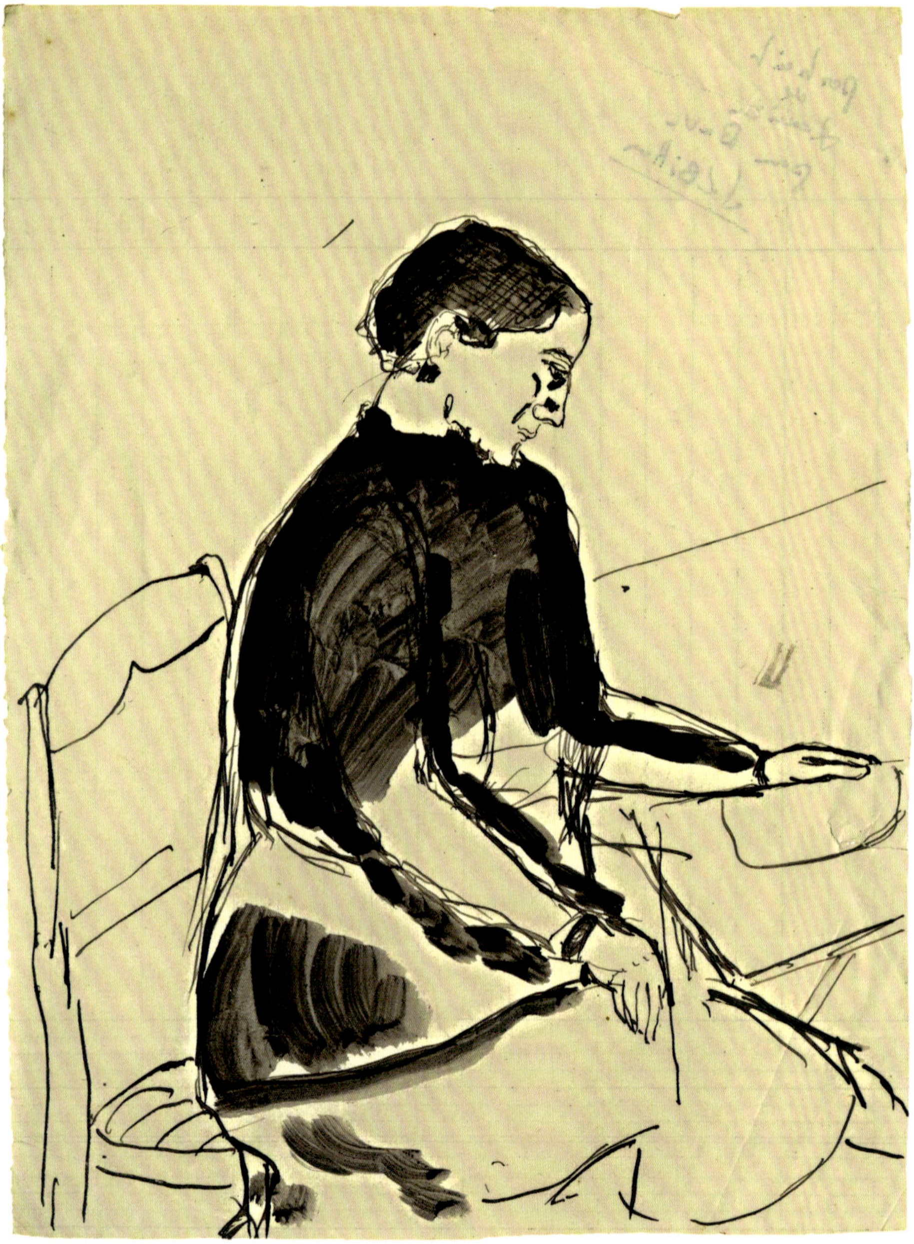

Portrait de sa femme Louise, encre et encre de Chine, sans date, 19,6 x 14,9 cm. Fonds Bove / IMEC.

31 Emmanuel Bove (1898-1945)

Fils d'un Russe et d'une Luxembourgeoise installés à Paris, le romancier et journaliste de faits divers Emmanuel Bove publia d'abord des romans populaires — qu'il signait du pseudonyme d'Emmanuel Valois — puis son premier récit intitulé *Mes amis*, en 1924. Le livre, repéré par Colette et unanimement salué par la critique, inaugura pour Bove une période de grande fécondité au cours de laquelle se succédèrent, parallèlement à ses nombreuses collaborations aux journaux, les parutions — entre autres — d'*Armand* (1927), de *Cœurs et Visages* (1928), *L'Amour de Pierre Neuhart* (1928), *Une fugue* (1929).

Pendant la guerre, pour protéger sa femme juive et communiste, Emmanuel Bove, qui avait adhéré au Comité national des écrivains, dut s'exiler en Afrique du Nord. Malgré le soutien et l'admiration d'André Gide et de Max-Pol Fouchet, connus à Alger, puis de Samuel Beckett, il vécut ses dernières années dans l'indifférence générale et les atteintes de la maladie qui allaient l'emporter en 1945. Écrit en 1942, son roman, *Un homme qui savait*, ne trouva pas éditeur de son vivant. Il ne sera publié qu'en 1985. *C.P.*

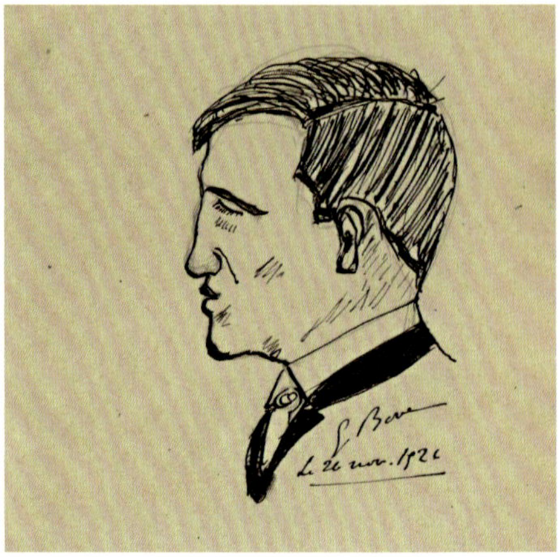

Autoportrait collé en tête du manuscrit d'*Armand* (1927), encre et crayon sur papier, 26 novembre 1926, 46,5 x 28,5 cm. Fonds Bove / IMEC.

32 Jacques Audiberti (1889-1965)

Poète et romancier, essayiste et auteur dramatique, Jacques Audiberti fut découvert par Valery Larbaud, à qui il avait envoyé son premier recueil de poèmes publié à compte d'auteur, *L'Empire et la Trappe* (1930). Par leur lyrisme souvent épique, d'autres recueils, comme *Race des hommes* (1937), *Des tonnes de semence* (1941), *Toujours* (1943) ou *La Pluie sur les boulevards* (1950), confirmèrent son génie verbal. Mais il écrivit aussi des romans assez baroques : *Abraxas* (1938), *Urujac* (1941), *Cent jours* (1950), *La Poupée* (1956). Et des pièces de théâtre qui le firent connaître au grand public, dans les années 1950 et 1960 : *L'Ampélour* (1937), *Le mal court* (1947), *Cavalier seul* (1955), *L'Effet Glapion* (1959).

Dans le même mouvement, à la fois désordonné et jaillissant, Jacques Audiberti dessina et peignit quantité d'autoportraits, de petites caricatures, de personnages chimériques, donnant forme aux phantasmes de sa puissante imagination. *C.P.*

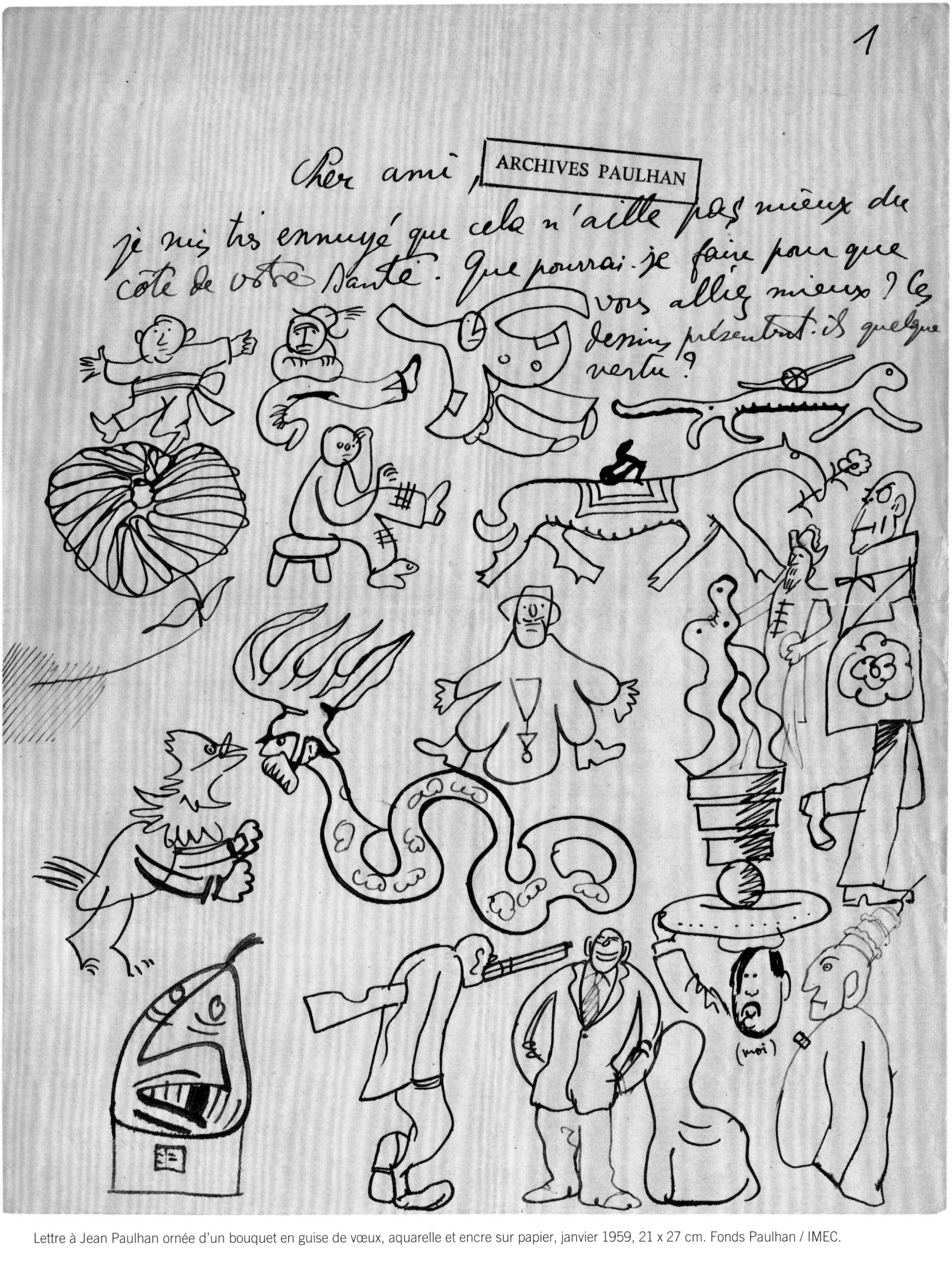
1

Cher ami, ARCHIVES PAULHAN

je suis très ennuyé que cela n'aille pas mieux du
côté de votre santé. Que pourrai-je faire pour que
vous alliez mieux ? Ces
dessins présentent-ils quelque
vertu ?

Lettre à Jean Paulhan ornée d'un bouquet en guise de vœux, aquarelle et encre sur papier, janvier 1959, 21 x 27 cm. Fonds Paulhan / IMEC.

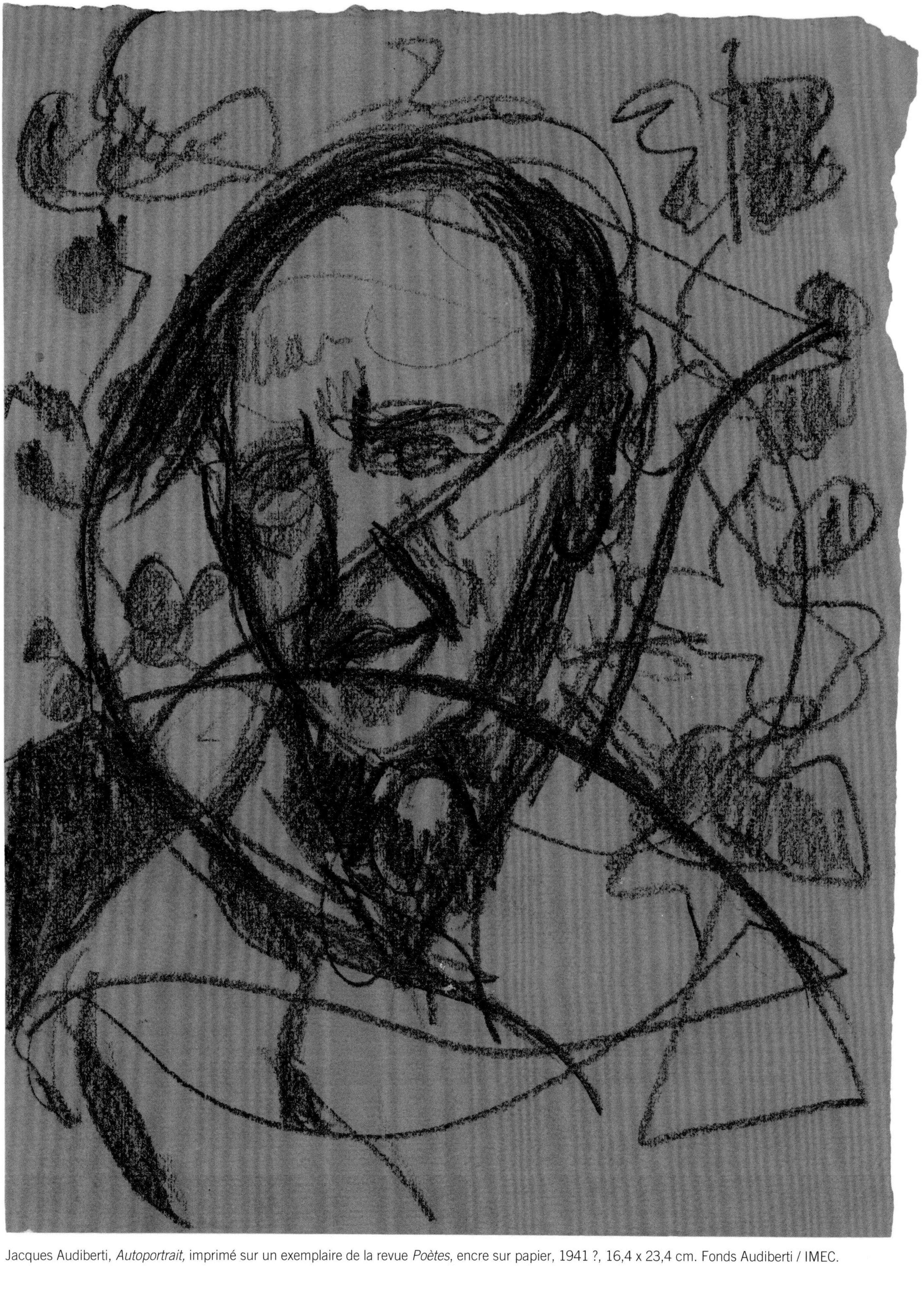

Jacques Audiberti, *Autoportrait,* imprimé sur un exemplaire de la revue *Poètes*, encre sur papier, 1941 ?, 16,4 x 23,4 cm. Fonds Audiberti / IMEC.

33 Jean Follain

(1903-1971)

Jean Follain est né dans la Manche, en 1903.

À vingt-deux ans, à la fin de ses études de droit, il vint vivre dans la capitale dont il connaissait déjà par cœur le plan des rues, et s'inscrivit au barreau. Entre Montmartre et Montparnasse, cet infatigable « piéton de Paris », qui se maria en 1934 avec la fille du peintre Maurice Denis, fréquentait à la fois le milieu de la magistrature, du journalisme et celui des poètes, des artistes.

Ses premiers recueils de poèmes (*Cinq Poèmes* et *La Main chaude*) parurent en 1933, son premier texte en prose, *Paris*, en 1935. Jusqu'à sa mort — il fut écrasé par une voiture place de la Concorde, en mars 1971 —, cet homme sociable, infiniment curieux de tout, ne cessa de publier recueils de poèmes et récits en prose, dans les pages desquels le temps qui passe, les impressions de son enfance d'avant la Grande Guerre, les objets quotidiens et la vie secrète et puissante de sa campagne natale sont omniprésents : « dans les champs / de son enfance éternelle / le poète se promène / qui ne veut rien oublier ». *C.P.*

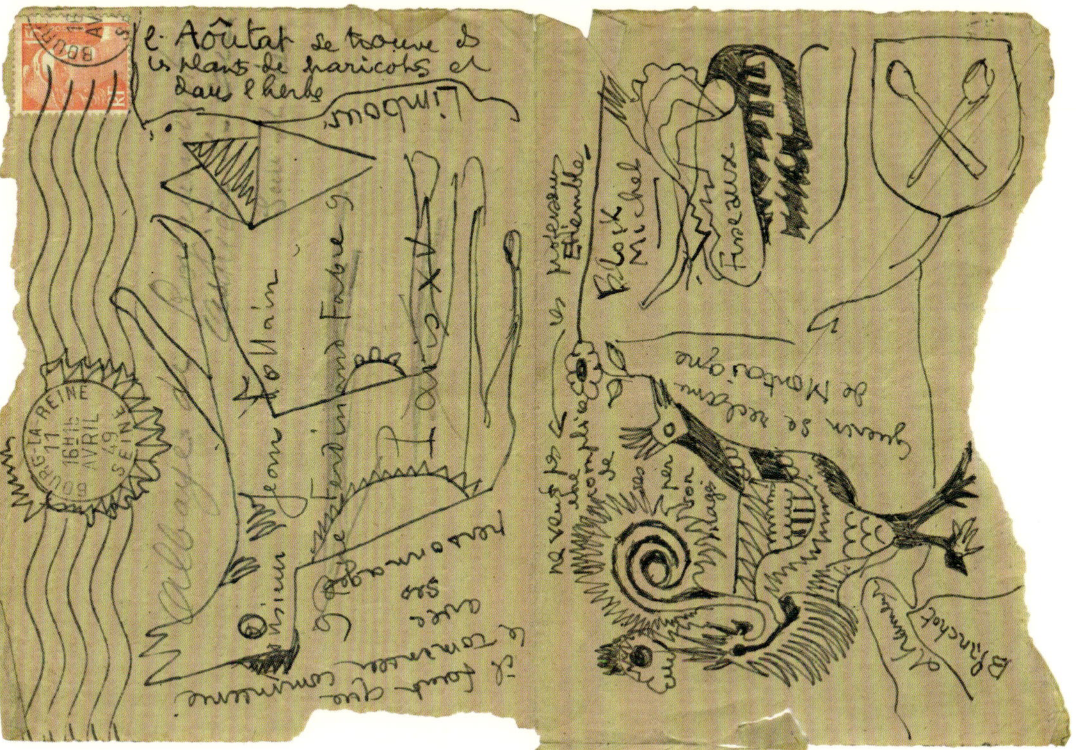

Notes et dessins sur une enveloppe adressée à Jean Follain à Royaumont, encre, avril 1949, 15 x 22 cm.
Fonds Follain / IMEC.

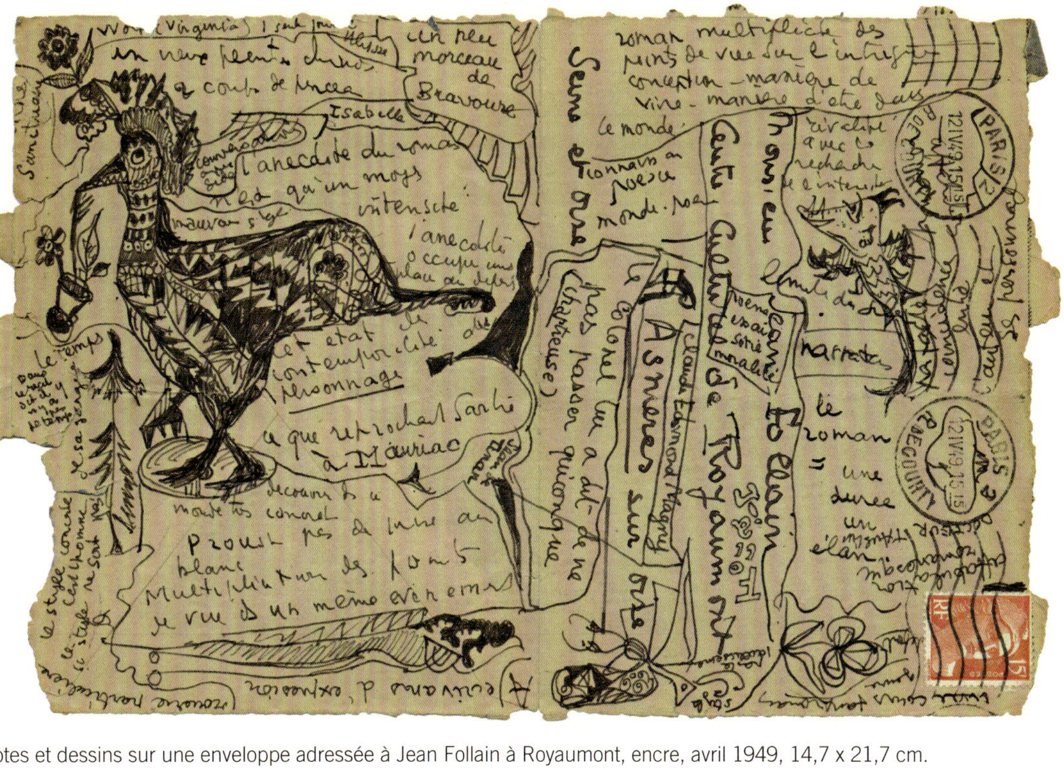

Notes et dessins sur une enveloppe adressée à Jean Follain à Royaumont, encre, avril 1949, 14,7 x 21,7 cm.
Fonds Follain / IMEC.

« Les portraits aux murs de nos villas / montrent d'autoritaires enfants / de dentelle et de velours vêtus ; / à dix ans déjà prêts pour la lutte / leurs mères les embrassaient / avec sauvagerie / et quand la nuit tombe sur ces portraits pâlis / tout est si morne que le monde / nous semble à jamais mort à ses mythologies. » *Exister*, 1947.

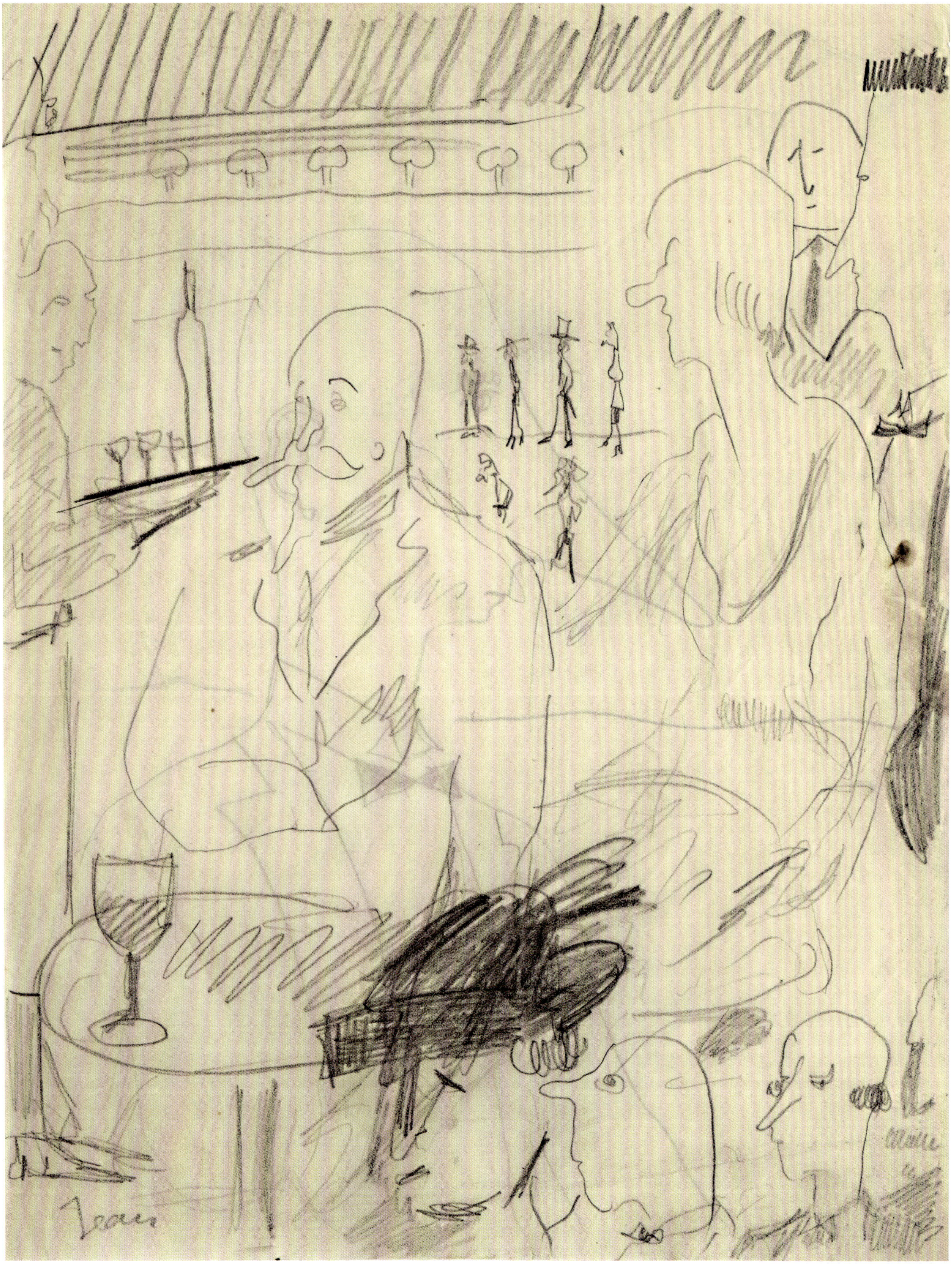

Scène de café parisien, crayon sur papier, sans date, 22,5 x 28,5 cm.
Fonds Follain / IMEC.

34 René Daumal
(1908-1944)

Avec Roger Gilbert-Lecomte, Roger Vailland et Robert Meyrat, comme lui lycéens à Reims, René Daumal est à l'origine du groupe « simpliste », fondateur du *Grand Jeu* en 1924. Animé par l'exigence rimbaldienne de « changer la vie », ce mouvement poétique, littéraire, philosophique, engage l'être entier dans une expérience physique et esthétique.

La revue *Le Grand Jeu* ne présentera que trois numéros, entre 1928 et 1930. Elle comptera parmi ses collaborateurs écrivains et artistes tels que Pierre Minet, Joseph Sima, André Masson ou Georges Ribemont-Dessaignes. Comme les surréalistes, les membres du *Grand Jeu* transgressent les clivages traditionnels entre les disciplines. Roger Gilbert-Lecomte dit se refuser systématiquement « à chercher chez un peintre autre chose qu'un poète » : l'artiste est avant tout un intercesseur, un émissaire de l'au-delà.

L'unité du *Grand Jeu* se défait dans les années 1930, et la soif d'absolu qui animait le groupe prend, chez René Daumal, la forme d'une véritable quête spirituelle. Il apprend le sanskrit, se tourne vers la pensée et la mystique orientales, tout en vivant de sa plume dans des conditions matérielles difficiles. Tuberculeux, il meurt à Paris en 1944 avant d'avoir achevé son dernier récit, *Le Mont Analogue* (1952). Il est notamment l'auteur du *Contre-ciel* (poèmes, 1936), de *Poésie noire, poésie blanche* (1954), de *La Grande Beuverie* (récit, 1938), et d'une importante correspondance publiée entre 1992 et 1996. *S.B.*

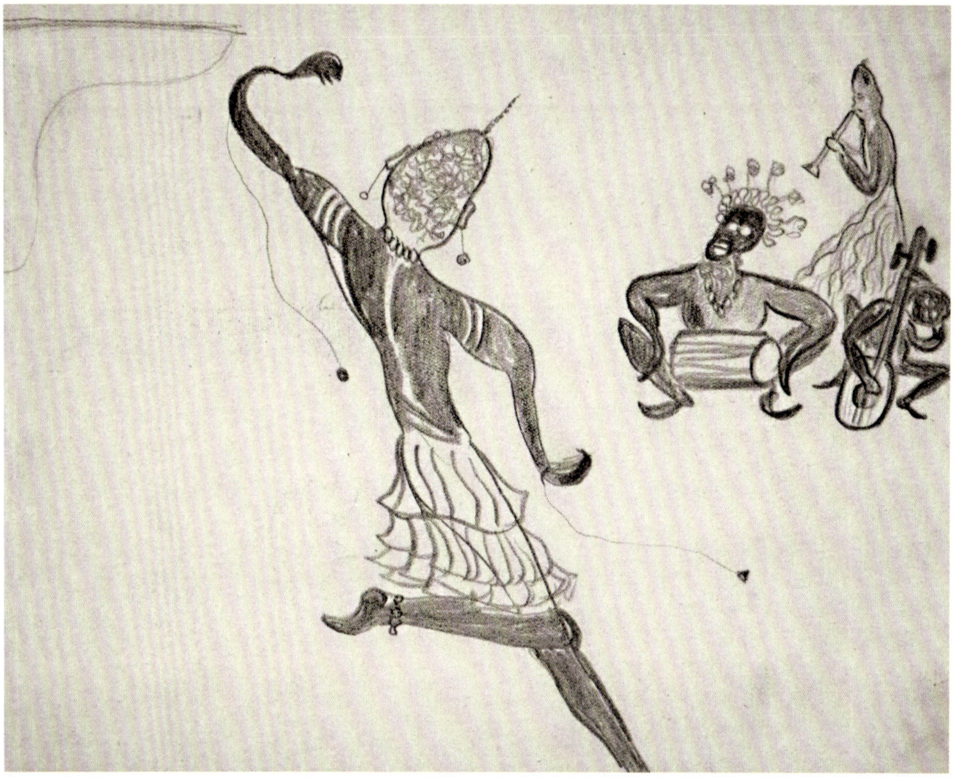

Personnage et cérémonie magique en Afrique noire, crayon sur papier, sans date, 16 x 21,2 cm. Collection P.F.B.

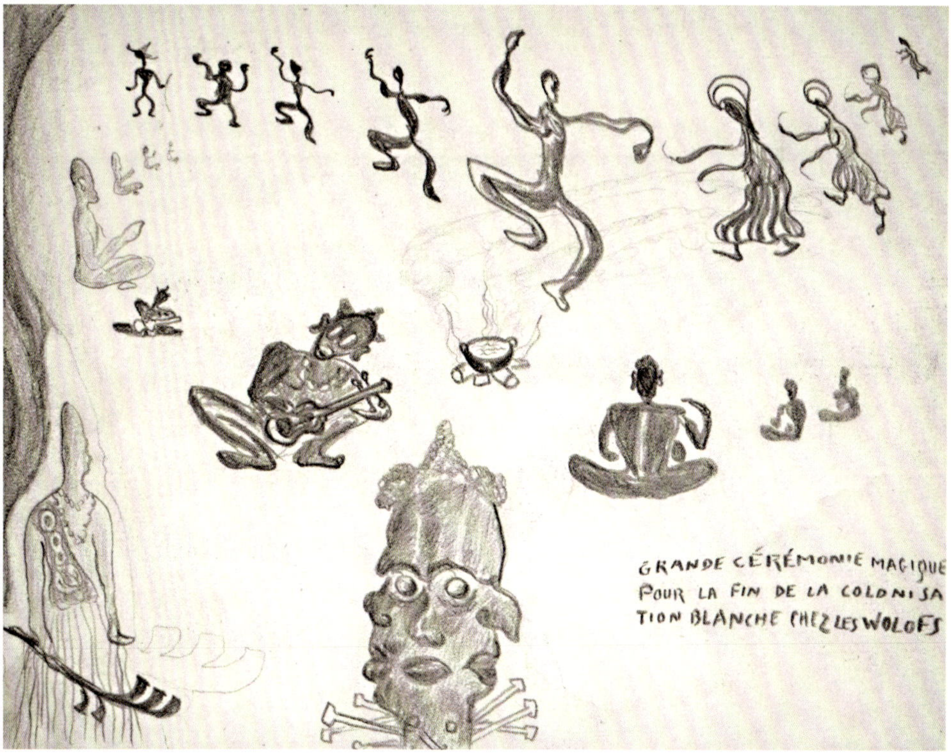

Grande cérémonie magique pour la fin de la colonisation blanche chez les Wolofs, crayon sur papier, sans date, 16 x 21,2 cm. Collection P.F.B.

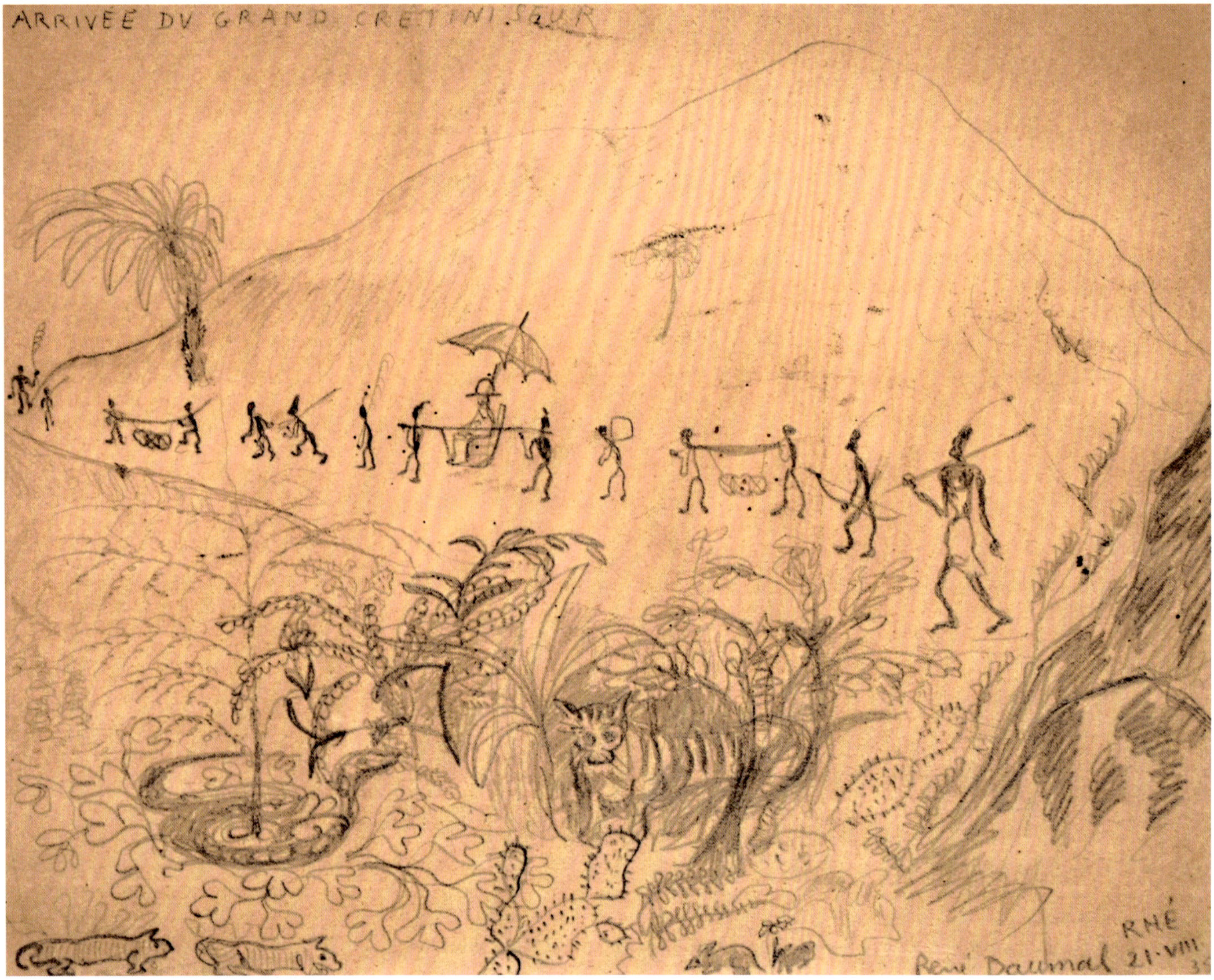

René Daumal : *Arrivée du grand crétiniseur*, crayon sur papier, 21 août 1935, 16 x 21,2 cm. Collection P.F.B.

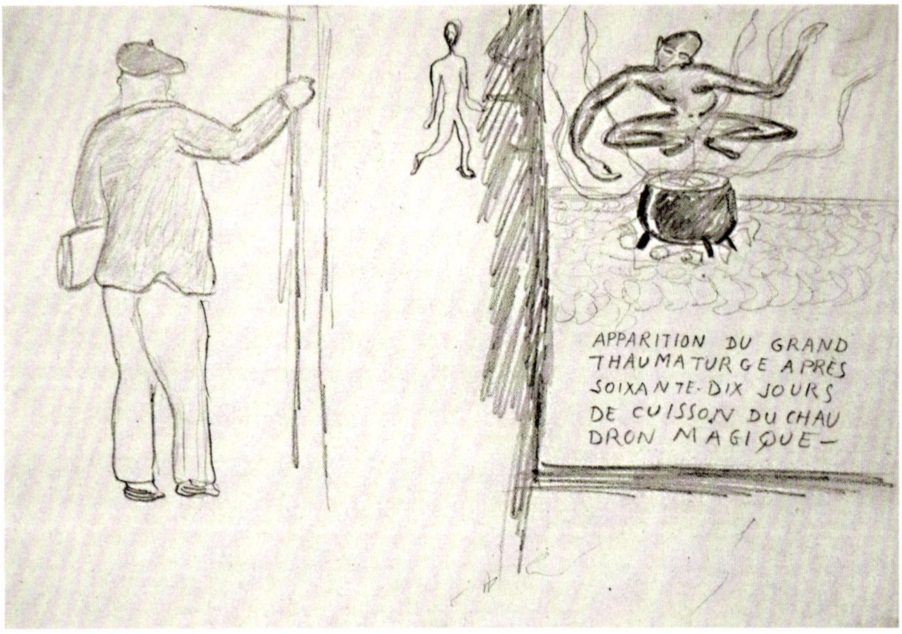

René Daumal : *Apparition du grand thaumaturge après soixante-dix jours de cuisson du chaudron magique*, crayon sur papier, sans date, 16 x 21,2 cm. Collection P.F.B.

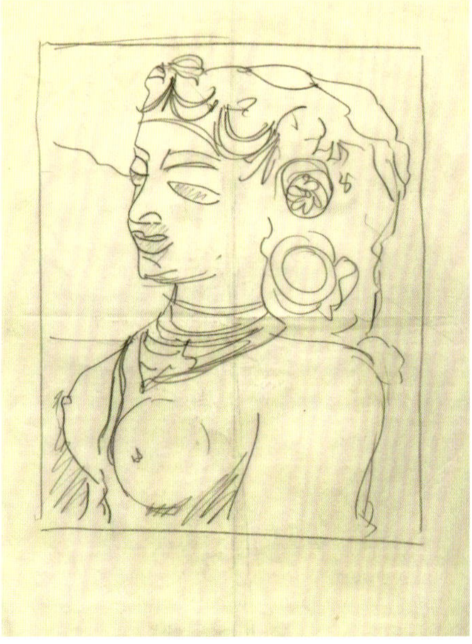

Max-Pol Fouchet : Divinité indienne, crayon noir sur papier. Sans date, 29,7 x 21 cm.
Fonds Fouchet / IMEC.

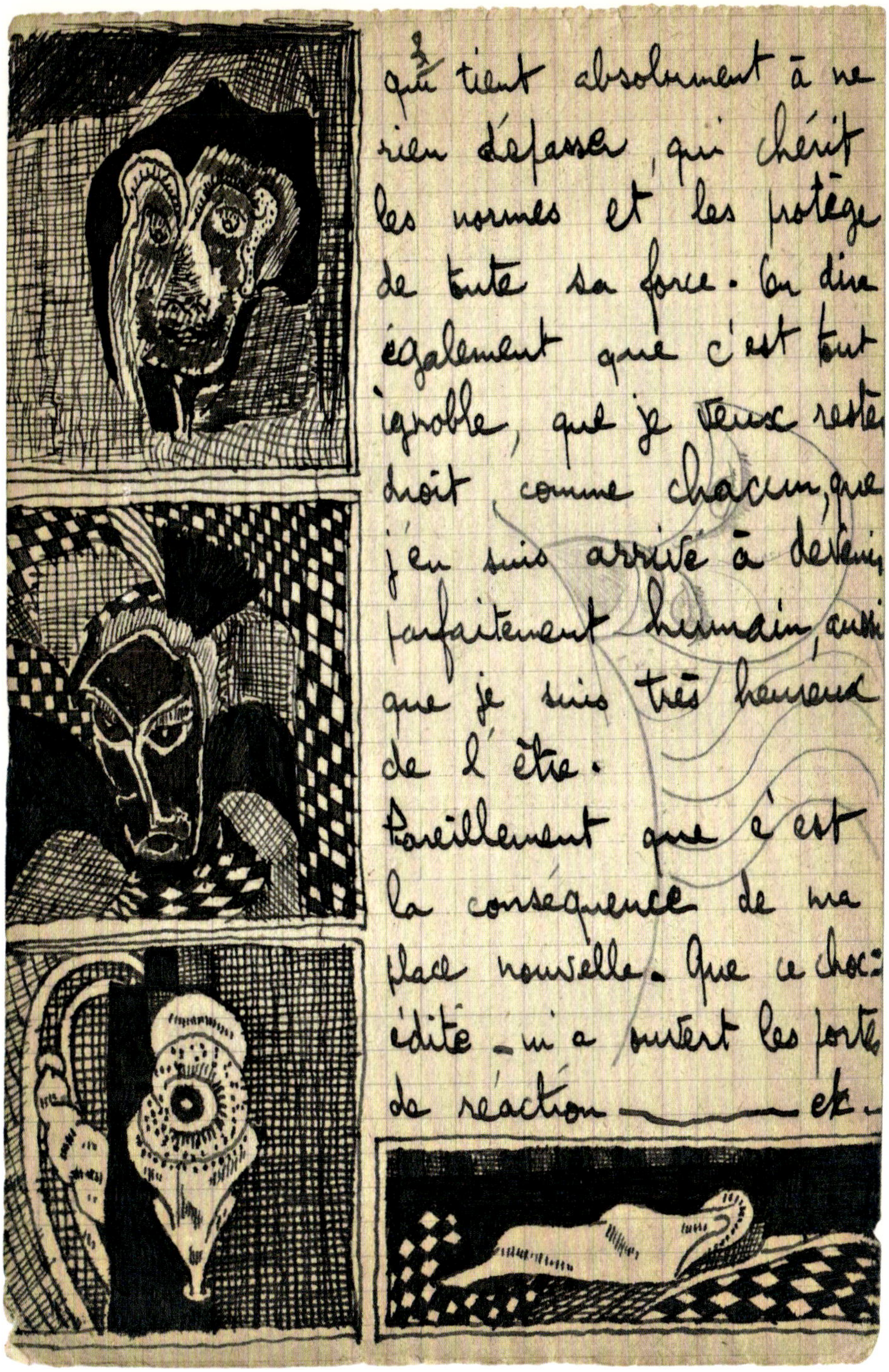
qui tient absolument à ne rien dépasser, qui chérit les normes et les protège de toute sa force. On dira également que c'est tout ignoble, que je veux rester droit comme chacun, que j'en suis arrivé à devenir parfaitement humain, aussi que je suis très heureux de l'être. Pareillement que c'est la conséquence de ma place nouvelle. Que ce choc : édité — m'a ouvert les portes de réaction ——— etc.

Dessins en marge de son carnet n°3 (1928-1929), encre noire sur papier quadrillé, 29 novembre 1928, 36 x 23 cm. Fonds Minet / IMEC.

35 Pierre Minet (1909-1975)

Originaire de Reims, où il était l'imprévisible ami des « simplistes » Roger Gilbert-Lecomte, Roger Vailland et René Daumal, Pierre Minet vint en 1926 à Paris mener une existence de « clochard poète » entre Montmartre et Montparnasse. Considéré par l'avant-garde littéraire comme un nouveau Rimbaud, il publia des poèmes dans *Le Grand Jeu*, puis un recueil, *Circoncision du cœur* (1928), et des textes en prose à forte teneur autobiographique : *L'Homme-Mithridate* (1928) et *Histoire d'Eugène* (1930).

Rompant du jour au lendemain et sans explications avec ces années de bohème, Pierre Minet s'éloigna du milieu artistique et littéraire pour se consacrer au journalisme radiophonique : mais il continua à écrire dans le secret de son journal intime (*En mal d'aurore*, 2002), qu'il truffa de dessins, depuis les premières années 1920 jusqu'à la fin. Il sortit cependant de sa réserve pour rédiger ses mémoires et justifier son parcours fulgurant, dans un livre lucidement intitulé *La Défaite* (1947), qui démythifie la génération perdue dont il fut le héraut le plus radical. *C.P.*

36 Max-Pol Fouchet (1913-1980)

Jeune diplômé en lettres, Max-Pol Fouchet publia ses premiers recueils de poèmes, *Simples sans vertu* (1936) et *Vent profond* (1938), avant de fonder, en 1939, à Alger, la revue *Fontaine* qui devint, pendant l'Occupation, la « revue de la Résistance en pleine lumière ». Au lendemain de la guerre, il fit de grands voyages qui lui donnèrent l'occasion d'associer l'expérience intérieure du poète à la curiosité éclairée du critique d'art et du pédagogue : *Les Peuples nus* (1953), *Terres indiennes* (1955) ou *Nubie, splendeur sauvée* (1965). L'écriture romanesque compléta cet itinéraire avec *La Rencontre de Santa-Cruz* (1976), *La Relevée des herbes* et *Histoires pour dire autre chose* (1980).

Sa grande popularité lui vint cependant de la télévision pour laquelle il anima des émissions comme *Le Fil de la vie* (1953-1958), ouvertes à tous les problèmes de la société contemporaine, les célèbres *Lectures pour tous* qu'il réalisa avec Pierre Desgraupes et Pierre Dumayet (1953-1968) ou encore *Terre des arts* (1959-1977).

Poète, essayiste, critique littéraire, homme de radio et de télévision, Max-Pol Fouchet fut aussi un infatigable voyageur, soucieux de faire connaître à ses contemporains les peuples et les civilisations rencontrés au cours de ses missions à travers l'Inde, l'Afrique ou l'Amérique latine. Pendant ses voyages, il prit une grande quantité de photographies en noir et blanc, à la fois artistiques et documentaires, photos qu'il lui arrivait de « doubler » ou de compléter d'un croquis réalisé sur le motif. *C.P.*

37 Lawrence Durell
(1912-1990)

Lawrence Durrell, citoyen anglais, naît aux Indes britanniques de parents eux-mêmes nés aux Indes. Renvoyé en Angleterre à onze ans, il y déteste immédiatement le climat, la vie trop réglée et les études contraignantes. Il se veut, très tôt, écrivain, et publie son premier roman à vingt-trois ans. La même année, il s'installe à Corfou ; la Grèce est pour lui une véritable révélation. Il commence à y écrire les premières versions de ce qui sera son œuvre maîtresse, *Le Quatuor d'Alexandrie*. En 1935 également, il échange ses premières lettres avec Henry Miller, début d'une correspondance qui durera plus de quatre décennies. Il ne cesse plus, dès lors, d'écrire et de publier poèmes, romans, nouvelles ou récits de voyage.

En 1942, Durrell s'installe à Alexandrie où il est attaché de presse de l'ambassade britannique. Après la guerre, il occupe divers postes diplomatiques à l'étranger (Grèce, Argentine, Yougoslavie). En 1952, il croit pouvoir enfin se fixer en Méditerranée, à Chypre, et y trouver la sérénité nécessaire à l'écriture. Il commence à y enseigner l'anglais, mais la guerre le contraint à partir de nouveau, en 1956.

Durrell s'installe dans le sud de la France, où il achève *Le Quatuor d'Alexandrie* (dont le dernier tome paraît en 1960). L'érotisme oriental du récit, l'affaire d'espionnage au cœur de l'intrigue et ses nombreux rebondissements lui assurent un lectorat assez large, tandis que certaines audaces formelles et la modernité de la narration, assumées par des voix multiples, l'ancrent véritablement dans son siècle. La tétralogie vaut à son auteur une grande reconnaissance. Il continue d'écrire récits et poèmes. La fin de sa vie est douloureusement marquée par des séparations amoureuses successives et par le suicide de sa fille Sappho, en 1985. Ses entretiens avec le poète Marc Alyn, *Le Grand Suppositoire*, viennent d'être réédités. *S.B.*

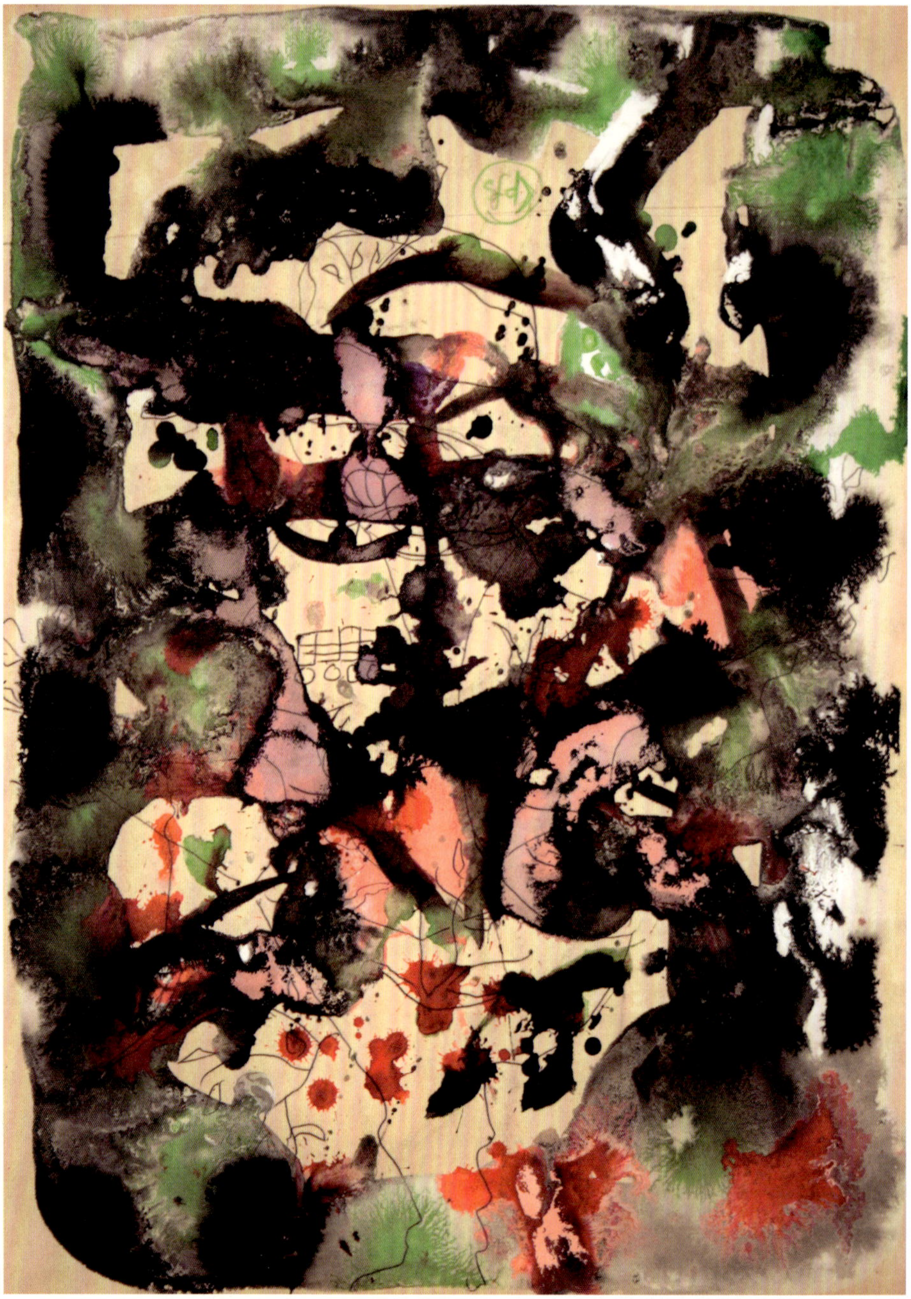

Sans titre, encre et aquarelle sur papier, sans date, 55,5 x 44,5 cm.
Collection P.F.B. (Ancienne collection Christian Bernadac.)

38 Henry Miller
(1891-1980)

Henry Miller grandit à Brooklyn dans un milieu modeste. Après une jeunesse errante, pendant laquelle il exerce de multiples petits métiers, il écrit son premier livre en 1922 et décide, deux ans plus tard, de se consacrer à l'art. En 1927, il expose ses premières aquarelles. En 1930, Henry Miller s'installe à Paris ; il y passe dix ans de bohème, de misère et d'ébullition artistique, qui formeront la trame de trois de ses romans autobiographiques, *Tropique du Cancer* (1934), *Printemps noir* (1936) et *Tropique du Capricorne*, (1939). Au cours des années 1930, il noue des amitiés avec de nombreuses figures importantes de la peinture et de la littérature, comme Anaïs Nin ou Lawrence Durrell.

Condamnés aux États-Unis pour outrage aux bonnes mœurs, ses livres circulent clandestinement et assurent sa réputation d'auteur d'avant-garde. Il s'assigne en effet pour tâche de combattre le puritanisme, et use de l'obscénité comme d'une arme contre l'hypocrisie sociale. Ses livres mêlent romanesque et autobiographique, onirisme et trivialité. À la fois mystique et sensualiste, en quête d'une vie en harmonie avec le monde, l'œuvre littéraire d'Henry Miller est une des sources d'inspiration majeures de la *Beat Generation*.

En 1940, Miller rentre aux États-Unis et s'installe, après quelques années, à Big Sur en Californie. À partir des années 1940, ses tableaux connaissent le succès et sont montrés dans le monde entier. Il expose sa conception des rapports entre écriture et peinture dans plusieurs ouvrages, notamment *Peindre, c'est aimer à nouveau*, publié en1960. *S.B.*

« La meilleure façon de tuer un artiste est sûrement de lui donner tout ce dont il a besoin. »

Peindre, c'est aimer à nouveau, 1960.

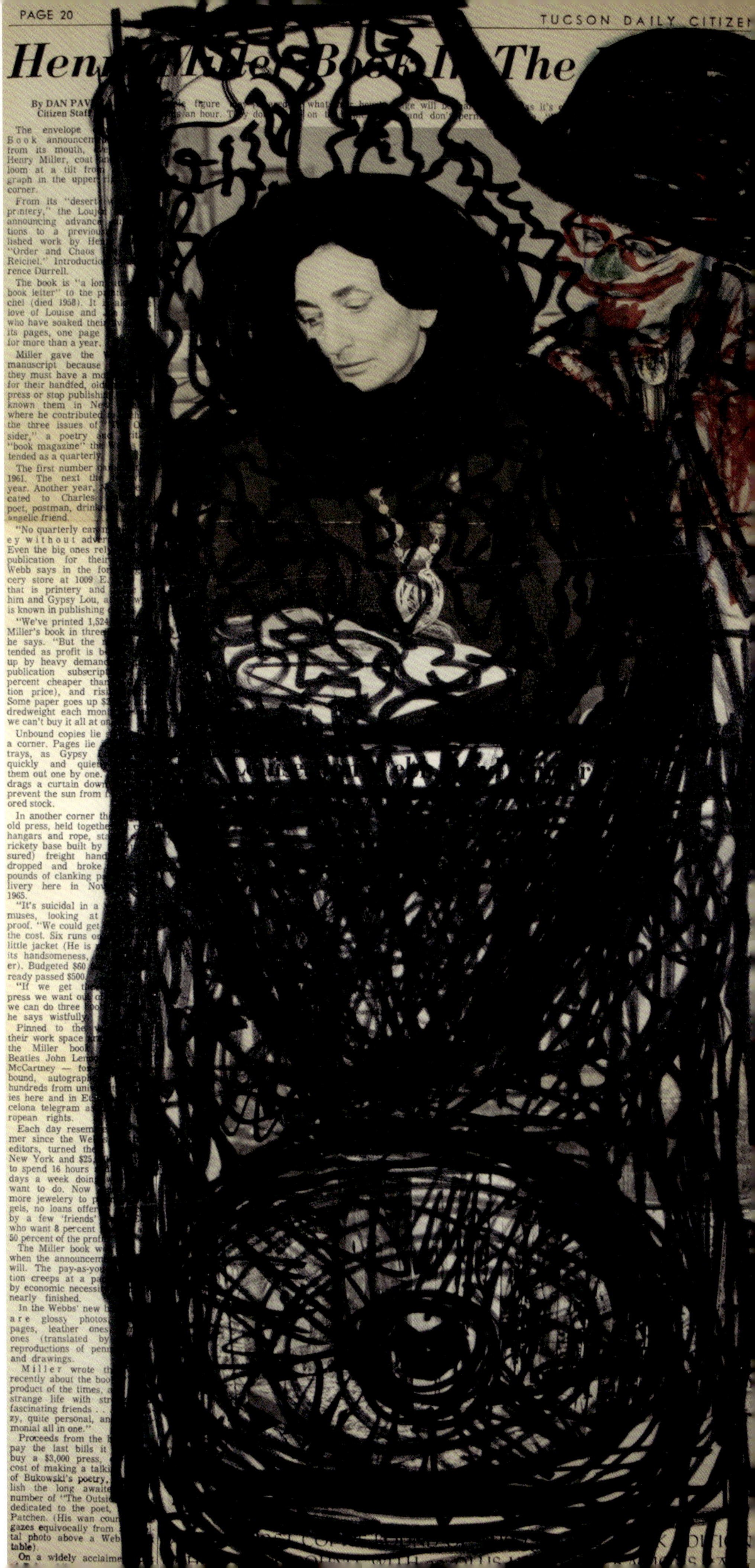

Dessin réalisé sur un exemplaire du Tucson Daily Citizen, feutre sur papier, sans date, 51 x 23,5 cm. Collection particulière.

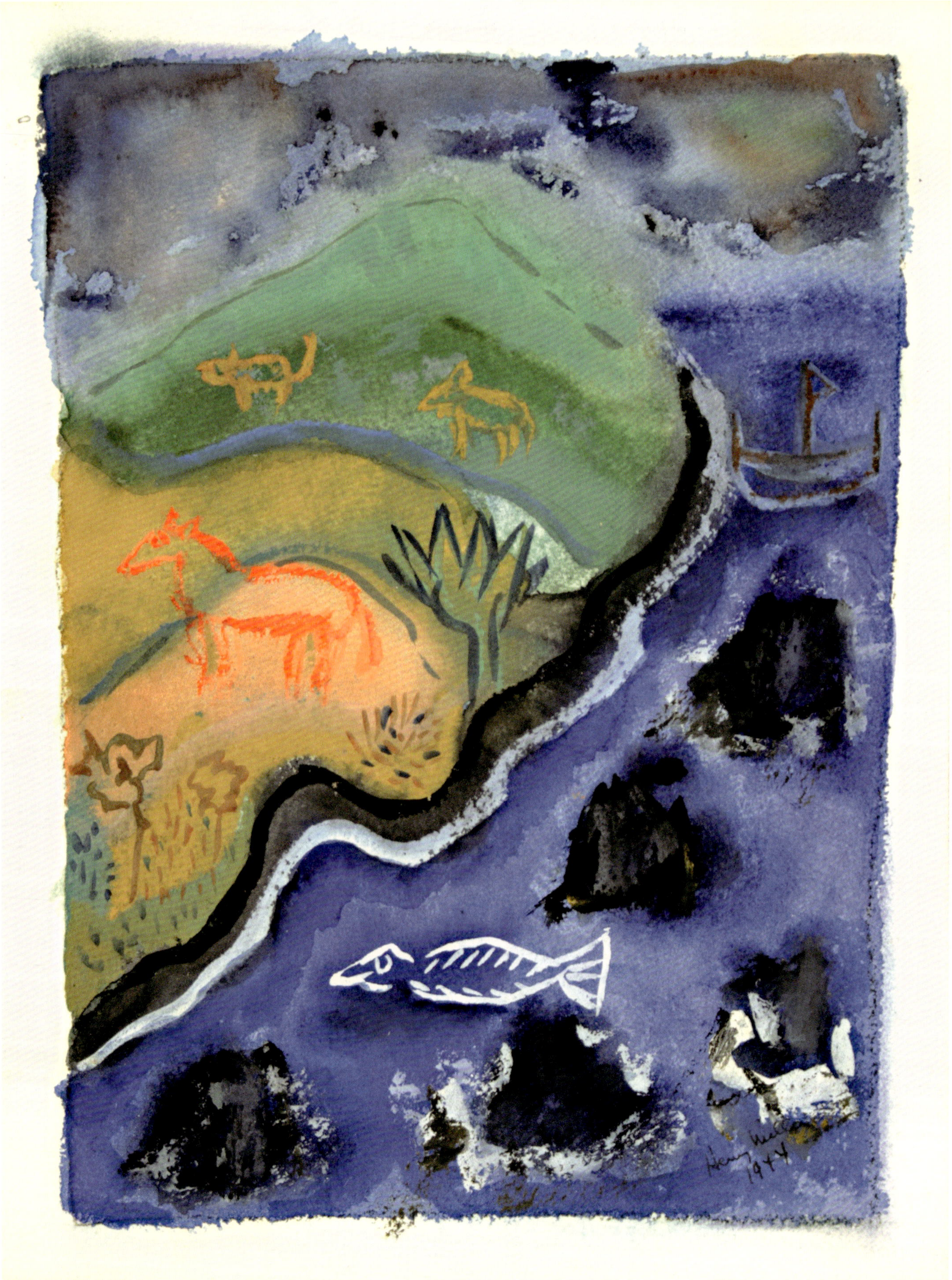

Paysage exotique au bord de la mer, gouache sur papier, sans date, 25 x 18,5 cm. Collection P.F.B.

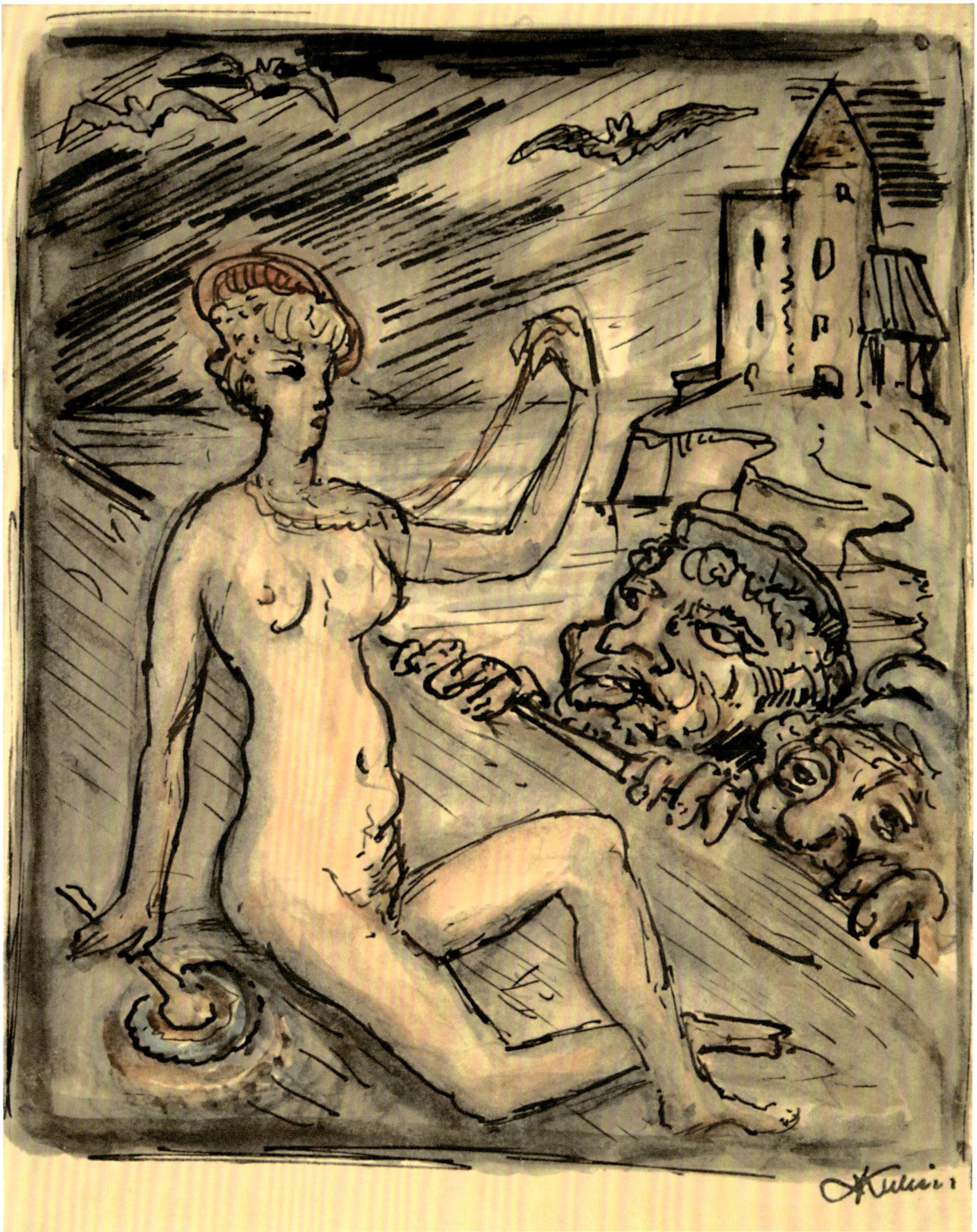

Suzanne et les vieillards, aquarelle et encre sur papier, sans date, 14,5 x 12 cm. Collection particulière.

39 Alfred Kubin (1877-1959)

S'il est un personnage pluriel, tantôt écrivain, tantôt plasticien — considérable dans les deux cas de figure —, qui démontre par sa seule existence la pertinence de notre exposition et de son titre, c'est bien Alfred Kubin. Proche de Kafka, qui le mentionne plusieurs fois dans son *Journal*, et de Ernst Jünger, il l'est aussi de Kandinsky et de Klee, avec qui il exposa. Mal connu hors de son pays natal, il fait, enfin en 2007, l'objet d'une rétrospective au musée d'Art moderne de la Ville de Paris. Révélateur sans concession des horreurs machiniques — y compris sexuelles — du pouvoir et de la guerre, fin analyste des pièges de la séduction et de la fascination, l'auteur de *L'Autre Côté* et de *Histoires burlesques et grotesques* fit œuvre prémonitoire et produisit sur d'autres artistes écrivains — notamment Max Ernst et Roland Topor — un impact décisif. Ce n'est évidemment pas un hasard si ce visionnaire inquiet vécut et travailla en Autriche et fut le contemporain de Freud. *J.J.L.*

40 Jean Arp (1886-1966)

Alsacien, ni allemand ni français en des périodes où la distinction était d'importance, Jean, ou Hans, Arp est tout autant peintre que poète, sans qu'on puisse chez lui hiérarchiser les deux disciplines. Il est lié aux principaux mouvements de l'avant-garde européenne du début du siècle : Der blaue Reiter à Munich, où l'introduit Kandinsky, Der Sturm à Berlin, où il est proche de Schwitters (il publiera notamment dans sa revue *Merz*), et le mouvement Dada à Zurich, à la fondation duquel il participe activement.

C'est en Suisse, où il est réfugié au début de la Première Guerre mondiale, que l'œuvre de Jean Arp prend une orientation décisive. Il commet l'acte de rébellion dada par excellence en se mouchant dans le drapeau, rejette la peinture à l'huile, privilégiant la recherche de techniques et de matériaux nouveaux (collages, broderies, gravure, sculpture sur marbre, plâtre ou bois) et la création collective. En 1915, il rencontre Sophie Taeuber, qui deviendra sa femme et sa partenaire artistique. Avec elle, Jean Arp s'éloigne de plus en plus de la figuration dénoncée comme un illusionnisme trompeur, pour s'orienter vers des formes toujours plus rigoureuses et géométriques.

Jean Arp n'écrit en français qu'à partir de son installation en France en 1925. Il se rapproche alors des surréalistes. En 1930, il aborde la sculpture en ronde-bosse, transposant ses reliefs en trois dimensions, et approfondit son travail sur le collage. Pendant la Seconde Guerre mondiale, le couple Arp se réfugie de nouveau en Suisse, où Sophie Taeuber-Arp meurt accidentellement. Jean Arp se partage dès lors entre l'écriture, le dessin, le collage, la sculpture. Il accède à la reconnaissance internationale en 1954, avec le grand prix de Sculpture de la Biennale de Venise, et rassemble la majeure partie de ses écrits en français, qui seront publiés après sa mort, en 1966. *S.B.*

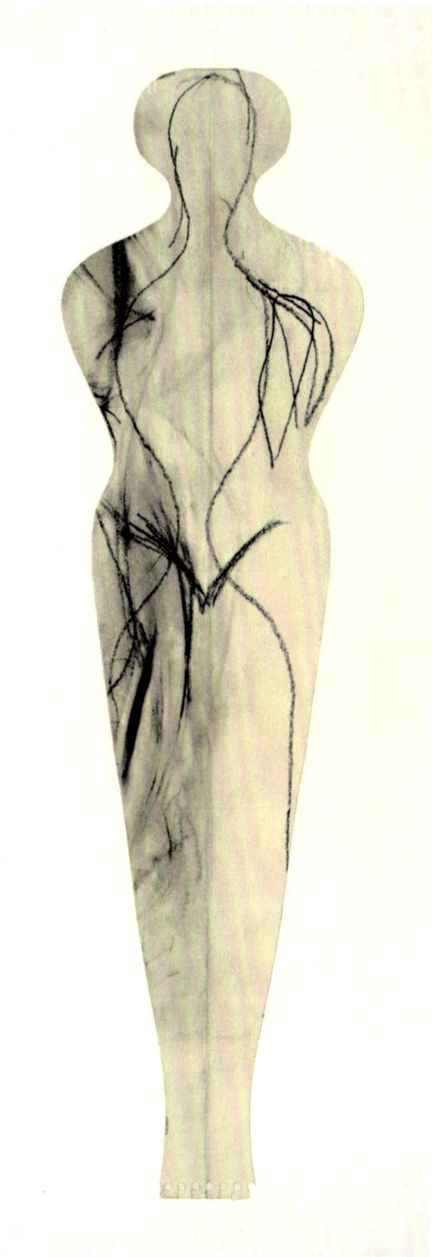

Sans titre, crayon décapé et collé sur carton, 1963, 39,5 x 15 cm. Collection particulière.

41 Kurt Schwitters (1887-1948)

Kurt Schwitters étudie l'art à Dresde puis à Berlin, où il participe à l'activité du mouvement Der Sturm, exposant dans la galerie ou publiant dans la revue du même nom.

Son travail déserte rapidement la figuration au profit d'influences expressionnistes, cubistes puis constructivistes. En 1919, il rencontre Hans Arp, et publie l'un de ses recueils de poèmes les plus célèbres, *Anna Blume*. Rejeté par le mouvement Dada, il met au point le *Merz*, principe créateur qu'il continuera toute sa vie à explorer.

Syllabe du mot « Com*merz*bank », le *Merz* inaugure la pratique du recyclage des rebuts de la société industrielle et urbaine, qui caractérise l'œuvre plastique de l'artiste. La conception de l'art de Schwitters est fondée sur la mise en relation de « toutes les choses du monde » : celle-ci instaure un mouvement d'influence et de contamination réciproques entre l'art et la vie, par l'intégration dans l'art d'éléments proprement quotidiens et la réhabilitation du hasard. Schwitters s'attache à élaborer un « art total *Merz* » englobant poésie, théâtre et architecture. Il fait de sa propre maison le *Merzbau*, vaste structure constituée de matériaux hétéroclites, où s'intègrent peu à peu ses collages et les œuvres de ses amis (le bâtiment est détruit par les bombardements de 1943).

Sa créativité plastique trouve un prolongement dans sa recherche littéraire où triomphe, là encore, la diversité des disciplines : poésie du fragment, recherche d'une langue agrammaticale (*Ursonate*, 1932), poésie-action, poésie de l'objet ou poésie picturale. Schwitters est l'auteur d'une œuvre littéraire très importante, peu traduite en français.

S.B.

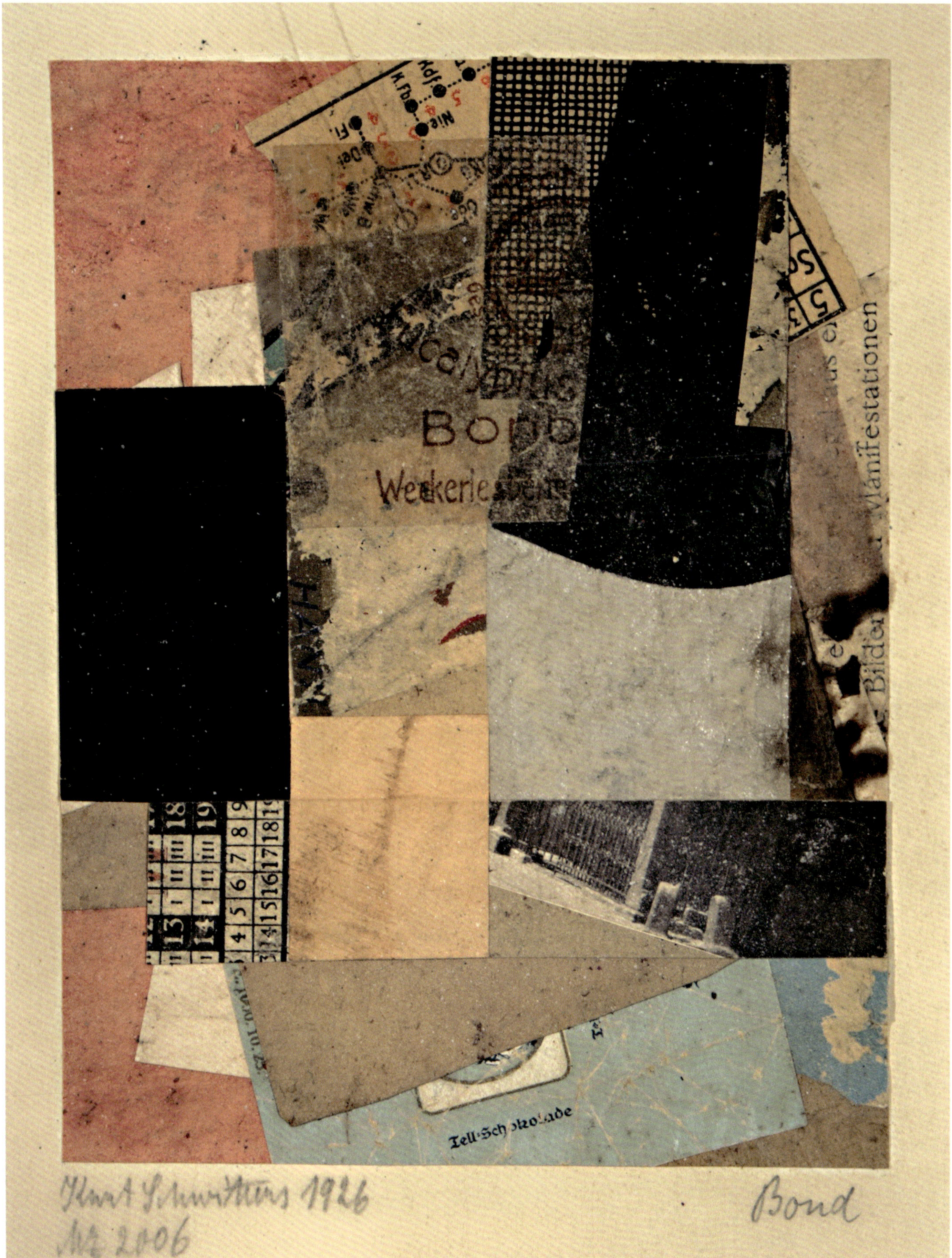

Sans titre, collage, 1926, 16,5 x 12,5 cm. Collection particulière.

42 Jacques Vaché (1895-1919)

Jacques Vaché occupe une position singulière dans l'histoire de la littérature : paradigme de « l'artiste sans œuvre », sa postérité ne naît pas de sa production, mais d'une attitude face à l'existence dont le souvenir sera célébré par d'autres écrivains, au premier rang desquels André Breton. Pour lui, sa brève rencontre avec Vaché à Nantes pendant la Première Guerre mondiale est une véritable révélation : « Vaché est surréaliste en moi » (*Premier Manifeste du surréalisme*, 1924).

Après avoir créé d'éphémères revues littéraires encore imprégnées de symbolisme, Vaché, en jeune dandy désabusé, professe son dédain des bourgeois comme des « Pohètes » : « Donc nous n'aimons ni l'art ni les artistes (à bas Apollinaire). » Le seul écrivain épargné par son irrévérence est Alfred Jarry. Dans la continuité de la pataphysique, celui qui signe ses lettres du pseudonyme de Jacques Tristan Hylar invente « l'Umour » : « Je crois que c'est une sensation — j'allais presque dire un SENS — aussi — de l'inutilité théâtrale (et sans joie) de tout. »

Désinvolte, insoumis et désespéré, le jeune homme renonce à l'écriture poétique, mais il échange avec ses proches une abondante correspondance, littéraire et personnelle, illustrée de nombreux croquis, caricatures ou portraits-charges. Après sa mort, à vingt-trois ans, d'une overdose d'opium, son ami André Breton publie leur échange de *Lettres de guerre* (1919), qui révèle Jacques Vaché comme le créateur iconoclaste, brillant et révolté, qu'il a brièvement été. *S.B.*

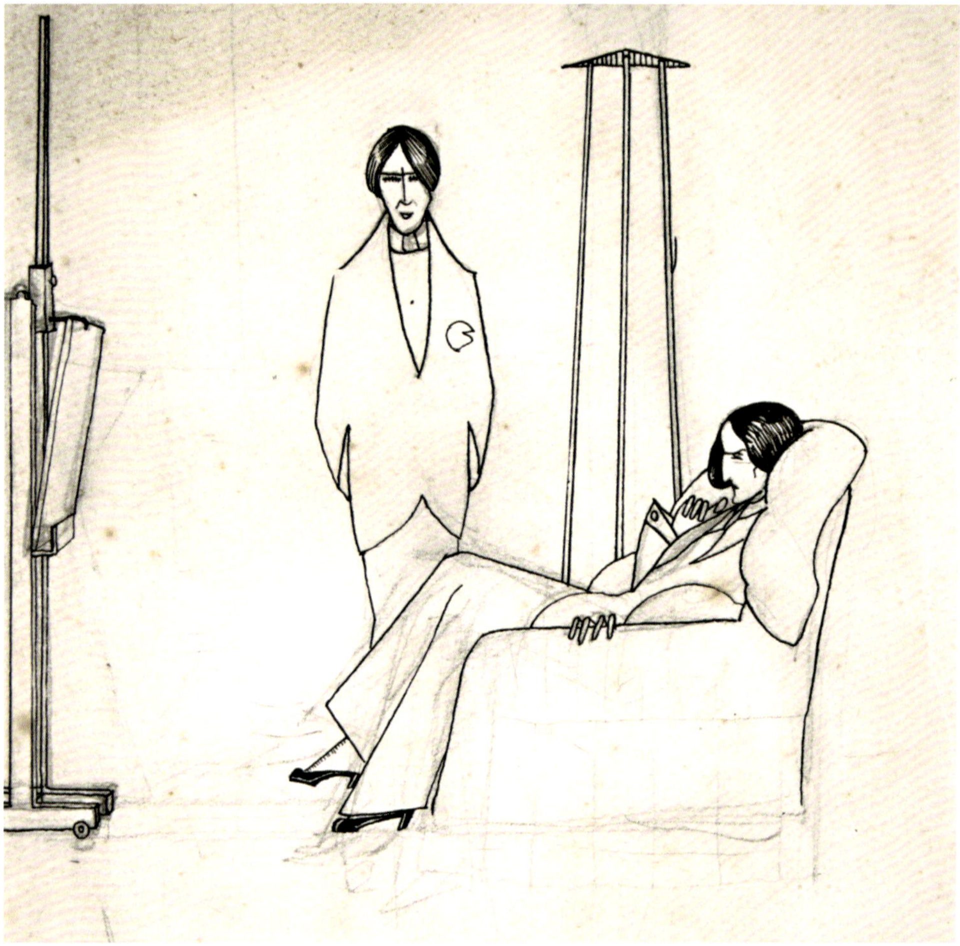

Couple masculin, encre et crayon sur papier, sans date, 17,5 x 13,5 cm. Collection particulière.

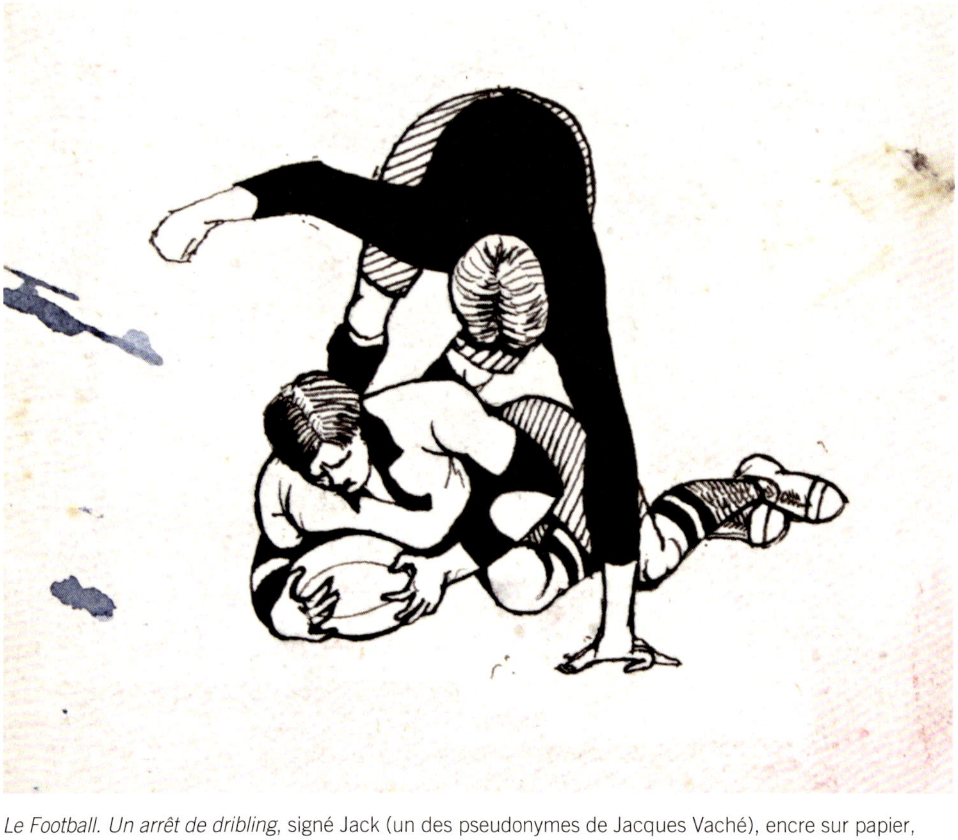

Le Football. Un arrêt de dribling, signé Jack (un des pseudonymes de Jacques Vaché), encre sur papier, sans date, 14 x 9 cm. Collection particulière.

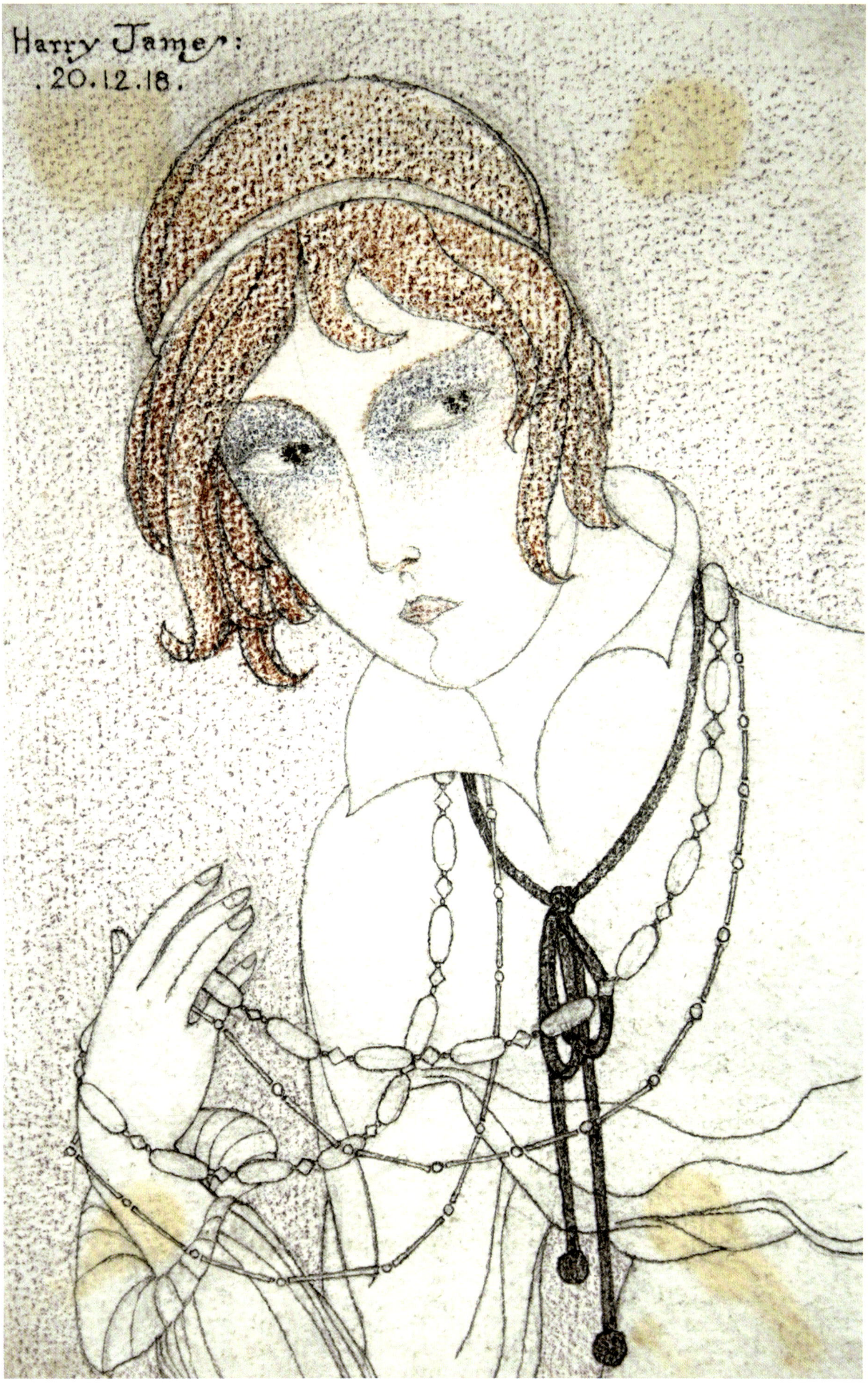

Portrait signé
Harry James
(un des
pseudonymes de
Jacques Vaché),
crayon et
crayon de couleur
sur papier,
20 décembre 1918,
19 x 12,5 cm.
Collection
particulière.

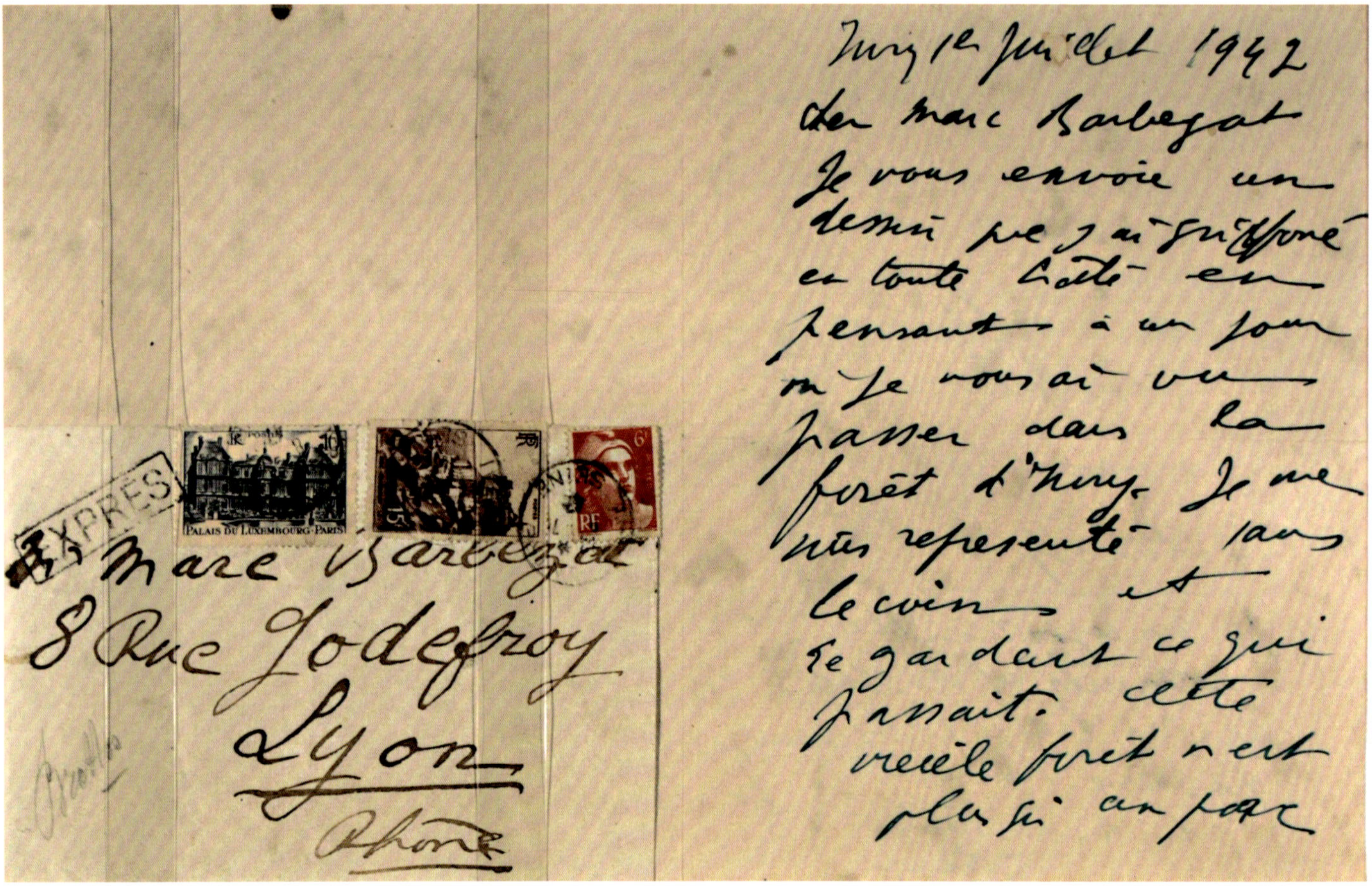

EXPRES

PALAIS DU LUXEMBOURG · PARIS

RF

Marc Barbezat
8 Rue Godefroy
Lyon
Rhône

Ivry 1er juillet 1947
Cher Marc Barbezat
Je vous envoie un
dessin que j'ai griffonné
en toute hâte en
pensant à un jour
où je vous ai vu
passer dans la
forêt d'Ivry. Je me
suis représenté dans
le coin et
regardant ce qui
passait. cette
vieille forêt n'est
plus si en paix

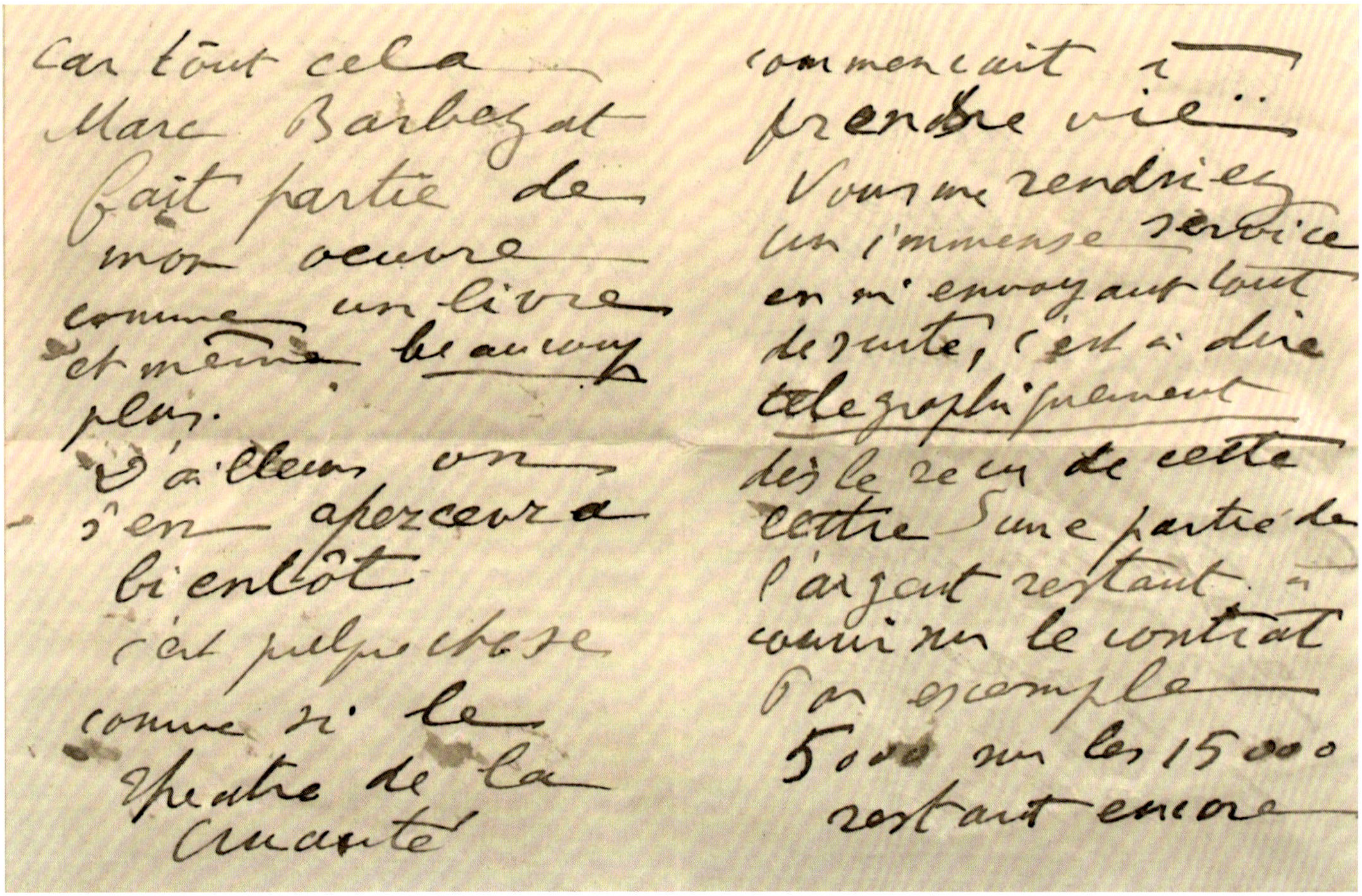

car tout cela
Marc Barbezat
fait partie de
mon oeuvre
comme un livre
et même beaucoup
plus.
D'ailleurs on
s'en apercevra
bientôt
c'est quelque chose
comme si le
spectre de la
cruauté
commençait à
prendre vie...
Vous me rendriez
un immense service
en m'envoyant tout
de suite, c'est à dire
télégraphiquement
dès le reçu de cette
lettre une partie de
l'argent restant à
courir sur le contrat
par exemple
5000 sur les 15000
restant encore

Lettre à Marc Barbezat illustrée d'un autoportrait, encre et crayon, 1947, 19 x 29 cm. Collection particulière.

mais je dois dire que au
dehors de vous et de 2 ou
3 amis je n'y ai
vu personne + intéressant.
Pour comble de
malheur je
suis alité avec
39 de fièvre

à vous

Antonin Artaud

P.S. mon exposition de
portraits et dessins
aura lieu le 4 juillet
chez Pierre Loeb
2 bis rue des Beaux arts
à Paris

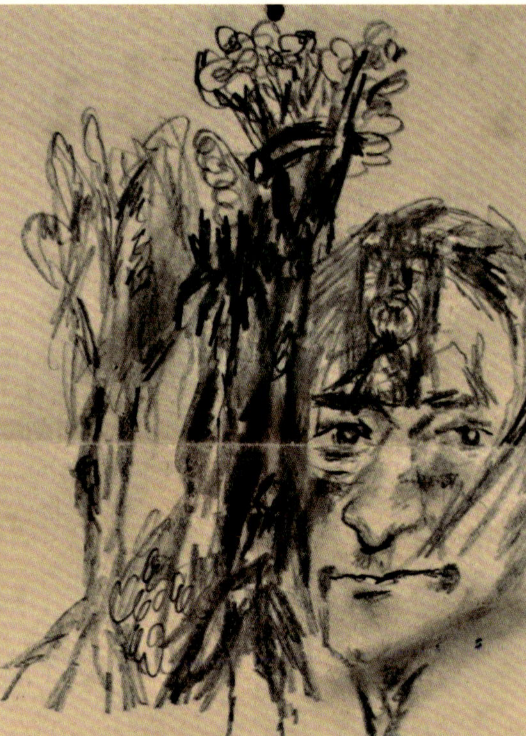

antonin artaud

1er Juillet 1947

Ivry 9 juillet 1947

cher Marc Barbezat

je pense que vous avez reçu
il y a 6 à 7 jours
ma lettre avec un
petit dessin.

Dommage que vous
ne soyez pas à Paris
pour l'exposition
de tous ces portraits
et dessins que j'ai faits
depuis un an et
à laquelle se
joint une
récitation

Avec mes excuses
recevez cher
Marc Barbezat
mes meilleurs
remerciements

Antonin Artaud

P.S. c'est mon mauvais
état de santé
qui m'oblige
à des frais
terribles.

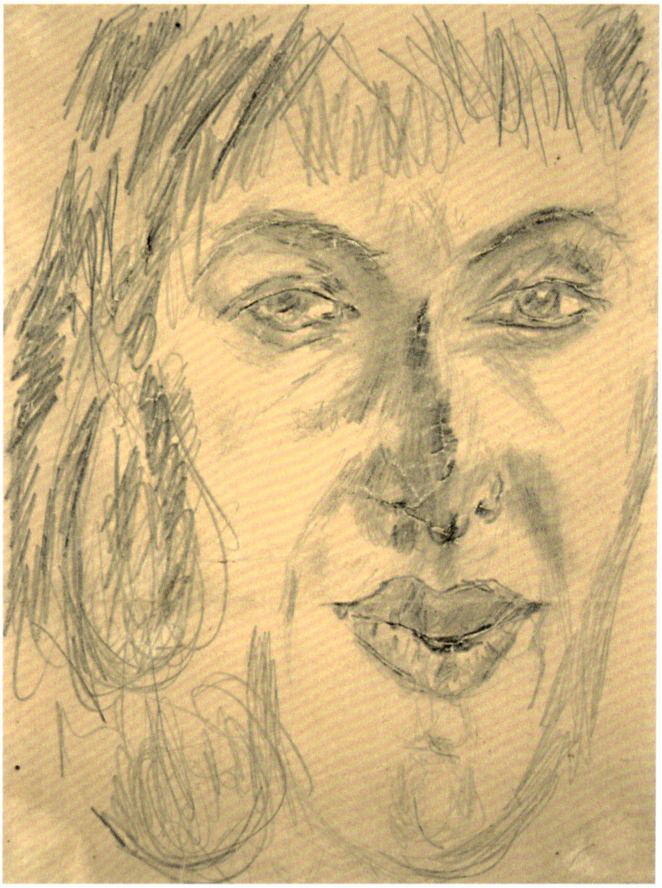

Portrait de Mania Oïfer,
crayon graphite
sur papier, 1946,
28 x 20,5 cm.
Collection particulière.

43 Antonin Artaud
(1896-1948)

La vie et l'œuvre d'Antonin Artaud se confondent, l'une et l'autre placées sous le sceau de la nécessité et de l'excès. Ses productions artistiques sont le fruit de cette exigence — poèmes, textes théoriques, dessins, incantations ou exorcismes —, toutes sont dictées par une ardeur insatiable, celle de rendre compte de la vérité d'une expérience intérieure. Par bien des aspects, cette expérience est de l'ordre du tourment et de la lutte : Artaud, qui se désigne comme un « supplicié », se place sous le signe de la souffrance, physique et psychique.

Lorsqu'il arrive à Paris, au début des années 1920, il a déjà été soigné pour divers troubles nerveux, et consomme régulièrement de l'opium. Il travaille dans la compagnie de théâtre de Dullin, puis de Pitoëff et joue dans plusieurs films. Avec Roger Vitrac, il fonde le Théâtre Alfred-Jarry. Son premier recueil de poèmes paraît en 1923 ; membre actif du groupe surréaliste pendant peu d'années et directeur passager de *La Révolution surréaliste*, il publie plusieurs textes dont *L'Ombilic des limbes* (1925). Sa dernière expérience théâtrale a lieu avec les *Cenci* qu'il monte en 1935 — il expose ses conceptions dans *Le Théâtre et son double* (1938).

En 1936, il voyage au Mexique ; il vit un temps avec les Indiens Tarahumaras et découvre le peyotl ainsi qu'une conception paroxystique de la vie humaine qui ne le quittera plus. Il est interné en divers hôpitaux psychiatriques de 1937 à 1946 et, à Rodez, subit plus de cinquante séances d'électrochocs qu'il dénonce comme une véritable torture destructrice. De plus en plus harcelé par des visions et par la souffrance physique, « envoûté éternel », il ne cesse plus d'écrire et de dessiner, donnant forme à la pensée magique et incandescente qui l'habite.

Peu de temps avant de disparaître, Antonin Artaud consent, pour la première fois, à ce qu'une exposition soit entièrement consacrée à ses dessins. Elle a lieu à la galerie Pierre Loeb, à l'endroit même où il écrivit d'une traite, à marche forcée, *Van Gogh, le suicidé de la société* (1947). Il signe lui-même la préface de cette exposition et, paradoxalement, porte sur ce qu'il montre un jugement hostile, quasi méprisant. À distance de soixante ans et à la lumière de l'édition complète de ses écrits — due au seul acharnement de Paule Thévenin — nous ne pouvons que nous inscrire en faux contre ce jugement pour le moins aveugle. Le voici :

[...]
J'en ai d'ailleurs définitivement
brisé avec l'art,
le style ou le talent dans
tous les dessins que l'on
verra ici. Je veux dire
que malheur à qui
les considérerait comme
des œuvres d'art,
des œuvres de simulation
esthétique de la réalité.
Aucun n'est à
proprement parler une
œuvre.
[...]

Passons sur la malédiction, heureusement sans effet, qu'il prononce à l'encontre de ses partisans, et sur la notion sans consistance de « simulation esthétique de la réalité » — totalement désuète —, et ne craignons pas d'affirmer que les dessins d'Artaud — notamment ses portraits et autoportraits dont, celui, peu connu, figurant dans une lettre à son éditeur, Marc Barbezat — ont, au contraire, redéfini par leur seule puissance subversive ce qu'est une œuvre d'art. N'est-il pas symptomatique et bouleversant que le Momo ait pu être, à ce point, insensible et étranger à son propre génie ?

S.B., J.J.L.

44 Paul Éluard
(1895-1952)

Paul Éluard est l'un des représentants majeurs de la première génération surréaliste. Son interprétation du surréalisme produit une poésie apaisée, caractérisée par la simplicité du vocabulaire et la richesse des images : leur force naît de l'effet simultané de surprise et d'évidence qu'elles provoquent, comme la célèbre terre « bleue comme une orange ». Du fait de cette relative transparence, il est aussi l'un des rares poètes français du XXe siècle à connaître une vraie popularité.

Tuberculeux dès sa jeunesse, Éluard fait de longs séjours en Suisse. Il y rencontre Gala, sa future épouse et muse. À la fin de la Première Guerre, il se lie avec les écrivains Breton, Soupault, Aragon, Tzara, et les artistes Max Ernst, Jean Arp, Magritte, Miró, Man Ray, Picasso. Avec eux, il s'engage pleinement dans l'expérience surréaliste et, comme nombre d'entre eux, il joue des liens entre art des mots et art visuel, publiant alors plusieurs recueils illustrés par des peintres.

La poésie d'Éluard veut aussi unir recherche esthétique et engagement politique, pour un art qui ne soit pas coupé de la vie. Son premier recueil de poèmes (1916) naît de l'effroi que lui inspire la guerre. Plus tard, il rejoint activement la Résistance et adhère au parti communiste. Il écrit alors une *Ode à Staline* et divers textes de propagande patriotique, qui marqueront sa rupture définitive d'avec l'idéal de sa jeunesse. Mais les nombreux recueils inspirés par les trois femmes de sa vie, la légèreté de son vers libre, la tendresse de l'expression et l'émotion qui en émane, en font avant tout le grand poète de l'amour surréaliste. *S.B.*

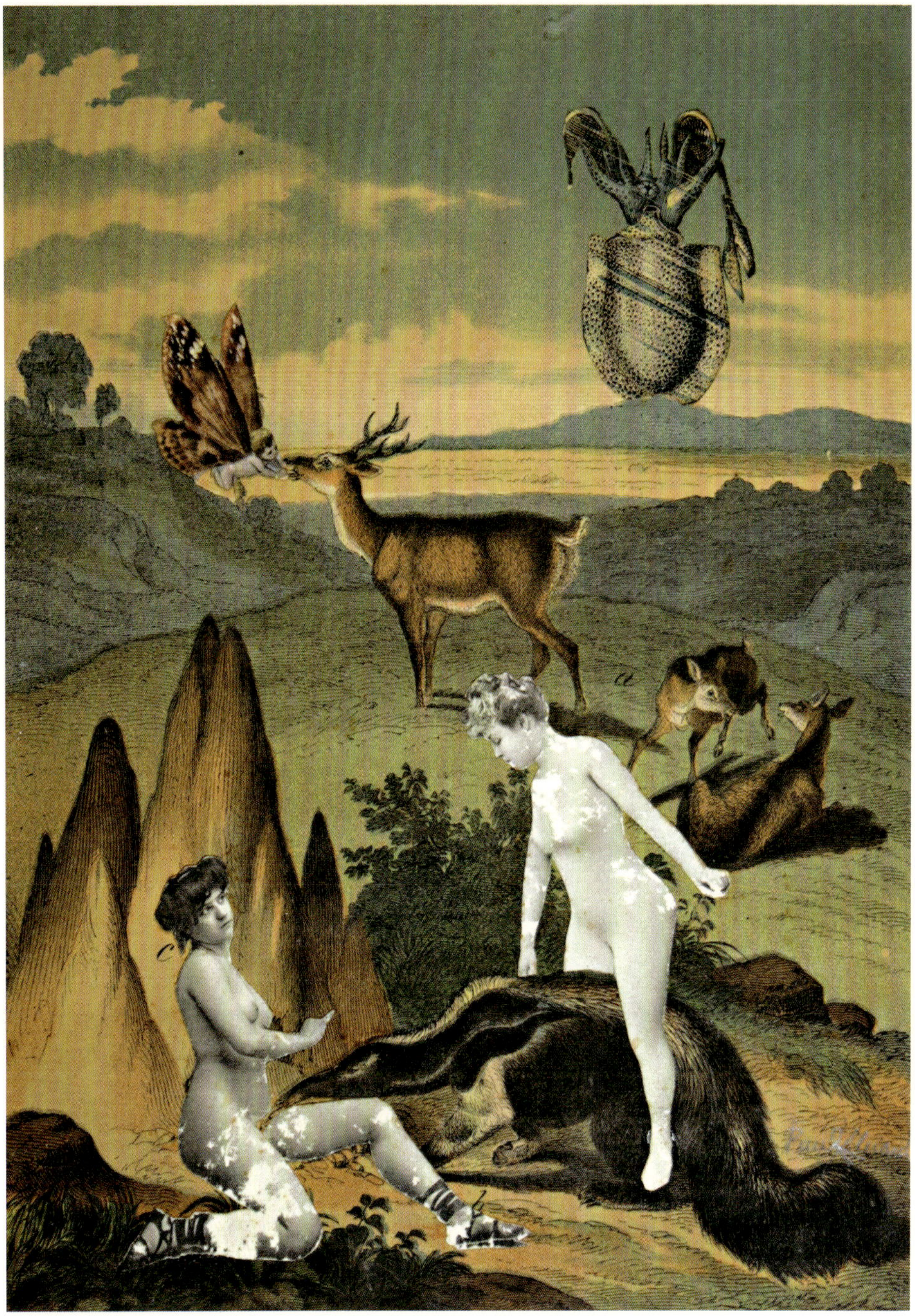

Paysage avec deux femmes nues, collage, 1935, 24 x 17 cm. Collection P.F.B.

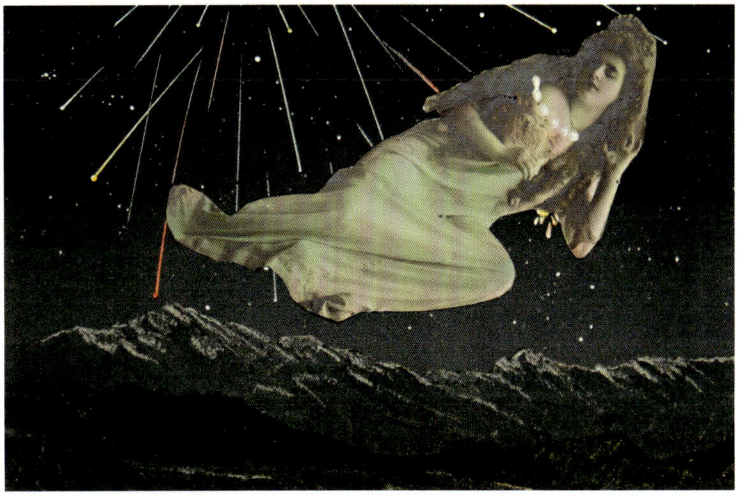

Femme aérienne sur fond de nuit étoilée, collage, sans date, 8,8 x 13,9 cm. Collection P.F.B.

45 André Breton
(1896-1966)

Il serait vain de chercher à résumer, en si peu de mots, la vie ou l'œuvre d'André Breton, dont le nom évoque à lui seul un pan essentiel de l'histoire de l'art et de la société du XXe siècle, comme s'il suffisait de le situer (en tant qu'héritier, précurseur, découvreur, inspirateur ou adversaire acharné) pour positionner en retour presque toutes les manifestations artistiques et politiques du siècle. De fait, sa vie se confond avec l'histoire du mouvement dont il a été l'initiateur et qui a inspiré, de façon éphémère ou durable, par l'adhésion ou par la contradiction, tant d'artistes français et étrangers. Figure de proue incontestée du surréalisme, parfois autoritaire et sectaire, il a su donner une ampleur internationale à ce mouvement qui a révolutionné la pratique et la conception de l'art, et son rapport avec la vie. Lui-même profondément marqué par des rencontres fondatrices (Valéry, Vaché, Apollinaire, Freud, Duchamp et, plus tard, Trotski), André Breton publie ses premiers poèmes en 1919 et fonde avec Aragon et Soupault la revue *Littérature* ; la publication des *Champs magnétiques* signale d'emblée l'importance du collectif dans ce qui va constituer l'élan surréaliste, né de Dada.

Les titres des deux premières revues du mouvement, créées par Breton — *La Révolution surréaliste* et *Le Surréalisme au service de la Révolution* —, indiquent à quel point l'utopie libertaire fut au cœur de la vision surréaliste. Breton l'a résumée ainsi : « Changer la vie (Rimbaud) et changer le monde (Marx), ces deux mots d'ordre n'en font qu'un. »

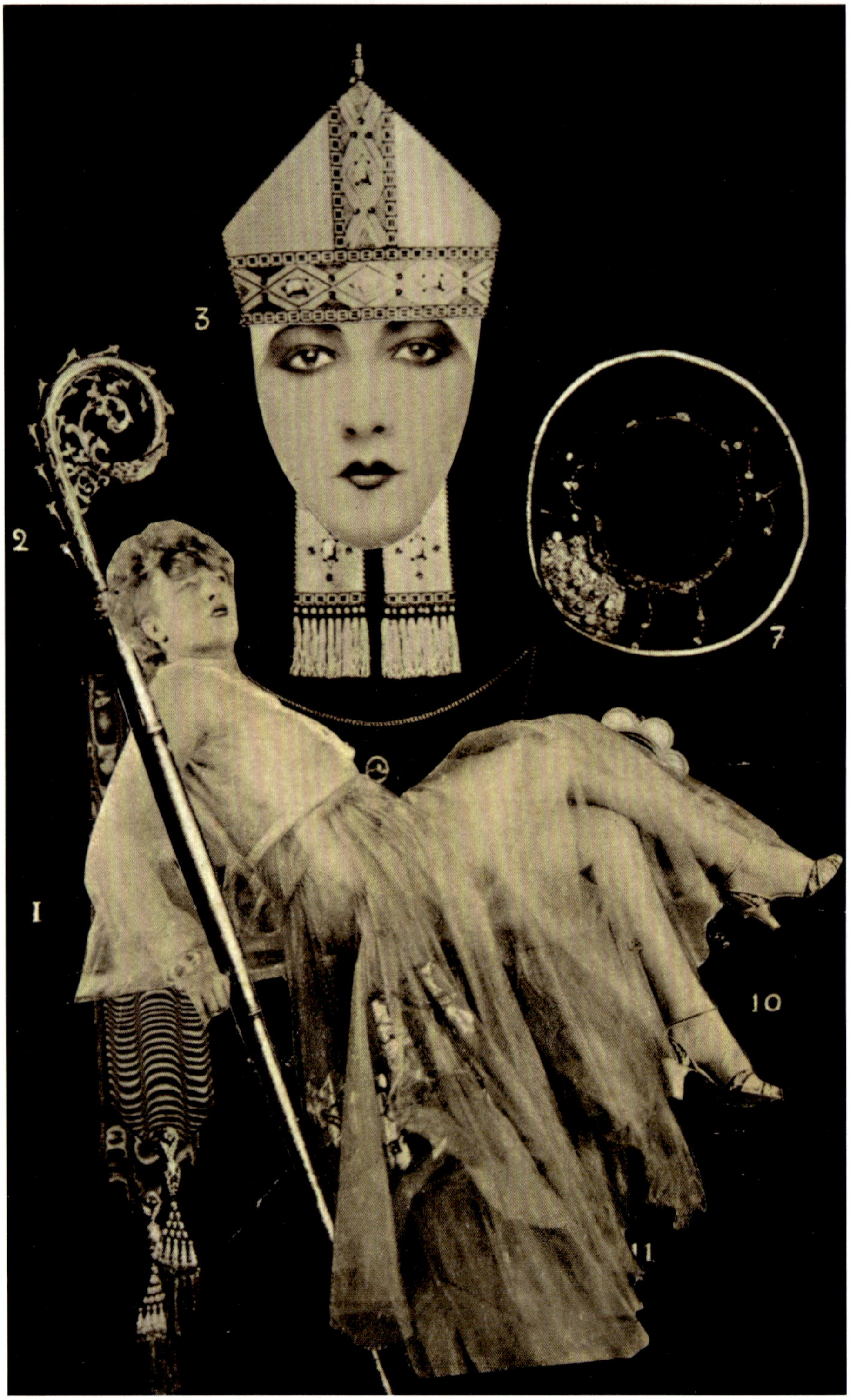

L'Œuf dans l'église ou *Le Serpent,* collage, sans date, 18 x 11 cm. Collection particulière.

Le surréalisme, dont il ne s'agit pas ici de chercher à résumer l'histoire, inscrit dans sa définition même la nécessité d'une transgression entre les catégories artistiques : d'après le *Premier Manifeste* (1924), le surréalisme est un « automatisme psychique pur par lequel on se propose d'exprimer soit verbalement, soit de toute autre manière, le fonctionnement réel de la pensée » (en réalité, le programme que se fixent Breton et ses compagnons est plus vaste encore, puisqu'il s'agit de « réconcilier » rêve et réalité et de promouvoir la « libération totale » de l'être humain. Le mouvement reste officiellement lié au parti communiste jusqu'en 1935). Dans la perspective toujours réactivée de faire de l'art l'expression des

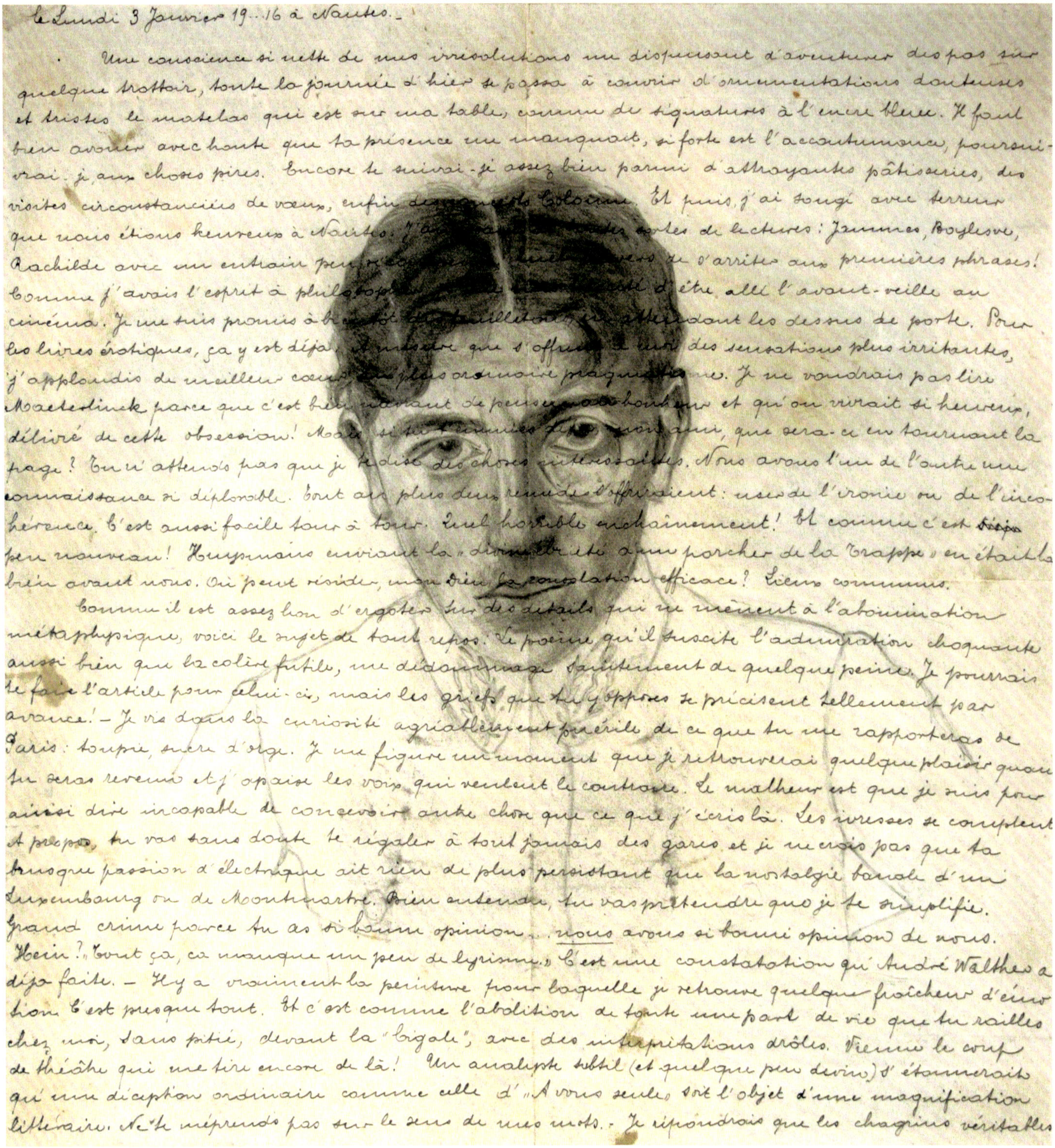
le Lundi 3 Janvier 19..16 à Nantes.–

Une conscience si nette de mes irrésolutions me dispensant d'aventurer des pas sur quelque trottoir, toute la journée d'hier se passa à couvrir d'ornementations douteuses et tristes le matelas qui est sur ma table, comme de signatures à l'encre bleue. Il faut bien avouer avec honte que ta présence me manquait, si forte est l'accoutumance, poursuivrai-je aux choses pires. Encore te suivrai-je assez bien parmi d'attrayantes pâtisseries, des visites circonstanciées de vœux, enfin [illegible] Colosseum. Et puis, j'ai songé avec terreur que nous étions heureux à Nantes. [illegible] sortes de lectures : Jammes, Boylesve, Rachilde avec un entrain [illegible] s'arrêter aux premières phrases ! Comme j'avais l'esprit à philosop[illegible] d'être allé l'avant-veille au cinéma. Je me suis promis à [illegible] en attendant les dessus de porte. Pour les livres érotiques, ça y est déjà. [illegible] que s'offrissent [illegible] des sensations plus irritantes, j'applaudis de meilleur cœur [illegible] plus ordinaire [illegible]. Je ne voudrais pas lire Maeterlinck parce que c'est bien [illegible] de penser [illegible] bonheur et qu'on vivrait si heureux, délivré de cette obsession ! Mais si [illegible], que sera-ce en tournant la page ? Tu n'attends pas que je te dise des choses intéressantes. Nous avons l'un de l'autre une connaissance si déplorable. Tout au plus deux remèdes s'offriraient : user de l'ironie ou de l'incohérence. C'est aussi facile tour à tour. Quel horrible enchaînement ! Et comme c'est peu nouveau ! Huysmans enviant la « divinité » d'un porcher de la Trappe » en était là bien avant nous. Où peut résider, mon Dieu, la consolation efficace ? Lieux communs.

Comme il est assez bon d'ergoter sur des détails qui ne mènent à l'abomination métaphysique, voici le sujet de tout repos. Le poème qu'il suscite l'admiration choquante aussi bien que la colère futile, me dédommage suffisamment de quelque peine. Je pourrais te faire l'article pour celui-ci, mais les griefs que tu y opposes se précisent tellement par avance ! – Je vis dans la curiosité agréablement puérile de ce que tu me rapporteras de Paris : toupie, sucre d'orge. Je me figure un moment que je retrouverai quelque plaisir quand tu seras revenu et j'apaise les voix qui veulent le contraire. Le malheur est que je suis pour ainsi dire incapable de concevoir autre chose que ce que j'écris là. Les ivresses se complètent. A propos, tu vas sans doute te régaler à tout jamais des gares et je ne crois pas que ta brusque passion d'électrique ait rien de plus persistant que la nostalgie banale d'un Luxembourg ou de Montmartre. Bien entendu, tu vas prétendre que je te simplifie. Grand crime parce tu as si bonne opinion... nous avons si bonne opinion de nous. Hein ? « Tout ça, ça manque un peu de lyrisme. » C'est une constatation qu'André Walther a déjà faite. – Il y a vraiment la peinture pour laquelle je retrouve quelque fraîcheur d'émotion. C'est presque tout. Et c'est comme l'abolition de toute une part de vie que tu railles chez moi, sans pitié, devant la « Cigale », avec des interprétations drôles. Vienne le coup de théâtre qui me tire encore de là ! Un analyste subtil (et quelque peu devin) s'étonnerait qu'une déception ordinaire comme celle d'« A vous seule » soit l'objet d'une magnification littéraire. Ne te méprends pas sur le sens de mes mots. – Je répondrais que les chagrins véritables

Lettre double-face à Théodore Fraenkel, avec autoportrait, encre et crayon sur papier, 3 janvier 1916, 23,5 x 23,5 cm. Collection particulière.

forces les plus obscures de l'inconscient, la peinture acquiert pour Breton le statut d'« art magique ».

Mais l'image, sans le mot, ne possède finalement qu'une part de sa puissance. L'une et l'autre, créatures hybrides et interdépendantes, vivent de leurs « pouvoirs d'exaltation réciproque ». Le « poème-objet » ou l'œuvre plastique recourant aux ressources de l'écrit sont des machines à « dépayser la sensation », à produire des effets perturbateurs en jouant de leur « inquiétante étrangeté ». En faisant de la conjonction de l'icône et du langage une des ressources majeures de l'art, Breton et les surréalistes heurtent les habitudes contemplatives du public, bouleversant radicalement et durablement les représentations artistiques.

S.B.

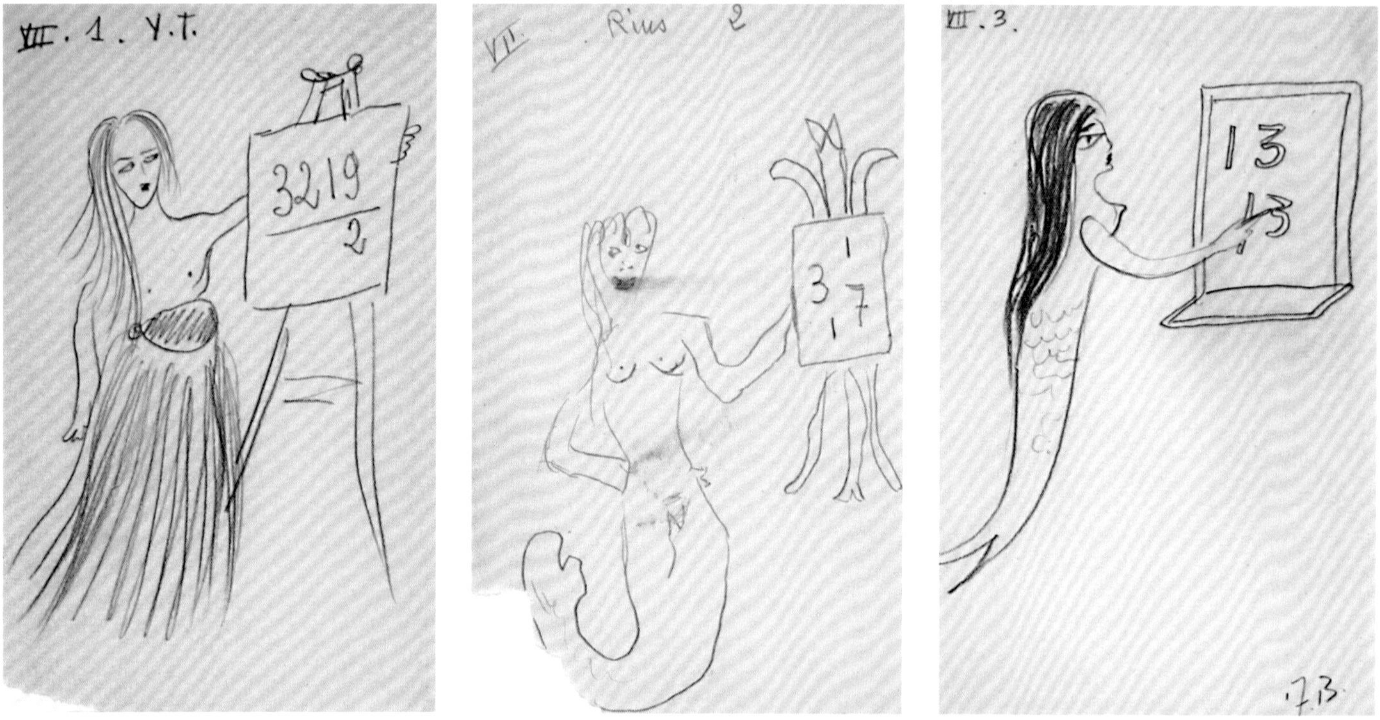

Jeu du « dessin communiqué », dans l'ordre : Yves Tanguy, Robert Rius, André Breton, Thérèse Casa, Varo Remedios, Benjamin Péret, crayon sur papier, sans date, 34 x 34 cm. Collection particulière.

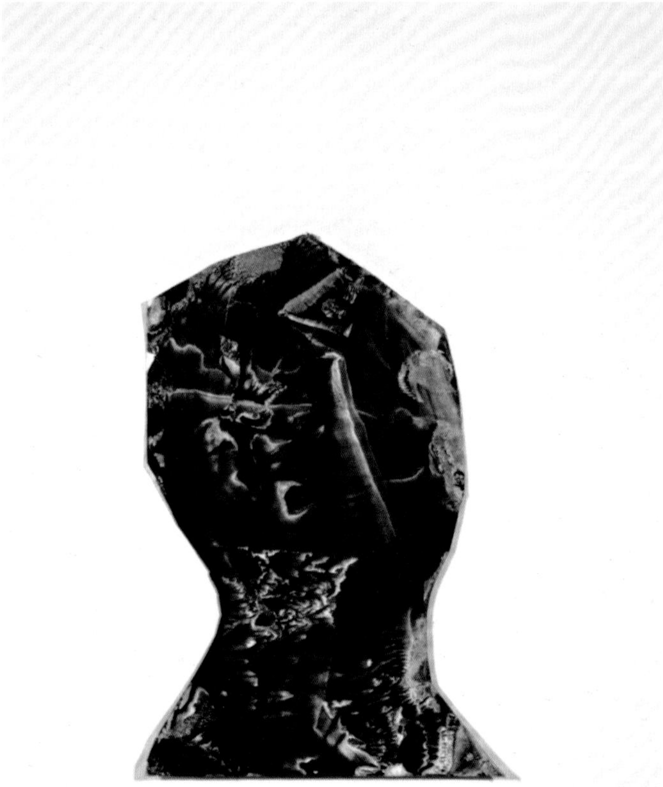

Portrait de Jean-Jacques Lebel, décalcomanie, sans date, 11,5 x 8 cm. Collection particulière.

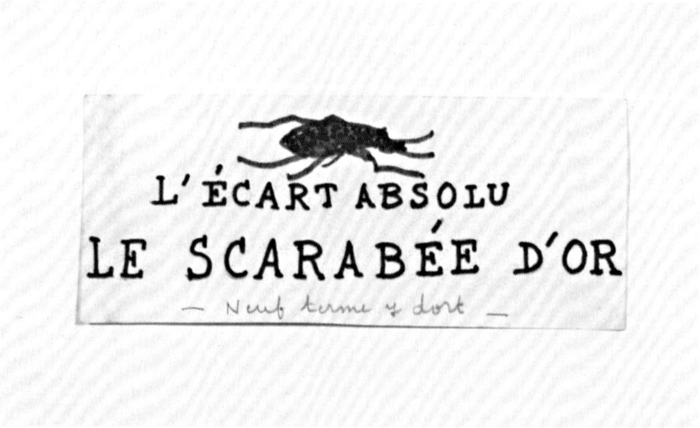

L'Écart absolu, gouache, encre de Chine et crayon sur papier, sans date, 26,5 x 21,5 cm. Collection particulière.

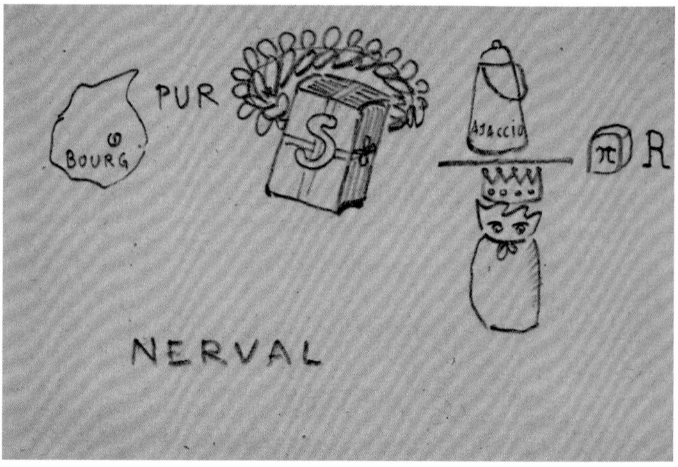

Rébus, crayon sur enveloppe, sans date, 11,4 x 14,6 cm. Collection particulière.

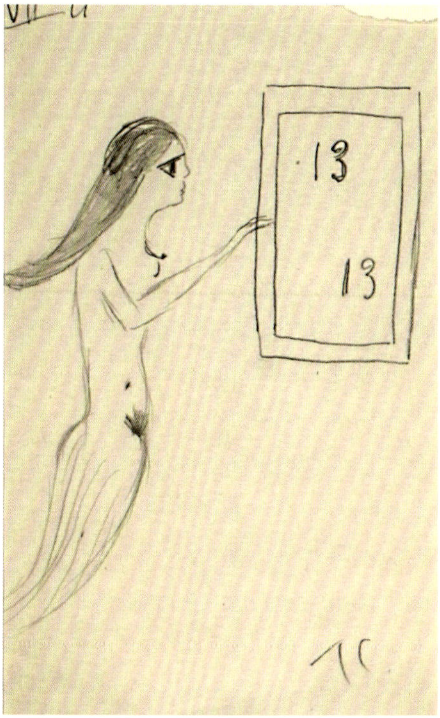

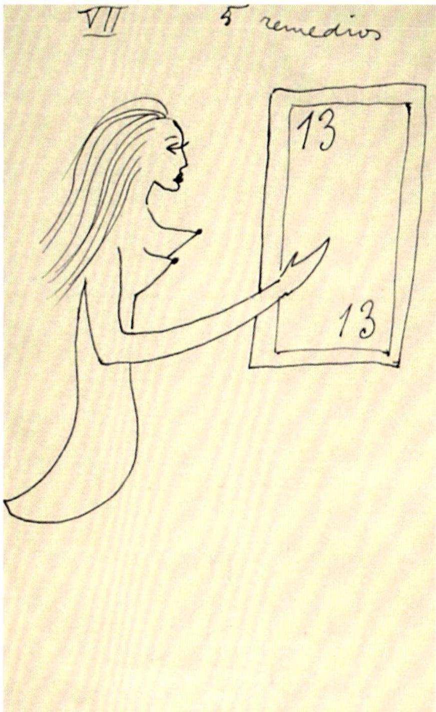

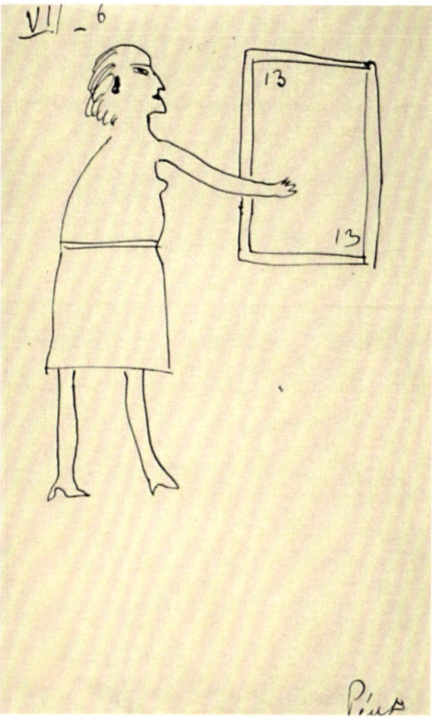

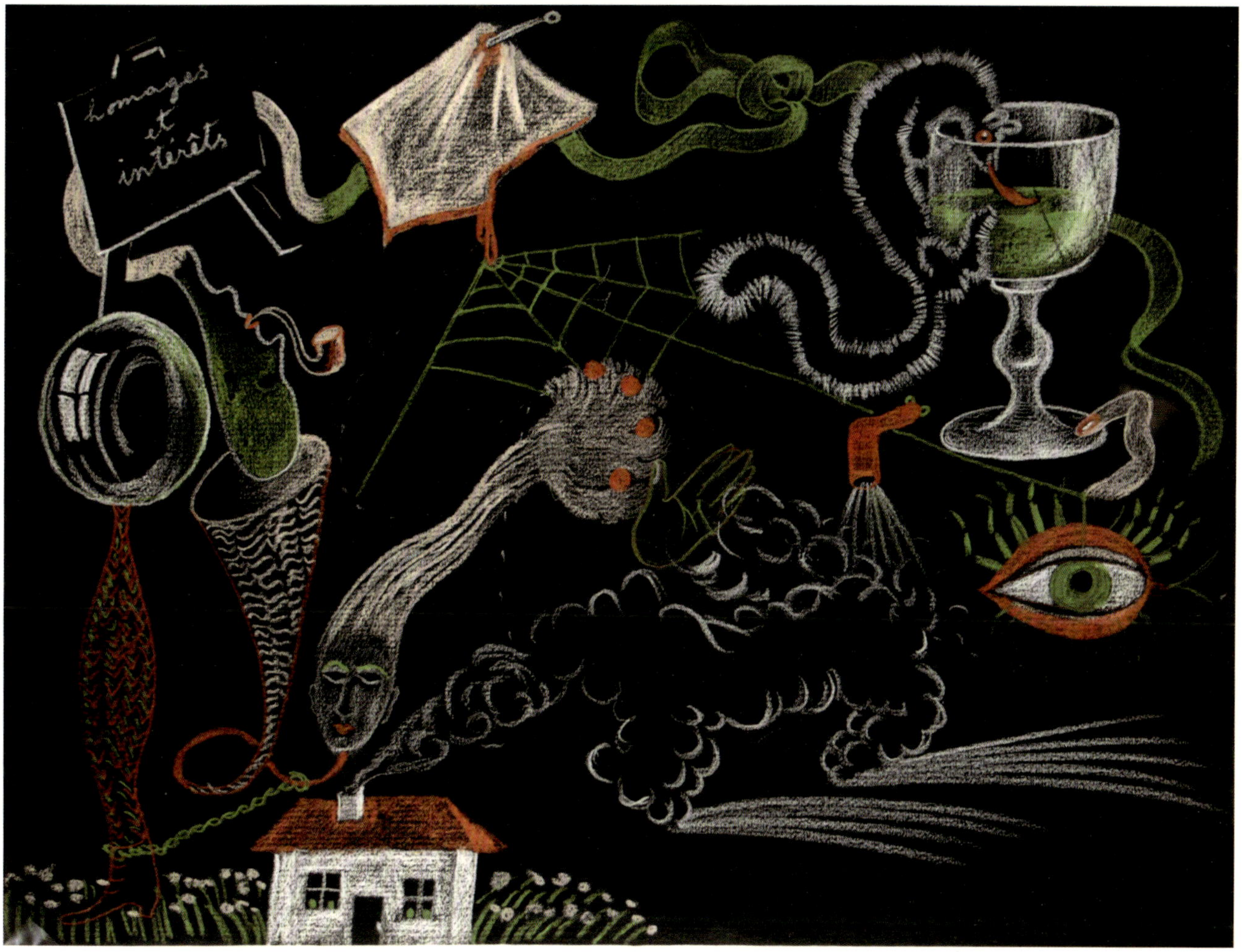

Cadavre exquis, André Breton, Valentine Hugo, Tristan Tzara, Greta Knutson, *Homages et intérêts* [*sic*], crayon de couleur sur papier noir, 1933, 23,5 x 31 cm. Collection particulière.

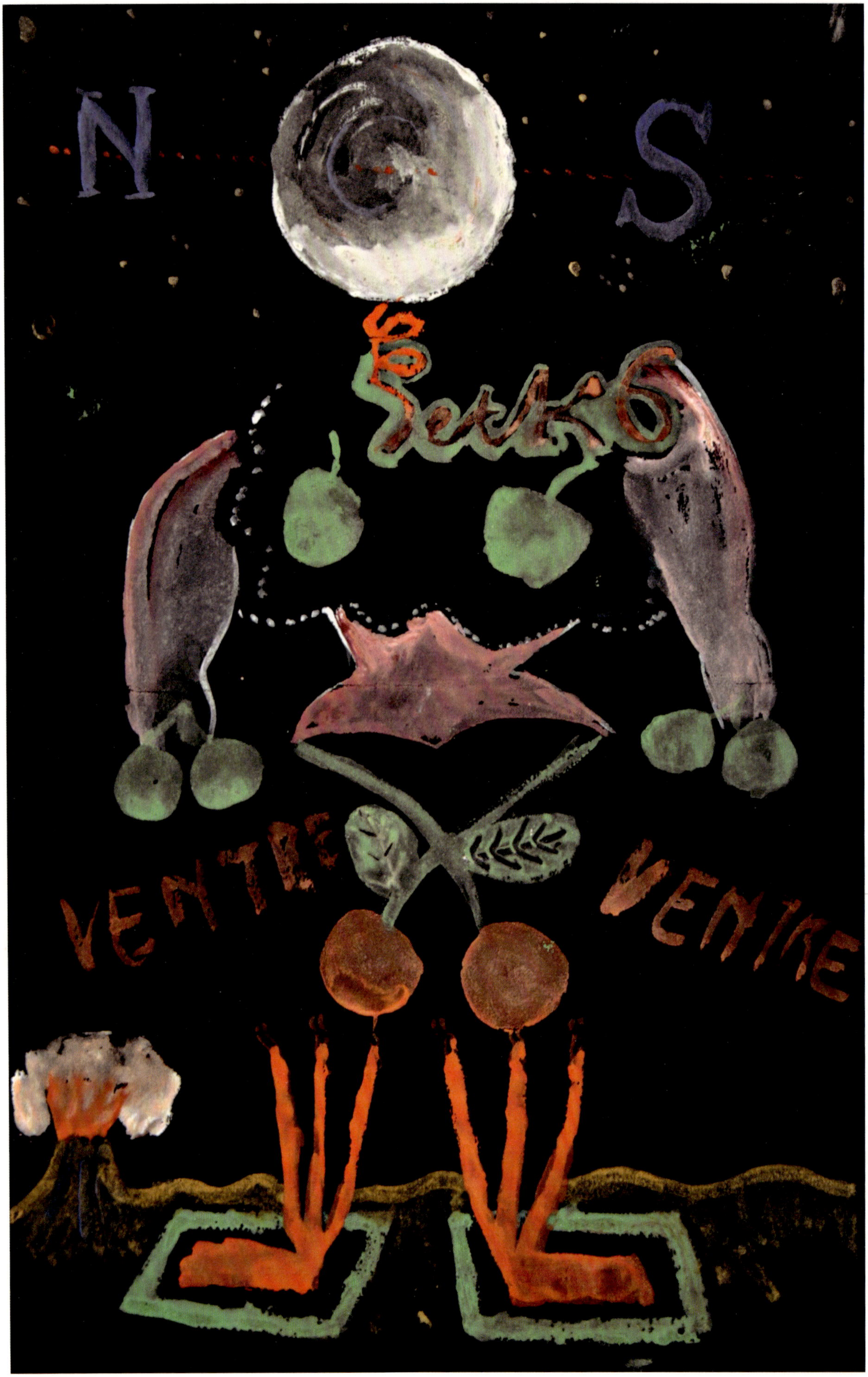

Cadavre exquis,
André Breton,
Louis Aragon,
anonymes,
gouache sur
papier noir,
16 janvier 1929,
25 x 16,2 cm.
Collection
particulière.

46 Tristan Tzara (1896-1963)

Tristan Tzara a été le dynamique promoteur du mouvement Dada, inventé par Hugo Ball. Cette remise en cause radicale, esthétique, politique et existentielle, qui donnera naissance au mouvement surréaliste, fit retentir dans toute l'Europe ses flamboyants mots d'ordre : « balayer, nettoyer », et influença durablement l'art du XXe siècle.

Né en Roumanie dans un milieu bourgeois, Tzara crée en 1912 une revue inspirée par le symbolisme français. Mais, dès 1913, il rompt avec ses influences de jeunesse et délaisse l'imitation savante au profit des associations mentales, des images incongrues et des provocations de tous ordres. Entre 1915 et 1920, Tzara est à Zurich. Dandy nihiliste et provocateur, il partage la révolte d'une génération qui professe son mépris de la culture occidentale, en pleine guerre et en pleine déliquescence. En 1916, il noue des relations avec les milieux littéraires parisiens (Apollinaire, Max Jacob, Pierre Reverdy...). Avec Hugo Ball et Jean Arp, il participe à Zurich à la création du Cabaret Voltaire, où s'entrechoquent joyeusement peuple et intelligentsia, performances musicales et littéraires, théâtre et danse, création sauvage et improvisations extravagantes. À l'origine de cet iconoclasme, le rejet de toute académie, le refus de fonder une nouvelle école, le désir de liberté et d'absolu : « DADA signifie rien. »

Tzara y pratique une poésie « nègre », en rupture avec la logique et les conventions, à la recherche d'une musicalité dissonante qui use volontiers du collage. André Breton, en 1918, lit son *Manifeste Dada* et contacte Tzara. Celui-ci le rejoint à Paris où il continue de produire sa poésie incendiaire, révoltée et rebelle à la classification entre les disciplines artistiques. Il écrit plusieurs ouvrages illustrés par Jean Arp, Matisse, Picasso et André Masson. Plus tard, il adhère au parti communiste, tournant le dos à l'esprit Dada.

S.B.

« On n'a rien trouvé depuis Dada, et on ne pouvait rien trouver d'autre, puisque c'est la vérité. »
Lettre de Max Jacob à Tzara, 8 décembre 1924.

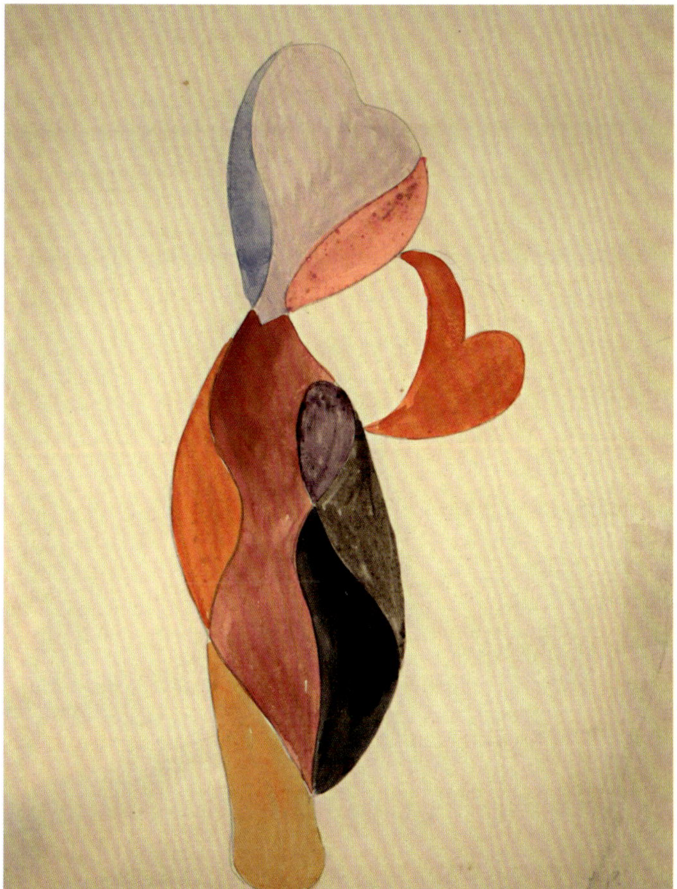

Sans titre, aquarelle et crayon, sans date, 28,5 x 22,5 cm.
Collection particulière.

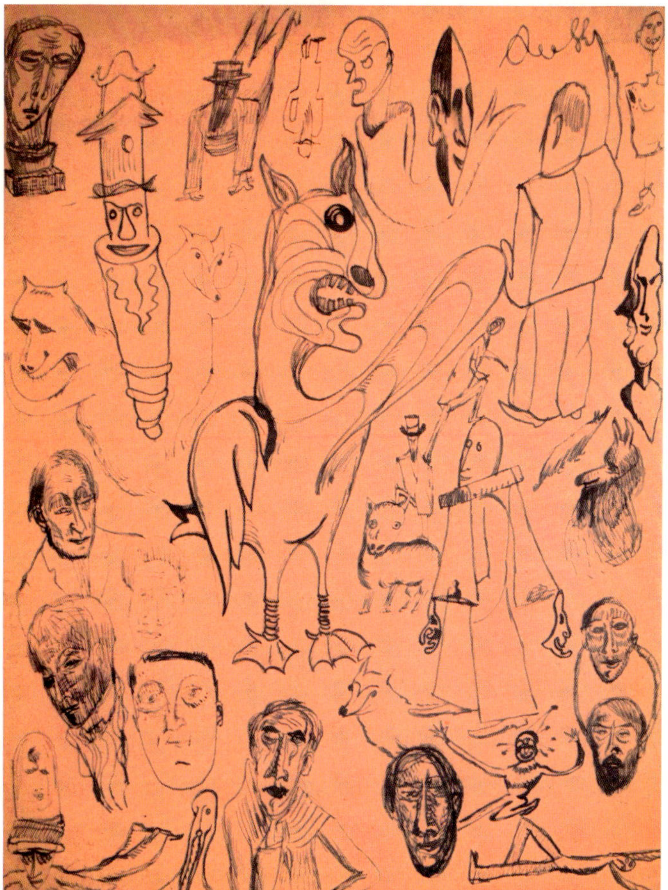

Croquis, encre bleue sur carton rose, sans date, 33 x 23,8 cm.
Collection P.F.B.

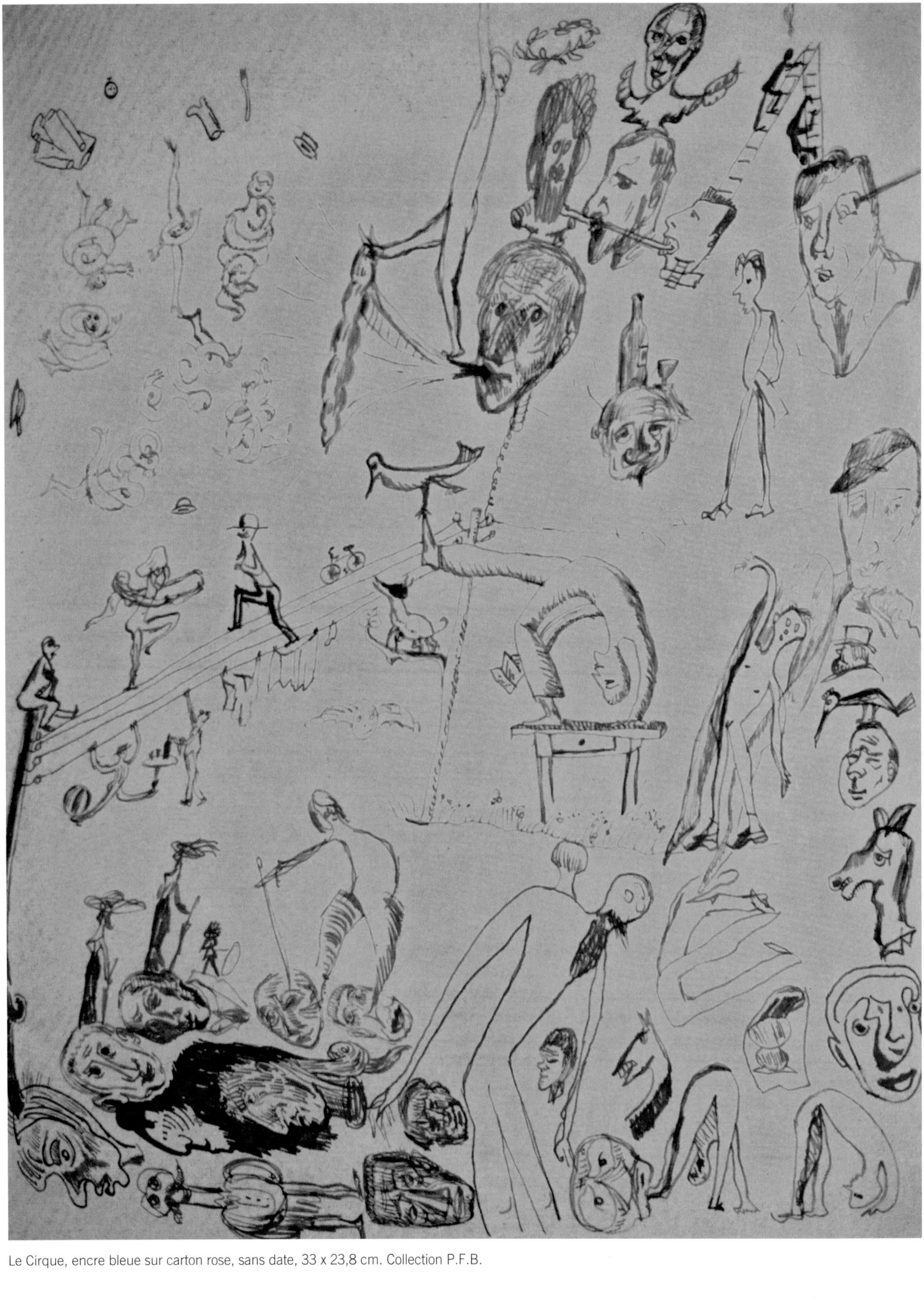

Le Cirque, encre bleue sur carton rose, sans date, 33 x 23,8 cm. Collection P.F.B.

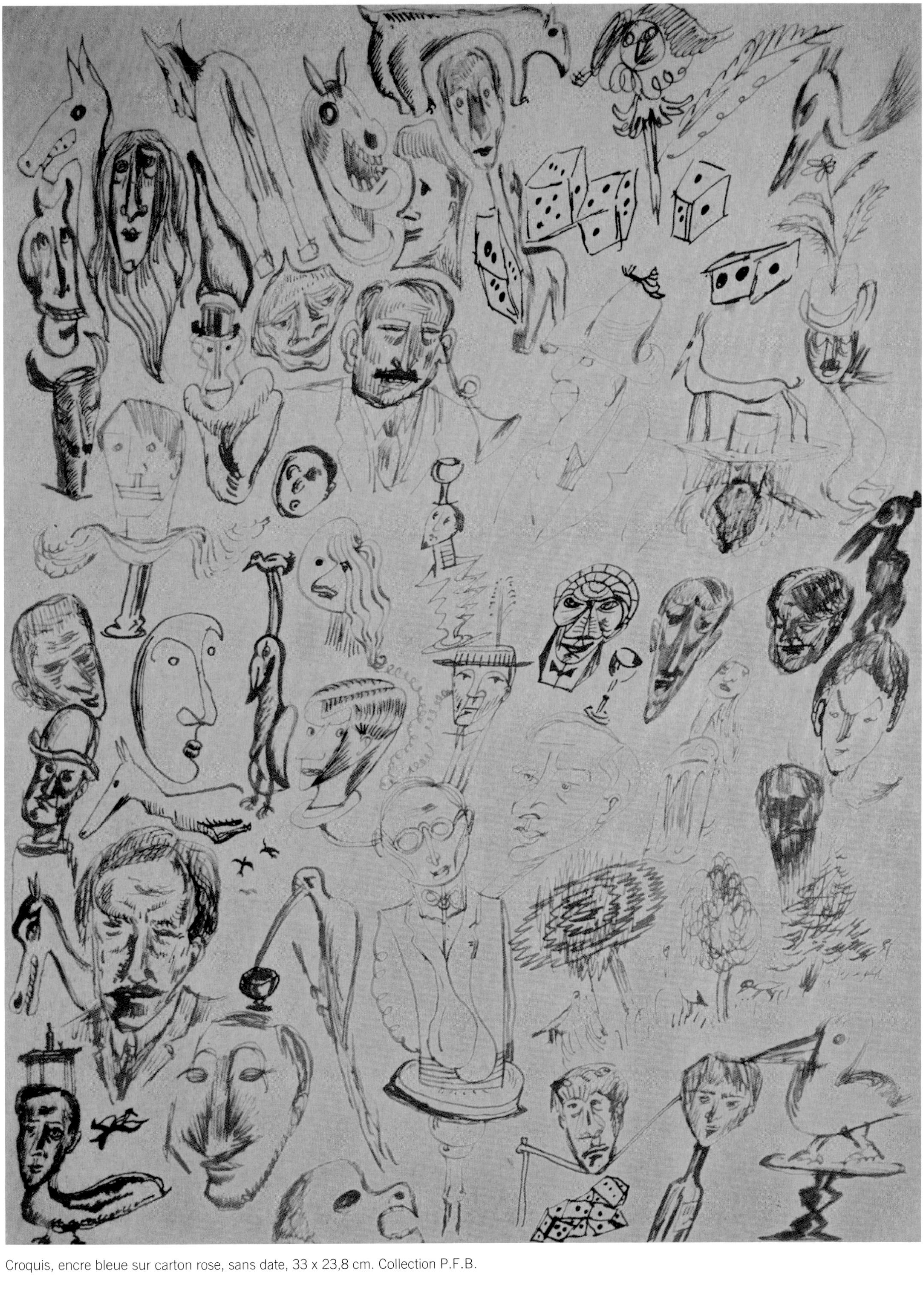

Croquis, encre bleue sur carton rose, sans date, 33 x 23,8 cm. Collection P.F.B.

47 Jacques Prévert
(1900-1977)

La pratique artistique de Jacques Prévert manifeste, sa vie durant, un refus des classifications, des étiquettes et des frontières établies. Proche du groupe surréaliste au milieu des années 1920, ses poèmes sont d'abord publiés en revue en 1930. Son premier recueil, *Paroles* (1946), connaît un succès immédiat. Créateur libre, à la fois populaire et anticonformiste, il crée des sketches satiriques et engagés avec le groupe Octobre et des chansons pour le compositeur Kosma.

L'intérêt de Prévert pour l'image se mesure à celui qui le porte vers les mots. Homme de cinéma autant que de littérature, il écrit notamment des scénarios et des dialogues pour Renoir et Carné. Il cosigne des livres d'art avec ses amis peintres (Picasso, Braque, Miró, Ernst, Ribemont-Dessaignes) et photographes (Izis et Ylla), sans compter ses promenades dans Paris sous l'œil de Robert Doisneau.

En 1948, après un accident qui l'immobilise et l'empêche provisoirement d'écrire, Prévert se consacre à la pratique du collage. Certains sont exposés pour la première fois en 1957 à la galerie Maeght, d'autres publiés dans les livres *Fatras* (1966) et *Imaginaires* (1970). Empreints de la poétique et des préoccupations politiques de leur auteur, tous les collages témoignent d'un véritable souci plastique de la composition et de la couleur. Ils relèvent d'une esthétique comparable à celle de l'écriture : nés de l'assemblage d'éléments hétéroclites, qui intrique réel et fantastique, ils exploitent le stéréotype et l'image convenue pour faire vaciller les croyances et les représentations familières. *S.B.*

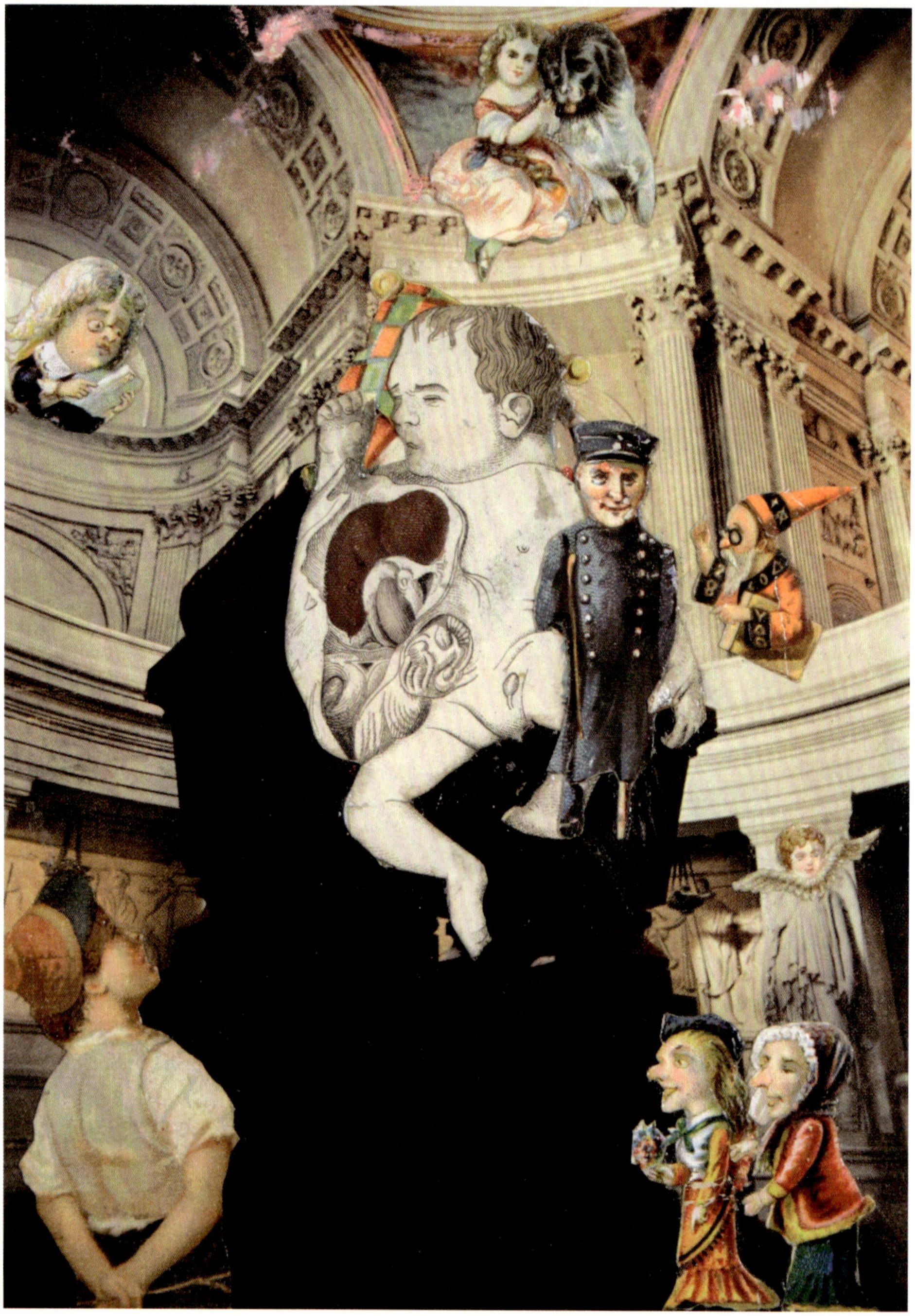

Sentiment religieux, collage, juin 1973, 31 x 22,8 cm. Collection P.F.B.

« Le mot image veut dire ce qu'il veut dire, ce qu'on lui fait dire, aussi bien ce que les gens ont appelé une métaphore : c'est un mot un peu drôle, un peu savant, comme une figure ou un visage de rhétorique, toutes ces choses ont des noms ! Mais du moment qu'on écrit avec de l'encre ou un crayon, on peut faire des images aussi, surtout comme moi, quand on ne sait pas dessiner, on peut faire des images avec de la colle et des ciseaux, et c'est pareil qu'un texte, ça dit la même chose. »

Collages, 1982.

Sans titre, collage, mars 1973, 14,5 x 10,5 cm. Dédicace au dos de la main de l'auteur : « Avec plaisir, Choses et autres pour Christian Bernadac. » Collection P.F.B.

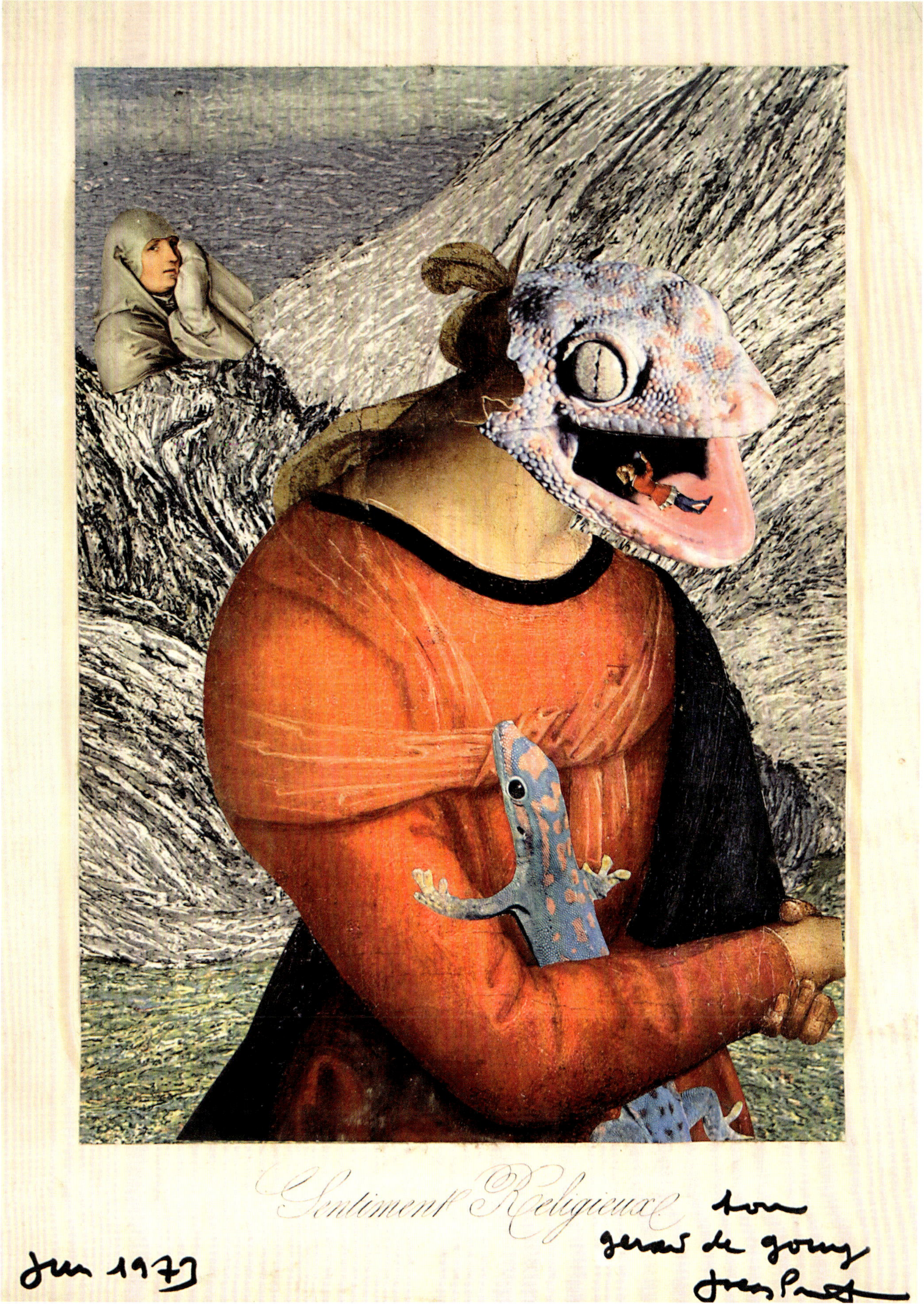
Sentiment Religieux

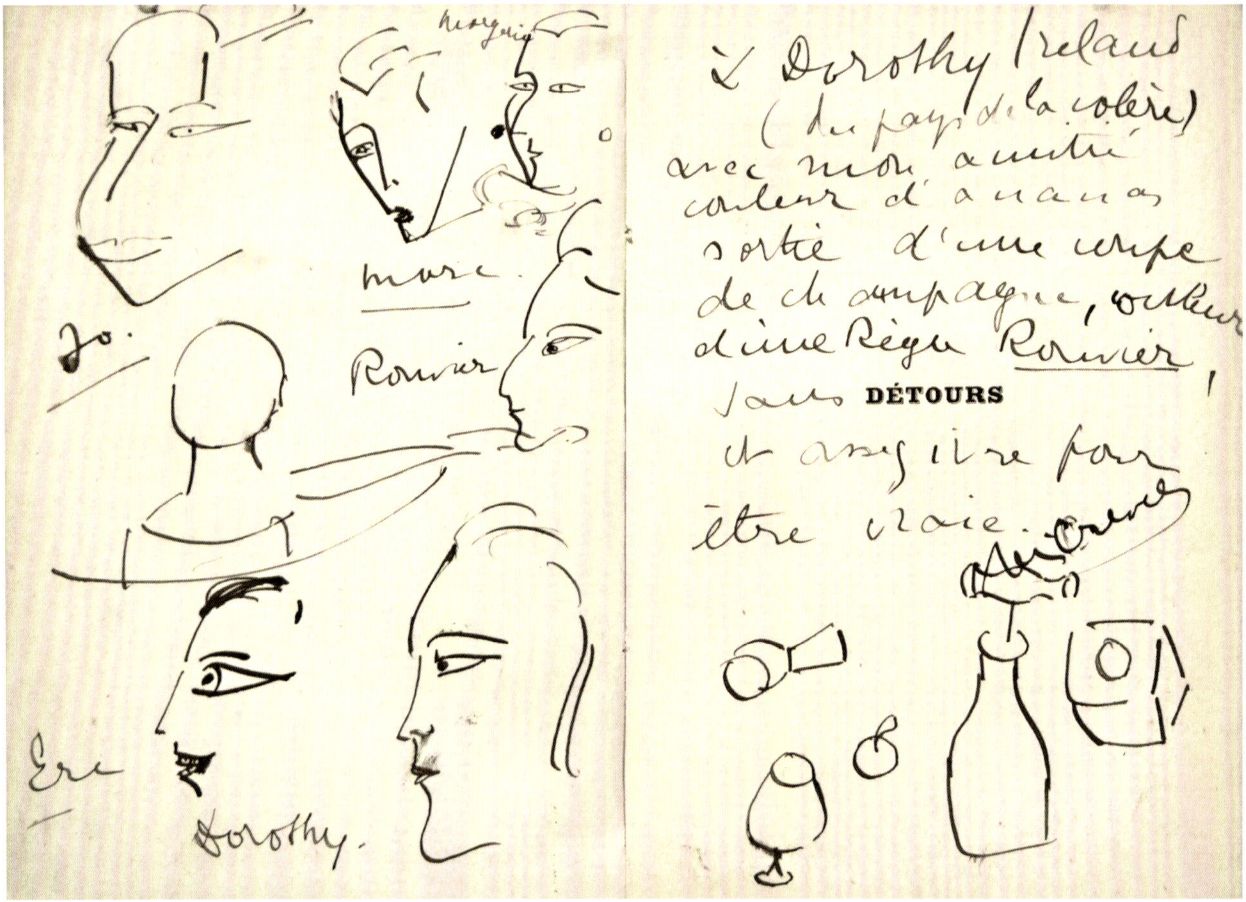

Dédicace et dessins sur une édition de *Détours*, encre de Chine sur papier, 1924, 18,5 x 26 cm. Collection P.F.B.

« Il est impossible de parler d'automatisme lorsqu'il y a écriture, et si le mouvement accompli pour dessiner révèle les mouvements les plus secrets de l'âme, ces lettres, nous les assemblons et nous nous efforçons de les dessiner suivant un ordre, un modèle appris. M'apparaissent donc à la fois trop vagues et trop précis ceux qui prétendent séparer l'inconscient du conscient. »

Texte de René Crevel, in *Le Mouvement accéléré*, 1924.

48 René Crevel (1900-1935)

René Crevel, dans la vaste constellation liée au surréalisme, occupe une place originale, et son œuvre se dérobe à la classification esthétique. Proche à de nombreux égards de celle d'André Breton et de ses émules, sa production littéraire résiste, par deux aspects essentiels, aux principes assez péremptoires des surréalistes : la dimension autofictionnelle, pour ne pas dire autobiographique, de ses textes, et son attachement durable à la forme romanesque.

Son enfance bourgeoise est brisée par la pendaison de son père, alors qu'il a quatorze ans. Crevel en garde une proximité traumatisante avec la mort et le suicide, et une haine tenace pour sa mère. Jeune homme, il fréquente les milieux littéraires parisiens. Encouragé par Aragon, il crée la revue *Aventure* en 1921, d'inspiration futuriste et dadaïste. L'année suivante, le petit groupe de fondateurs se scinde autour de l'opposition entre Breton et Tzara. Crevel choisit le parti du second, tout en conservant des liens étroits avec le premier, avec qui il participe notamment aux premières expériences de sommeil hypnotique, mais des tensions avec Robert Desnos l'éloignent du groupe.

C'est sans affiliation esthétique revendiquée qu'il publie coup sur coup ses trois premiers romans, *Détours* (1924), *Mon corps et moi* (1925), *La Mort difficile* (1926). D'une sensibilité toujours proche de celle des surréalistes avec qui il partage le désir de faire affleurer l'inconscient dans l'écriture, Crevel conteste l'aptitude de l'écriture automatique à y parvenir ; fasciné par l'état de rêve et les vérités enfouies qu'il recèle, il explore l'imaginaire enfantin dans *Babylone*.

Les années 1930 le voient se rapprocher de nouveau des surréalistes, cette fois sur la base de ses engagements marxistes. Crevel publie désormais surtout des textes militants, articles et pamphlets. Tuberculeux depuis plusieurs années, il se suicide après avoir appris qu'il ne guérirait pas. *S.B.*

49 Robert Desnos
(1900-1945)

L'imaginaire poétique de Robert Desnos est durablement influencé par l'environnement de son enfance : il grandit à Paris dans le quartier des Halles, et restera marqué par la culture populaire et son imagerie vivante et naïve. Cet imaginaire trouvera différentes expressions dans les multiples domaines artistiques expérimentés par Desnos, baptisé « prophète du surréalisme » par André Breton.

Introduit dans les milieux littéraires d'avant-garde vers 1918, il publie ses premiers poèmes, inspirés par Apollinaire. Il rencontre Benjamin Péret, Roger Vitrac, et participe aux activités du mouvement Dada. Sa rencontre avec André Breton est décisive pour les deux hommes : en 1922, Desnos s'intègre au groupe de *Littérature* avec Breton, Aragon, Éluard, Péret, Crevel. Il se lance pleinement dans les expériences d'écriture automatique, de sommeil hypnotique et de récits de rêves et de fantasmes, trouvant dans ces « espaces du sommeil » la matière d'une poésie imagée et brûlante. Ses dessins sont montrés à la première exposition surréaliste. Son attachement fervent à la liberté, à l'amour, son lyrisme sans affectation, en font l'un des représentants les plus remarquables du mouvement. Mais la proximité des surréalistes avec le parti communiste le pousse à prendre ses distances à la fin des années 1920.

Passionné de cinéma et de musique, Desnos écrit des scénarios, des textes destinés à être mis en musique (Darius Milhaud), des articles critiques, réalise des documentaires. Il vit avec l'égérie de Montparnasse Youki Foujita, et compose pour elle *Le Livre secret* (1932) où alternent poèmes et gouaches. Il exerce à la radio, durant les années 1930, une activité de rédacteur publicitaire qui satisfait son goût du travail collectif et de la formule frappante. Dès 1934, il s'engage activement avec plusieurs mouvements antifascistes, avant d'entrer dans le réseau de Résistance Agir, en 1942. Mobilisé en 1939, il est arrêté en 1944. Il meurt du typhus à Terezin, deux jours après la libération du camp de concentration. *S.B.*

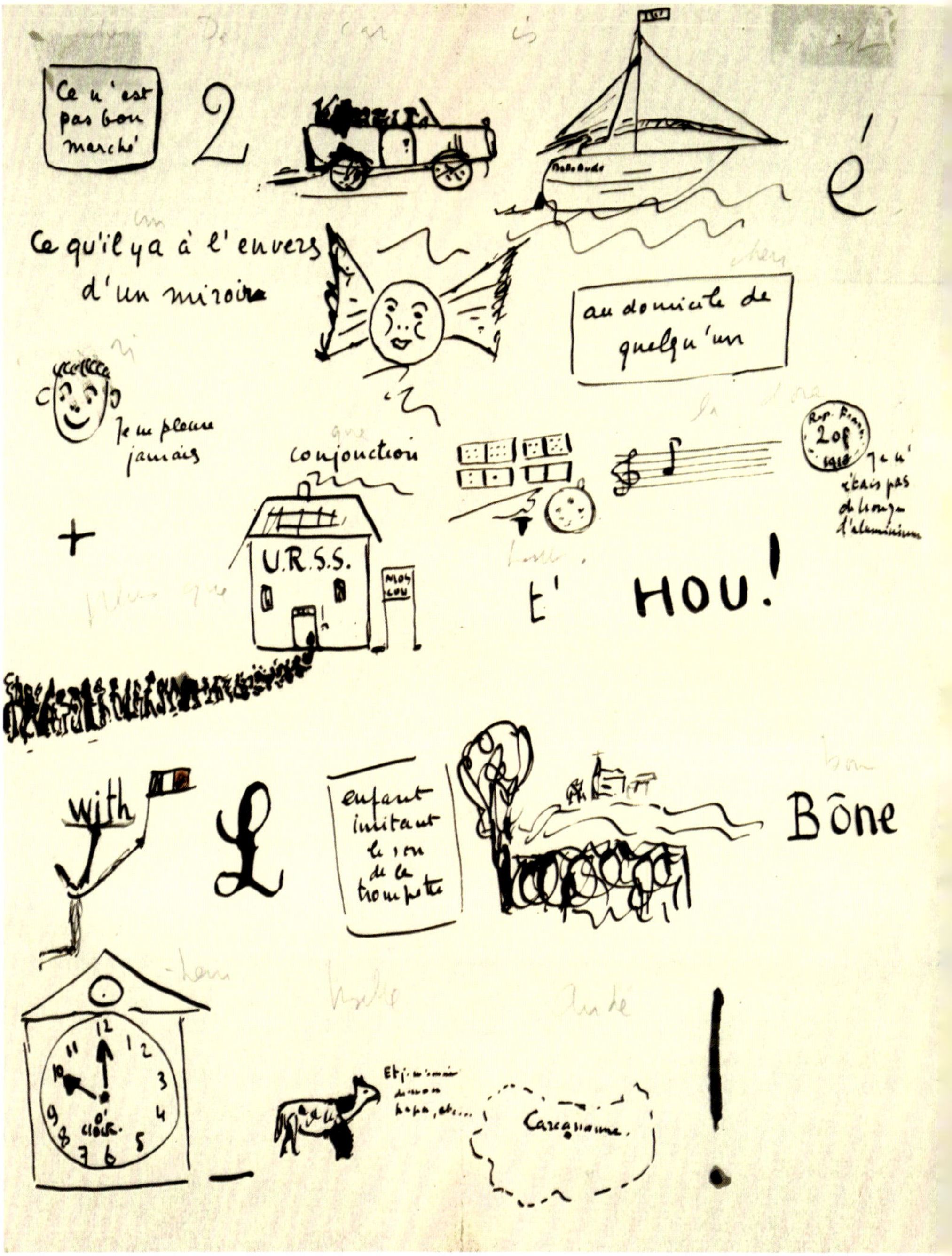

Lettre-rébus adressée à Albert Decaris, encre sur papier, sans date, 27 x 20,5 cm.
Collection P.F.B.

« Jamais des yeux humains ne furent aussi étrangement ouverts que ceux de Robert Desnos. »

Tristan Tzara, *Les Lettres françaises,* 1955.

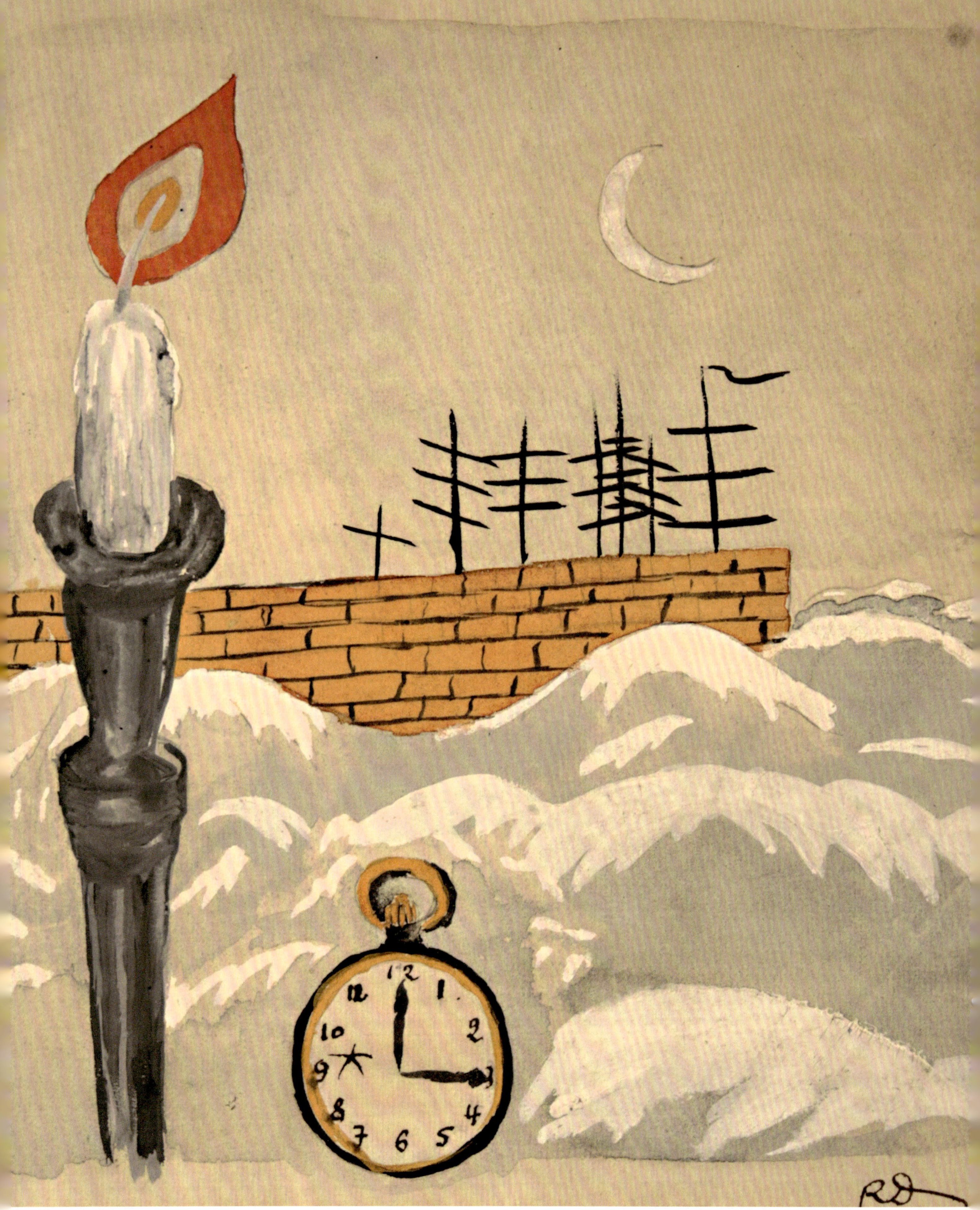

Robert Desnos : Sans titre, gouache sur papier canson, sans date, 27 x 23 cm. Collection particulière.

50 Raymond Queneau
(1903-1976)

Dans la vie littéraire — et quotidienne — de Raymond Queneau, les arts plastiques ont fait office d'Eldorado, d'une « terre promise » d'accès pour le moins problématique. Dès 1928, il consacra un article admiratif à la peinture de Giorgio de Chirico, dans *La Révolution surréaliste*. D'autres ont suivi sur Brueghel, le Douanier Rousseau, Miró ou Picasso, dont il assumera un des personnages du *Désir attrapé par la queue* au cours de la lecture à haute voix de ce poème théâtral, sous la direction d'Albert Camus, en compagnie de Sartre, de Beauvoir et de Leiris, chez ce dernier, en 1944. On sait, par Thieri Foulc, que le père de Zazie s'est amusé à suivre des cours de peinture par correspondance, selon la Méthode A.B.C., qui faisait de la réclame dans les magazines populaires, dans le but de « faire carrière dans l'art ». On reconnaît bien là l'humour corrosif du pataphysicien ; quoi qu'il en soit, cette ambition professionnelle s'est heurtée à la maladresse — volontaire ou involontaire — de son coup de pinceau. Ses gouaches le situent d'emblée parmi les tenants d'un courant esthétique particulièrement vilipendé par les défenseurs de l'art académique : l'école dite de la *Bad Painting*.

Queneau exposa deux fois de son vivant. D'abord en 1946 à la galerie La Pléiade-NRF, dans le cadre d'une manifestation collective au titre provocateur : « Si vous savez écrire, vous savez dessiner », préfigurant, déjà, « Dessins de poètes » (1966), « Poésure et peintrie » (1990) qui comprenaient des œuvres graphiques de Baudelaire, de Musset, de Tzara, d'Aragon, de Hugnet, de Prévert, de Vian et de bien d'autres. Ensuite, en 1949, Queneau exposa ses gouaches, seul, à la galerie Artiste et Artisan, rue de Seine. En tout, il a produit plusieurs centaines d'œuvres sur papier (voir *Queneau, dessins, gouaches et aquarelles*, Les Cahiers dessinés, 2003).

« À plusieurs reprises j'ai tenté
de sortir de la littérature
par la peinture
par les mathématiques... »
Petite cosmogonie portative, 1950.

J.J.L.

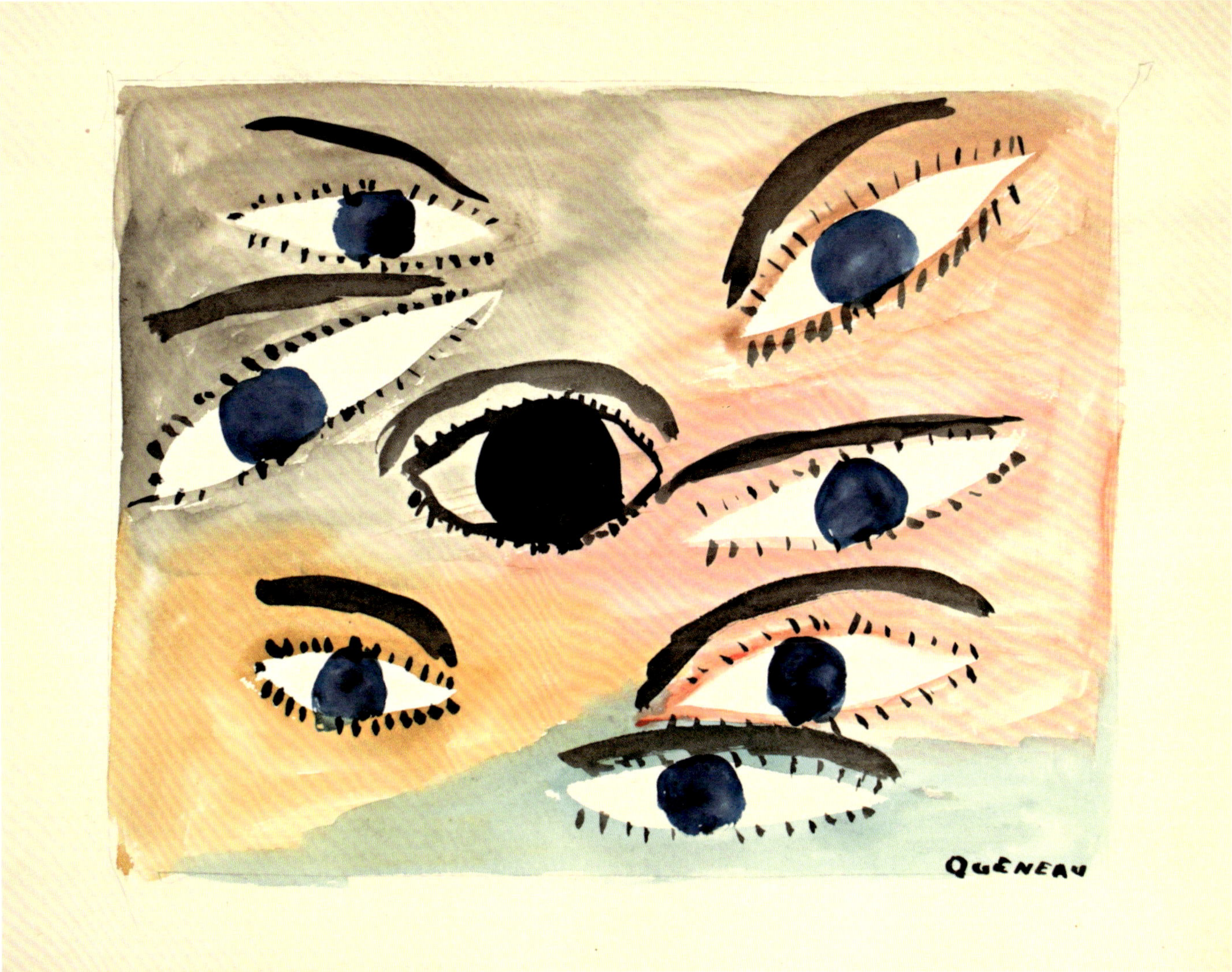

Sans titre, aquarelle sur papier, sans date, 17 x 22,5 cm. Collection particulière.

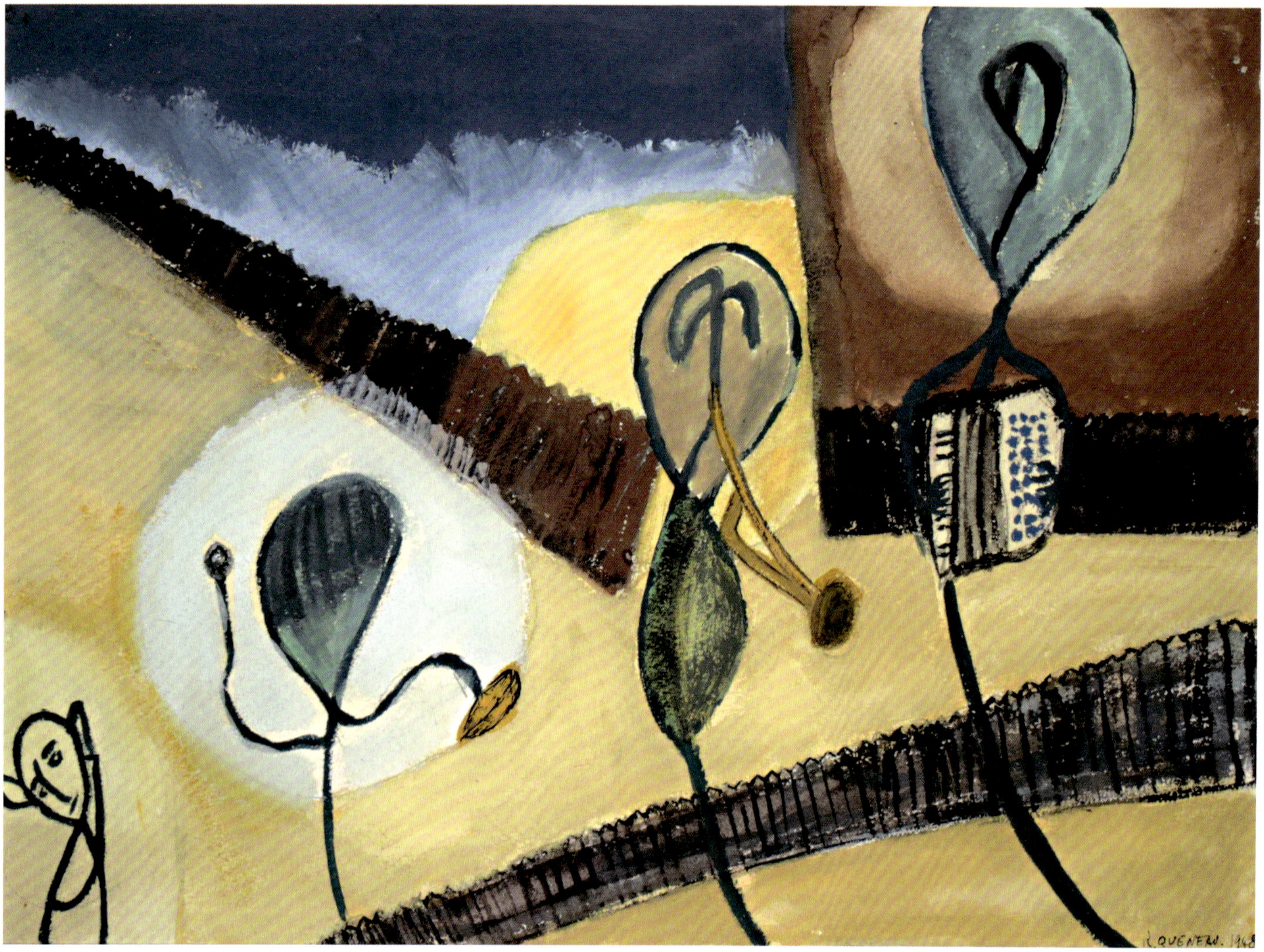

Orchestre, gouache sur papier, 1948, 26 x 35,5 cm. Collection particulière.

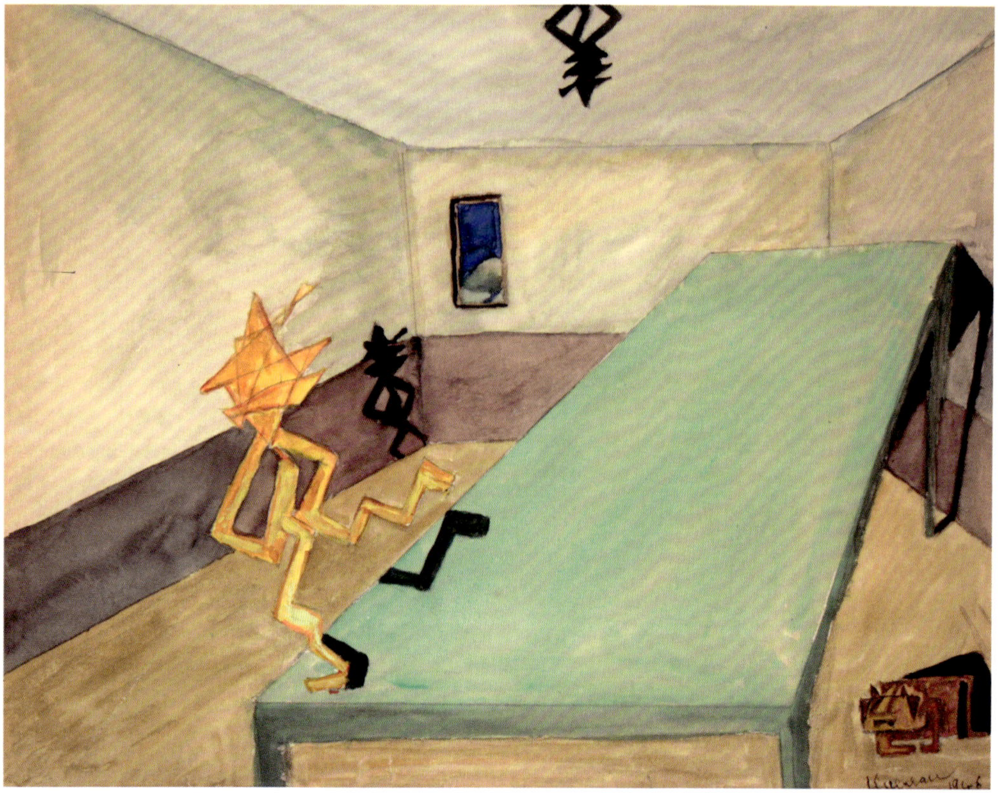

Coin de table et danseur tyrolien, gouache sur papier, 1946, 24,5 x 31,5 cm. Collection P.F.B.

51 René Char
(1907-1988)

L'œuvre poétique de René Char, parfois taxée d'hermétisme, est l'une des plus singulières et des plus exigeantes du siècle. Né à L'Isle-sur-la-Sorgue où il passe une grande partie de sa vie, René Char commence à fréquenter le surréalisme au milieu des années 1920, rencontre Éluard, Breton, Aragon. Mais il s'éloigne du mouvement surréaliste en 1934 et s'engage dans sa propre voie poétique, qu'il tracera avec ferveur et obstination pendant plus de cinquante ans.

René Char, engagé de tout son être dans l'écriture, est de la même façon engagé dans la vie : résistant dès 1940, il est le « capitaine Alexandre », et rend compte de cette expérience dans les *Feuillets d'Hypnos* (1946), écrits dans le maquis. Éthique et poétique, à ses yeux, sont intimement liées.

Après la guerre, les recueils de René Char se succèdent, dans une langue toujours en quête de pureté et d'un paroxysme de l'ordre du sacré, douloureusement détaché sur fond de nuit. Il collabore avec ses amis artistes, écrivant de nombreux essais critiques sur leurs œuvres (Picasso, Nicolas de Staël), ou publiant ses propres poèmes illustrés (par Hélion, Georges Braque, Victor Brauner...). *S.B.*

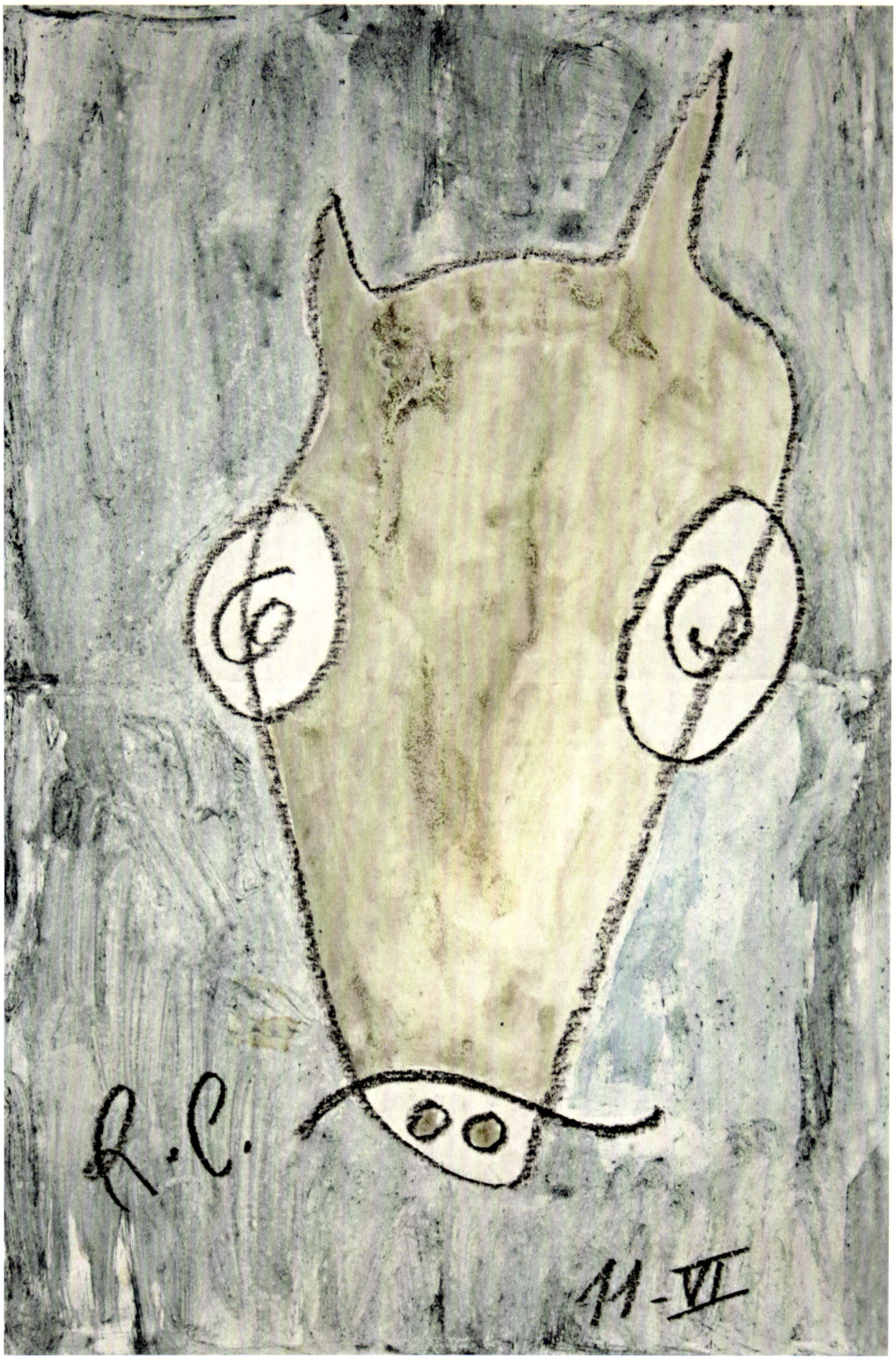

Sans titre, crayon et aquarelle sur papier, sans date, 26 x 17,5 cm.
Collection P.F.B.

« Au seuil de la pesanteur, le poète comme l'araignée construit sa route dans le ciel. En partie caché à lui-même, il apparaît aux autres, dans les rayons de sa ruse inouïe, mortellement visible. »

« Terre mouvante, horrible, exquise et condition humaine
hétérogène se saisissent et se qualifient mutuellement.
La poésie se tire de la somme exaltée de leur moire.
Le poème est l'amour réalisé du désir demeuré désir. »

Sur la poésie, 1958.

52 Malcolm de Chazal
(1902-1981)

Après avoir fait ses études aux USA, travaillé à Cuba et séjourné en France en 1925, Malcolm de Chazal revint vivre à l'île Maurice, où sa famille était installée depuis le XVIIIe siècle. Fonctionnaire du service des télécommunications jusqu'à sa retraite en 1957, il signa de nombreux ouvrages d'économie politique, mais écrivit également des poèmes, des aphorismes, des contes, des essais, qui le firent connaître bien au-delà de son île.

Bien qu'il refusât d'être engagé sous la bannière surréaliste, son œuvre rencontra un certain écho après guerre, notamment au moment de la parution de *Sens plastique* (1948) : André Breton, Georges Bataille, Jean Paulhan, Léopold Sédar Senghor et Francis Ponge se passionnèrent pour sa vision d'un monde dont tous les objets seraient « animés » et doués de vie propre. Par ailleurs, des peintres comme Georges Braque et Jean Dubuffet apprécièrent ses tableaux, dans un registre plutôt naïf. À la fois philosophe, mystique, poète, essayiste et plasticien, Malcolm de Chazal représenta, à leurs yeux, non seulement la synthèse de toutes ces disciplines, mais aussi le creuset de la double pensée de l'Orient et de l'Occident, tout en alliant à une inspiration puisée dans le merveilleux une forme des plus libres. *C.P.*

« Il y aurait bien moins de bavards, s'il y avait plus de faces parlantes. »
Sens plastique, 1948.

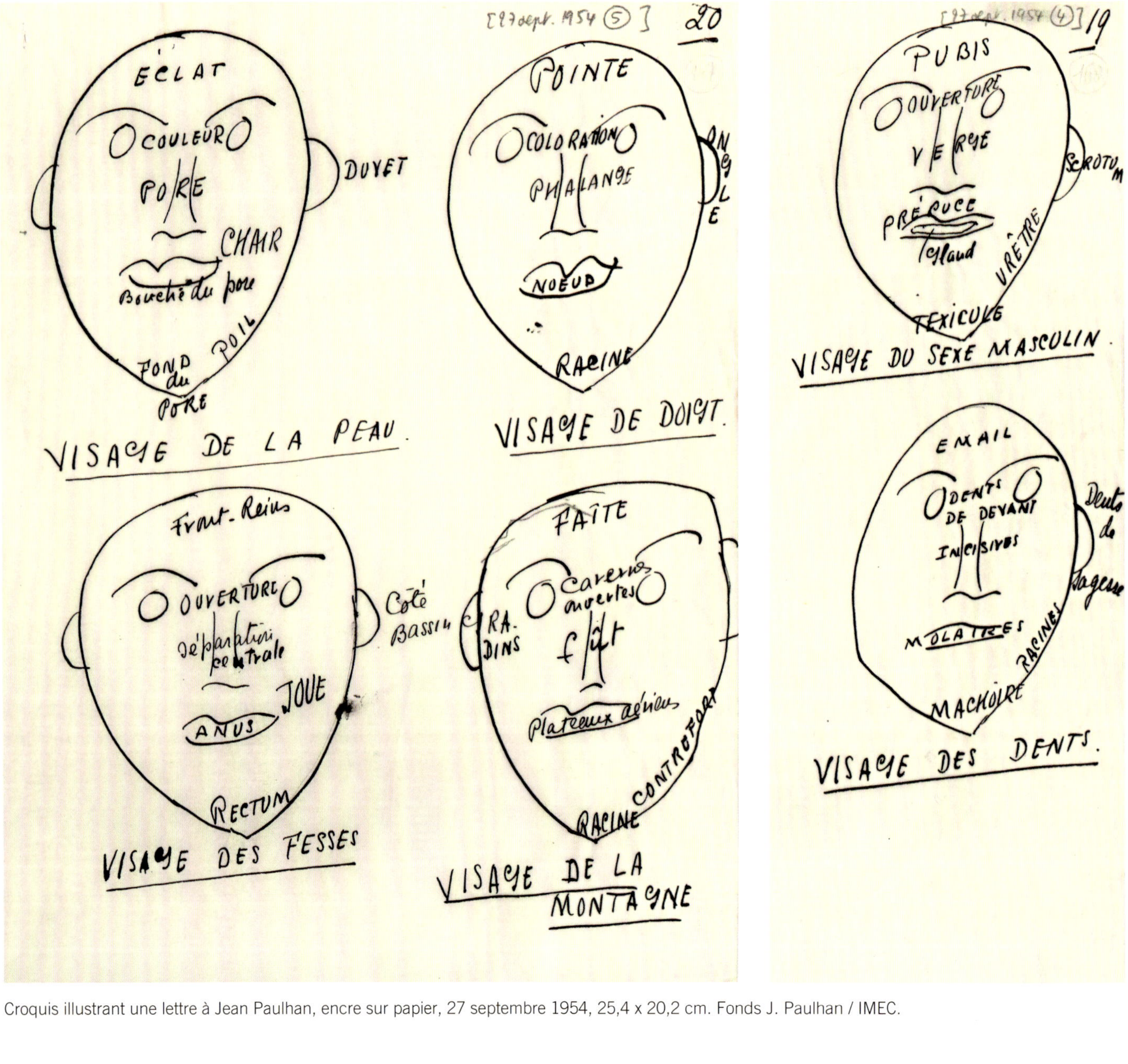

Croquis illustrant une lettre à Jean Paulhan, encre sur papier, 27 septembre 1954, 25,4 x 20,2 cm. Fonds J. Paulhan / IMEC.

53 André Pieyre de Mandiargues
(1909-1991)

Poète, essayiste et romancier, André Pieyre de Mandiargues entreprit, dès 1934, l'écriture de ses premiers textes poétiques qui ne furent publiés en recueil qu'en 1961 sous le titre *L'Âge de craie*. Après la Seconde Guerre mondiale au cours de laquelle, réfugié à Monte-Carlo, il publia son premier livre, *Dans les années sordides* (1943), il se lia avec André Breton et fréquenta les surréalistes. Mais son imaginaire, empreint d'onirisme et d'érotisme, et son écriture, à la fois précieuse et singulière, échappèrent néanmoins à leur influence. Il fut également proche du milieu de *La NRF* de Jean Paulhan et Marcel Arland.

Dans ses nouvelles ou romans, parmi lesquels *Soleil des loups* (1951), *La Motocyclette* (1963) ou *La Marge* (1967, prix Goncourt), André Pieyre de Mandiargues déploie un univers insolite, envahi de fantasmes, où se mêlent des obsessions liées au désir et à la mort. Il écrivit également quelques pièces de théâtre, mais surtout de nombreuses études sur des peintres (Leonor Fini, Salvador Dalí), dont la plupart, avec des essais sur la littérature ou d'autres « choses vues », sont rassemblées dans les trois *Belvédère* (1958, 1962, 1971). Il épousa en 1950 une artiste-peintre, Bona Tibertelli de Pisis (1926-2000), nièce du peintre Filippo de Pisis. *C.P.*

« Suis-je phare que marée
abandonne
Si baisse en moi le niveau
de langage
Si celui des images baisse
alentour ? »

« Croiseur noir ? »,
Poètes d'aujourd'hui.

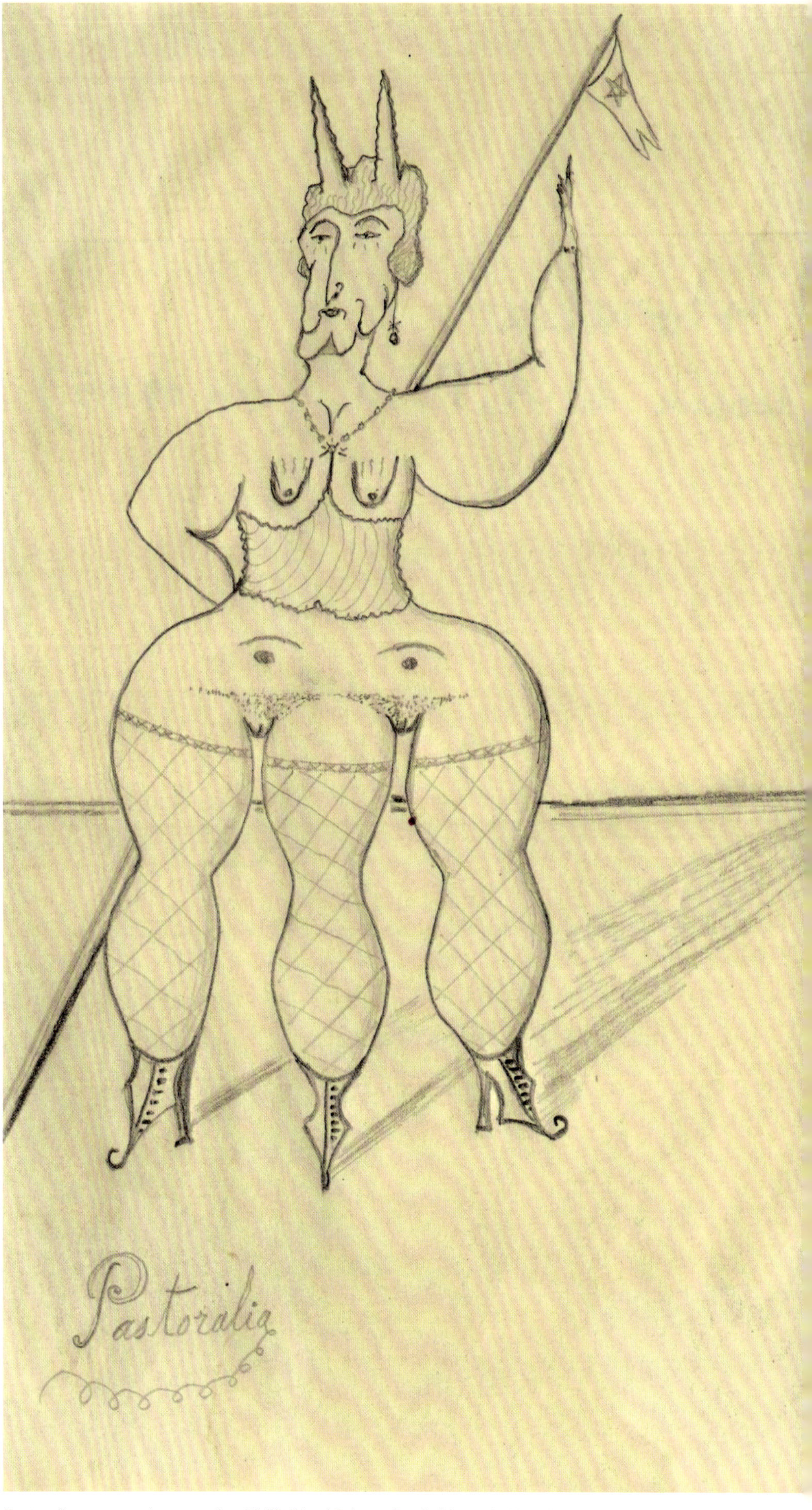

Pastoralia, crayon noir sur papier, 1945, 21 x 13,4 cm. Fonds Pieyre de Mandiargues / IMEC.

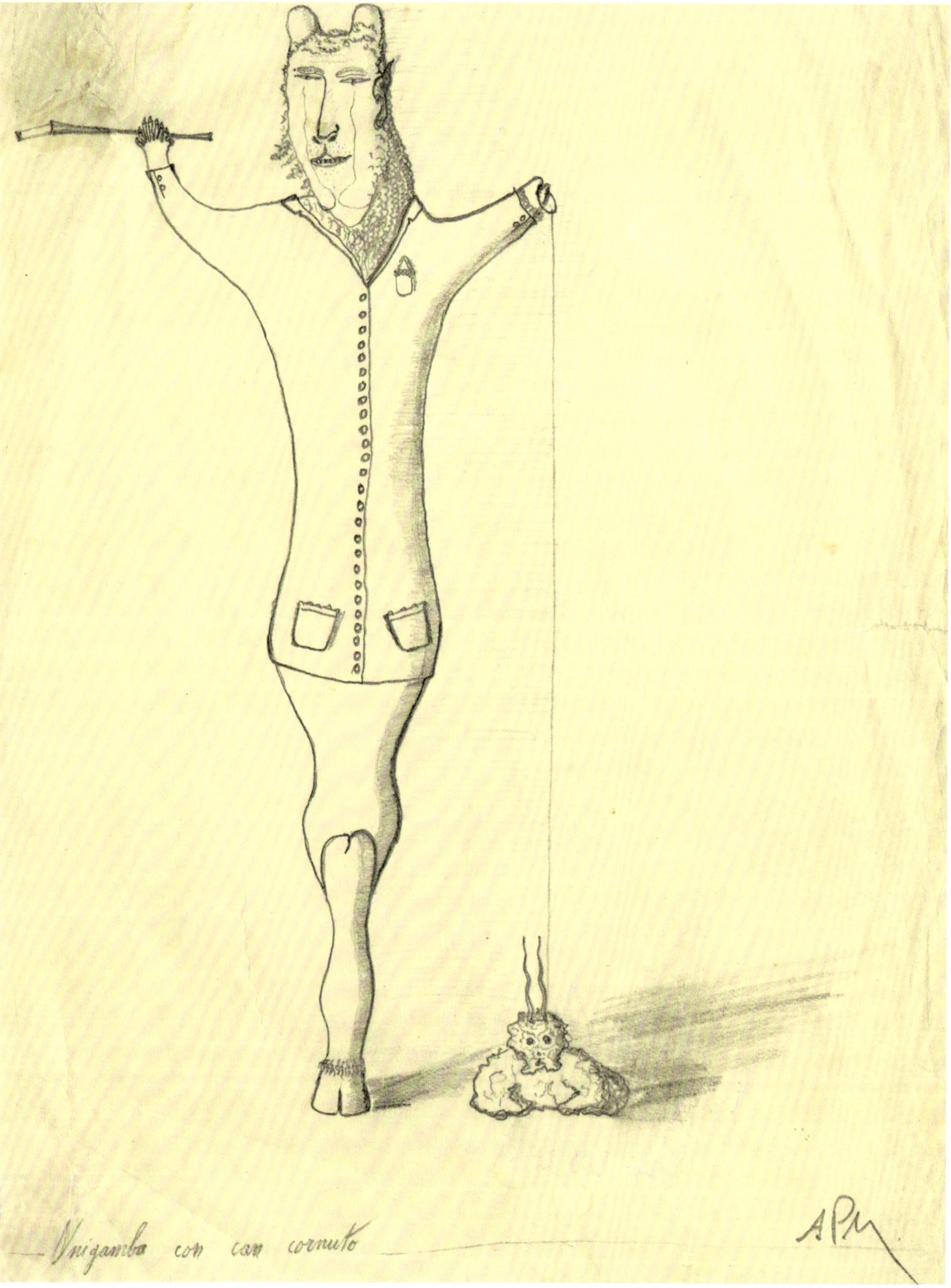

Unijamba con can cornuto [Unijambiste avec chien cornu], crayon noir sur papier, 1945, 20,5 x 16 cm. Fonds Pieyre de Mandiargues / IMEC.

54 Unica Zürn
(1916-1970)

Après une enfance berlinoise qu'elle qualifiait de merveilleuse, Unica Zürn devint archiviste, puis monteuse de films et conseillère artistique dans une firme cinématographique. Après son divorce, elle mena une vie de bohème dans le milieu artistique, tout en publiant des articles dans des journaux allemands ou suisses.

Elle rencontra Hans Bellmer en 1953 à Berlin et vécut avec lui à Paris où elle fréquenta André Breton et le groupe des surréalistes d'après guerre. Malgré une longue suite d'internements psychiatriques, elle écrivit une œuvre littéraire, mêlant fiction et autobiographie : en particulier *L'Homme Jasmin*, inspiré par Henri Michaux qui venait à l'hôpital Sainte-Anne lui apporter de quoi dessiner, et *Sombre Printemps* (ces deux textes seront publiés en français après sa mort, remarquablement traduits par Ruth Henry).

Elle créa également une œuvre graphique, comprenant des dessins automatiques, des dessins à l'encre de Chine et des peintures. Sa première exposition, dont le catalogue fut préfacé par André Pieyre de Mandiargues, se tint à Paris, en 1953. En 1959, elle participa à l'Exposition surréaliste internationale à la galerie Daniel Cordier. Dépressive et isolée, Unica Zürn finit par se suicider en 1970. L'édition de certains de ses textes, inédits en français, est en préparation. *C.P.*

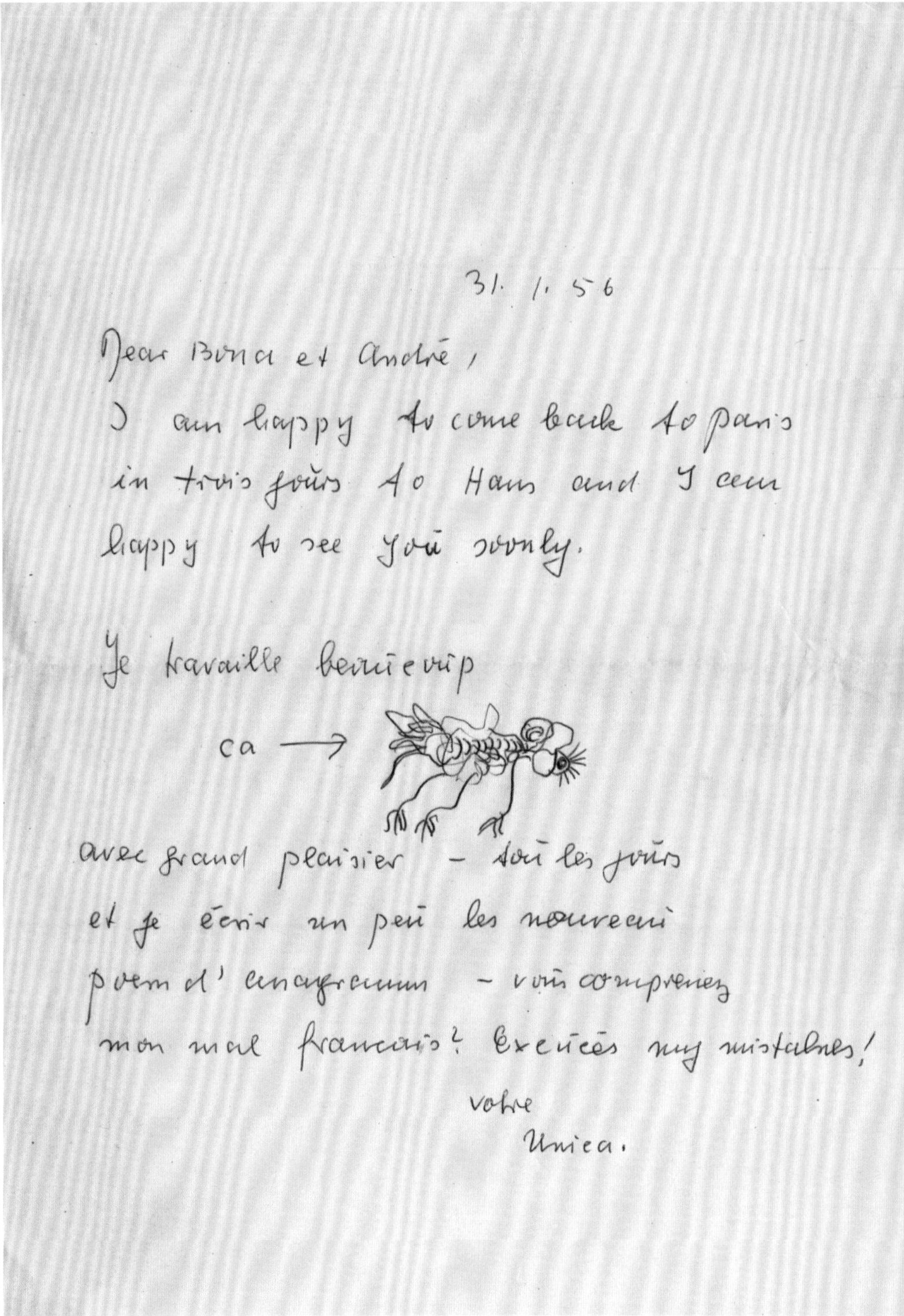
31. 1. 56

Dear Bona et André,
I am happy to come back to paris in trois jours to Hans and I am happy to see you soonly.

Je travaille beaucoup

ca →

avec grand plaisier – tous les jours et je écrir un peu les nouveau poem d'anagramm – vous comprenez mon mal francais? Excusés my mistakes!

votre
Unica.

Dessin sur une lettre à André et Bona Pieyre de Mandiargues, stylo-bille sur papier, 31 janvier 1956, 14,9 x 21,1 cm. Fonds Pieyre de Mandiargues / IMEC.

« Elle s'assoit devant le vide blanc de la feuille, trempe la plume dans l'encre, et pour un instant elle retrouve la vieille et délicieuse sensation de tension : quelle tournure va prendre le premier dessin ? Que pourrait-il en sortir ? »

« Depuis toujours obsédée par les visages, elle dessine des visages. Après un premier moment où la plume "nage" en hésitant sur le papier blanc elle découvre la place dévolue au premier œil. Ce n'est que lorsqu'on la regarde du fond du papier qu'elle commence à s'orienter et que, sans peine, un motif s'ajoute à l'autre. »
Unica Zürn, *L'Homme Jasmin*, 1970.

55 Leonora Carrington
(née en 1917)

Leonora Carrington naît en Angleterre, dans une famille de la bonne société qui cherche à lui donner une éducation rigoureuse et conventionnelle. Elle grandit dans d'anciennes et vastes demeures, souvent à la lisière de forêts. Sa mère et sa nourrice, toutes deux irlandaises, bercent son enfance de contes et légendes celtes. Cet univers onirique et mystique qui interroge les limites du corps et l'animalité de l'homme, où la magie affleure au quotidien, imprègne son œuvre. Très tôt, elle manifeste son désir d'étudier la peinture, et part en Italie, puis à Londres où elle rejoint l'académie d'Amédée Ozenfant. Elle rencontre Max Ernst et va vivre avec lui en France, où elle trouve dans le groupe surréaliste des artistes proches de sa sensibilité et attentifs à son travail, ainsi que des amitiés durables : Leonor Fini et Paul Éluard, Hans Bellmer et Hans Arp, André Breton qui admire notamment son recueil de nouvelles *La Débutante*.

À la fin des années 1930, elle est forcée de fuir en Espagne tandis que Max Ernst est arrêté par les nazis ; cette période est marquée pour Leonora Carrington par plusieurs crises graves et par un internement psychiatrique traumatisant en Espagne. Là encore, son œuvre littéraire et graphique se fait l'écho des violences et des cauchemars qu'elle subit.

Leonora Carrington parvient à quitter l'Europe et se réfugie entre 1941 et 1942 au Mexique, où elle se lie avec plusieurs surréalistes et une grande partie de l'intelligentsia mexicaine, comme Octavio Paz ou Alejandro Jodorowsky, qui met en scène une de ses pièces. Elle trouve dans ce pays un foyer mythologique puissant, à l'égal de celui qui l'a marquée enfant. Elle vit toujours à Mexico et continue indissociablement d'écrire, de peindre et de sculpter, dans la même inspiration surréaliste.

S.B.

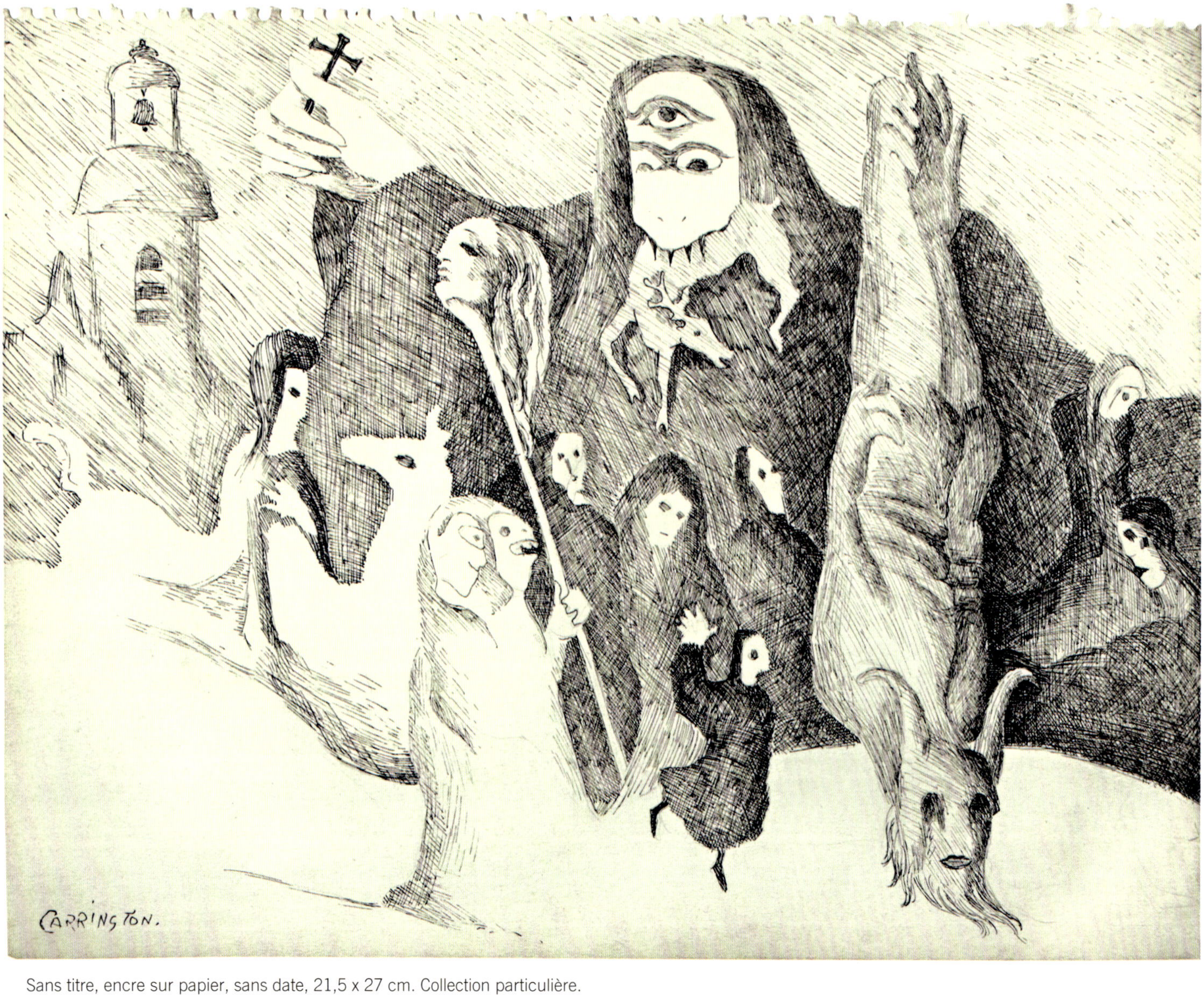

Sans titre, encre sur papier, sans date, 21,5 x 27 cm. Collection particulière.

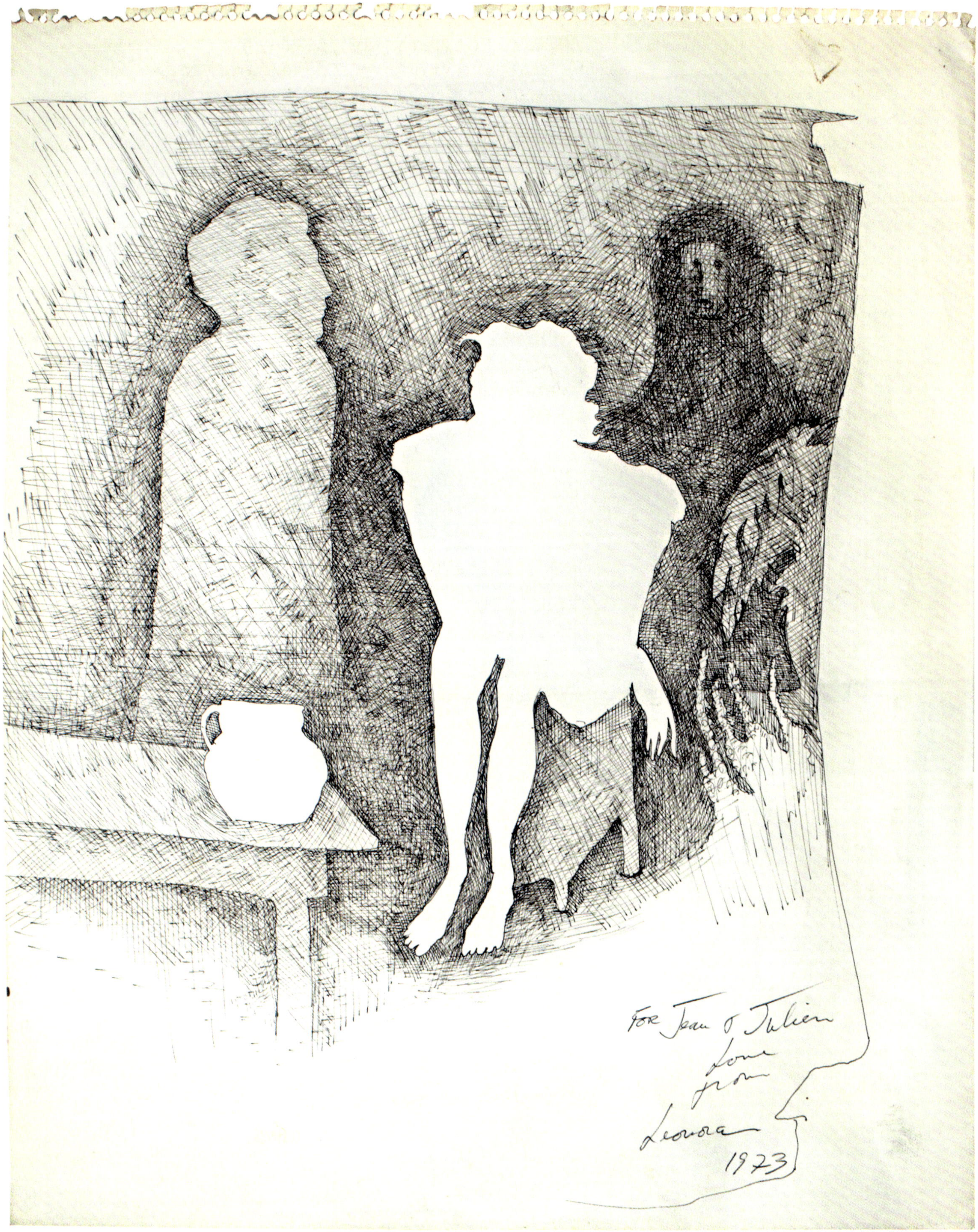

Sans titre, encre sur papier, 1973, 43 x 35,5 cm. Collection particulière.

56 Christian Dotremont

(1922-1979)

Christian Dotremont publia en 1940 un poème, *Ancienne Éternité*, qui enthousiasma les surréalistes bruxellois (Raoul Ubac, René Magritte et Louis Scutenaire). Avec le peintre danois Asger Jorn et les peintres hollandais Karel Appel, Constant, Corneille, ainsi que le poète belge Joseph Noiret, il fonda à Paris, en 1948, le mouvement international d'art expérimental CoBrA (acronyme de Copenhague-Bruxelles-Amsterdam).

En 1956, Christian Dotremont découvrit la Laponie, qui lui inspira, à partir de 1962, ses « logogrammes », inscriptions à l'encre de Chine sur papier blanc.

Peintre, dessinateur et poète, il voulut réaliser la synthèse de ses moyens d'expression et inventa ces peintures-mots, ces dessins-mots, « sans souci des proportions, de la régularité ordinaires, les lettres s'agglomérant, se distendant, et donc sans souci de lisibilité », où la poésie s'improvise dans l'invention graphique, prolongeant les multiples recherches expérimentales menées par le poète dans ses plaquettes (*Ltation exa tumulte*...), ses revues (*Strates*) et ses essais (*Linguistique réelle*). Installé depuis 1969 à « Pluie de Roses », une pension de son village natal, il fit de nombreux voyages dans le Nord et publia en 1979 son dernier livre, *Logbookletter*, conçu en Irlande lors de son ultime voyage. (Voir aussi : *J'écris pour voir* de Christian Dotremont, Les Cahiers dessinés, 2004, et *Christian Dotremont*, IMEC, 2005.)

C.P.

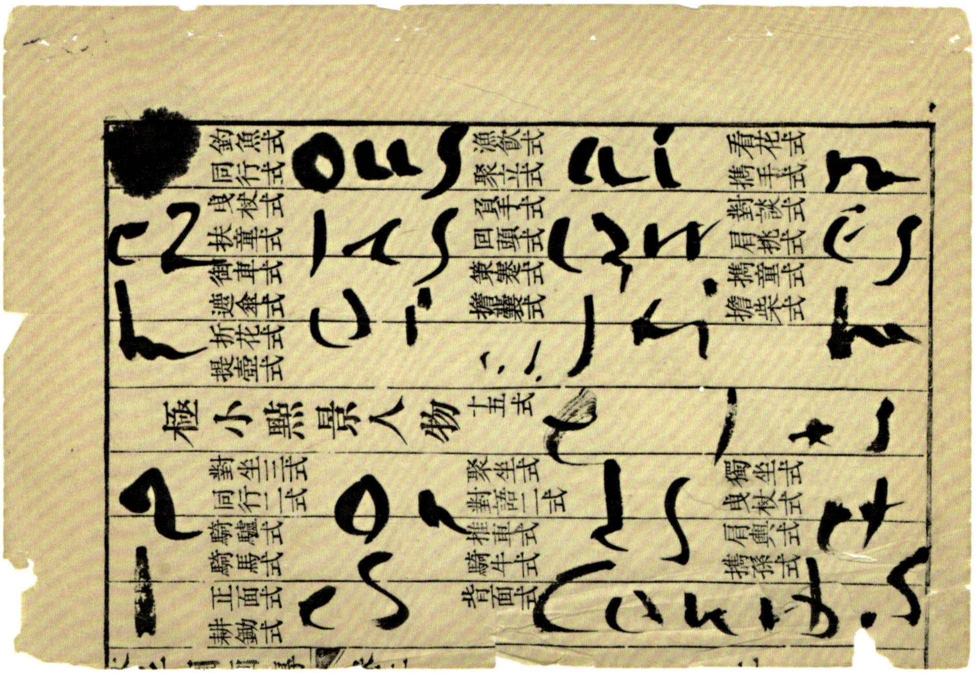

« Vous aim/ez les carrés/ moi j'aim/e les ronds/ et les courbes », encre de Chine sur papier, sans date, 27,5 x 18,5 cm. Fonds Dotremont / IMEC.

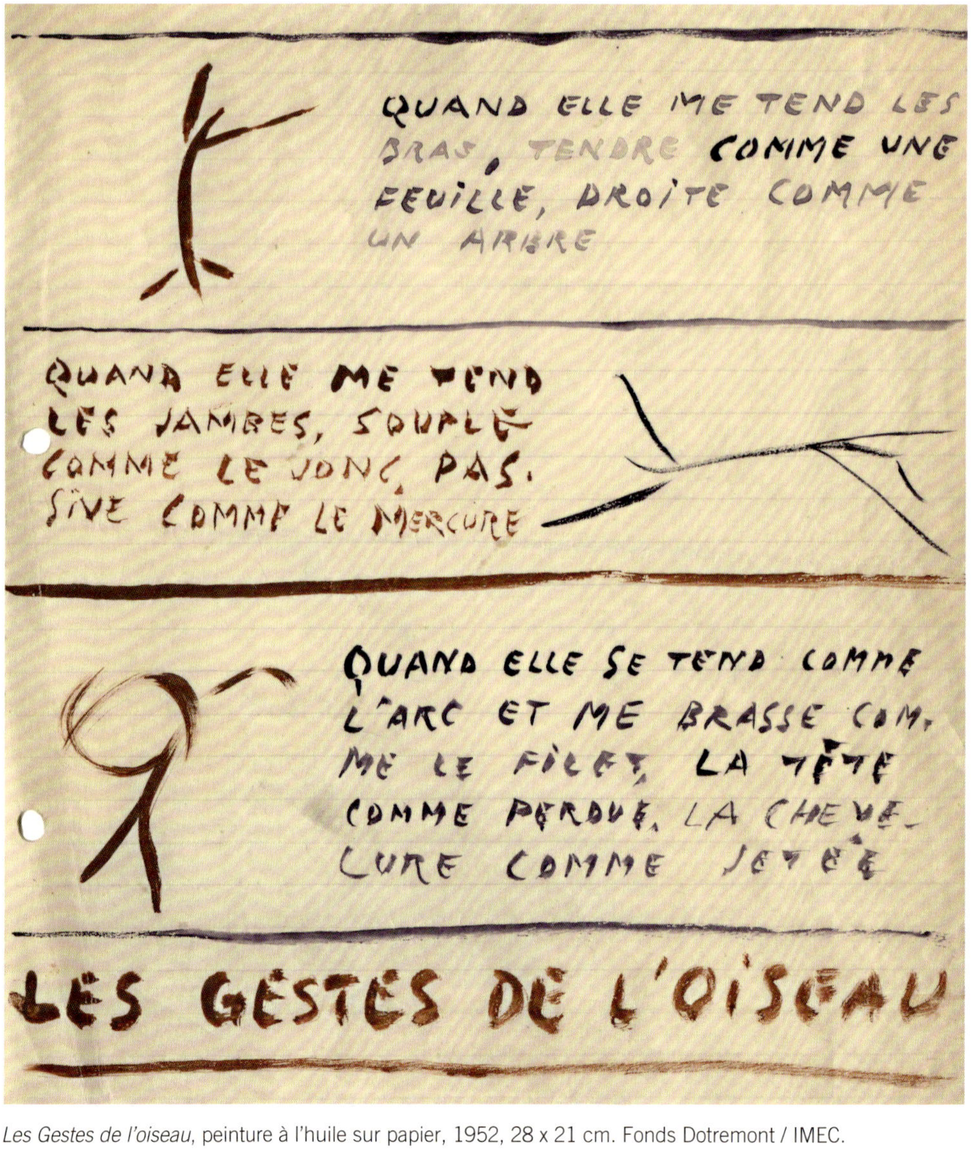

Les Gestes de l'oiseau, peinture à l'huile sur papier, 1952, 28 x 21 cm. Fonds Dotremont / IMEC.

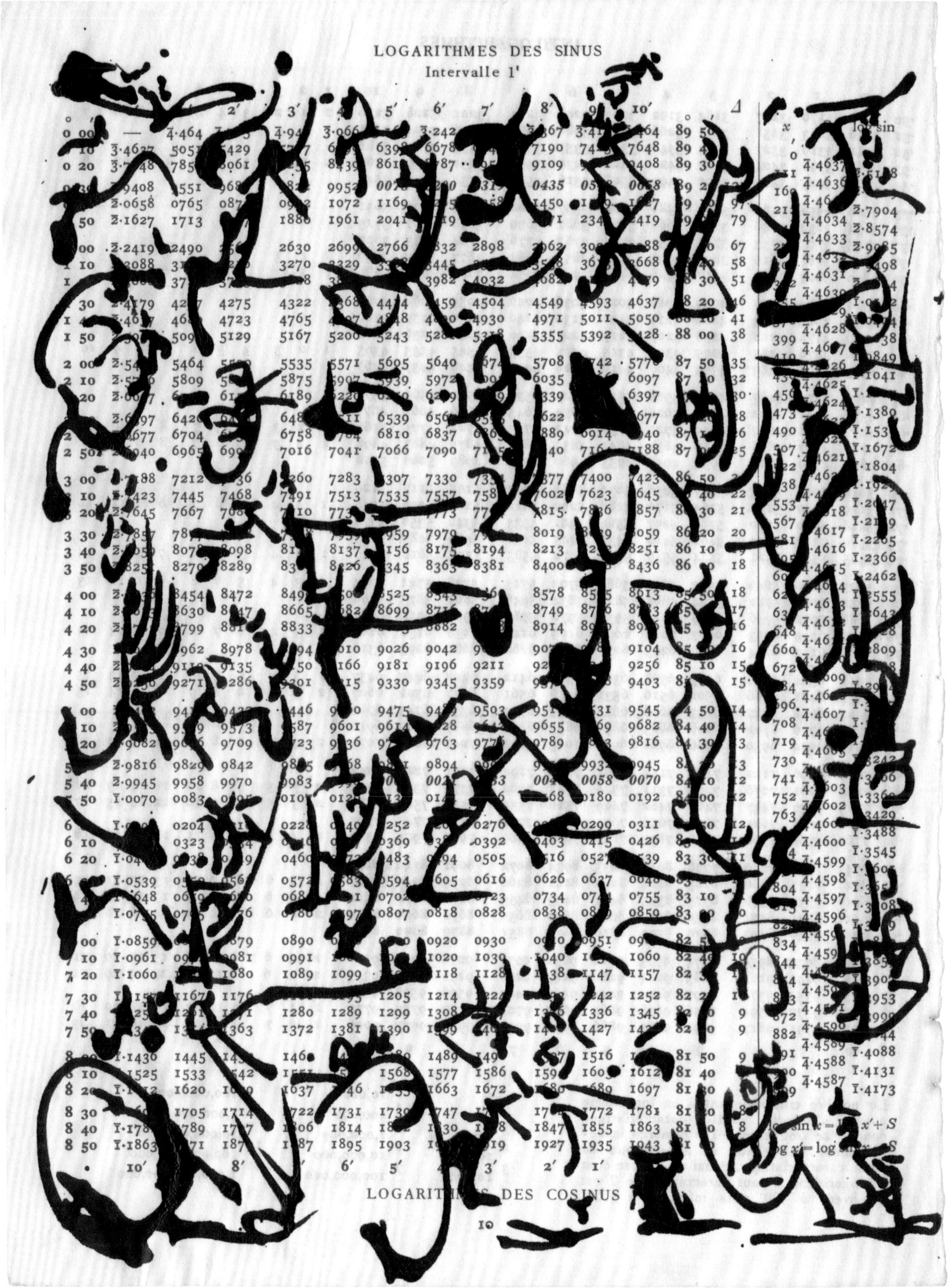

Logogramme, encre de Chine sur papier, sans date, 25 x 18,5 cm. Fonds Dotremont / IMEC.

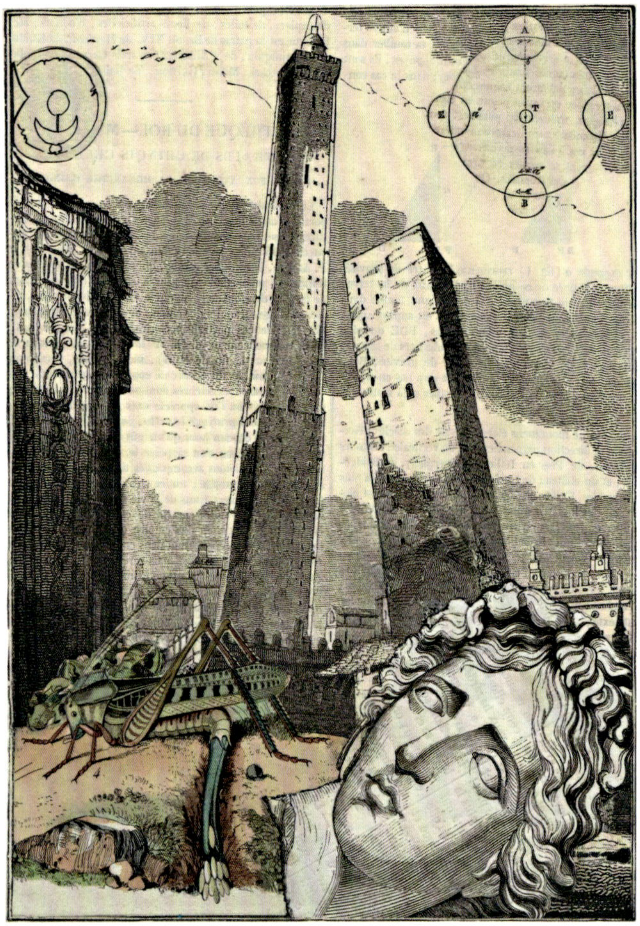

Gérard Legrand : Sans titre, encre et aquarelle, photocopie, papier journal, sur cahier 1982-1988, 32,2 x 25 cm. De la main de l'auteur : « À transférer sur fond noir ? Ou sur bristol opaque ? On voit trop les corrections. » Fonds Legrand / IMEC.

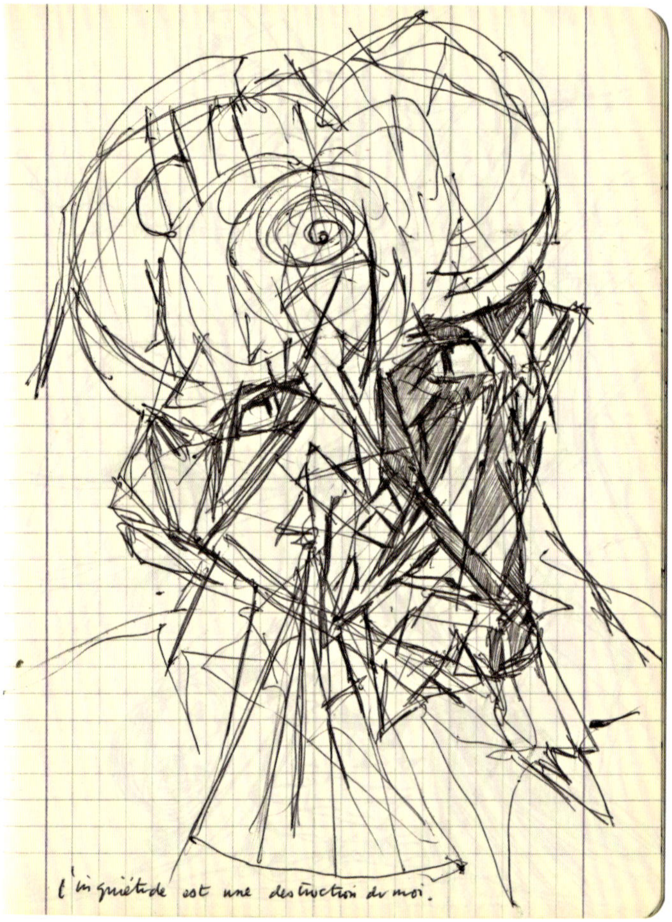

Alain Jouffroy : *L'Inquiétude est une destruction du moi*, stylo-bille sur cahier quadrillé, sans date, 20,7 x 30 cm. Fonds Jouffroy / IMEC.

57 Gérard Legrand
(1927-1999)

Poète et philosophe, Gérard Legrand se lia aux surréalistes en 1948 et participa aux manifestations du groupe, jusqu'à sa dissolution en 1969. Signant avec André Breton *L'Art magique* qui parut en 1957, il se vit confier par celui-ci la direction de la revue *Bief* de 1958 à 1960. Auteur de monographies consacrées à Gauguin (1966) et à Giorgio de Chirico (1975), il écrivit également deux ouvrages importants sur l'histoire du surréalisme : *André Breton en son temps* (1974) et *Dossier André Breton* (1977). Cinéphile averti, Gérard Legrand collabora à la revue *Positif* et publia, entre autres, *Cinémanie* (1979). Son œuvre de poète débuta par un premier recueil en 1953 aux Éditions surréalistes, *Des pierres de mouvance*, puis se poursuivit avec plusieurs publications dont *Le Retour du printemps* (1974), *L'Âge de Varech* (1994) et *Lung-Arno* (1999). C.P.

58 Alain Jouffroy
(né en 1928)

Écrivain, critique d'art, poète et « artmaker », Alain Jouffroy a dirigé la revue *XXe Siècle* et fondé *Opus*, la revue d'art internationale publiée par Georges Fall. Observateur averti de l'histoire de l'art vivant, il a livré de nombreux textes sur l'avant-garde et notamment *Une révolution du regard*, publié en 1964, où furent réunis ses textes sur des peintres et sculpteurs tels que Hans Bellmer, Germaine Richier, Victor Brauner, Roberto Matta, Paul Klee, Max Ernst ou Enrico Baj. Il se lia l'année suivante au groupe des Objecteurs qu'il exposa et révéla : Arman, Raynaud, Spoerri, Kudo, Pommereulle. Artiste, Alain Jouffroy est l'auteur d'assemblages et de « posages » qui furent exposés à Genève, Paris ou Tokyo. Depuis *À toi*, paru chez Gallimard en 1958, son œuvre écrite alterne recueils de poèmes, romans, récits et essais parmi lesquels on peut citer *La séance est ouverte* (1974), *Un rêve plus long que la nuit* (1978), *La Liberté libre* (1991), *Avec Henri Michaux* (1992), *Manifeste de la poésie vécue* (1994), *De l'individualisme révolutionnaire* (1997), *Objecteurs : artmakers* (2000), *Conspiration* (2000) et *Vies* suivi de *Les Mots et moi* (2003). C.P.

59 Charles Estienne
(1908-1966)

Charles Estienne est un acteur essentiel de l'art contemporain des années d'après guerre. Fervent défenseur de l'abstraction contre le « réalisme », il a participé, par son activité de critique, de théoricien, d'organisateur d'expositions et de conférences, de fédérateur d'artistes autour de grandes galeries (Denise René, René Drouin, Dina Vierny, Jeanne Bucher...), au renouveau artistique des années 1950.

L'écriture est un des vecteurs de son activité militante : il publie ainsi en 1950 un texte manifeste fondateur, *L'art abstrait est-il un académisme ?* Rédacteur de la revue *Art d'aujourd'hui*, il collabore à de nombreuses revues d'avant-garde qui relaient ses convictions modernistes. C'est notamment dans la revue *Combat* qu'il lance le mot de « tachisme », en 1954, pour désigner la tendance lyrique de l'abstraction, proche du mouvement CoBrA en Europe du Nord, ou qui se développe autour de peintres comme Wols, Serge Poliakoff, Hans Hartung, Georges Mathieu, René Duvillier... Il se rapproche d'André Breton et participe aux activités surréalistes à la fin des années 1950. Charles Estienne se rattache ainsi à ce qu'on a appelé la « nouvelle École de Paris », ou le mouvement de « l'art informel » : issu du surréalisme, éloigné de l'abstraction géométrique, il insiste sur la primauté de la spontanéité du geste créateur au détriment d'un contrôle de l'intention ou de la raison. *S.B.*

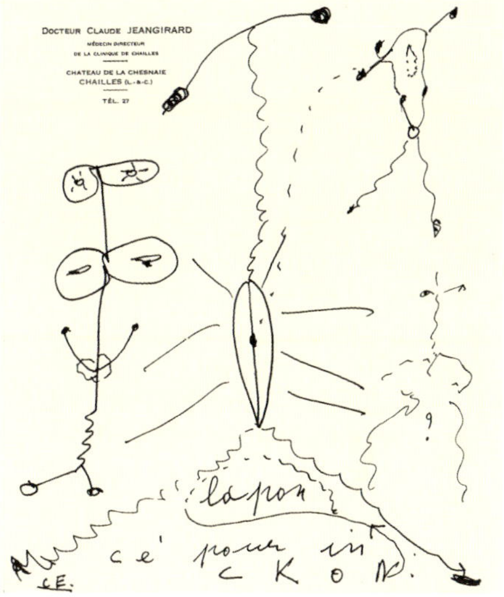

Charles Estienne : Sans titre, encre sur papier à en-tête de la clinique psychiatrique de Chailles, sans date, 21 x 18 cm. Collection particulière.

60 Fred Deux
(né en 1924)

L'œuvre de Fred Deux trouve sa source et son aliment dans son enfance martyre, passée pour une grande part dans la cave où l'enfermaient ses parents. Né dans une famille ouvrière modeste, il commence à travailler dans une librairie à Marseille en 1948, où il découvre la littérature à travers des écrivains comme Bataille, Cendrars, Aragon, Miller ou Sade. L'œuvre de Paul Klee, surtout, est pour lui une véritable révélation. Proche des surréalistes (il rencontre André Breton en 1951, avant de prendre ses distances avec le groupe trois ans plus tard), il réalise ses premières œuvres graphiques, faites de taches qui envahissent le papier. La figuration à l'encre de Chine apparaît un peu plus tard, en même temps que d'autres techniques surréalistes comme le collage.

En 1957, il écrit sous le pseudonyme de Jean Douassot un récit autobiographique majeur, *La Gana*, que Maurice Nadeau révèle au public l'année suivante. C'est le premier d'un long cycle de textes autobiographiques, dont le dernier paru est *Entrée de secours* (2007). Dès lors, écriture et dessin commencent d'entretenir dans son œuvre un dialogue qui ne cessera plus. Il publie ainsi plusieurs « livres uniques » où texte et graphisme coexistent, comme *La Malemort* (1980). En retour, des auteurs comme Bernard Noël ou Alain Jouffroy écrivent sur son œuvre et sur celle de Cécile Reims, artiste graveur, sa compagne.

Fred Deux élabore une œuvre exigeante, à distance des mouvements et des esthétiques dominantes. Son univers tourmenté, inquiet, et les formes organiques et proliférantes de ses dessins sont marqués par la figure du double, et par la tension entre l'obsession de l'enfermement et le « désir de s'illimiter ». *S.B.*

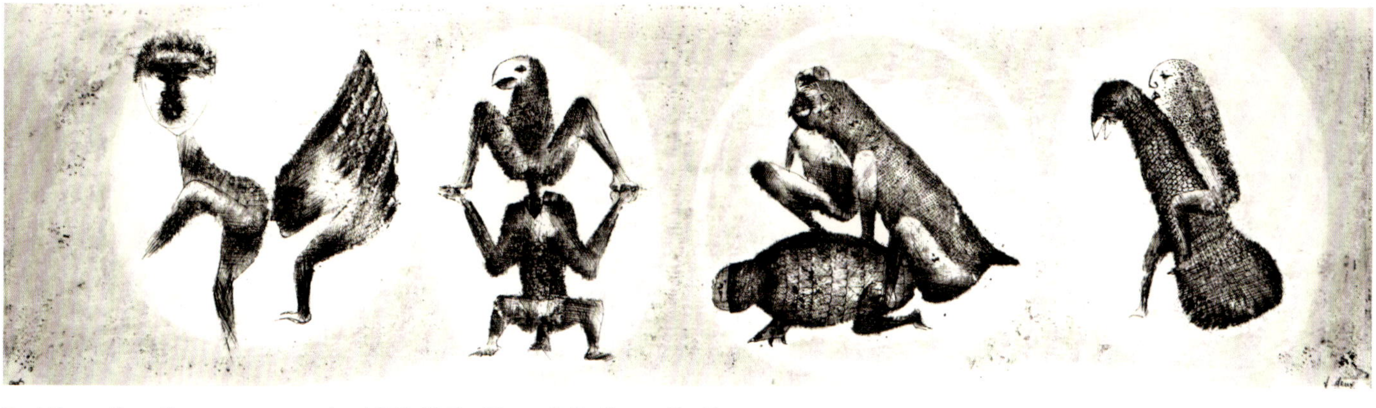

Fred Deux : Sans titre, encre sur papier, 1960, 10,5 x 38 cm. Collection particulière.

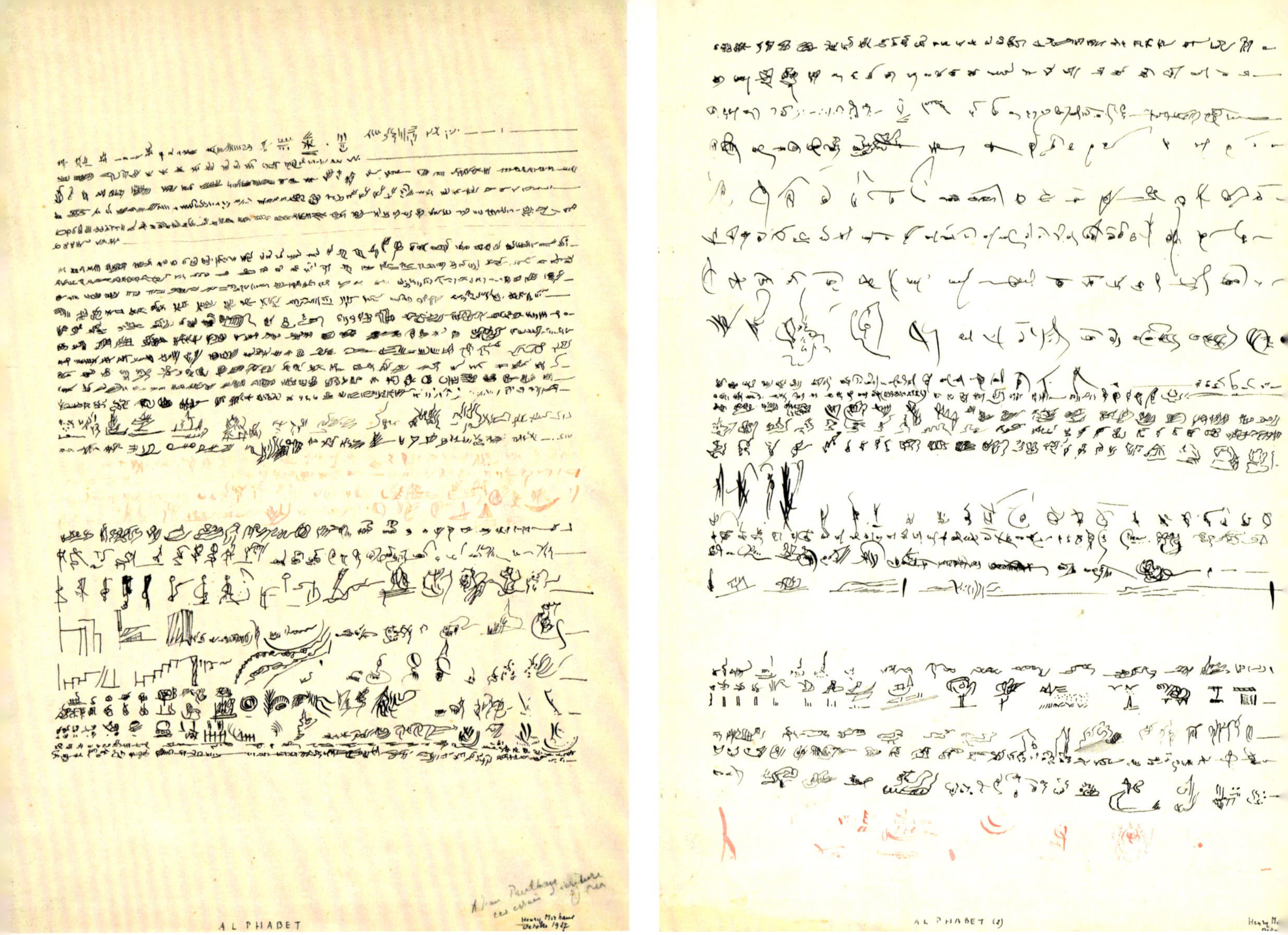

Alphabet , encre de Chine noire et rouge, octobre 1927, 36,4 x 26,6 cm. À gauche, de la main de l'auteur : « À Jean Paulhan, ces essais d'écriture. » Collection particulière.

« La peinture tout à coup à vingt-six ans me parut propre
à saper mon état et mon univers.
En même temps je tenais à montrer du monde son peu de réalité. »
Émergences-Résurgences, 1972.

« Mes encres s'expliquent par l'exaspération où je suis. Alors, ce peut être un moyen de communication plus facile que les lettres imprimées avec des malades mentaux. »
« 1970 », in *Jean Grenier, Carnets* 1944-1971.

61 Henri Michaux
(1899-1984)

Henri Michaux, peintre et poète d'origine belge, installé à Paris en 1924, a publié entre autres *Qui je fus* (1927), qui le fit connaître, *La nuit remue*, *Écuador* (1929), *Un barbare en Asie* (1933), *Plume* (1938)… Dès 1925, parallèlement à l'écriture, il commença à pratiquer la peinture et à s'intéresser aux arts graphiques. Il est exposé pour la première fois en 1937. En 1939, il publia *Peintures,* qui associe des textes poétiques à d'étranges gouaches d'où surgissent des figures fantomatiques et des têtes monstrueuses. Depuis les tout premiers *Alphabets* de 1925 jusqu'à la fin, Michaux aura peint et dessiné sans cesse, menant ainsi, parallèlement à son œuvre d'écrivain, une action de « déconditionnement à l'égard du verbal » (selon Alfred Pacquement). Utilisant le crayon, la gouache, la gravure ou l'encre de Chine, il intègre également à nombre de ses œuvres la calligraphie. *C.P.*

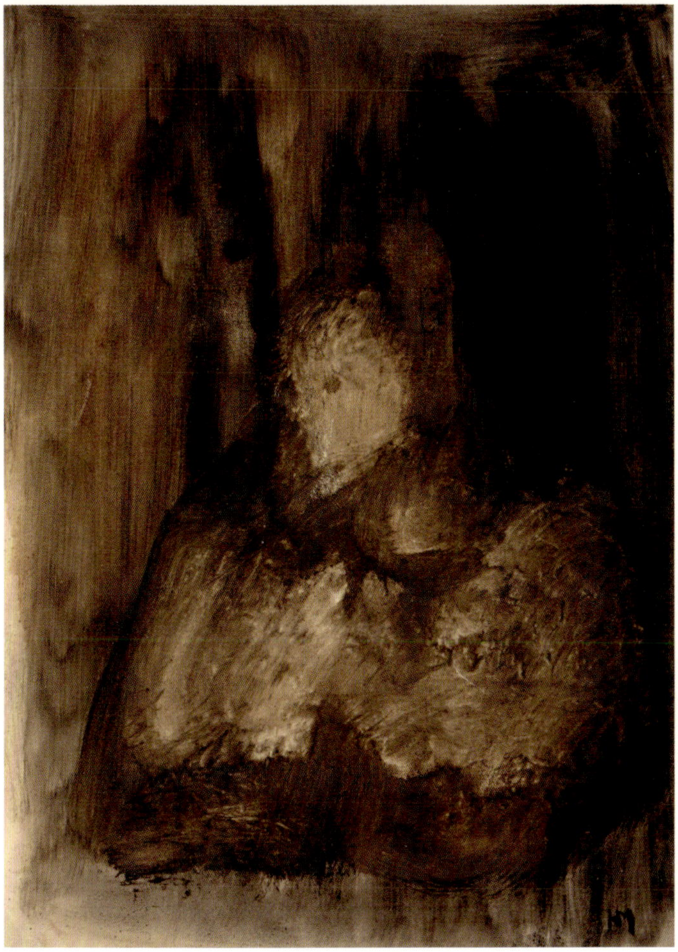

Sans titre, peinture et lavis d'encre sur papier, sans date, 35,5 x 26 cm. Collection particulière.

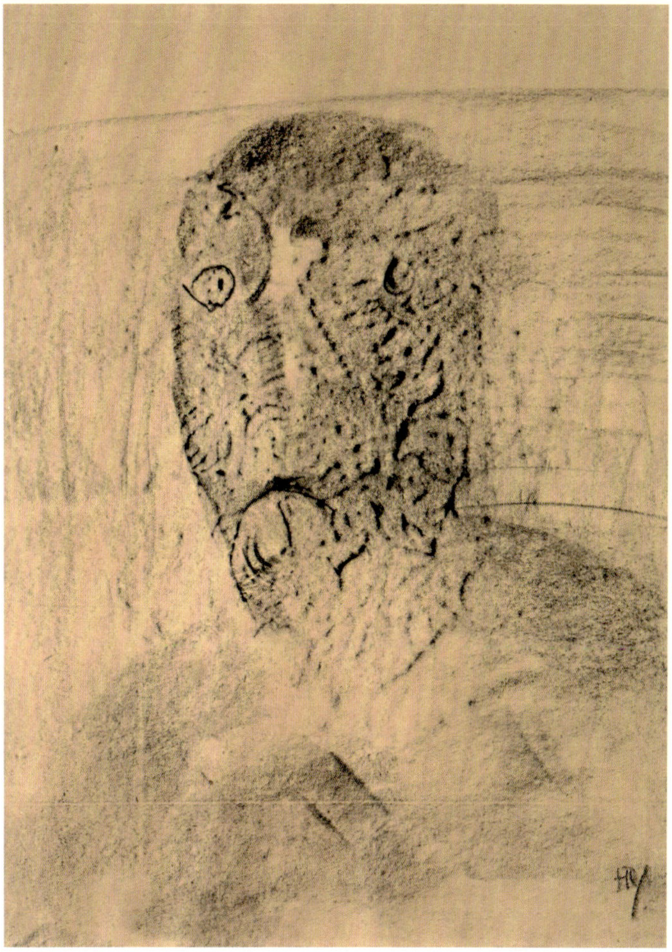

Sans titre, fusain sur papier, sans date, 30 x 23,5 cm. Collection P.F.B.

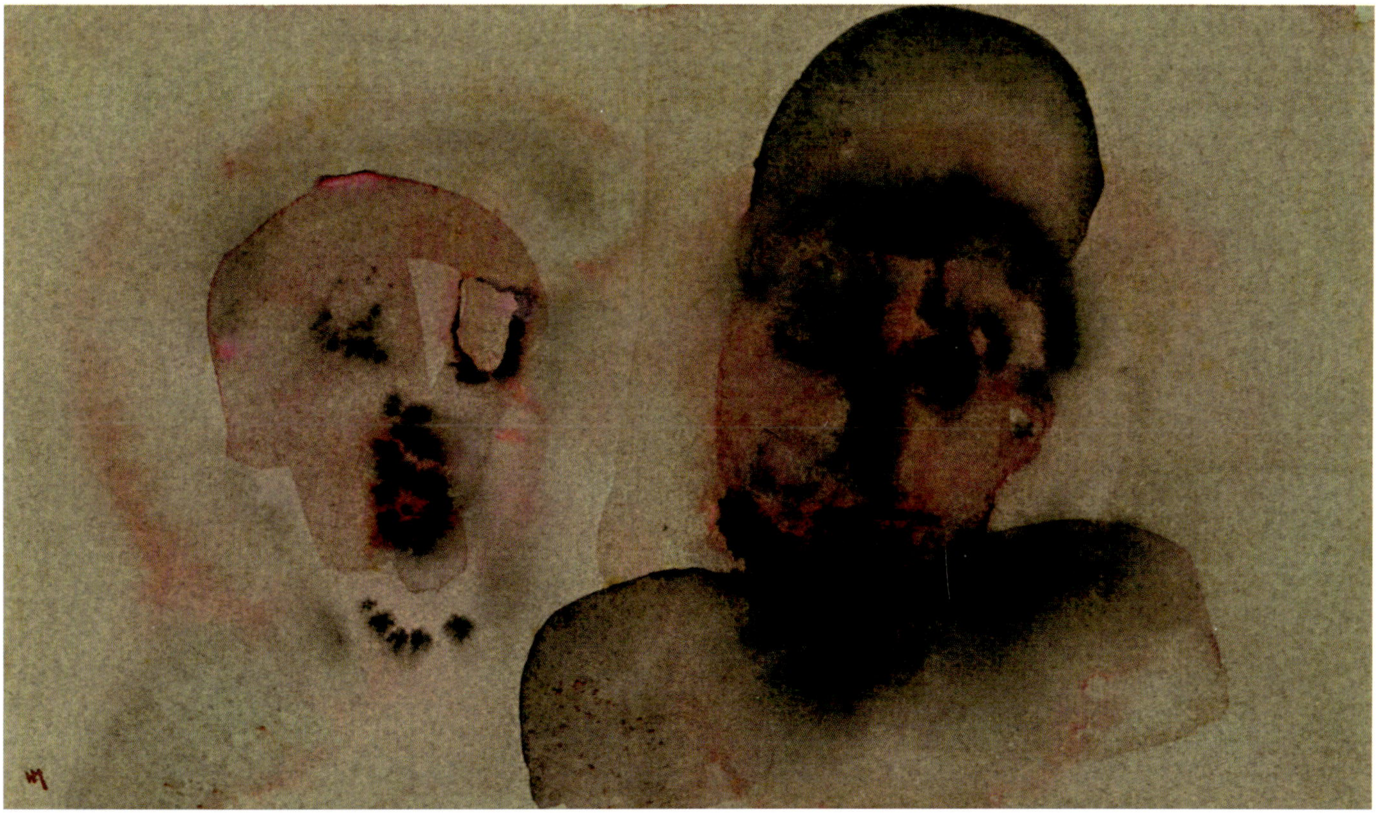

Deux têtes, lavis et aquarelle, 1939, 18,7 x 31,2 cm. Collection particulière.

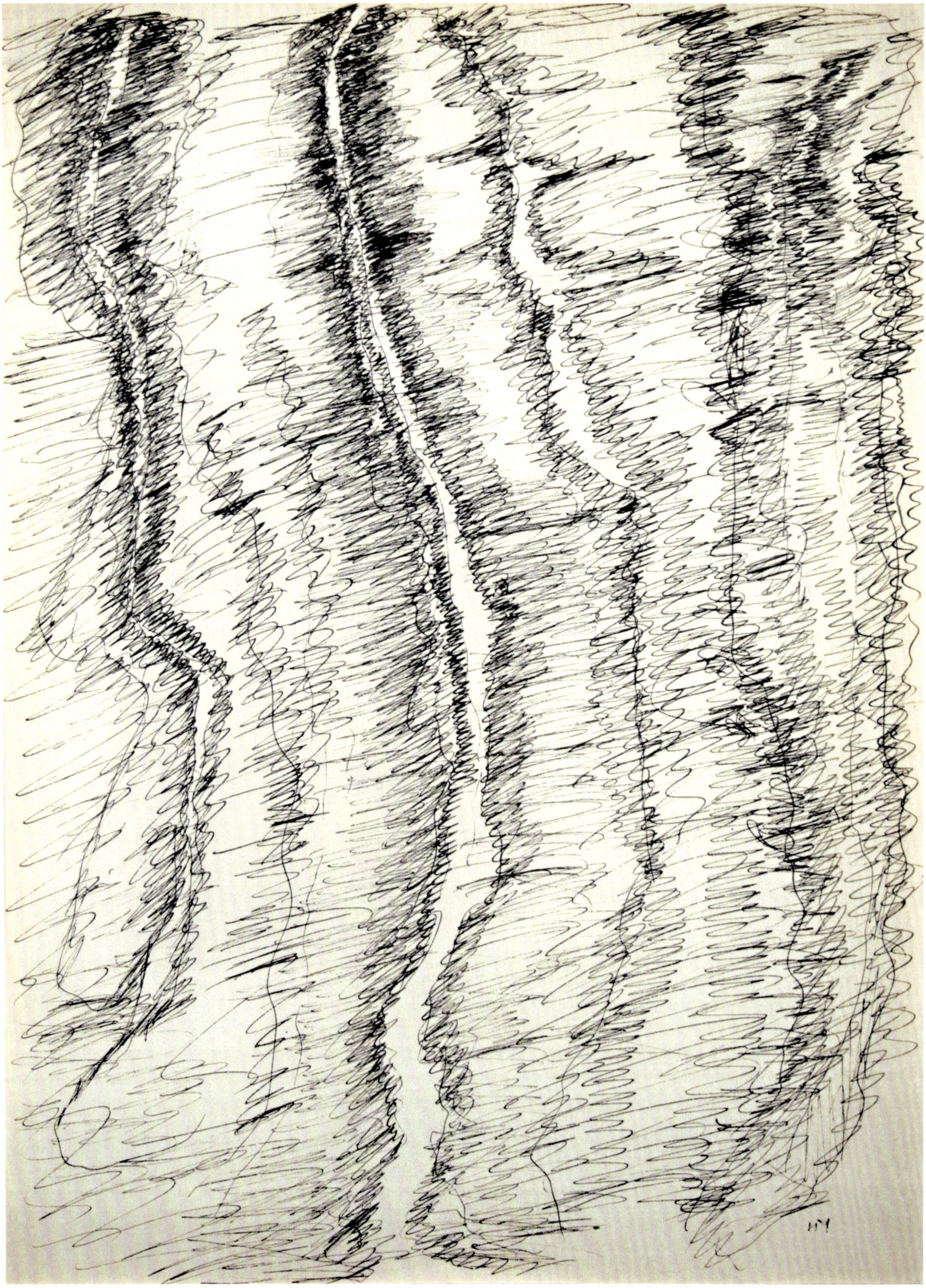

Dessin mescalinien, encre de Chine sur papier, 1955-56, 31,5 x 24 cm. Collection particulière.

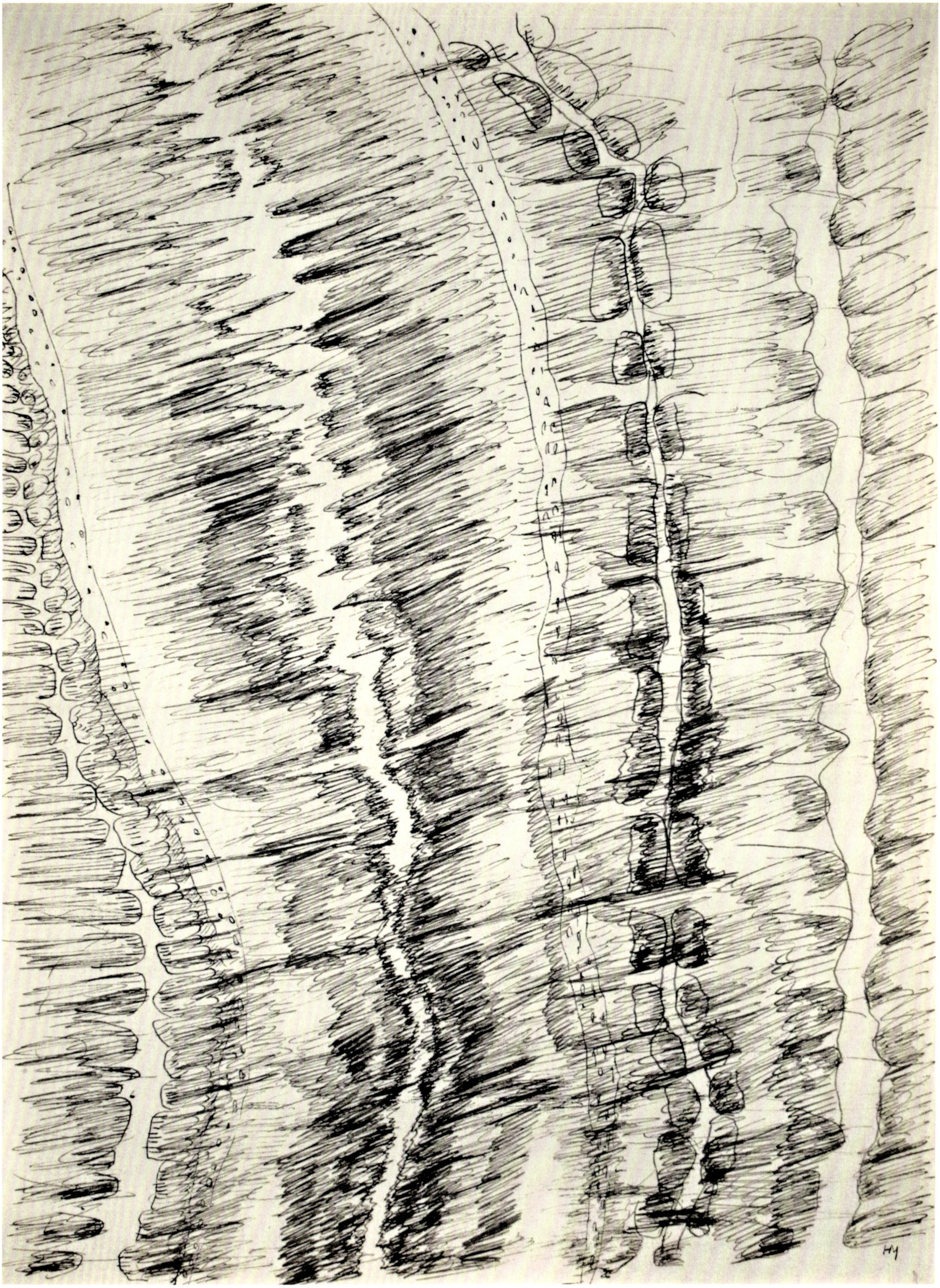

Dessin mescalinien, encre de Chine sur papier, 1955-56, 31,5 x 24 cm. Collection particulière.

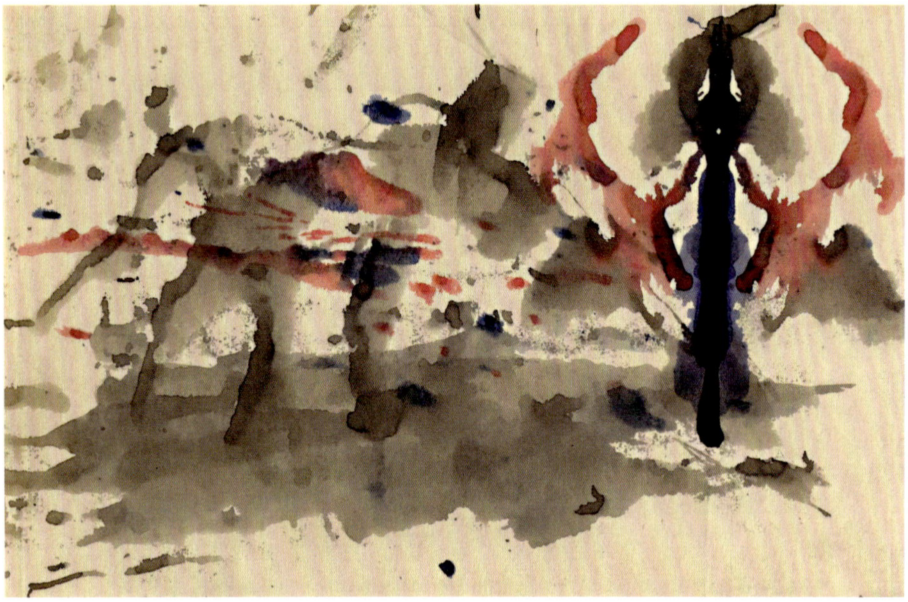

Sans titre, encre de Chine et aquarelle sur papier, sans date, 24,9 x 17,3 cm. Fonds Bonnafé / IMEC.

62 Lucien Bonnafé (1912-2003)

Fils de médecin et petit-fils d'aliéniste, le psychiatre Lucien Bonnafé a, pendant la guerre, participé au groupe du Gévaudan, qui jeta les bases d'une nouvelle psychothérapie institutionnelle, puis a élaboré et mis en place la politique de « secteur psychiatrique » dans les années 1950 : rompant totalement avec le modèle traditionnel de l'asile, il s'agissait de prendre en charge le malade dans l'aire géographique proche de son domicile et, par le relais de structures intermédiaires, d'assurer la continuité des soins en permettant son maintien hors des murs.

Mais une autre particularité de ce « désaliéniste » humaniste est la double présence, dans sa pratique psychiatrique de la poésie et du marxisme, due à son compagnonnage avec les surréalistes, qu'il fréquenta à Toulouse dans les années 1930, et avec le parti communiste. Lucien Bonnafé est l'auteur de poèmes et de dessins, où se mêlent librement son sens du désordre artistique et sa conscience du poids des mots. *C.P.*

« L'illustration, c'est cette puissance de peindre sans nuire, non pas au texte, mais à ce que celui-ci a fait naître dans notre esprit. »

« Ben Sussan », Arts et Métiers graphiques, n°23, 15 mai 1931.

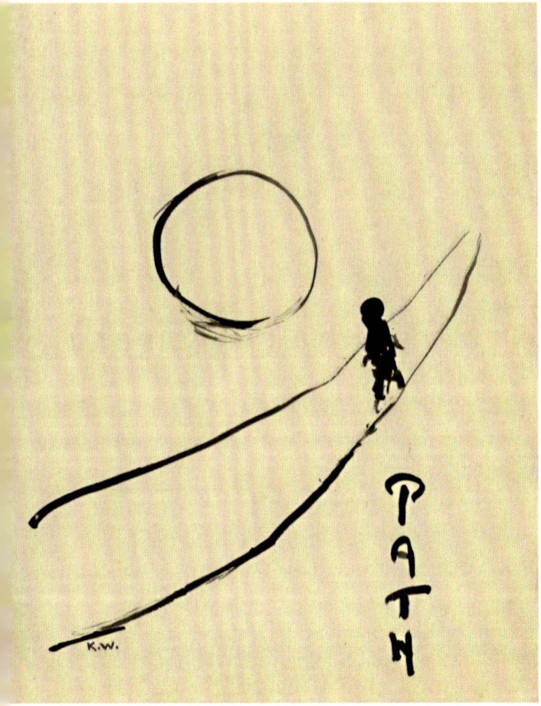

Path [Chemin], encre de Chine, sans date, 27 x 21,1 cm. Fonds White / IMEC.

63 Kenneth White (né en 1936)

Né en Écosse, Kenneth White arriva à Paris à la fin des années 1950. Lecteur d'anglais à la Sorbonne, il publia son premier recueil de poèmes en France *En toute candeur* (1964), qui intéressa André Breton, avant de revenir quelques années à Édimbourg, où il comprit qu'il devait abandonner toute velléité de se faire connaître en tant qu'écrivain anglais. Se plaçant dans la lignée de Thoreau, Stevenson, Nietzsche, Rimbaud, Whitman, Segalen et Kerouac, il devint lecteur et maître de conférences à Paris VII, fonda un séminaire de recherche sur le thème « Orient-Occident », et partit dans les années 1975-1976 en Asie du Sud-Est faire les premiers de ses grands « voyages philosophiques » de découverte d'autres cultures et paysages.

Se considérant comme un « citoyen du monde », il accéda — à partir de son prix Médicis en 1983 pour son récit *La Route bleue* — à une reconnaissance internationale, publia sa thèse *L'Esprit nomade*, en 1987, et fonda l'Institut international de géopoétique en 1989, qui compte une dizaine d'ateliers dans le monde et publie annuellement une imposante revue poétique et savante. Très attentif à une certaine forme d'esthétisme sensible, Kenneth White a signé de nombreuses préfaces à des catalogues d'expositions et publié des essais sur Hokusaï (1990), sur Van Gogh (1994) et sur Atlan (1996). *C.P.*

64 Ghérasim Luca
(1913-1994)

Au plus fort de l'horreur de la guerre d'Algérie, tandis que, sous les ordres du général Massu et de son « spécialiste du renseignement » le colonel Aussarès, les soldats français, couverts par le Premier ministre socialiste Guy Mollet et le proconsul socialiste Robert Lacoste, pratiquaient couramment la torture sur leurs prisonniers, un petit nombre d'oppositionnels reçurent par la poste une affiche longiligne imprimée en noir sur papier jaune, signée de Ghérasim Luca. C'étaient, tout à la fois, une action de subversion radicale et un poème qui, de par son titre *La Clef* — et son contenu désespérément apocalyptique mis en abîme par des accents comiques — sont restés à jamais gravés dans les mémoires. Puisque notre publication entend réfuter le faux problème identitaire qui sous-tend la fausse dichotomie entre écriture et arts plastiques, il me semble indispensable de citer le passage suivant de *La Clef* :

> ... Que doit faire le métal
> s'il veut conjurer ce jeu de forces
> où sa fausse entité l'expose ?
>
> Il explose
> il transgresse la loi du « je »
> pour le mythe de l'« autre »
> et hors de sa vieille carcasse
> là où « le cuivre s'éveille clairon »
> l'aluminium s'illumine
> ... il est déjà le phosphore
>
> La vraie liberté sera transmutation
> sinon rien qu'agitation
> de cage en cage.

A-t-on jamais traité avec plus de pertinence la question vénéneuse de la prétendue « unité du moi » ? Plasticien autant que poète, Luca était avant tout apatride — statut auquel il tenait farouchement — ne s'intégrant à aucune profession, n'adorant aucune idole, ne professant aucune idéologie. Sa poésie — toujours publiée au Soleil noir, et rééditée chez Corti —, atteste sa singularité. Il a participé à plusieurs reprises aux festivals Polyphonix, y compris à celui du MoMA, à New York, au cours duquel il disparut soudainement pendant soixante-douze heures, lui qui ne parlait pas un traître mot d'anglais. Cette inquiétante éclipse est restée inexpliquée. Luca fabriquait et exposait volontiers des collages labyrinthiques et sériels, à déplier comme ses textes, qu'il nommait des *Cubomanies*, et ceci depuis 1946, date à laquelle, à Bucarest, il publiait *Les Orgies des Quanta*, livre illustré de trente-trois « cubomanies non œdipiennes ».

J.J.L.

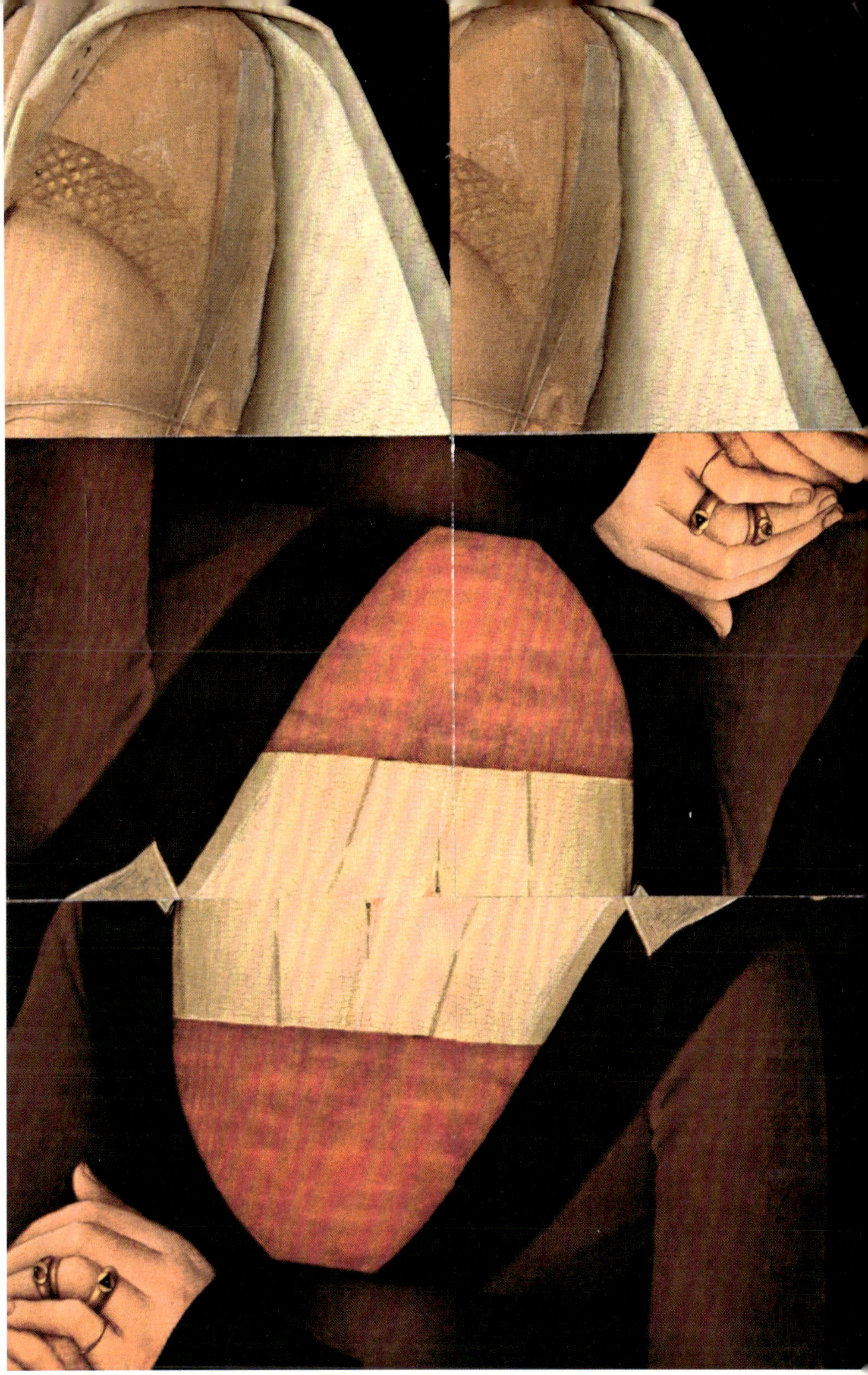

Cubomanie, collage sur bois contrecollé sur panneau, 1986, 27 x 18 cm. Collection particulière.

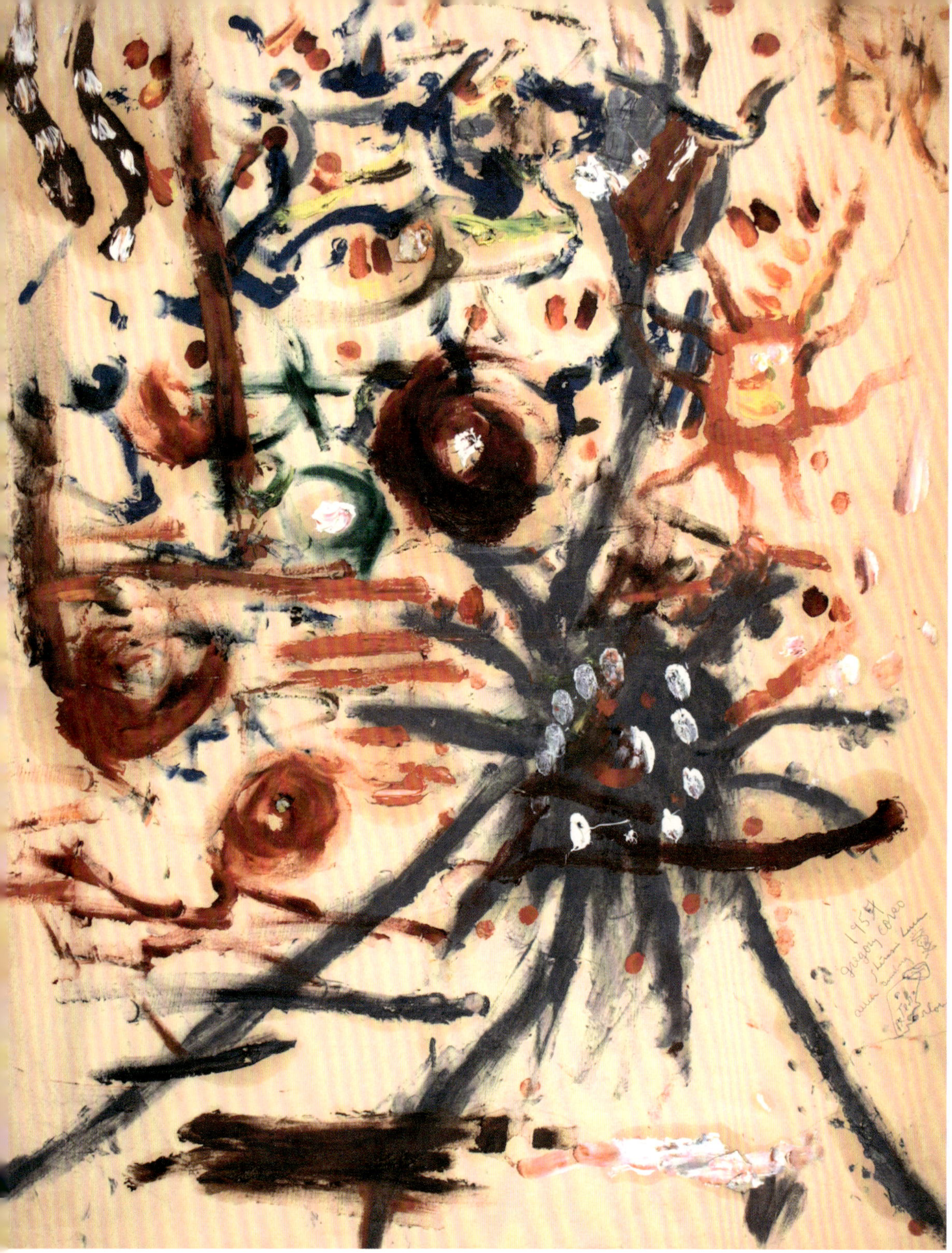

Bouquet, huile sur papier, 1957, 65 x 50 cm. Collection particulière.

65 Allen Ginsberg (1926-1997)
Peter Orlovsky (né en 1933)
Gregory Corso (1930-2001)
Ghérasim Luca (1913-1994)

Dans l'Amérique conventionnelle et autosatisfaite des années 1950, quelques artistes en rupture se rencontrent et, ensemble, inventent un nouvel art de vivre et de créer, individualités singulières qui unissent un moment leurs énergies et leurs imaginaires. Refus du matérialisme et du puritanisme, aspiration à une existence authentique, loin des hypocrisies et des tabous sociaux, engagements libertaires et goût de la marginalité relient les participants de l'autoproclamée *Beat Generation*. Allen Ginsberg (1926-1997) en est l'un des représentants essentiels. Son poème *Howl*, publié en 1956 à San Francisco, bénéficie d'une reconnaissance immédiate et devient emblématique du mouvement. *Kaddish* (1961), élégie funèbre dédiée à sa mère, témoigne de l'importance de la spiritualité pour les membres de la *Beat Generation*.

Peter Orlovsky (né en 1933), poète, musicien, fermier, rencontre Allen Ginsberg en 1954. Il sera son compagnon jusqu'à la mort de ce dernier et commence à écrire en 1957.

Gregory Corso (né en 1930) a exercé de nombreux métiers sans aucun rapport avec l'art. Durant les quelques années qu'il passe en prison pour vol, il découvre la littérature classique. Ses textes jouent sur le contraste des formes classiques et du langage de la rue. Ghérasim Luca (1913-1994) inscrit ses activités artistiques dans le mouvement surréaliste, créant textes, dessins et collages qui sont autant d'objets magiques. *S.B.*

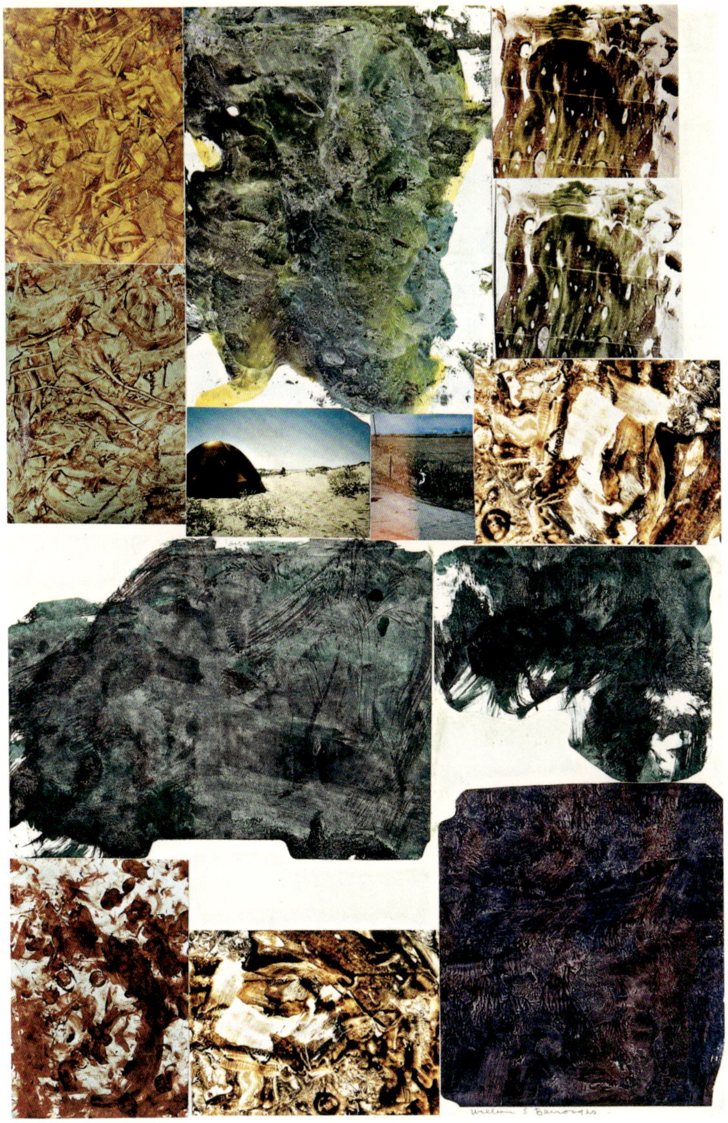

Bits and Pieces II, collage sur carton, sans date, 76 x 51 cm. Collection P.F.B.

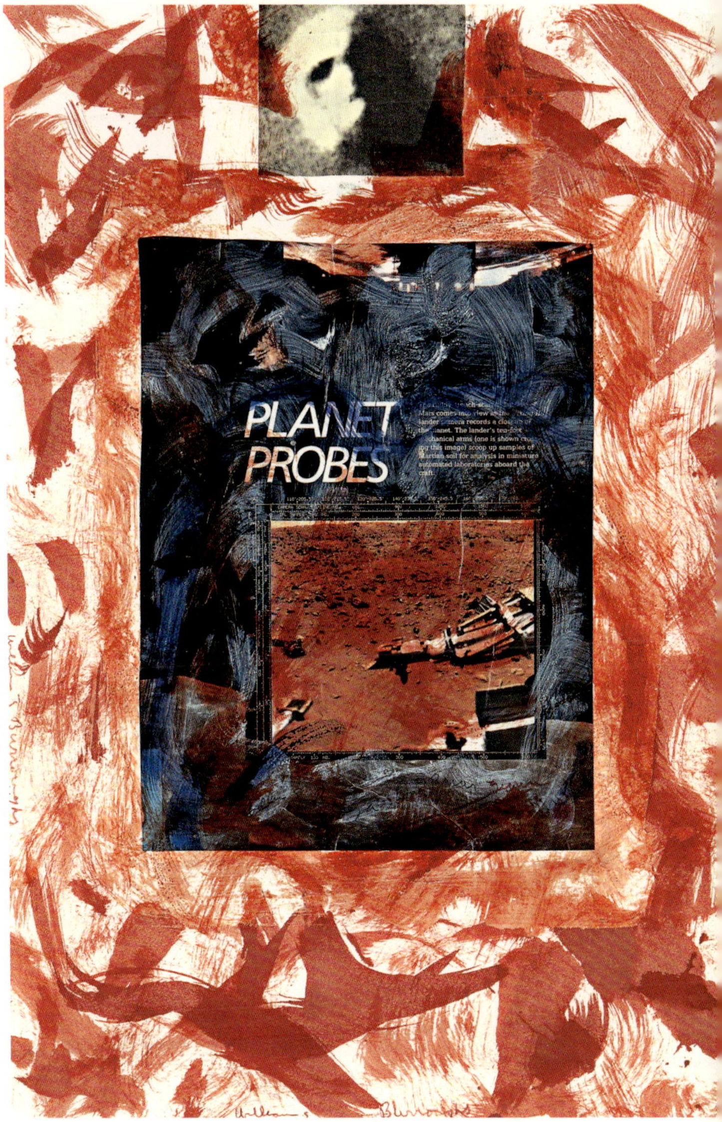

The Face on the Mar Room Floor, collage et huile sur carton, 1988, 51 x 36 cm. Collection P.F.B.

66 William Burroughs
(1914-1997)

William Burroughs commence des études littéraires à Harvard avant de partir étudier la médecine à Vienne en 1936, puis de nouveau aux États-Unis, la psychologie et l'anthropologie. À partir de 1940, de destructeur de parasites à détective privé, il exerce de multiples petits métiers.

En 1944, il rencontre ceux qui formeront, avec lui, le noyau dur de la *Beat Generation*, Allen Ginsberg et Jack Kerouac. En 1946, il épouse Joan Vollmer ; en 1951, au cours d'un jeu à l'issue tragique, il la tue accidentellement d'un coup de revolver. Après la publication de son premier roman, *Junky* (1953), de continent en continent et de ville en ville, Burroughs ne cesse plus d'écrire ni de voyager (Amérique du Sud, Maroc, France, Angleterre, États-Unis...). Installé à la fin des années 1950 dans le Beat Hotel à Paris, il finit d'écrire *Le Festin nu*, une des œuvres emblématiques de ce courant. Burroughs invente la pratique du *cut-up*, reflet d'une perception du monde fragmentée. Brute, expérimentale, son écriture se fait l'écho d'une réalité violente et morcelée, souvent altérée par les drogues, et d'un état d'esprit aux antipodes du conformisme de la société américaine.

À la fin des années 1970, il vit à New York. Le mouvement *Beat* est désormais célèbre, et a essaimé sa critique politique et son mode de vie dans une partie de la société. En 1984, Burroughs est élu à l'Académie américaine des Arts et des Lettres, et, la même année, nommé commandeur de l'ordre des Arts et des Lettres en France. Burroughs expose ses premiers tableaux en 1987. Comme dans l'écriture, il affectionne les créations collectives et réalise plusieurs œuvres en collaboration avec d'autres artistes.

S.B.

67 Brion Gysin
(1916-1986)

L'activité artistique de Brion Gysin témoigne de son refus de toutes les frontières. Né sur le territoire américain d'une mère canadienne et d'un père suisse, il fréquente à Paris le groupe surréaliste jusqu'en 1937. Pendant la guerre, installé à New York, il se consacre à la peinture et à l'écriture historiques. Il ouvre ensuite un restaurant au Maroc où il rencontre William Burroughs. Avec lui, au Beat Hotel à Paris, Gysin découvre les possibilités techniques des *cuts-up* inspirés de Tristan Tzara, expérimente les « permutations » littéraires, enregistre des poèmes sonores. Il crée avec Ian Sommerville la « Dream Machine » : cette pièce expérimentale, constituée d'un cylindre rotatif percé de fentes à travers lesquelles la lumière se diffuse à une certaine fréquence, influence le nerf optique du spectateur et provoque des visions.

Son apprentissage des langues japonaise et arabe marque une rupture dans sa pratique artistique : Brion Gysin s'évertue dès lors à repenser l'espace pictural, statique en Occident, inscrit dans le temps au Japon et dans l'espace pour le monde arabe. L'artiste fait jouer ces différentes forces graphiques dans ses « grilles », qui servent de support au texte en combinant horizontalité et verticalité.

Dans les années 1970, Gysin écrit le scénario du *Festin nu* de Burroughs ; il se consacre ensuite à la musique et à la peinture, et participe avec Jean-Jacques Lebel aux manifestations de Polyphonix. *S.B.*

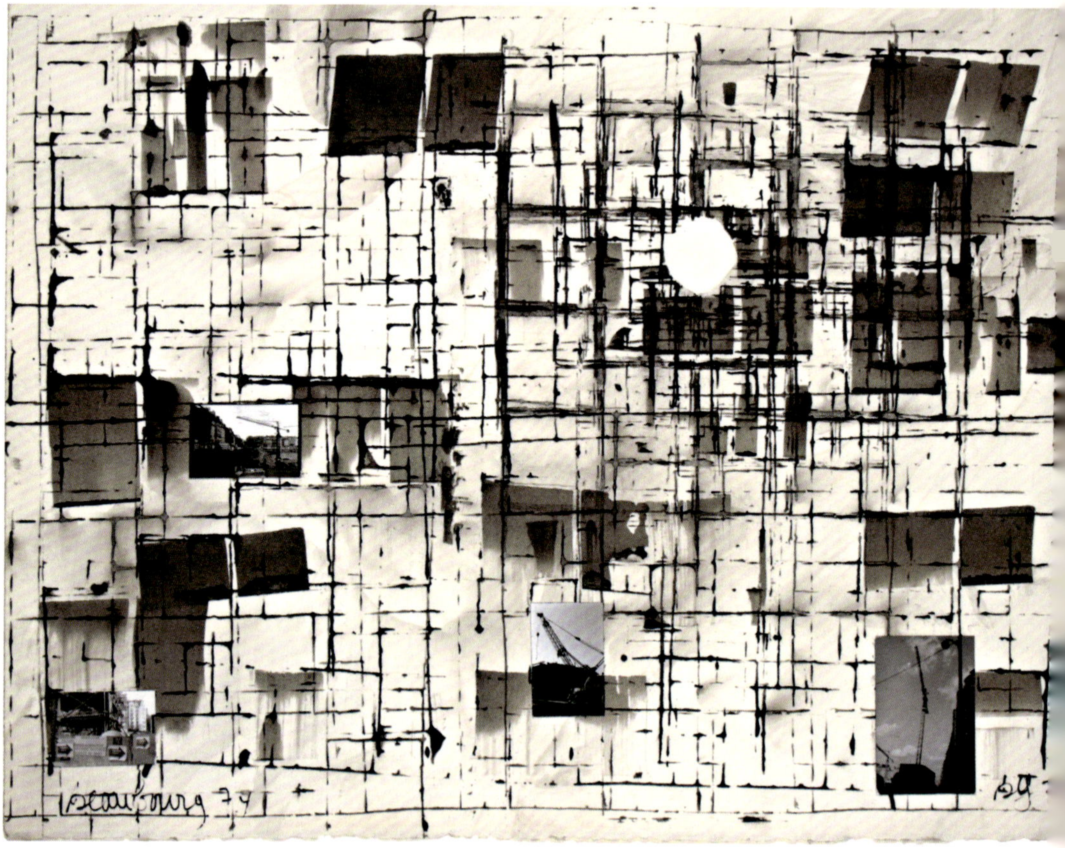

Plateau Beaubourg – Paris au clair de lune, collage, roller et encre sur papier, 1974-1975, 28 x 37,2 cm. Collection particulière.

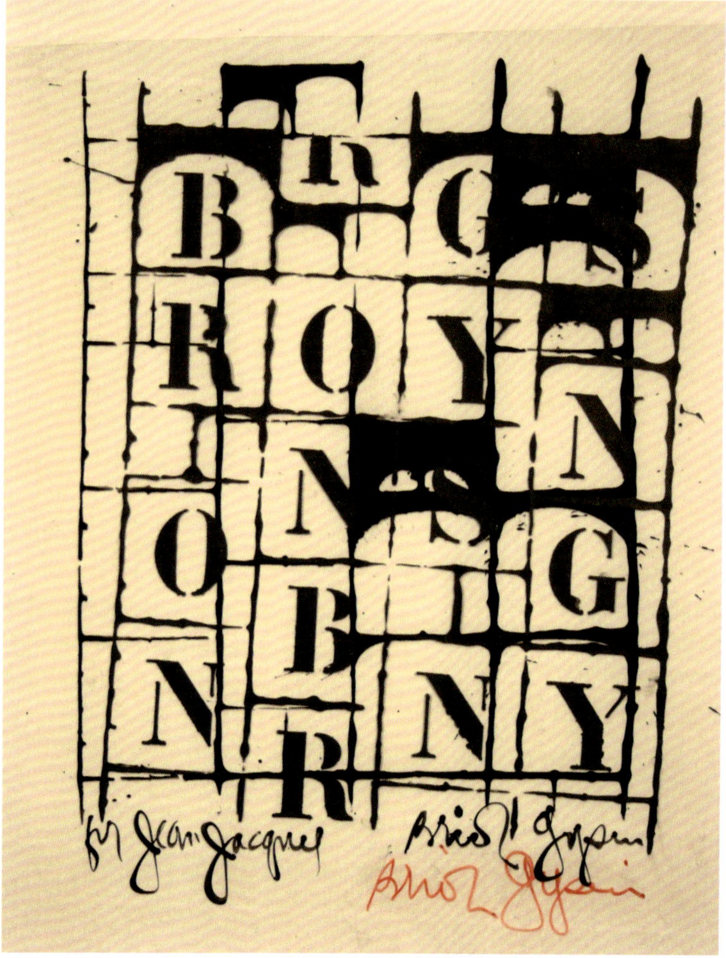

Sans titre, dessin et pochoir sur papier, sans date, 24,5 x 18,5 cm. Collection particulière.

68 Jack Kerouac
(1922-1969)

Jack Kerouac, avec Allen Ginsberg et William Burroughs, est l'un des piliers de la *Beat Generation*. C'est d'ailleurs lui qui utilise cette expression pour la première fois, en 1948. Né dans le Massachusetts dans une famille francophone, il rencontre la plupart de ses compagnons de littérature et de bohème à l'université de Columbia.

De tous, il est probablement celui qui se consacre le plus à l'écriture, davantage qu'aux autres formes d'expression artistique. Son style organique et pulsionnel influencera durablement des écrivains comme Richard Brautigan, des musiciens-poètes comme Jim Morrison ou Bob Dylan. Il est lui-même inspiré par les improvisations musicales du jazz ou du be-bop : *Sur la route* (1957) est écrit en trois semaines, dactylographié d'un seul jet sur des feuilles collées bout à bout qui forment un manuscrit de trente-cinq mètres de long. Le travail de réécriture n'intervient qu'après ce premier jet créateur, sans lequel n'advient, selon lui, aucune œuvre véritable.

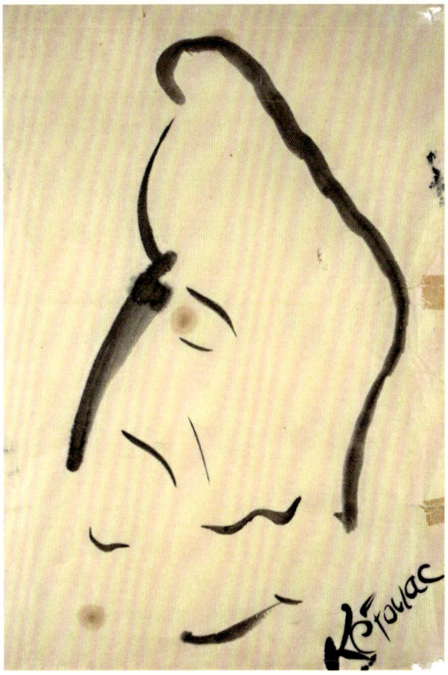

Autoportrait, encre sur papier, sans date, 34 x 24,5 cm. Collection particulière.

Kerouac participe à la survie financière de sa famille en travaillant, puis mène une vie errante faite de fraternité, d'extases artificielles, d'illuminations artistiques et de désillusions. Sa quête d'un rapport authentique aux hommes et à la nature passe par les voies des drogues et de la spiritualité. Avec l'écrivain Gary Snyder (Japhy Rider dans *Les Clochards célestes*, 1958), il s'imprègne de pensée bouddhique. Mais l'idéalisme de la béatitude du vagabond, qui lui dicte ses œuvres les plus enflammées, n'a qu'un temps : Kerouac s'enfonce dans l'alcoolisme et la solitude, après avoir vu les valeurs qu'il prônait se répandre, se diluer, et sans doute aussi se corrompre dans une frange toujours plus large de la société américaine. *S.B.*

69 Claude Pélieu
(1934-2002)

Claude Pélieu est sans doute le seul poète *beat* français. Même si sa poésie et ses œuvres plastiques mêlent diverses influences, insufflant une rage et une force de contestation qui lui sont propres, sa proximité avec la *Beat Generation* a été durable, et c'est en grande partie grâce à lui et à sa femme Mary Beach que les œuvres *beat* ont été connues en France. Vivant entre San Francisco et New York dans les années 1960, ami de Ginsberg, de Burroughs, de Cassady, il est le premier à traduire leurs livres en français. En 1967, il publie un numéro spécial des *Cahiers de l'Herne*, qui fait découvrir à la France la prose *cut-up* de William Burroughs, la poésie de Bob Kaufman et ses propres poèmes et collages.

Mais on ne peut réduire les productions de Claude Pélieu à cette mouvance. Marqué par sa rencontre avec Prévert, inspiré tout autant par les mouvements Dada, surréaliste ou Fluxus, il pratique le collage en même temps que l'écriture, dans un même geste de révolte contre la société du spectacle et les injustices aveugles d'un monde fou de consommation. Il invente également le « script vite », forme d'écriture intermédiaire entre le journal, l'essai, le poème et le pamphlet. *S.B.*

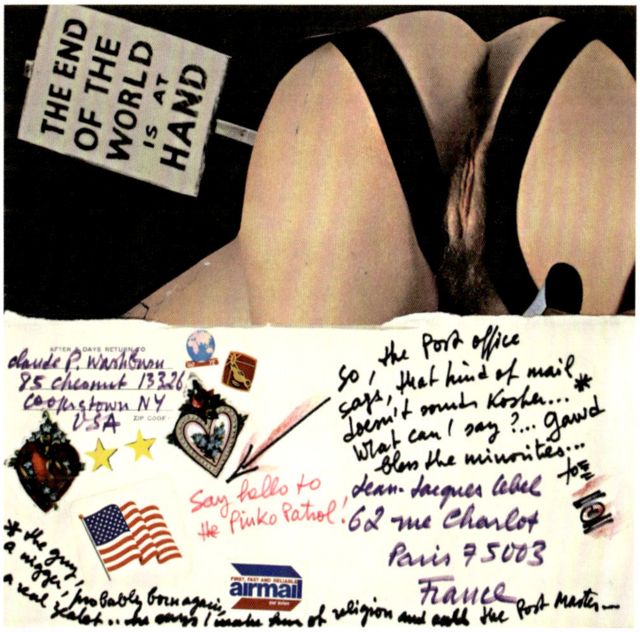

Sans titre, collage sur lettre manuscrite polychrome, 1975, 32,5 x 26 cm. Collection particulière.

« Il faut être génial et con, décevoir les gens. »

70 John Giorno
(né en 1935)

John Giorno est poète, plasticien, performer, producteur, inventeur de formes. Ses activités créatrices sont multiples, depuis que, dans les années 1950, il rencontre Brion Gysin à New York. Proche du Pop Art (il est, en 1963, l'unique acteur du film *Sleep* d'Andy Warhol), inspiré par les *cuts-up* et par la poésie concrète, il écrit des textes qui, dès l'origine, sont reliés à la voix et à la nécessité de leur profération.

En 1965, il crée la société de production Giorno Poetry Systems, qui produit les enregistrements de poètes et musiciens performers, dont William Burroughs ou Laurie Anderson. En 1968, il a l'idée du *Dial-A-Poem*, système qui utilise le téléphone pour diffuser des poèmes : le principe connaît un succès imprévu, et des milliers de personnes appellent pour écouter de la poésie. Les prises de position artistiques de John Giorno font écho à ses engagements politiques et sociaux. Adepte de la méditation bouddhiste, lié aux plus grands lamas, il a fondé, en 1984, un programme d'aide aux malades du sida. Simultanément, Giorno refuse d'établir une rupture entre le monde de la littérature et l'univers quotidien, moderne, familier, de l'électronique et des nouveaux médias. Ses œuvres graphiques utilisent la lithographie et la sérigraphie ; ses textes, prononcés en public dans des spectacles tendus et organiques, emploient la langue crue de la contre-culture homosexuelle. *S. B.*

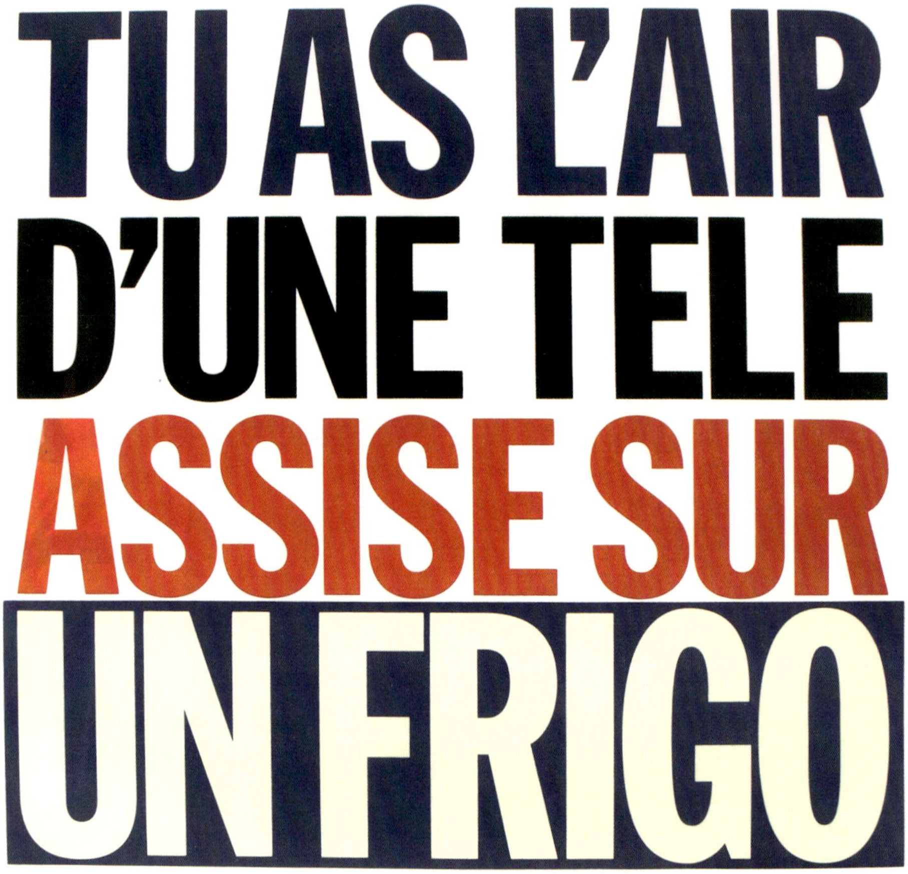

Sans titres, deux sérigraphies, 1996, 62 x 62 cm. Collection particulière.

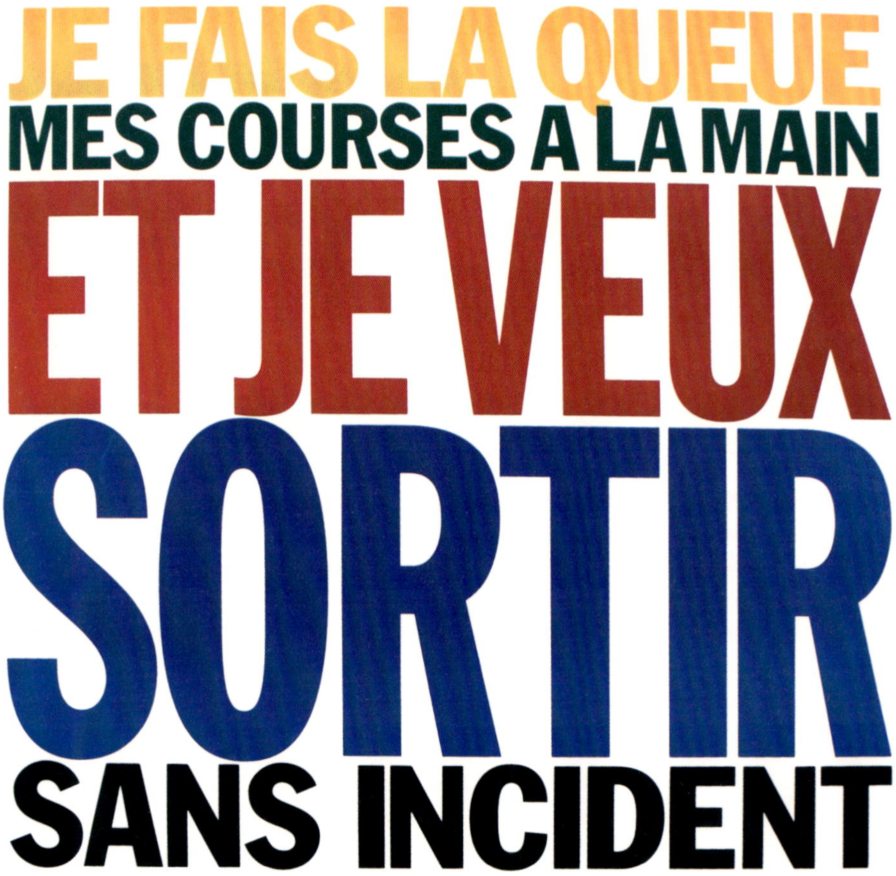

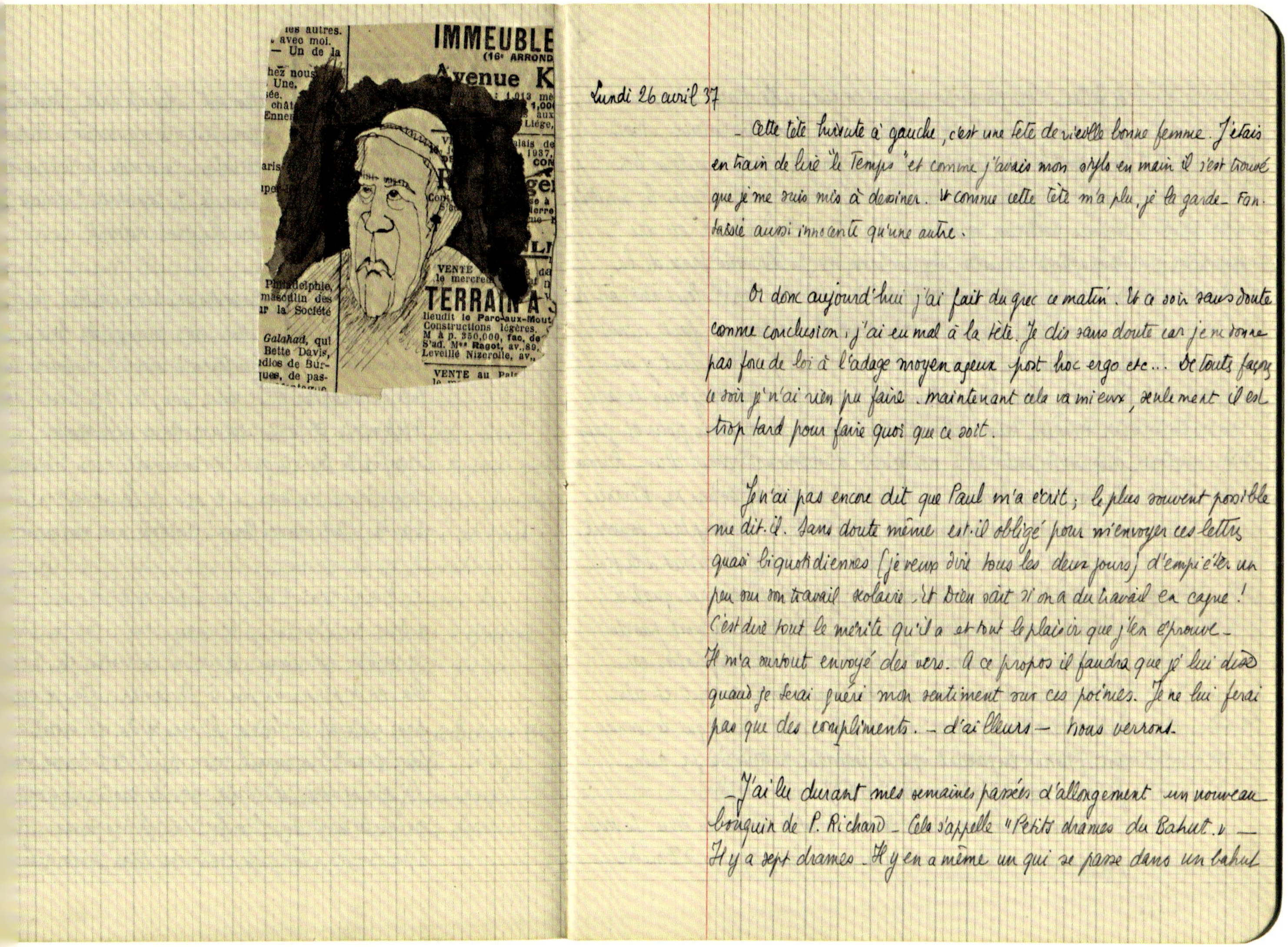

Lundi 26 avril 37

— Cette tête hirsute à gauche, c'est une tête de vieille bonne femme. J'étais en train de lire "le Temps" et comme j'avais mon stylo en main il s'est trouvé que je me suis mis à dessiner. Et comme cette tête m'a plu, je la garde — Fantaisie aussi innocente qu'une autre.

Or donc aujourd'hui j'ai fait du grec ce matin. Et ce soir sans doute comme conclusion, j'ai eu mal à la tête. Je dis sans doute car je ne donne pas force de loi à l'adage moyenâgeux post hoc ergo etc... De toute façon ce soir je n'ai rien pu faire. Maintenant cela va mieux, seulement il est trop tard pour faire quoi que ce soit.

Je n'ai pas encore dit que Paul m'a écrit ; le plus souvent possible me dit-il. Sans doute même est-il obligé pour m'envoyer ces lettres quasi biquotidiennes (je veux dire tous les deux jours) d'empiéter un peu sur son travail scolaire. Et Dieu sait si on a du travail en cagne ! C'est dire tout le mérite qu'il a et tout le plaisir que j'en éprouve — Il m'a surtout envoyé des vers. A ce propos il faudra que je lui dise quand je serai guéri mon sentiment sur ces poèmes. Je ne lui ferai pas que des compliments. — d'ailleurs — nous verrons.

— J'ai lu durant mes semaines passées d'allongement un nouveau bouquin de P. Richard — Cela s'appelle "Petits drames du Bahut." — Il y a sept drames. Il y en a même un qui se passe dans un bahut

« Tête de vieille bonne femme », dessin à l'encre sur papier journal découpé et collé dans son journal intime, 26 avril 1937, 9 x 7,4 cm.
Fonds Althusser / IMEC.

« Cette tête hirsute à gauche, c'est une tête de vieille femme. J'étais en train de lire *Le Temps* et comme j'avais mon stylo en main il s'est trouvé que je me suis mis à dessiner. Et comme cette tête m'a plu, je la garde — Fantaisie aussi innocente qu'une autre. »

Extrait de son *Journal*, 26 avril 1937.

71 Louis Althusser
(1918-1990)

Élève de Jean Guitton et de Jean Lacroix, normalien, agrégé de philosophie, Louis Althusser entama en 1948 sa carrière à l'École normale supérieure et adhéra, la même année, au parti communiste. « Caïman » à l'École de la rue d'Ulm durant toute sa carrière, Louis Althusser exerça une grande influence sur plusieurs générations d'étudiants. Sa pensée a radicalement transformé l'analyse de l'œuvre de Marx au travers d'une série d'articles réunis sous les titres *Pour Marx* (1965) et *Lire « Le Capital »* (ouvrage collectif, 1965), parus dans la collection « Théorie » qu'il dirigeait aux Éditions Maspero. *Philosophie et philosophie spontanée des savants* (1974), *Éléments d'autocritique* (1974) et *Positions* (1976) viennent préciser de son vivant ses travaux et orientations philosophiques. Après sa mort, la publication de son autobiographie, *L'avenir dure longtemps* (1992) et *Journal de captivité* (1992), de textes théoriques, *Écrits sur la psychanalyse* (1993), *Écrits philosophiques et politiques 1* et *2* (1994, 1995), de ses *Lettres à Franca* (1998), éclairent de l'intérieur une existence tragique et intense, dans laquelle le recours au dessin semble se cantonner aux années d'études. *C.P.*

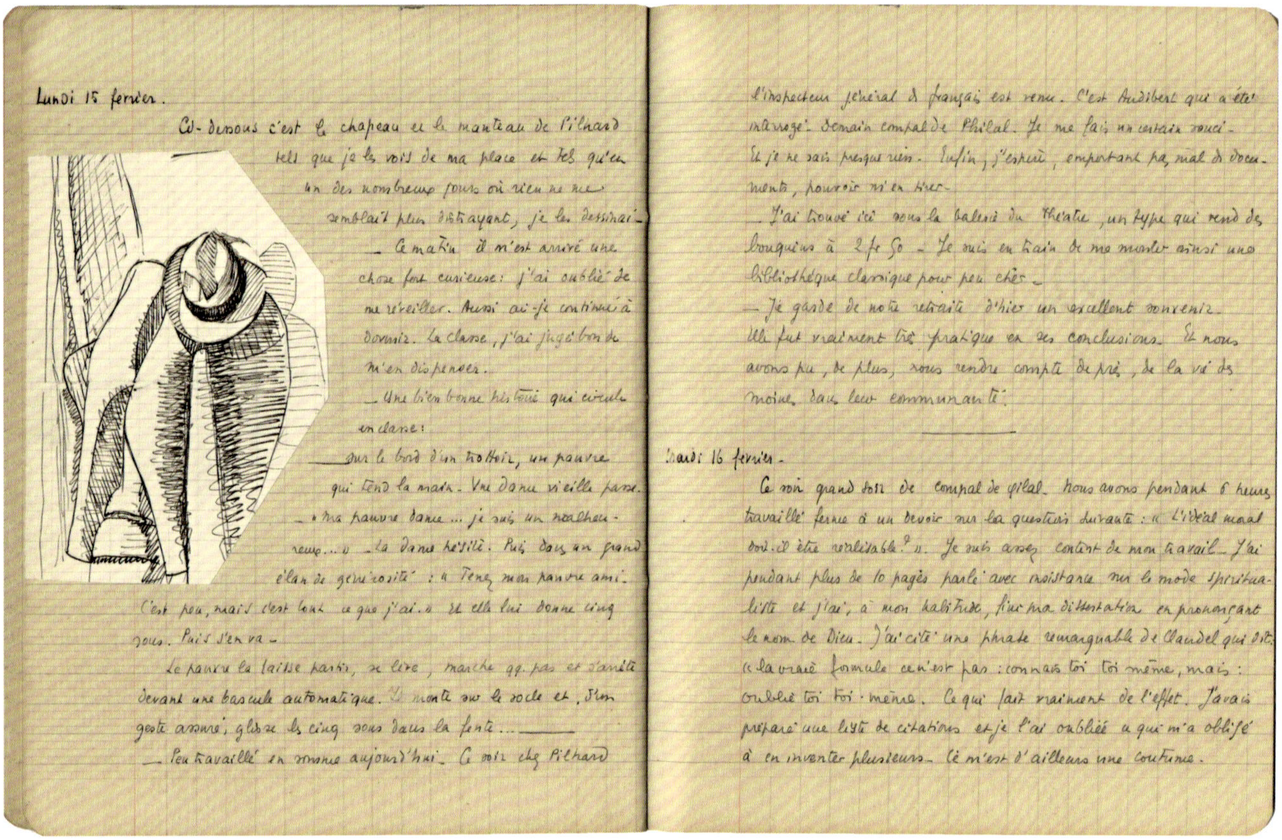

Louis Althusser : Le manteau et le chapeau de Pilhard, encre sur papier, 15 février 1937, 12 x 8,3 cm. Fonds Althusser / IMEC.

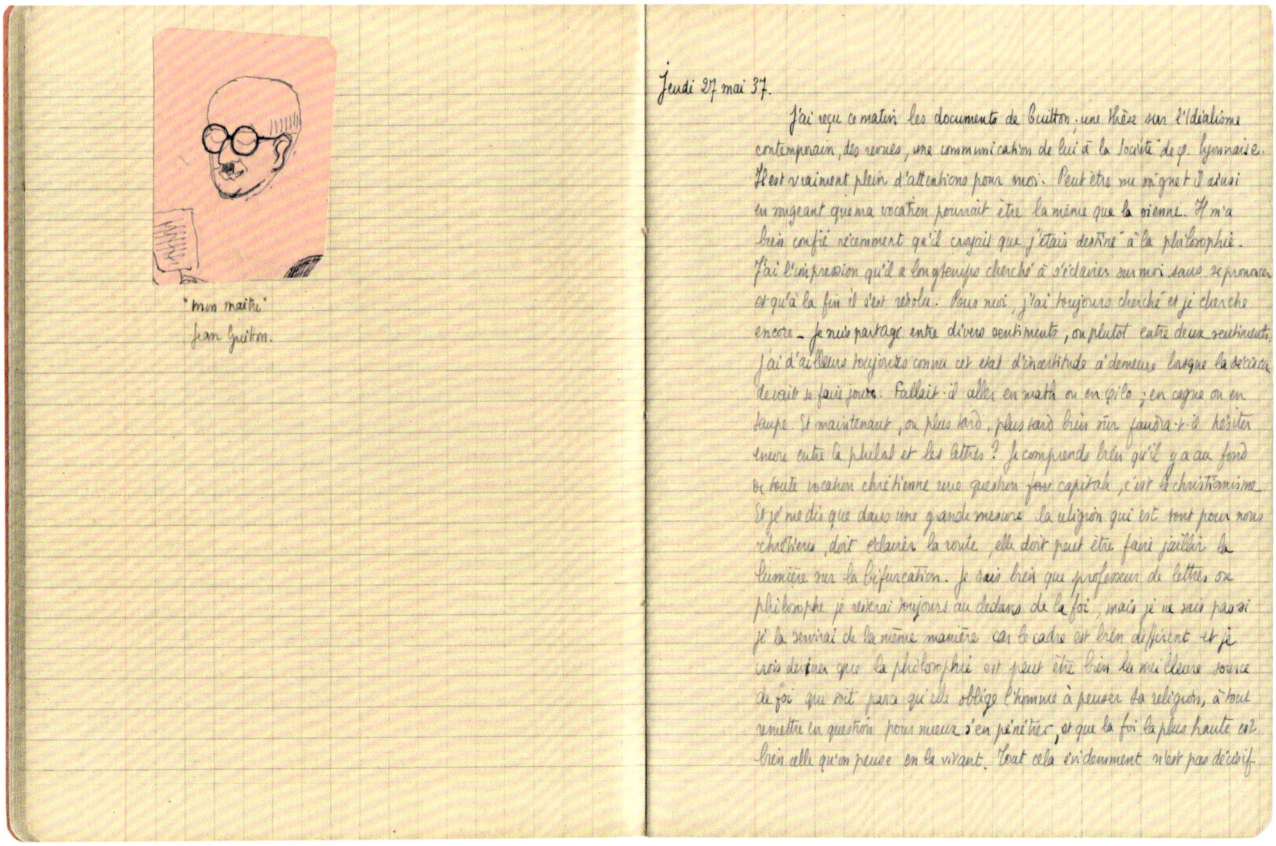

Louis Althusser : Portrait de son professeur Jean Guitton, dessin à l'encre sur papier buvard découpé et collé dans son journal intime, 27 mai 1937, 7 x 5 cm. Fonds Althusser / IMEC.

72 Roland Barthes

(1915-1980)

Roland Barthes publia, dès 1952, la première de ses « petites mythologies du mois » qui, rassemblées en 1957 sous le titre *Mythologies*, en firent non seulement l'un des principaux animateurs de l'aventure structuraliste française, mais un intellectuel de premier plan. Son premier essai, *Le Degré zéro de l'écriture* (1953) devint rapidement le manifeste d'une « nouvelle critique », soucieuse de la logique immanente du texte. Enseignant à l'École pratique des hautes études dès 1962, Roland Barthes occupa la chaire de sémiologie du Collège de France de 1977 à 1980. Avec *Le Plaisir du texte* (1973), *Roland Barthes par Roland Barthes* (1975), *Fragments d'un discours amoureux* (1977) et *La Chambre claire* (1979), il renouvela profondément les rapports de la théorie et du romanesque. Par ailleurs, intéressé par l'œuvre de nombreux peintres, dont celle d'Erté, et par l'esthétisme japonais, il commença en 1971 à user d'encres, de feutres, de crayons gras et d'aquarelles : « Sans illusion mais avec allégresse, je joue à l'artiste. » *C.P.*

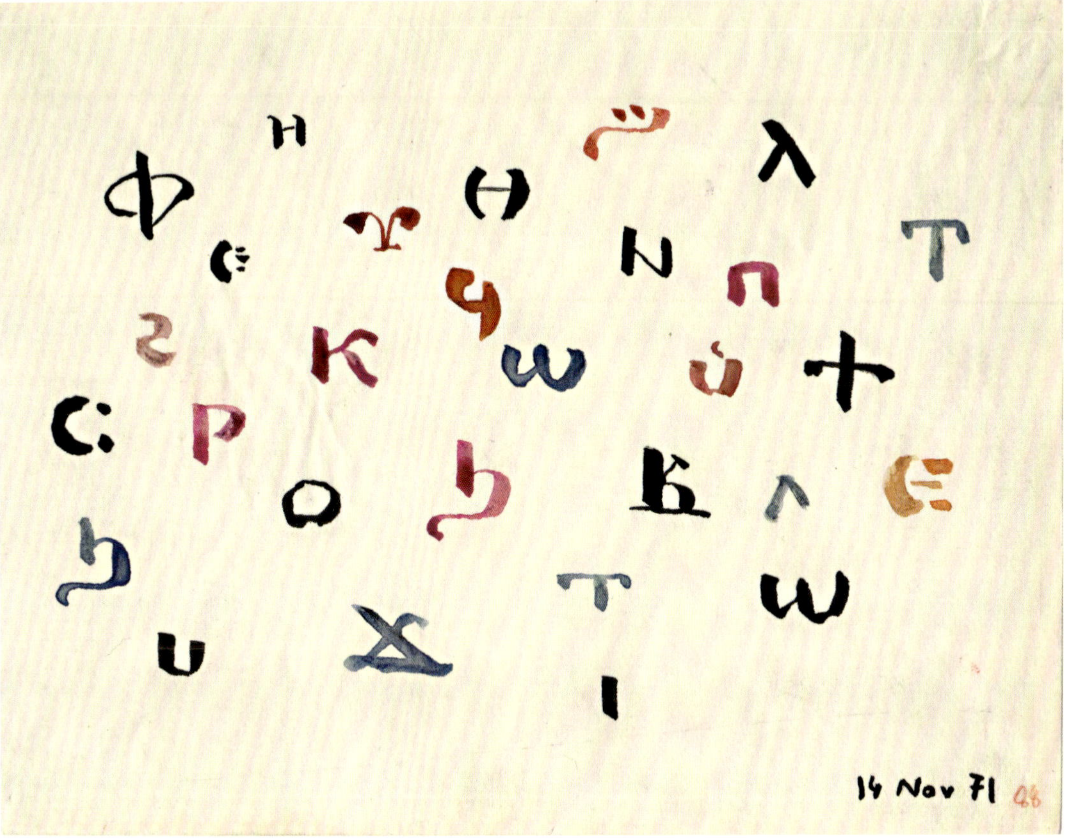

Sans titre, aquarelle sur papier, 14 novembre 1971, 18 x 25 cm.
Fonds Barthes / IMEC.

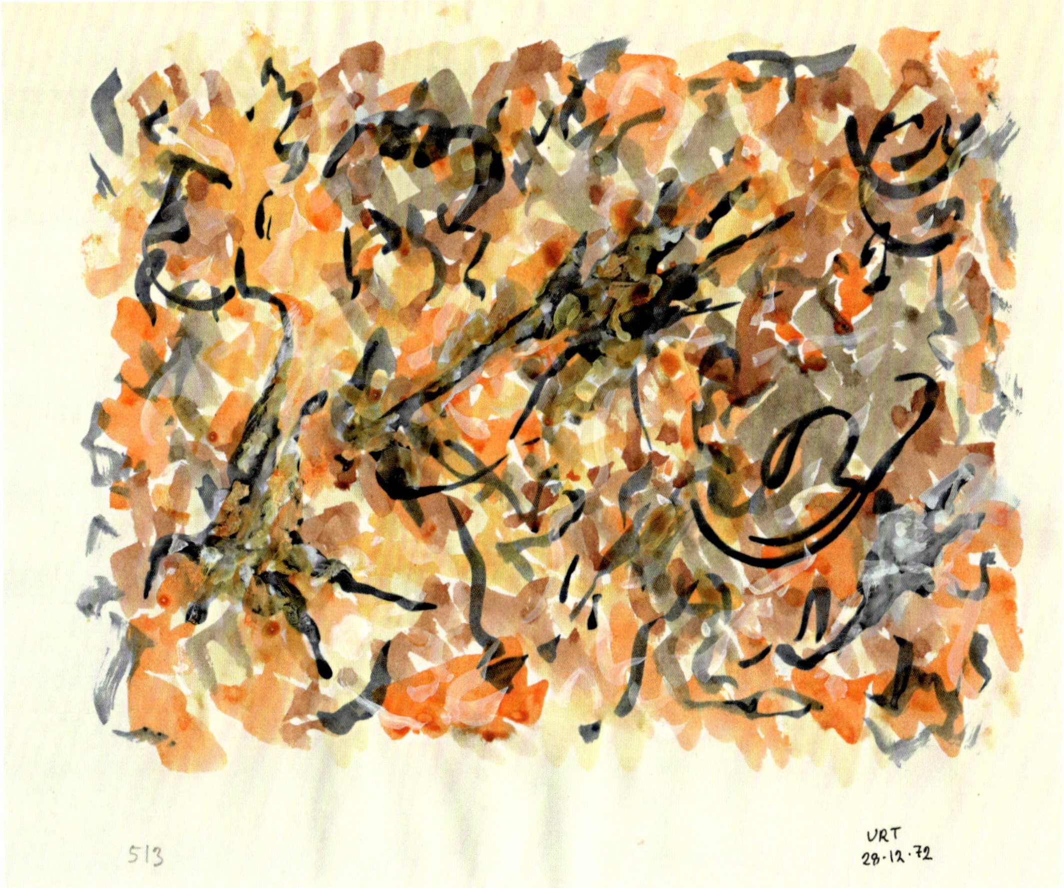

Sans titre, gouache et aquarelle sur papier, 28 décembre 1972, 23,2 x 28,8 cm.
Fonds Barthes / IMEC.

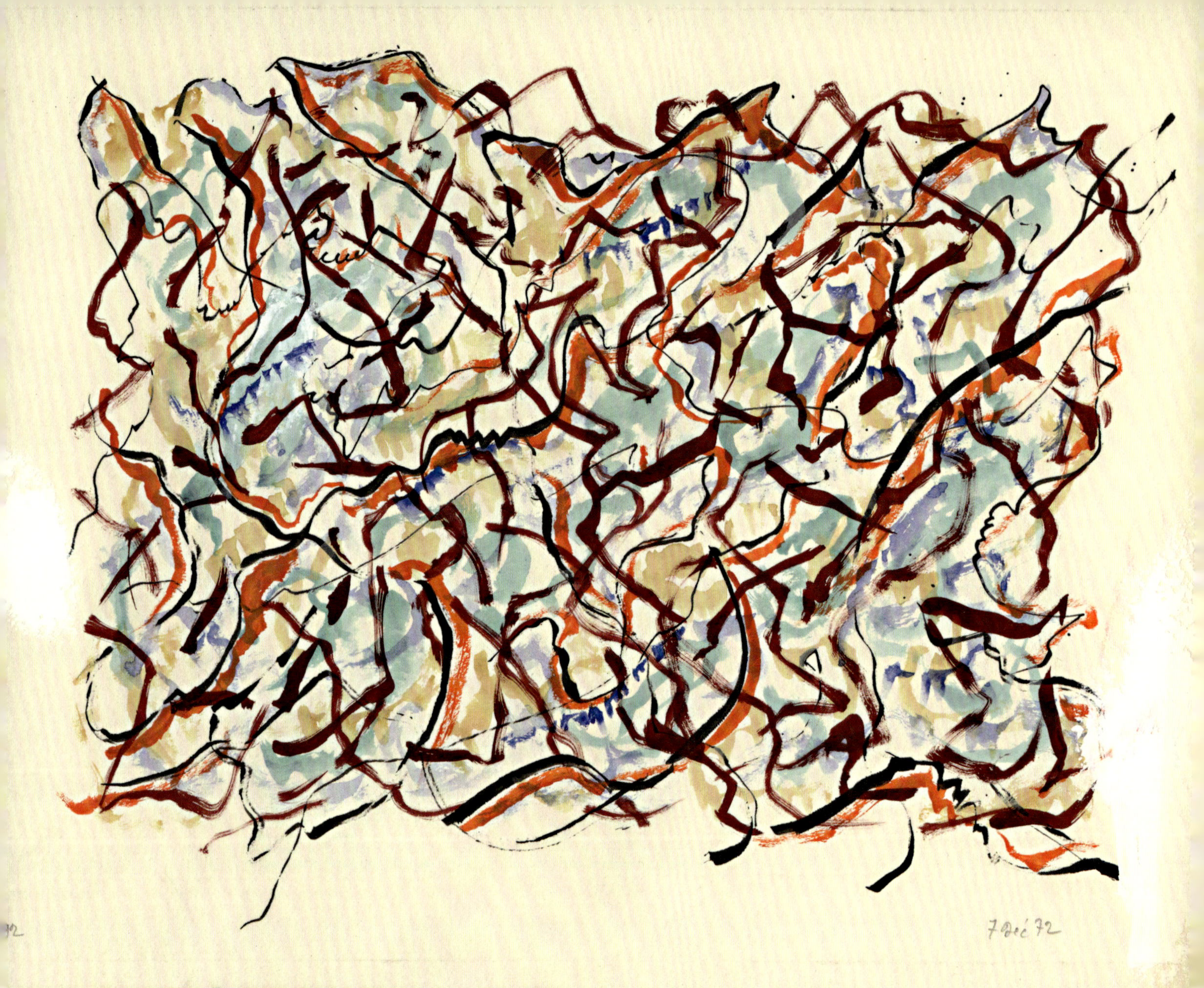

Sans titre, gouache sur papier, 7 décembre 1972, 30,3 x 39,2 cm.
Fonds Barthes / IMEC.

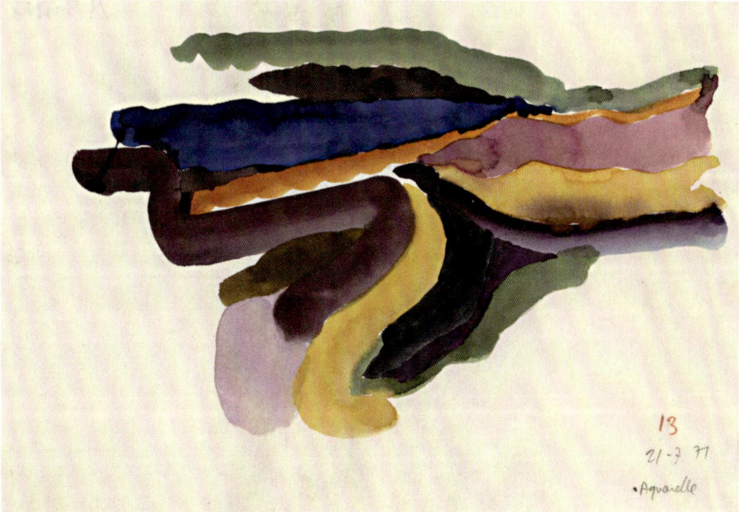

Sans titre, aquarelle sur papier, 27 juillet 1971, 17,2 x 26,1 cm.
Fonds Barthes / IMEC.

« Si littérature et peinture cessent d'être prises dans une réflexion hiérarchique, l'une étant le rétroviseur de l'autre, à quoi bon les tenir plus longtemps pour des objets à la fois solidaires et séparés, en un mot : classés ? Pourquoi ne pas annuler leur différence (purement substantielle) ? Pourquoi ne pas renoncer à la pluralité des "arts", pour mieux affirmer celle des "textes" ? » *Le modèle de la peinture.*

73 Robert Pinget

(1919-1997)

Né à Genève, Robert Pinget y fit ses études de droit, non sans quelques sérieuses incursions du côté de la poésie, de la musique et de la peinture. En 1946, il renonça à la carrière d'avocat pour s'inscrire aux cours de l'École des beaux-arts de Paris, dans l'atelier de Soubervie, l'un des disciples de Braque.

Quatre années plus tard, il cessa de peindre, mais, en 1951, Robert Pinget signa son premier livre, un recueil de nouvelles, *Entre Fantoine et Agapa*, édité à compte d'auteur à La Tour de feu. Par la suite, *Mahu ou le Matériau* fut publié par Robert Laffont en 1952, puis *Le Renard et la Boussole*, par Gallimard en 1953, avant que l'écrivain rejoigne, à partir de 1956, les Éditions de Minuit, à l'instigation de son ami Samuel Beckett. Il participa alors à l'aventure du Nouveau Roman, aux côtés d'Alain Robbe-Grillet, Michel Butor, Claude Ollier, Claude Simon et Nathalie Sarraute. Il publia discrètement une dizaine de livres, dont plusieurs pièces de théâtre, avant d'être révélé au grand public avec *L'Inquisitoire* (prix de la Critique en 1962) et *Quelqu'un* (prix Femina en 1965).

C.P.

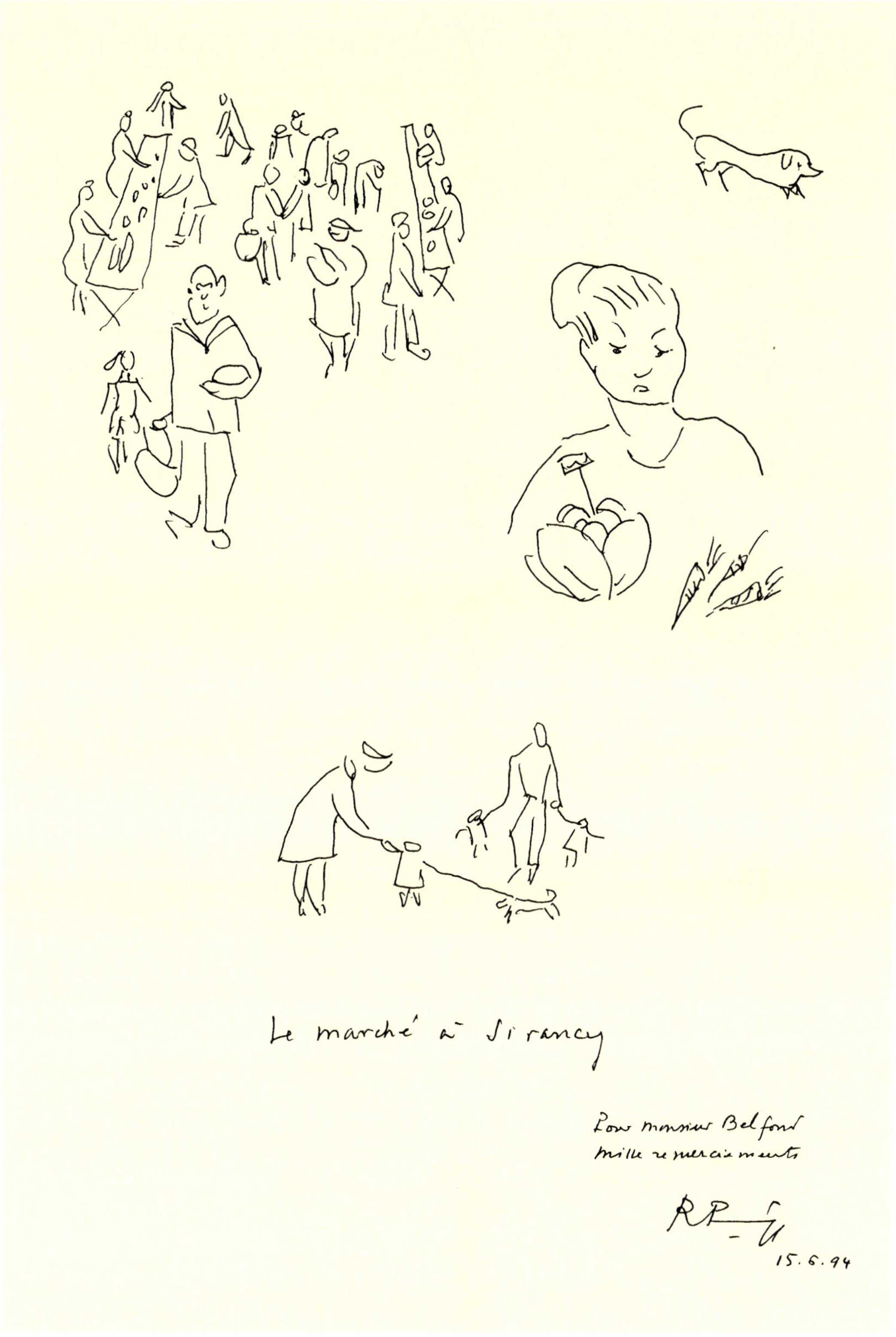

Le marché à Sirancy, stylo sur papier, 15 juin 1994, 27 x 20 cm. Collection P.F.B.

« J'aime le dessin. J'en fais souvent dans les marges de mes manuscrits. Je rappelle que j'ai été peintre autrefois et que parfois je le suis encore pour me délasser de la littérature. »

Robert Pinget à la lettre, Entretiens avec Madeleine Renouard, 1993.

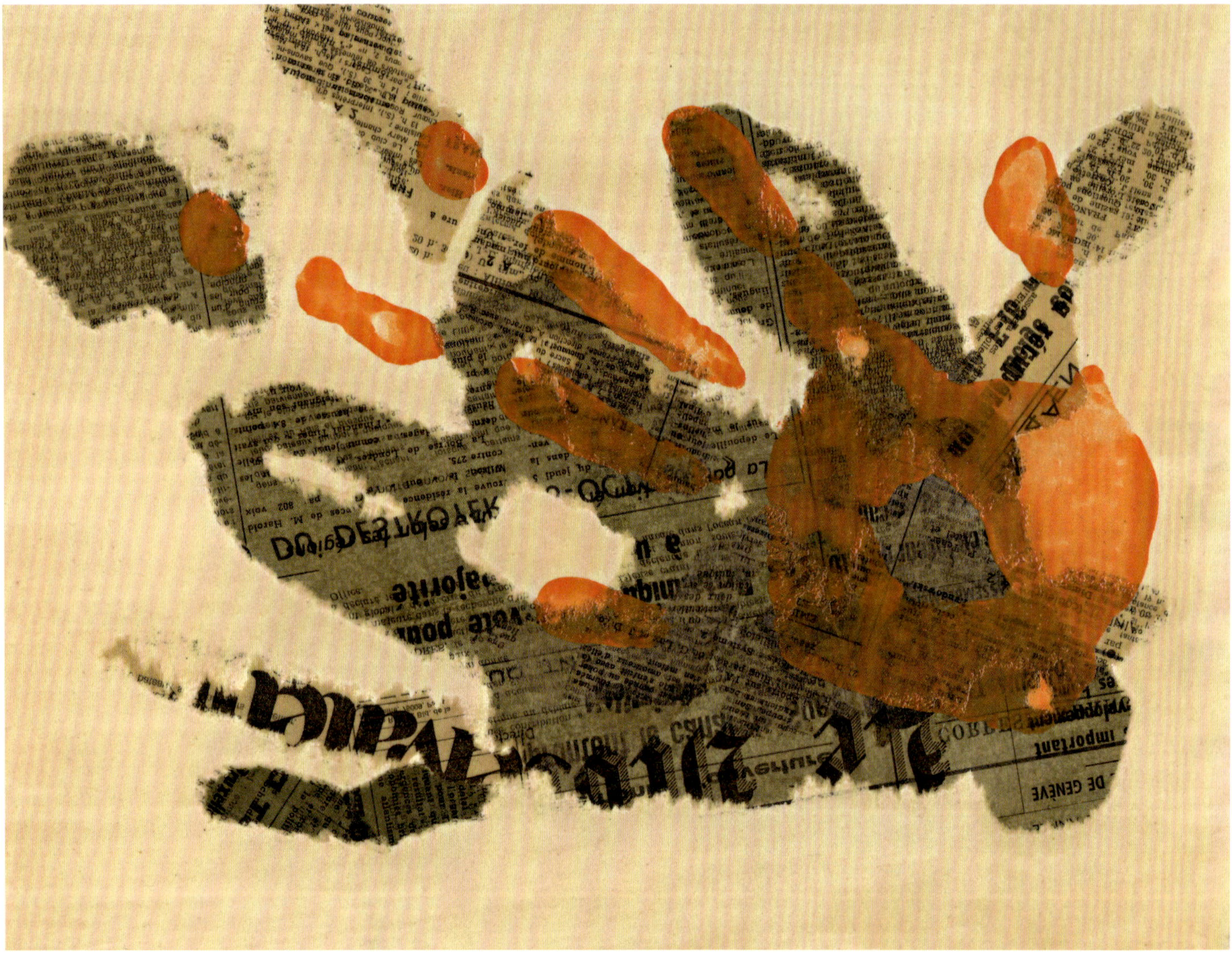

74 Alain Robbe-Grillet
(né en 1922)

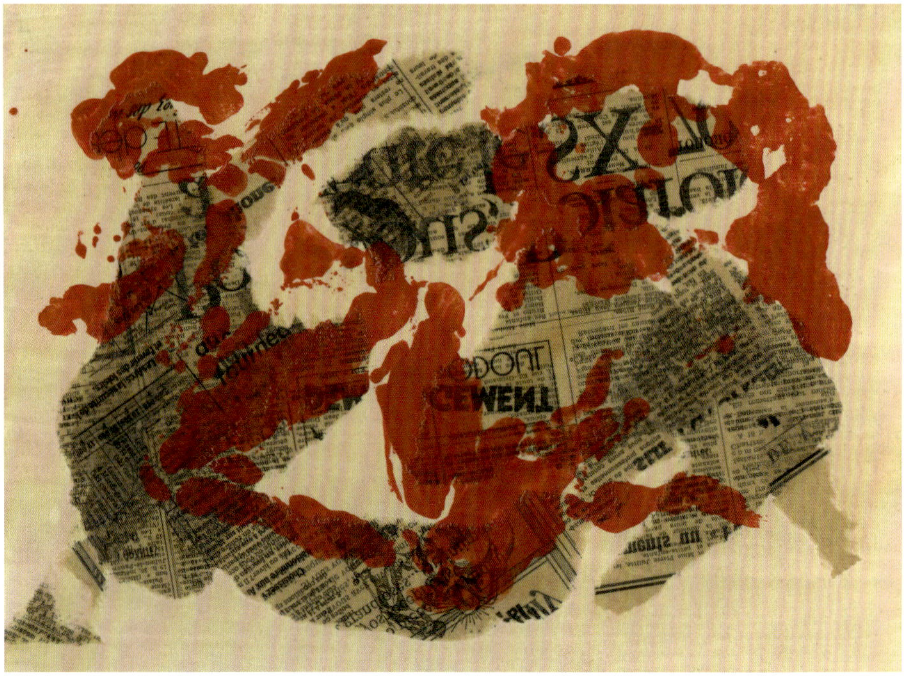

Œuvres sans titre, laque pour automobile, journaux, vernis à parquet, sans date, 32 x 24 cm.
Fonds Robbe-Grillet / IMEC.

Écrivain, cinéaste, Alain Robbe-Grillet rédigea son premier roman, *Un régicide*, en 1948 (ce récit, refusé, ne parut qu'en 1978), et publia ses premiers articles dès 1951 dans les revues *Critique*, *La NRF* et *Le Disque vert*. Après *Les Gommes*, publié en 1953 aux Éditions de Minuit, où il fut conseiller littéraire de 1955 à 1985, *Le Voyeur* (prix des Critiques, 1955) fut très favorablement reçu par Barthes, Blanchot et Bataille, mais divisa violemment la critique littéraire. Chroniqueur à *L'Express* en 1955-1956, Alain Robbe-Grillet y formula, en termes théoriques, les fondements du Nouveau Roman dont il fut considéré comme le chef de file. Ses récits (dont *La Jalousie*, 1957 ; *Dans le labyrinthe*, 1959 ; *Topologie d'une cité fantôme*, 1976 ; *Djinn*, 1981), ses « Mémoires », comme ses films dénoncent les conventions narratives et l'illusion du réalisme. « Vers ma douzième année, j'ai commencé à peindre — huile sur toile — et c'était délibérément cézannien, confia-t-il à Bernard Dufour dans un entretien pour *Art Press*. J'entends par là l'utilisation systématique de la "touche oblique", pour aplatir les peupliers et empêcher de tourner les pommes. En classe de dessin, on m'apprenait au contraire à les peindre en rond, pour les faire tourner et leur donner du volume. »

C.P.

« De toute manière, l'écriture, le cinéma, la peinture, la menuiserie, le jardinage, ce sont pour moi des travaux manuels. »
Alain Robbe-Grillet, entretiens avec Bernard Dufour,
Art Press n° 22, 1978.

75 Michel Butor
(né en 1926)

Au terme d'études de lettres et de philosophie, Michel Butor échoua à l'agrégation, mais apprit beaucoup au côté de Jean Wahl au Collège de philosophie. Devenu professeur de langue française à l'étranger (notamment en Égypte) et de philosophie à l'École internationale de Genève, il a commencé une carrière universitaire comme professeur de littérature, tout d'abord aux États-Unis, puis à l'université de Nice et finalement à l'université de Genève, jusqu'à sa retraite en 1991.

Michel Butor publia ses premiers écrits aux Éditions de Minuit, par l'intermédiaire de Georges Lambrichs : reconnu comme romancier, notamment avec *La Modification* (1957), et membre important du groupe du Nouveau Roman, il a cependant rompu avec l'écriture romanesque après *Degrés*, en 1960, en publiant *Mobile* en 1962. Cette volonté d'expérimentation se retrouve dans tous ses ouvrages, qu'il s'agisse de récits de voyage, de récits de rêves, ou dans ses très nombreuses collaborations avec des peintres et des artistes contemporains (recueillis dans la série des *Illustrations*).

Fils d'un passionné de dessin, d'aquarelle et de gravure sur bois, Butor a lui-même commencé à réaliser des découpages, des collages et des montages de cartes postales par lesquels il s'adresse à ses amis, à partir des années 1970.

S.B.

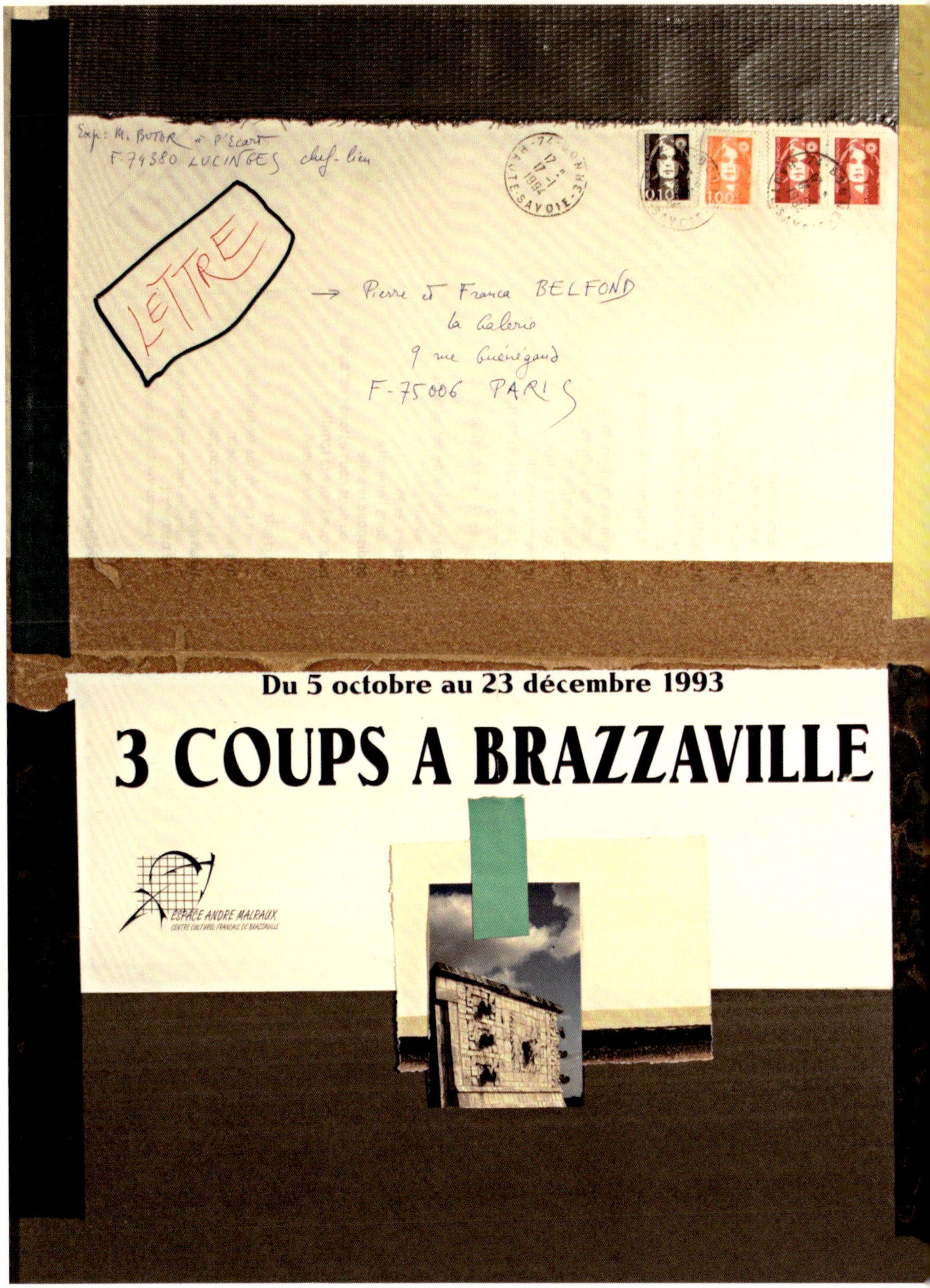

Lettre-collage manuscrite adressée à Pierre et Franca Belfond, 1994, 42,5 x 32 cm. Collection P.F.B.

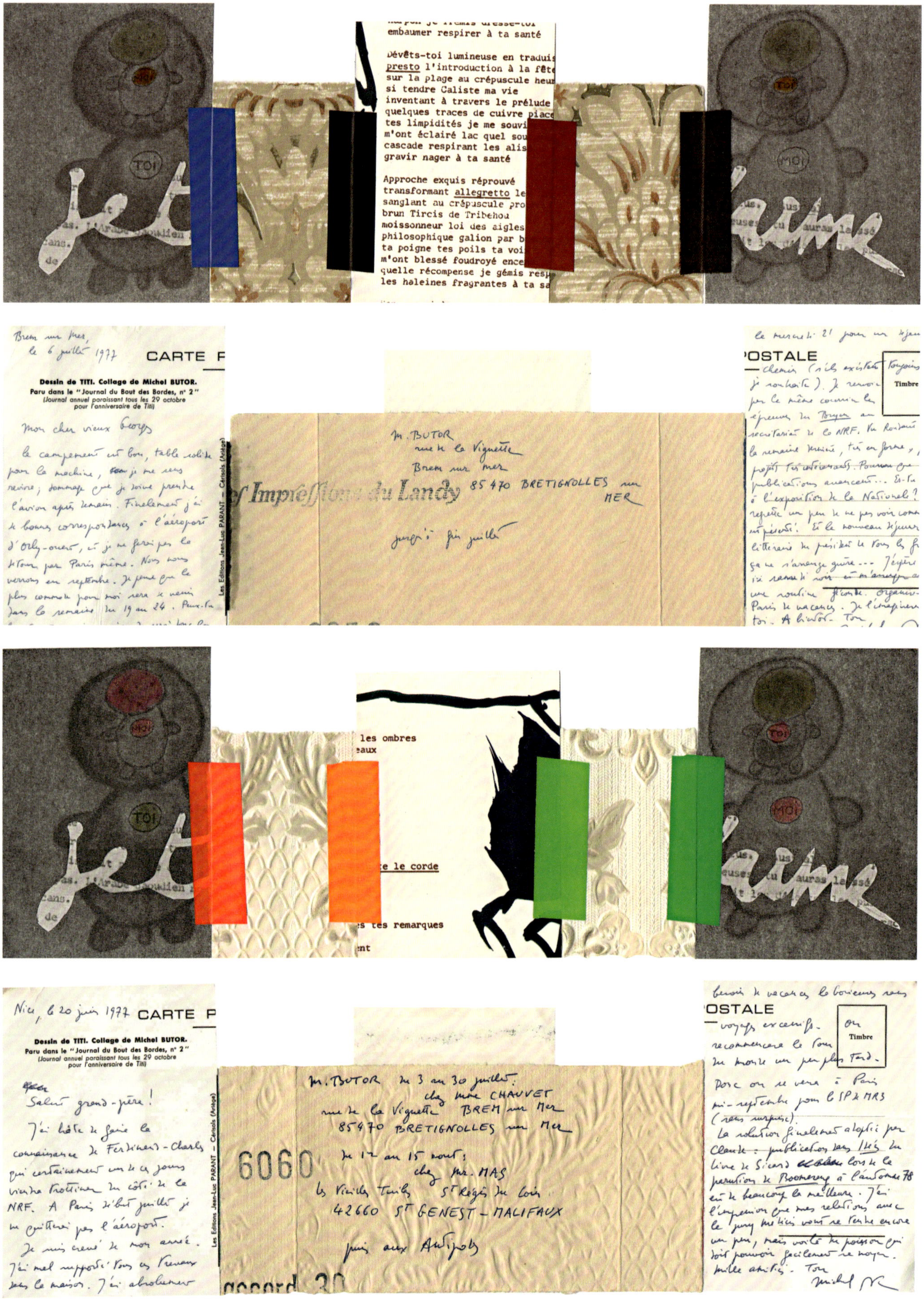

Michel Butor : lettres-collages à Georges Lambrichs, papier peint, cartes postales, imprimés, juin-juillet 1997, 11,1 x 33,3 cm. Fonds Lambrichs / IMEC.

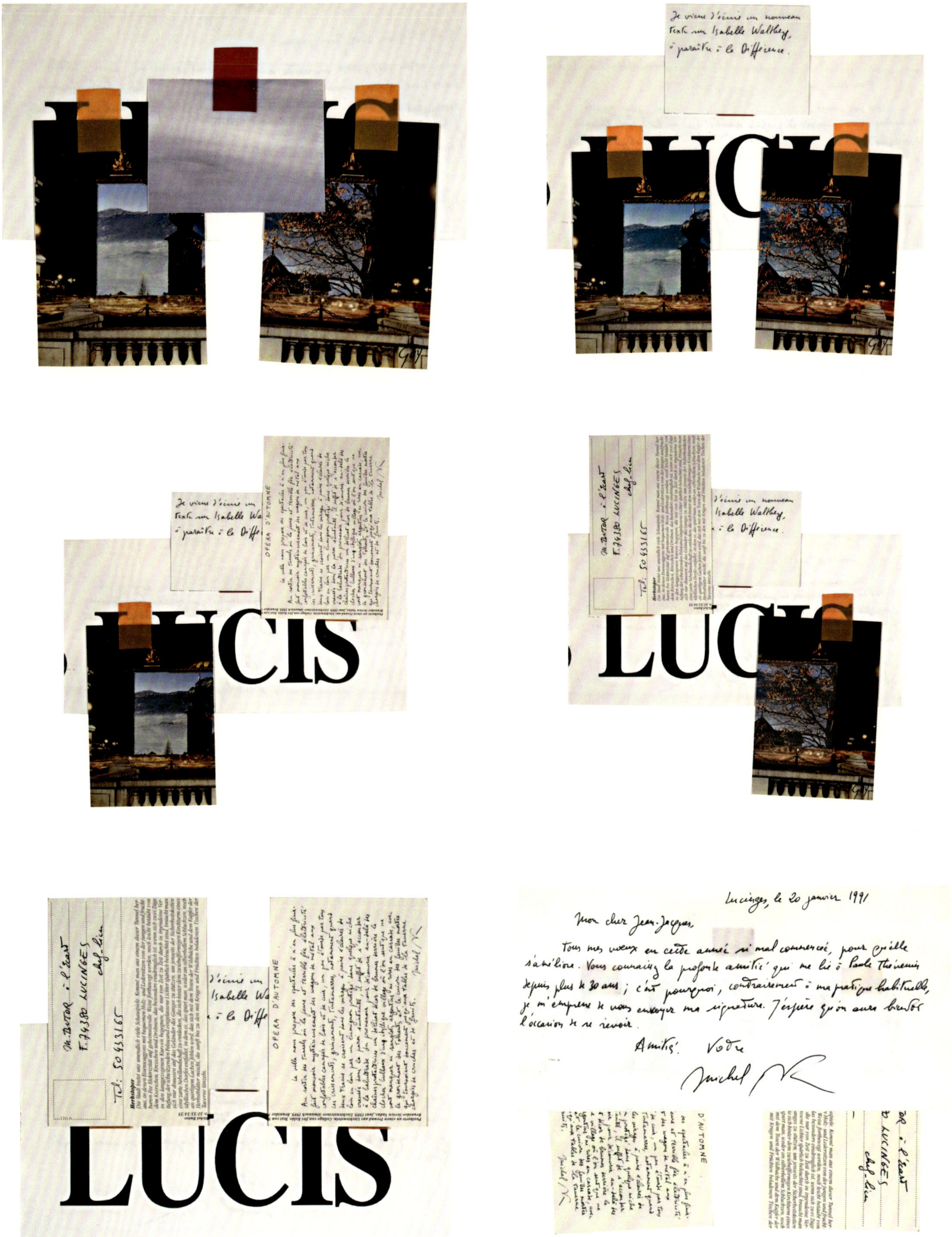

Lettre-collage manuscrite en six volets à Jean-Jacques Lebel, 1991, 15 x 20 cm par volet. Collection particulière.

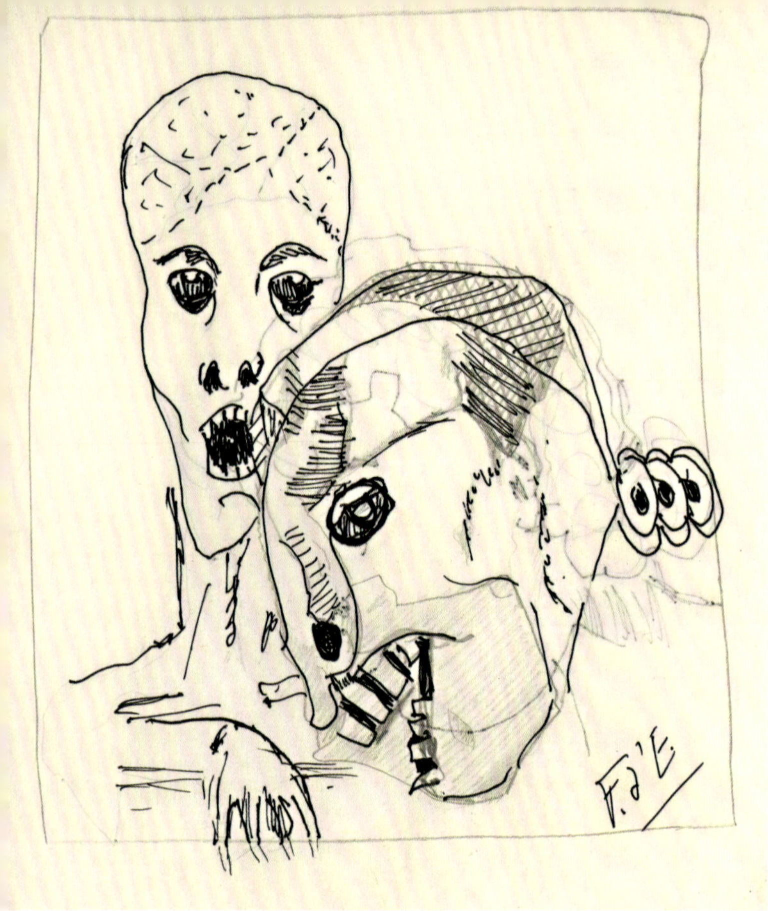

Sans titre, encre noire, sans date, 29,7 x 21 cm.
Fonds d'Eaubonne / IMEC.

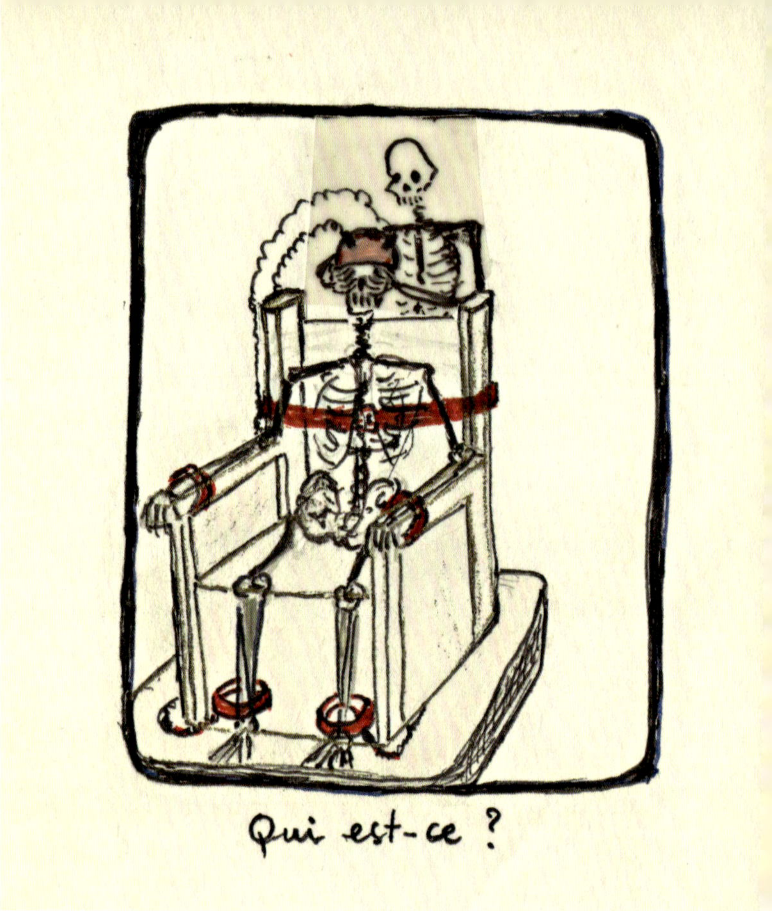

Qui est-ce ?, illustration pour *Camar(a)de* (1981), encre et feutre sur photocopie et calque, sans date, 20,5 x 14 cm. Fonds Roche / IMEC.

76 Françoise d'Eaubonne

(1920-2005)

Françoise d'Eaubonne fut résistante à Toulouse, puis membre du parti communiste jusqu'en 1957. Proche de Violette Leduc, de Nathalie Sarraute, de Simone de Beauvoir (*Une femme nommée Castor*, 1986) — dont la lecture du *Deuxième Sexe* fut pour elle fondateur. Elle fut à l'origine du Mouvement de libération des femmes au début des années 1960. En 1971, elle fonda avec l'écrivain homosexuel Guy Hocquenghem le Front homosexuel d'action révolutionnaire, mouvement soutenu par le philosophe Michel Foucault. En 1978, elle créa Écologie-Féminisme, mouvement qui connut moins d'écho en France qu'en Australie et aux États-Unis. Secrétaire de rédaction au *Fléau social* (1971) et à *L'Internationale* (1977), Françoise d'Eaubonne a publié de nombreux essais féministes, dont *Le Complexe de Diane* (1951), *Les Femmes avant le patriarcat* (1976), *Écologie-Féminisme* (1978). Elle a également publié des romans et des biographies. Ses *Mémoires irréductibles*, publiés en 2001, reprennent ses « mémoires précoces » — *Chienne de jeunesse*, 1965 ; *Les Monstres de l'été*, 1966 ; *L'Indicateur du réseau*, 1980 — et s'enrichissent d'une nouvelle partie rédigée de 1980 à 1999, *Les Feux du crépuscule*. *C. P.*

77 Maurice Roche

(1924-1997)

Après des études musicales et la publication d'un ouvrage de référence sur Monteverdi (1960), Maurice Roche publia un premier roman revendiquant d'emblée une certaine avant-garde, *Compact* (1966), dans la collection « Tel Quel ».

L'ensemble de son œuvre (*Circus*, 1972 ; *Code <X*, 1974 ; *Opéra bouffe*, 1975 ; *Mémoire*, 1976 ; *Macabré*, 1979 ; *Maladie mélodie*, 1980 ; *Je ne vais pas bien mais il faut que j'y aille*, grand prix de l'Humour noir, 1987 ; *Qui n'a pas vu Dieu n'a rien vu*, 1990), placée sous le signe du mélange des genres et de l'invention formelle, associe avec une ravageuse dérision aphorismes, notations musicales, jeux typographiques, discours savants et dessins, graphismes de tout ordre.

Obsédé par la mort, Maurice Roche en a décliné la thématique sous bien des registres littéraires, mais également sous forme de dessins, sérigraphies, collages, etc. *C.P.*

« J'ai rêvé que mon lit était un livre. Un grand livre. Un livre d'artiste. J'en étais le texte et l'illustration. Le titre : *Point d'ironie*. »

Grande Humoresque opus 27, 1997.

Maurice Roche : *Danse macabre*, sérigraphie, 1989, 39,8 x 60 cm. Fonds Roche / IMEC.

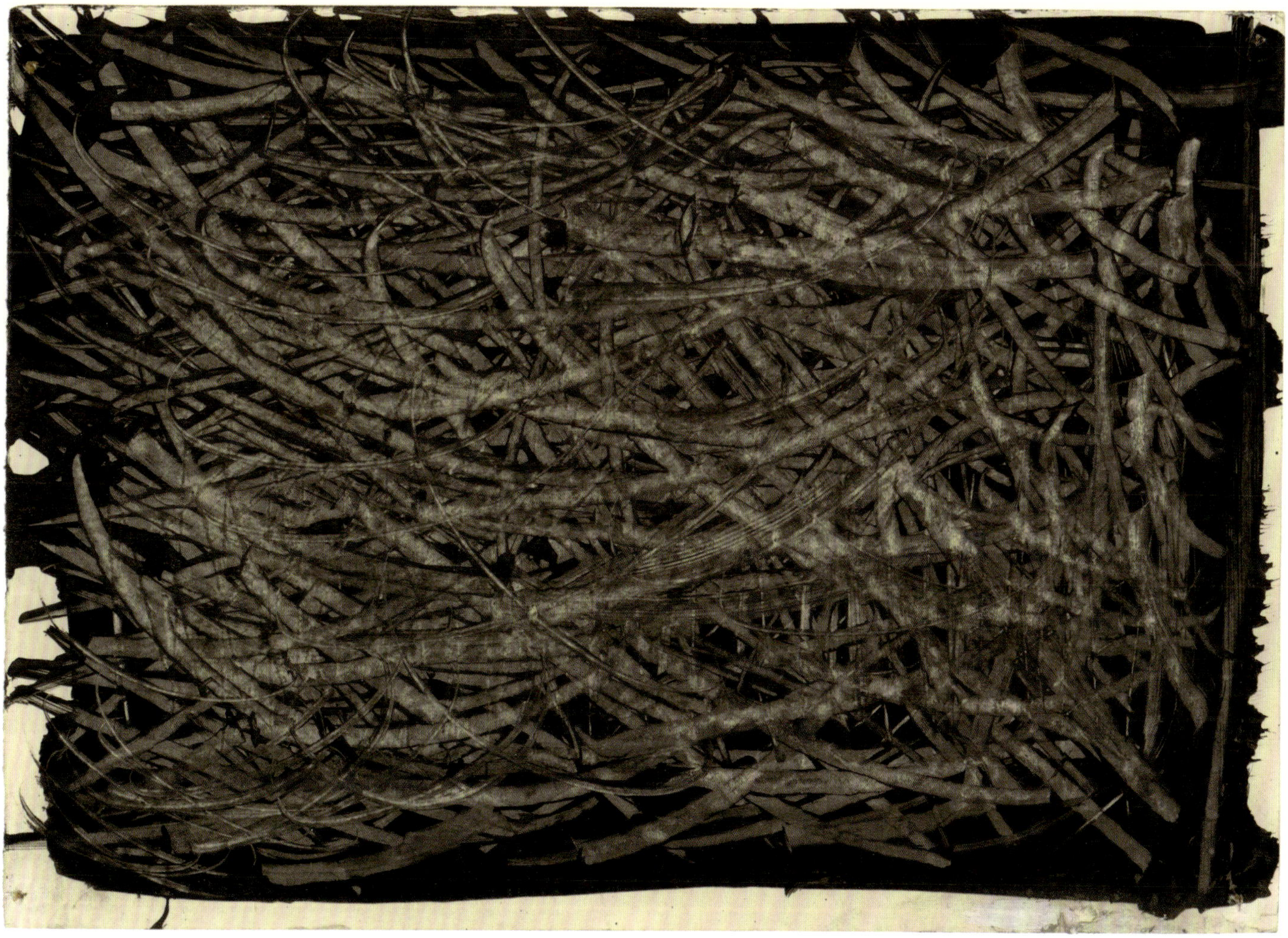

Sans titre, encre d'imprimerie sur papier, sans date, 25 x 17, 5 cm. Fonds Le Nouveau Commerce / IMEC.

78 Georges Perros (1923-1978)

Dès l'adolescence hanté par le théâtre, Georges Perros (de son vrai nom Georges Poulot) apprit le métier d'acteur pendant l'Occupation, fut engagé pour ses premiers rôles, rencontra ses premiers succès dès les lendemains de la guerre, mais il désira rapidement quitter ce milieu. À partir de 1950, sous l'influence de Jean Grenier qu'il venait de rencontrer, il se consacra à la lecture (il devint un des lecteurs de Jean Vilar, pour le Théâtre national populaire) et à l'écriture. En 1953, il commença à rédiger des notes de lecture pour *La NRF* de Jean Paulhan, auprès de qui Jean Grenier l'avait introduit, puis se retira avec sa famille au fin fond de la Bretagne, où il vécut dans la plus grande nécessité, mais libre de tout engagement non choisi. Son œuvre, partagée entre poèmes et courts fragments autobiographiques en prose (*Papiers collés I et II*, 1960 et 1973), exprime son renoncement au rêve d'être un pur esprit : « Ma vie est un suicide heureux. » Traversé de talents multiples, il fut non seulement acteur, écrivain et pianiste, mais aussi, pour ses amis, dessinateur et graveur.

C.P.

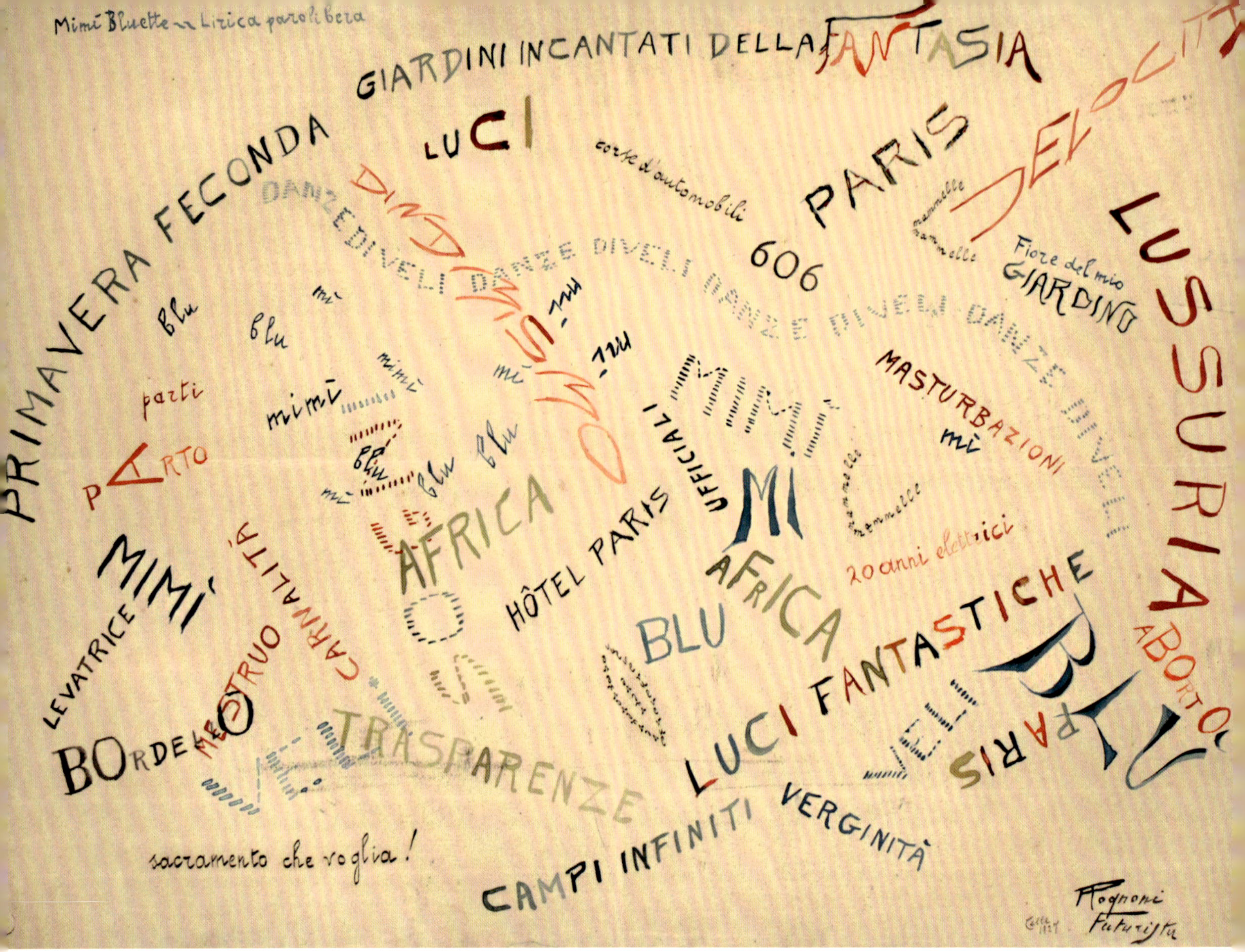

Mimi bluette. Lirica parolibera, aquarelle, 1927, 35,5 x 49 cm. Collection particulière.

79 Angelo Rognoni
(1896-1957)

Né à Pavie, Angelo Rognoni adhère au mouvement futuriste italien en 1910. Il partage la fascination pour le modernisme, le refus des valeurs bourgeoises et la croyance en l'avènement de l'homme nouveau, prôné par le chef de file Marinetti (auteur, en février 1909, du *Manifeste technique de la littérature futuriste*, qui donne le coup d'envoi du mouvement).

Dès la fin de la Première Guerre mondiale à laquelle il participe en tant que soldat et prisonnier de guerre, Angelo Rognoni prend ses distances avec Marinetti pour cause de divergence politique : tandis que ce dernier adhère au parti fasciste, Rognoni reste fidèle à sa sensibilité socialiste et anarchiste, exprimée par exemple dans le tableau *Reporter socialiste* (1921).

Sur le plan pictural, Rognoni ajoute à l'abstraction géométrique des à-plats et des zébrures, accentuant l'impression de mouvement. Ses toiles sont parsemées de mots écrits qui soulignent les sensations suggérées par les formes. En cela, ses travaux s'inscrivent jusqu'à sa mort dans la continuité des principes futuristes : rejet du bon goût, complémentarisme entre le mot et son illustration, recherche d'une polyphonie sensorielle.

Auteur d'un *Manifeste futuriste des parolibres plastiques* (janvier 1922), Angelo Rognoni rejoint les surréalistes en visant à brouiller les frontières entre expression visuelle et langagière. Il définit ses « parolibres plastiques » comme des « lyriques polyexpressifs », des « tableaux tactiles » où « des fils, du papier d'étain, des plumes, des voiles seront ajoutés aux mots ». Ses « poèmes motlibristes » exploitent la dimension phonétique du langage et ouvrent la voie au lettrisme. *S.B.*

80 Gabriel Pomerand (1925-1972)

Auteur de *Le Cri et son archange* (1948), *Lettres ouvertes à un mythe* (1949), *Les Méditations d'un bâtard* (1949), *Considérations objectives sur la pédérastie* (1949), *Notes sur la prostitution* (1950), *Saint Ghetto des prêts* (1950), *Le Testament d'un acquitté* (1951), *Le Petit Philosophe de poche* (1962), et *Le D. Man* (1966), et de trois films, Gabriel Pomerand n'a cessé de « nomadiser » hors des frontières de l'écriture ce qui, tout naturellement, l'a amené avec — puis contre — Isidore Isou, Dufrêne et quelques autres, à co-inventer le lettrisme.

Les tableaux que Pomerand a peints sont des textes qu'il avait écrits et lui-même imprimés. Ils sont lisibles en décodant ses alphabets alchimiques. Ce qu'il écrivait, il l'imprimait lui-même, le criait au Tabou (la célèbre boîte de nuit existentialiste de la rue Dauphine), le mettait en scène, en musique, en film. Il fit aussi, en utilisant ses propres alphabets alchimiques, des tableaux « métagraphiques », sa transposition picturale du lettrisme poétique qu'il lança en 1946 à Paris. Sa vie de misère ou de luxe, ses conférences sur la prostitution ou l'homosexualité, ses passions amoureuses, firent scandale. Avec ses amis Boris Vian et Juliette Gréco, il fit la légende de Saint-Germain-des-Prés. En 1952, il arrêta de peindre, mettant en pratique ce qu'allait théoriser l'Internationale lettriste, puis les situationnistes sur l'art. Pomerand prit la route pour Katmandou et expérimenta, à travers le monde, des modes de vie qui ignoraient les frontières terrestres, sociales et mentales. Une grande partie de son œuvre, dont son ouvrage contre le règne de l'argent, est inédite. *F.L.*

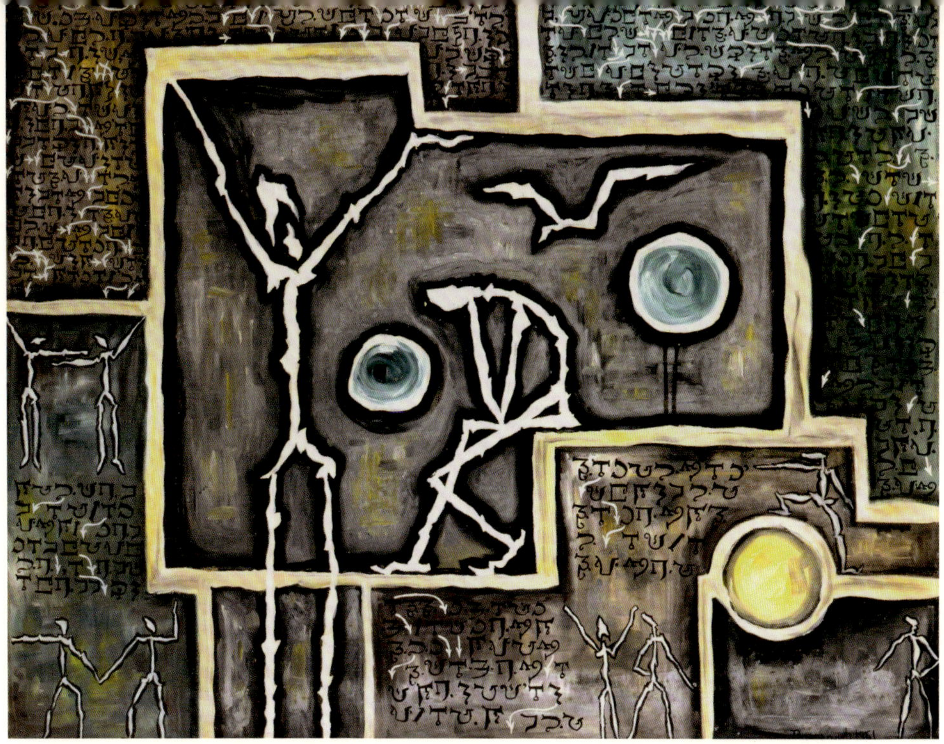

Méditation 15, peinture à l'huile sur toile, 1951, 65 x 81 cm. Collection particulière.

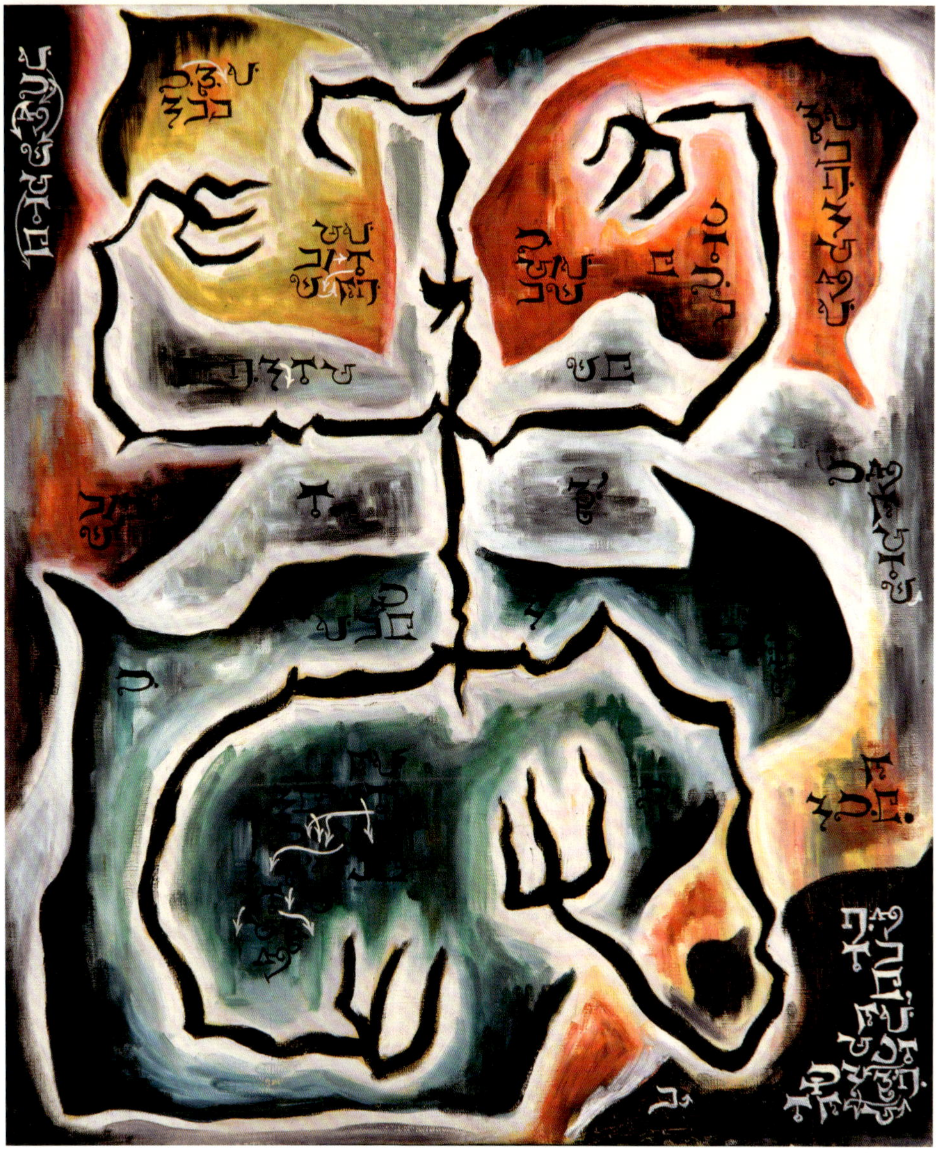

La Luxure, peinture à l'huile sur toile, 1952, 54,7 x 46 cm. Collection particulière.

81 François Dufrêne (1930-1982)

Fils d'un artiste peintre, François Dufrêne est d'abord poète. Attiré par la recherche d'une expression spontanée et universelle dégagée de tout assujettissement à la logique et à la culture, il adhère au mouvement lettriste fondé par Isidore Isou en 1946. Jusqu'en 1953, il se consacre à la quête d'une forme de langage aux frontières de la musique. Il invente les « crirythmes ultralettristes », qui utilisent les sons produits par l'appareil vocal (cris, souffles, claquements de langue, raclements de gorge…) pour entrelacer parole et musique, comme dans le *Tombeau de Pierre Larousse* (1958).

Dans les années 1950, sa rencontre avec différents artistes (Yves Klein, Hains, Villeglé…) le pousse à se tourner également vers la création plastique. À partir de 1957, il travaille avec des dessous d'affiches, lacérés, créant un art de la rue aux implications à la fois esthétiques, politiques et langagières.

Au début des années 1960, Dufrêne participe à la fondation du groupe des Nouveaux Réalistes. Il est aussi cofondateur de l'association Polyphonix en 1979 et participe régulièrement aux manifestations collectives du même nom, à Paris et à Caen. À travers des créations qui continuent de mêler utilisation du son, dimension graphique et travail sur le sens, il continue d'explorer la matière du langage : sa *Cantate des mots camés* (1977) joue sur les rapprochements phonétiques entre les mots pour former un texte qui paraît s'engendrer de lui-même, sans fin — le calembour suscitant le rire et la réflexion, les enchaînements sonores produisant musique et sens.

S.B.

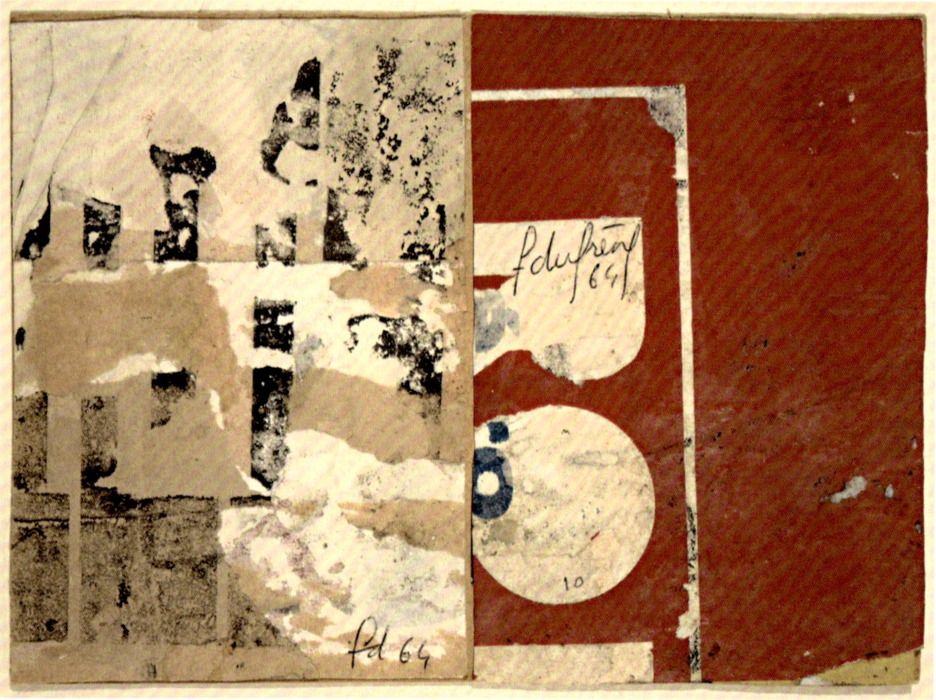

Sans titre, collage de dessous d'affiches, 9 juillet 1961, 58 x 47,5 cm. Collection particulière.

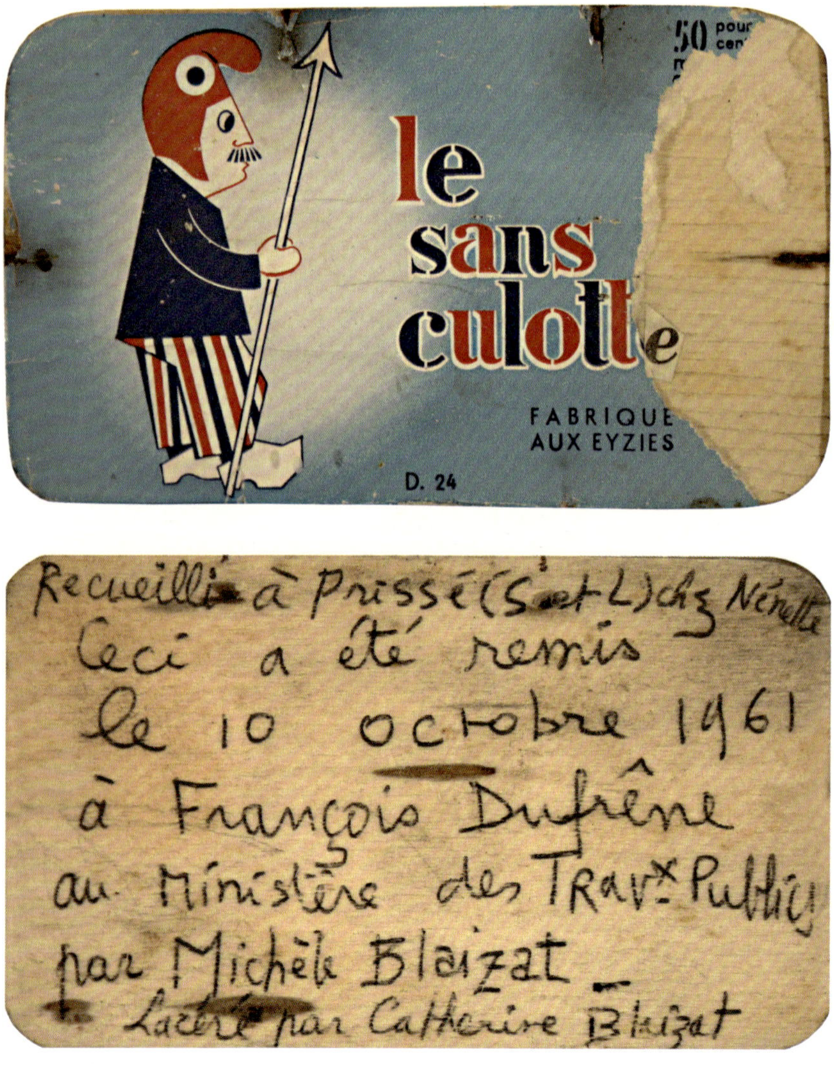

Le Sans-Culotte, collage avec inscription au verso, 1961,6,5 x 11,5 cm.Collection particulière.

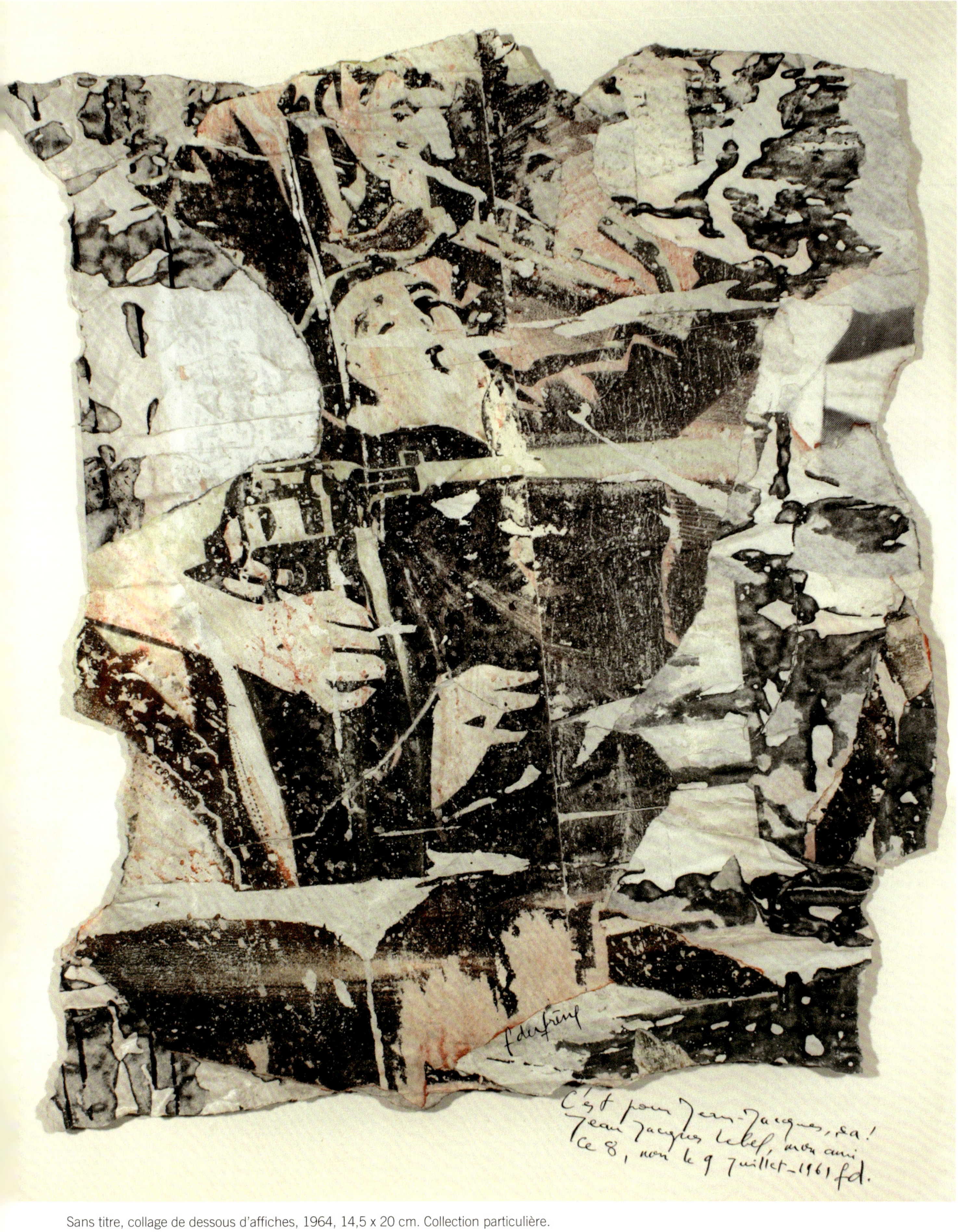

Sans titre, collage de dessous d'affiches, 1964, 14,5 x 20 cm. Collection particulière.

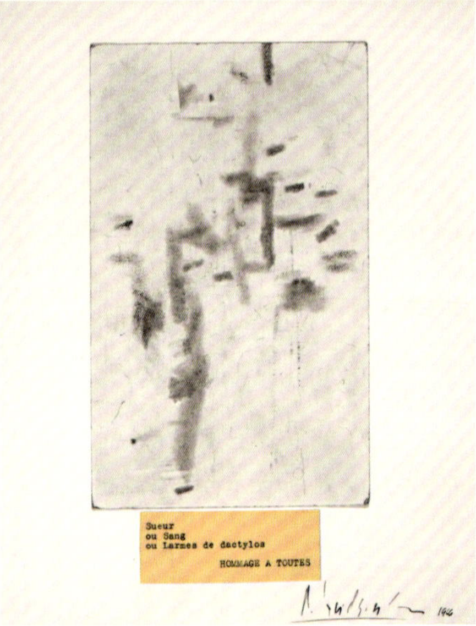

Hommage à toutes, dessin au carbone et poème, sans date, 27 x 21,5 cm.
Collection particulière.

82 Bernard Heidsieck
(né en 1928)

« La Poésie, dans la décade des années 1950, confite dans un ghetto, oscillait entre l'inflation des métaphores et la page blanche. Le Poème, passif au plus profond de la page, attendait de plus en plus vainement un lecteur hypothétique. Le sortir de cette agonie impliquait de le rendre "ACTIF", de le sortir de la page et du livre, et de le rebrancher, "DEBOUT", à son environnement social immédiat. Nous fûmes quelques-uns, et pas uniquement en France, bien évidemment, à prendre ce tournant radical », écrivait Bernard Heidsieck en introduction à sa plus récente exposition d'œuvres plastiques (« Kaplan's Project », Palazzo Spinelli, Naples, été 2007). Et, en effet, depuis 1955, il a fait plus de 540 lectures publiques de ses textes dans une vingtaine de pays (dont 225 étaient des manifestations individuelles, les autres collectives). Il assuma aussi un certain temps la présidence tournante de l'Association Polyphonix et a participé aux principaux festivals de poésie à travers le monde.

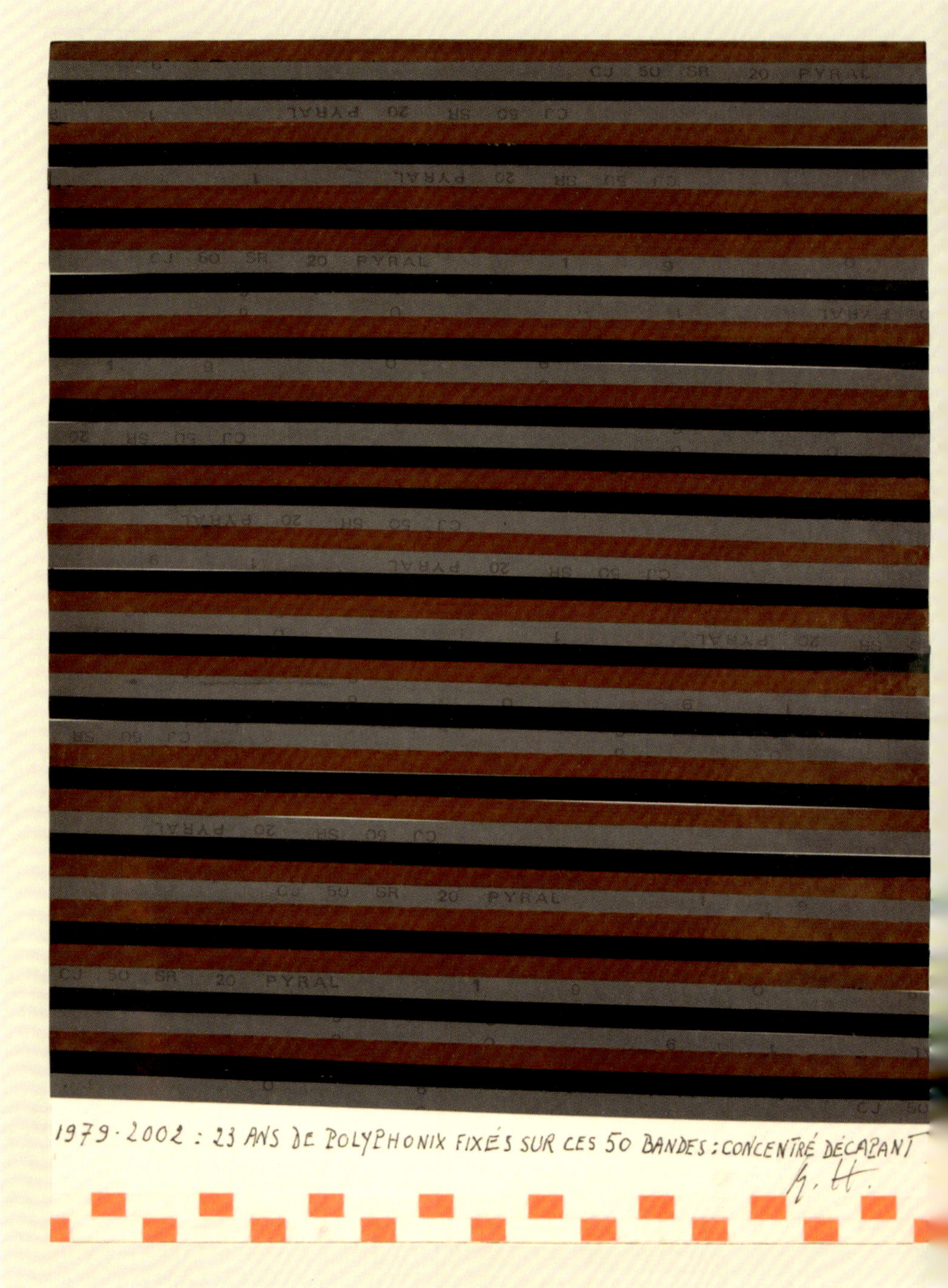

Sans titre, bandes magnétiques sur carton, sans date, 31,5 x 23 cm. Collection particulière.

Nous reproduisons deux échantillons exemplaires des *Écritures/Collages* qu'il pratique et expose depuis 1970. Cette appellation rend compte du caractère hybride de ses activités, tout à la fois sonores, scripturales, corporelles et plastiques, où les bandes magnétiques enregistrées sont utilisées non seulement comme matériau sonore, mais comme matériau visuel et éléments constitutifs du collage.

Ses nombreux enregistrements, publications et expositions lui ont valu la reconnaissance d'un public enthousiaste. Au début du XXe siècle, le titre honorifique de « Prince des Poètes » était décerné à Paul Fort par ses collègues. À l'aube du XXIe siècle, cette « distinction », d'autant plus prestigieuse qu'elle est imaginaire et invisible, est portée avec une élégance rare par Bernard Heidsieck. *J.J.L.*

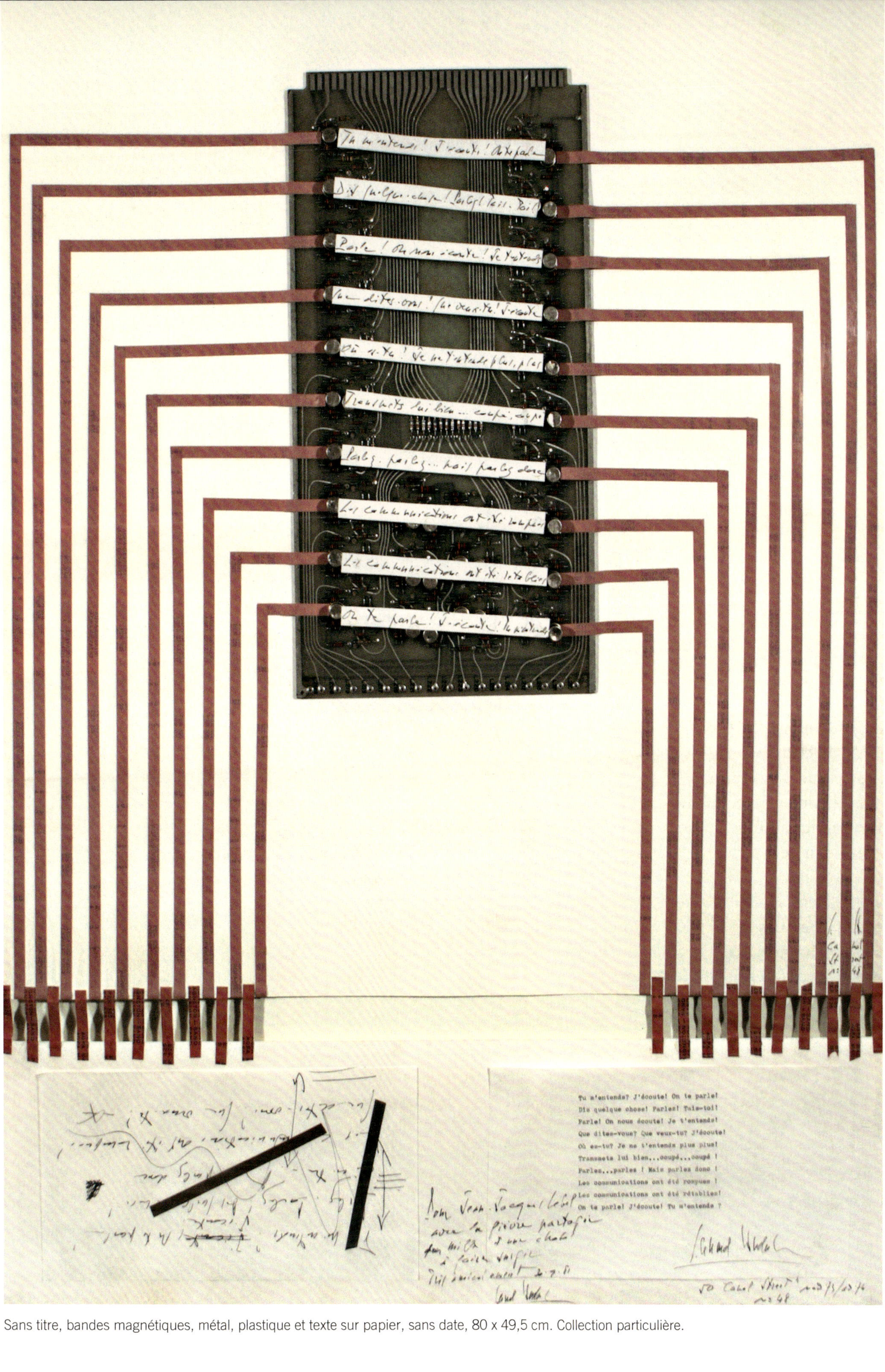

Sans titre, bandes magnétiques, métal, plastique et texte sur papier, sans date, 80 x 49,5 cm. Collection particulière.

83 Serge Pey
(né en 1950)

Les bâtisseurs musulmans traditionnels ont, depuis des siècles, fait calligraphier des sourates sur les carrelages du revêtement de leurs bâtisses. Restif de La Bretonne se contentait de griffonner à la craie ses *Inscriptions* sur les murs et les ponts de sa chère île Saint-Louis. Victor Hugo écrivait à l'encre et à la plume distiques et dédicaces sur de gros galets ramassés sur la plage pour les offrir à ses proches, durant son long exil à Guernesey. René Char et Victor Brauner ont continué dans cette voie en utilisant des galets comme supports à textes et à peintures. Plusieurs cinéastes expérimentaux ont gratté, à même la pellicule, des mots et des signes. D'autres se livrent à des grattages sur papier photographique développé. Ce type d'activité scripturale et picturale se différencie nettement des graffitis — simples signatures géantes et marquages de territoires — dont les villes sont envahies.

Serge Pey, quant à lui, écrit, peint et dessine — de bas en haut — sur des bâtons d'environ un mètre cinquante de long dont il se sert dans ses performances ritualisées, chaloupées, à la fois dansées sur place, en connivence intime avec la Planète Terre amoureusement et rythmiquement piétinée — comme s'il écrasait sensuellement une cuvée de raisins sous ses plantes de pieds nues —, et chantées ou vociférées à la façon des chamans. En lisant ses bâtons à très haute voix, il accomplit un acte d'exorcisme *artaudien*. Ses bâtons écrits sont beaucoup plus que des simples objets d'art à destination du marché : des poèmes sculptés, des instruments d'*art-action*.

J.J.L.

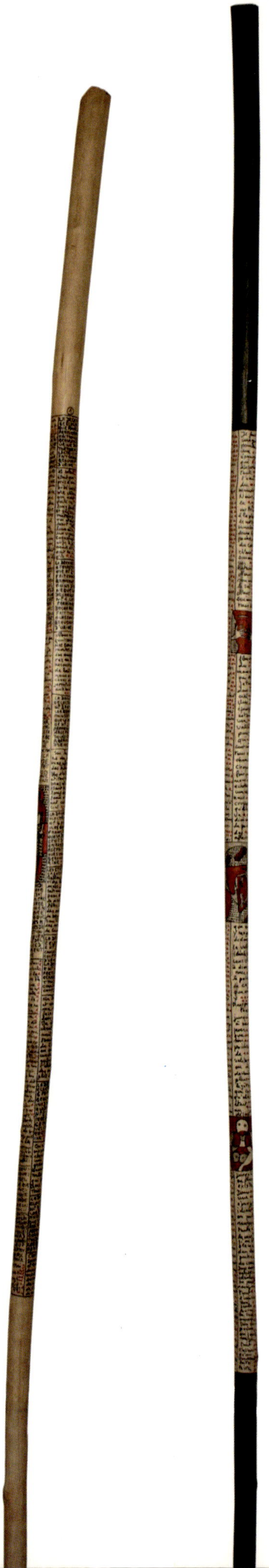

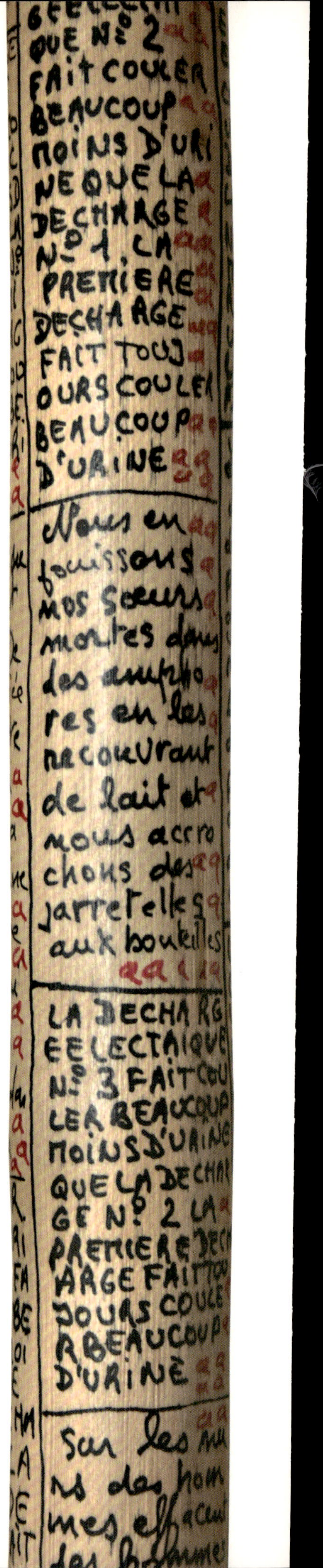

Deux *Bâtons écrits* et détails, écriture à l'encre et peinture sur bois, 1995, 150 x 1,5 cm. Collection particulière.

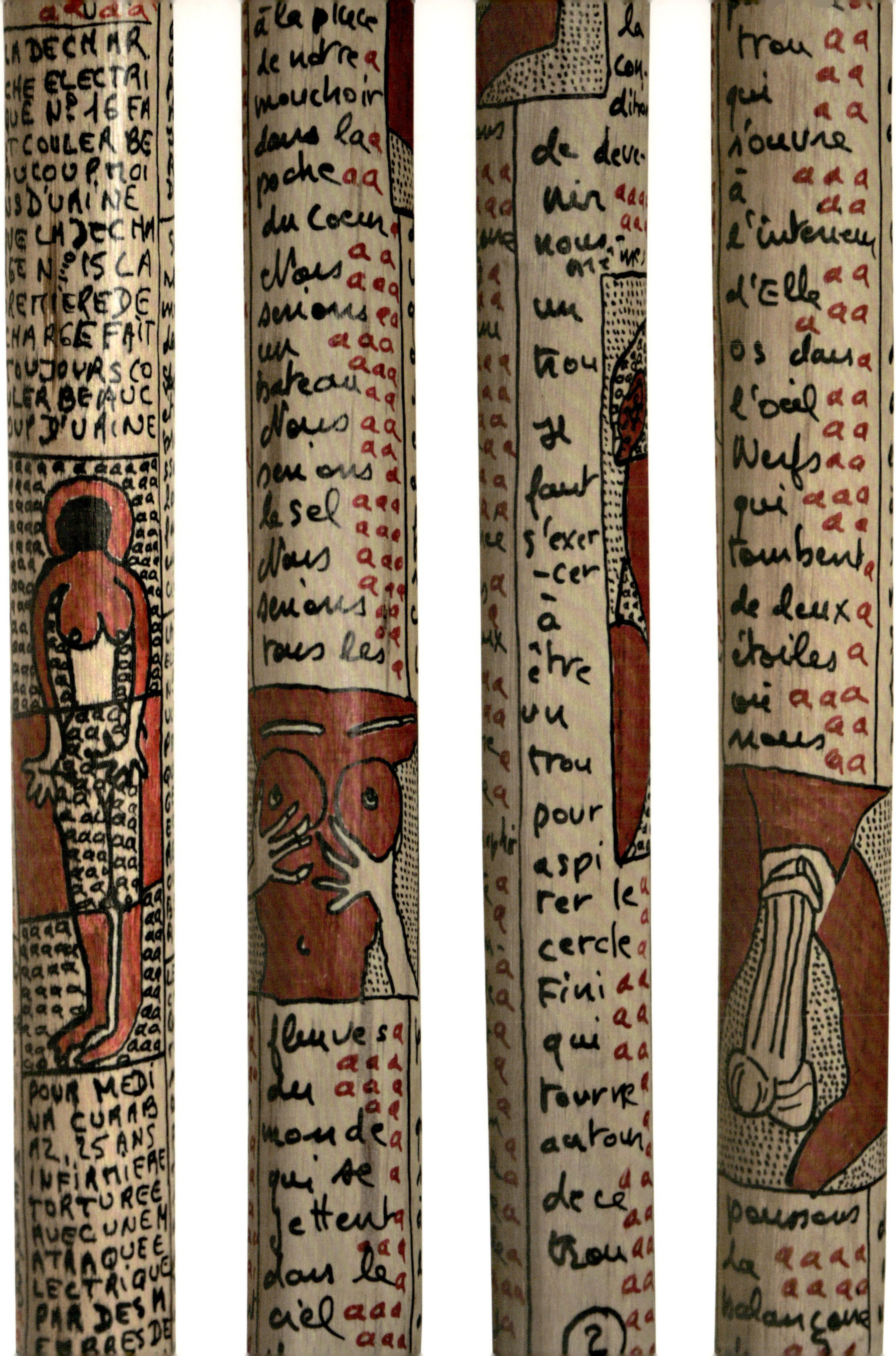
LA DECHARCHE ELECTRIQUE N° 16 FAIT COULER BEAUCOUP MOINS D'URINE QUE LA DECHARGE N° 15 LA PREMIERE DECHARGE FAIT TOUJOURS COULER BEAUCOUP D'URINE
POUR MEDINA CURABAZ 25 ANS INFIRMIERE TORTUREE AVEC UNE MATAQUEE ELECTRIQUE PAR DES MEMBRES DE
à la place de notre mouchoir dans la poche du coeur Nous serions un bateau Nous serions le sel Nous serions tous les
fleuves du monde qui se jettent dans le ciel
la condition
de devenir nous-même un trou Il faut s'exercer à être un trou pour aspirer le cercle Fini qui tourne autour de ce trou
2
trou qui s'ouvre à l'intérieur d'Elle os dans l'oeil Neufs qui tombent de deux étoiles qui nous
poussons la balançoire

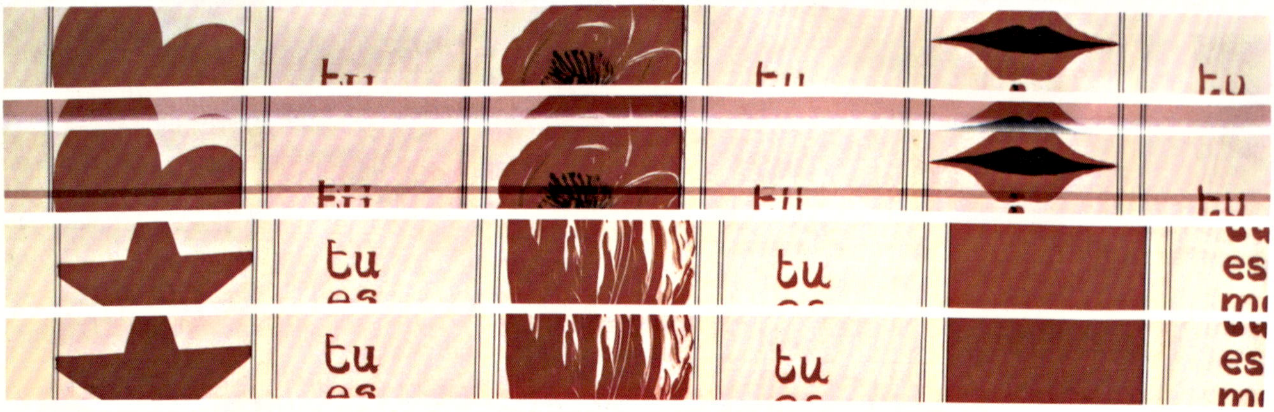

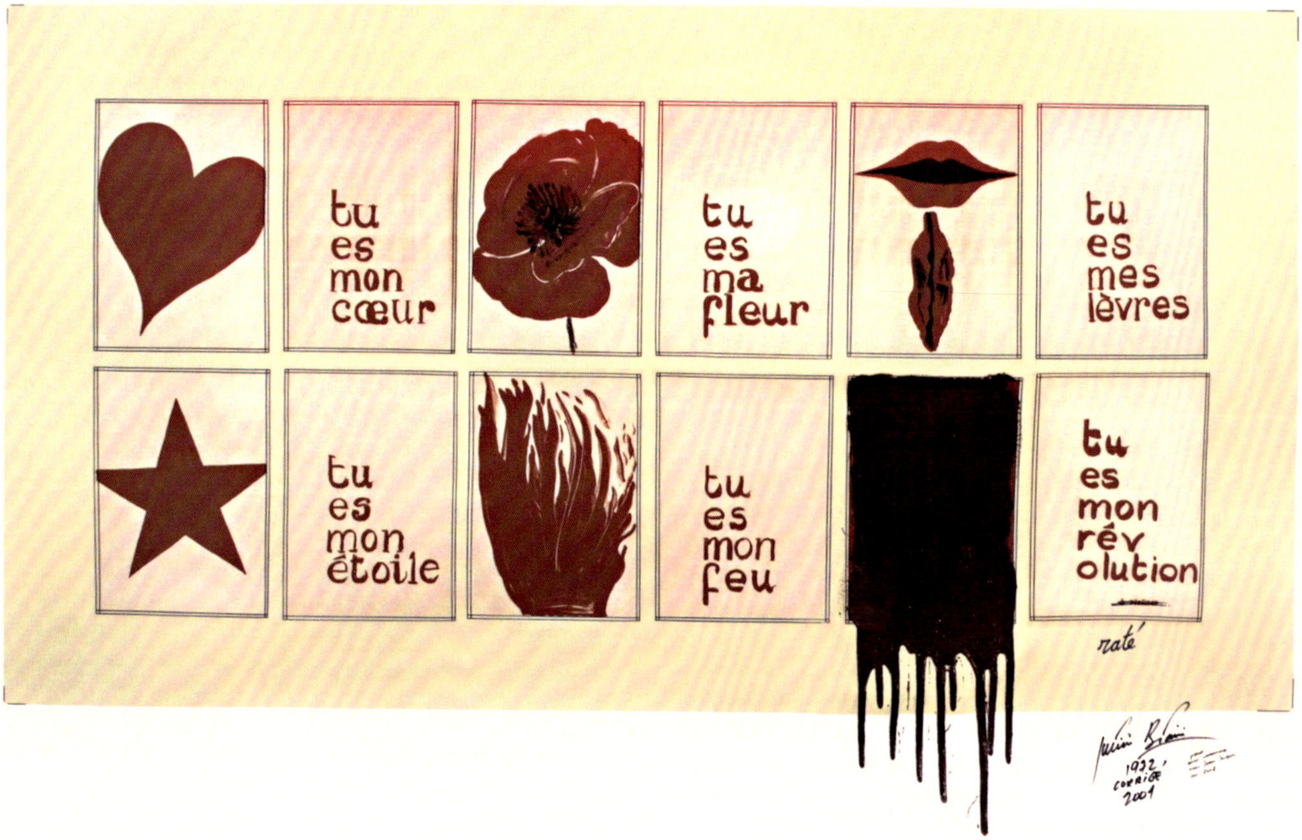

Poème élémentaire, technique mixte, 1972 et 2001, 151 x 150 cm. Collection particulière.

84 Julien Blaine
(né en 1942)

En 1993 s'est déroulé un événement artistique de grande ampleur, qualifié d'historique par les plus fervents, qui marque un tournant dans le rapport, pour le moins hostile, entre les institutions muséales européennes et le courant — très vivace mais tenu, en toute logique, à l'écart de la culture officielle et du marché — de ladite « poésie-action ».

Au Centre de la Vieille Charité, à Marseille, eut lieu « Poésure et Peintrie », une manifestation internationale entièrement consacrée, comme son nom l'indique, à l'*entre-deux*. Cet événement a pu être réalisé non sans difficulté, grâce aux efforts conjugués de l'adjoint du maire pour la Culture — Christian Poitevin, en poésie Julien Blaine — et du directeur des musées marseillais, Bernard Blistène.

Écrivain, éditeur de revues, de livres, organisateur de festivals et de colloques, praticien de la « poésie élémentaire », polémiste et performer, il allait de soi que cet homme multidimensionnel devait pratiquer aussi, passionnément, les arts plastiques.

J.J.L.

85 Arnaud Labelle-Rojoux

(né en 1950)

Arnaud Labelle-Rojoux fait partie — avec ses amis de Polyphonix et d'ailleurs, Julien Blaine, Bernard Heidsieck, Michèle Métail, Joël Hubaut, Esther Ferrer et tant d'autres — de cette cohorte par définition « sauvage », passant sans vergogne et avec grande souplesse de l'écriture aux arts plastiques, des arts plastiques à la performance, de la performance à l'écriture. Les titres qu'il a publiés, sans oublier les ouvrages collectifs auxquels il a participé, se lisent comme un manifeste de l'*Art parodic*, qu'il pratique avec frénésie et qu'il expose volontiers en galerie et en musée. Qu'on en juge :

L'acte pour l'art
Récits de la vie de Michelangelo Merisi dit Le Caravage
L'art parodic
Junot B. Goode
Twist dans le studio de Vélazquez
Elvis
Je suis bouleversé
Poésie en action
L'ivresse
Art-Action
Poésie directe
Le cœur du mystère.

J.J.L.

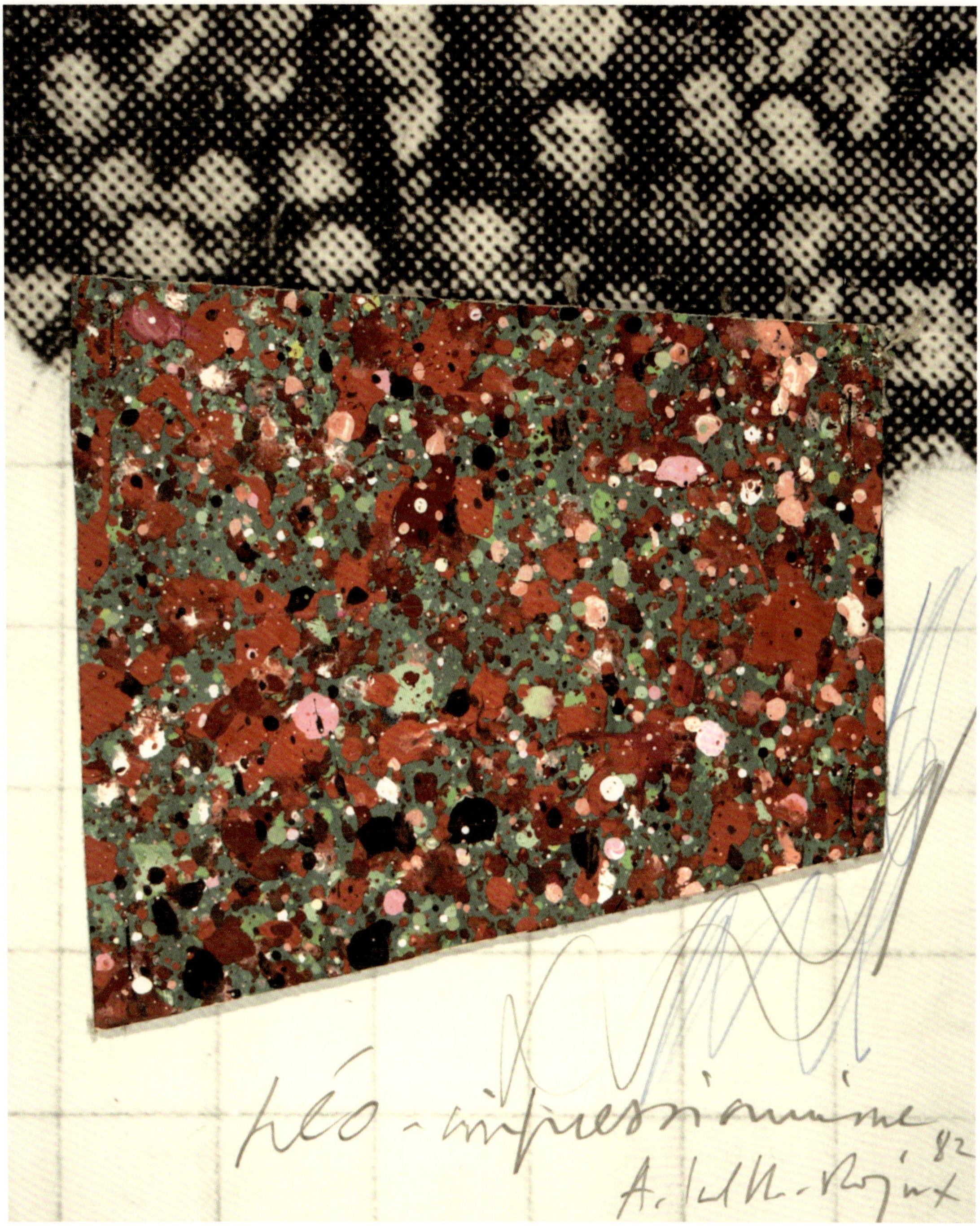

Néo-impressionnisme, collage et dessin sur carton, sans date, 19 x 16,5 cm. Collection particulière.

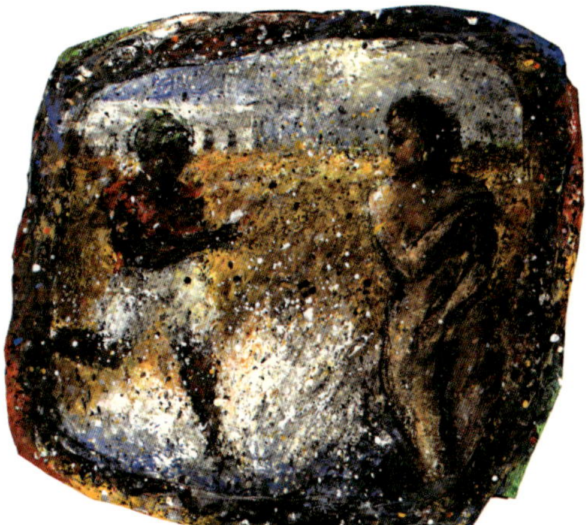

Bethsabée, peinture sur carton, 1985, 23 x 25 cm. Collection particulière.

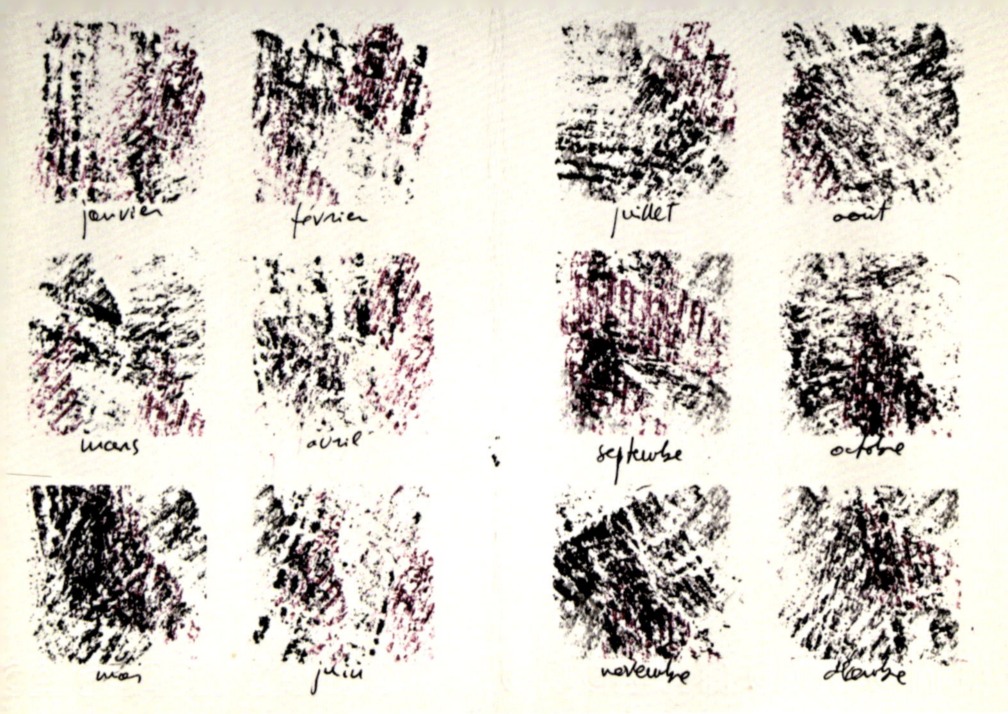

Nanni Balestrini : Calendrier, encre sur papier, 1984, 15,5 x 22 cm. Collection particulière.

86 Nanni Balestrini
(né en 1935)

Depuis plus de quarante ans, Nanni Balestrini est l'un des représentants majeurs de l'avant-garde artistique italienne. Dans les années 1960, membre du groupe poétique bien nommé des « Novissimi », il est l'un des acteurs les plus actifs du « Groupe 63 », et participe, jusqu'à aujourd'hui, à la création de nombreuses revues littéraires d'avant-garde.

Ses poèmes et ses récits expérimentaux, qui travaillent sur la répétition et l'obsession, portent la trace de l'influence de Thomas Bernhardt, comme des tentatives sérielles des années 1960. Balestrini est notamment à l'origine des productions textuelles informatiques : en 1961 et 1963, il expérimente ainsi les recompositions aléatoires de textes sur ordinateur (*Text Mark I et II*).

Nanni Balestrini est directeur littéraire pour les Éditions Feltrinelli de 1962 à 1972, date de l'assassinat de leur fondateur, Giangiacomo Feltrinelli, dont il retrace la vie dans son roman *L'Éditeur* (traduit en 1995). Il écrit plusieurs romans sur les luttes politiques extraparlementaires de la période 1968-1978, les « années de plomb » italiennes, les échecs et les désillusions de l'extrême gauche (*Les Invisibles*, traduit en 1982).

Il a également travaillé pour le cinéma et la télévision, et exposé ses œuvres graphiques et plastiques dans de nombreuses galeries italiennes et françaises. *S.B.*

87 Franco Beltrametti
(né en 1941)

Né à l'ombre du Monte Verita — haut lieu de l'utopie — le Tessinois Beltrametti s'est d'abord passionné pour l'histoire de l'architecture, matière qu'il enseigna dans diverses universités au Japon, en Californie et en Suisse. Parallèlement, il a pratiqué la poésie-performance dans de nombreux festivals internationaux, de même que les arts visuels (expositions à Zurich, à Berne, à Rome, à Bologne, à New York, à Boulder et à San Francisco), tout en animant des revues de poésie (*Montagna Rossa*, *Tam Tam*, *Abracadabra*) et les Éditions Scorribanda. À propos de son abondante production littéraire et artistique, Giovanni Anceschi a noté que « le recyclage de produits "marginaux" semble être la méthode employée par Beltrametti, y compris le Beltrametti poète linéaire, au point de faire disparaître la notion de produit principal. C'est la méthode qui est principale ». *J.J.L.*

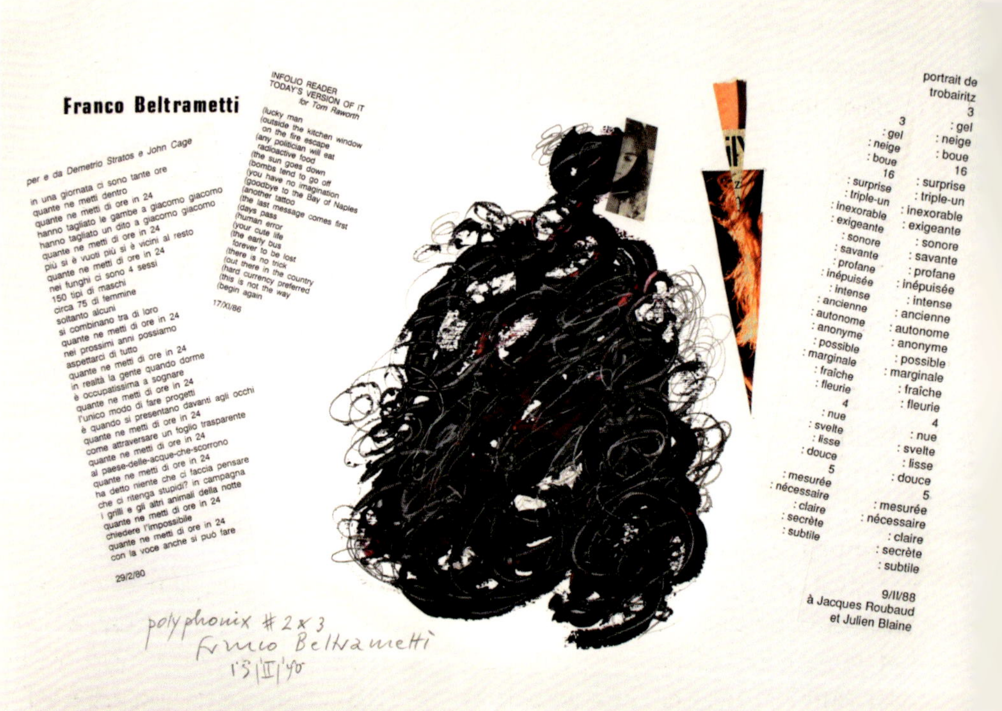

Franco Beltrametti : Poème visuel en deux volets, collage à partir de texte imprimé, photo, gouache sur papier, 13 février 1990, 32 x 48,2 cm. Collection particulière.

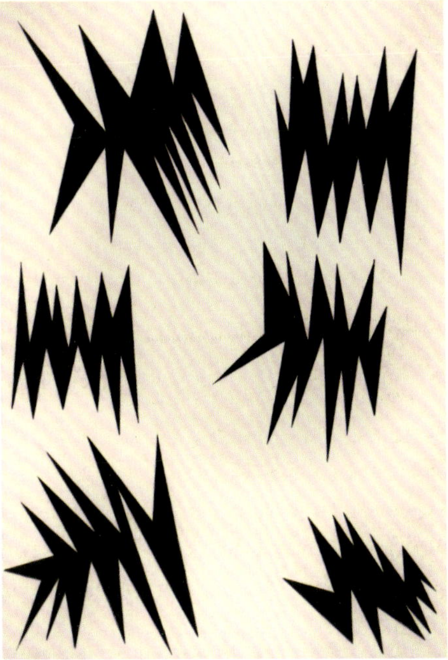

Sans titre, crayon sur carton, 1990, 21 x 29,7 cm.
Collection particulière.

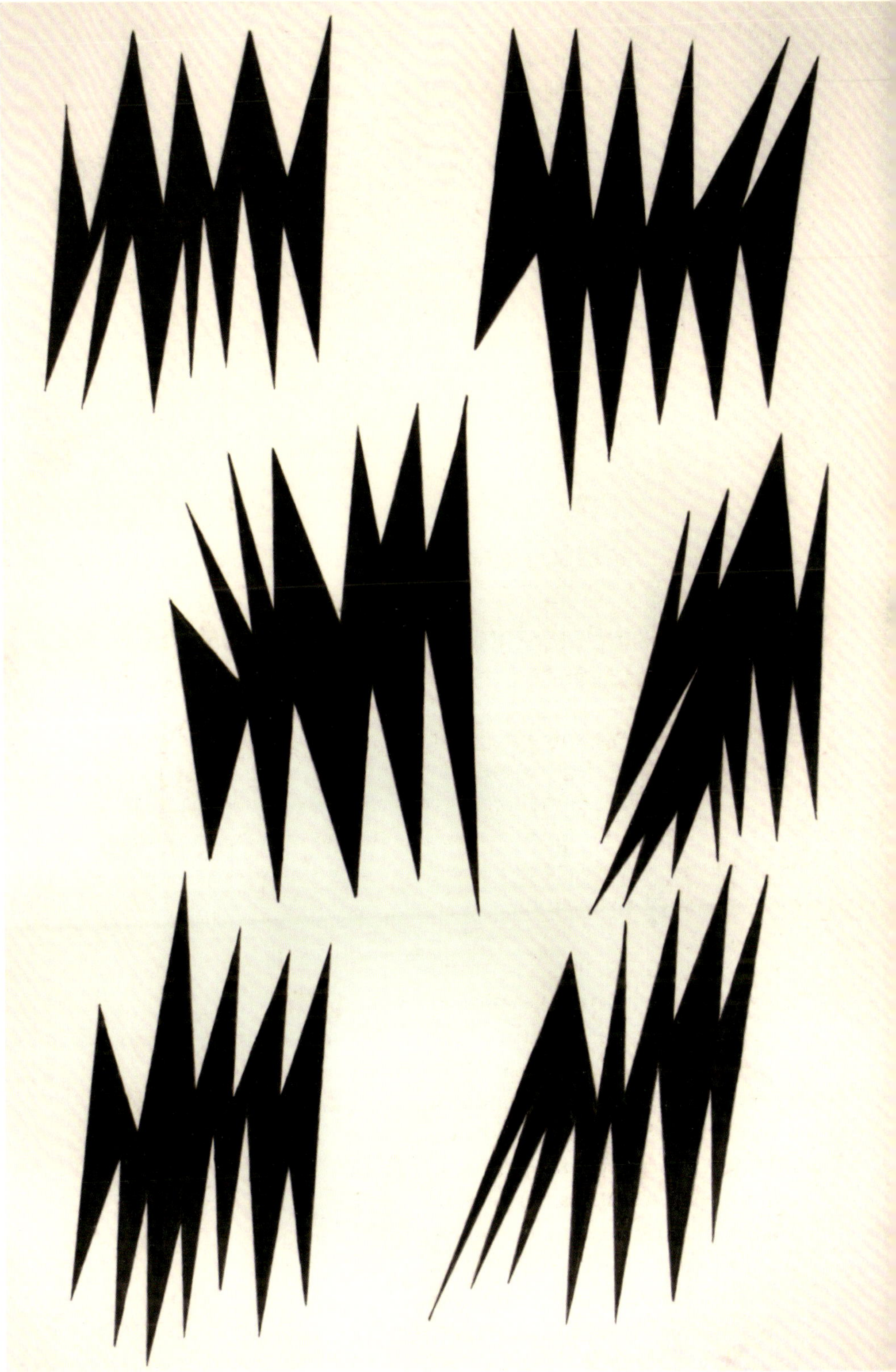

Sans titre, crayon sur carton, 1990, 21 x 29,7 cm. Collection particulière.

88 Eberhard Blum
(né en 1940)

À l'instar du grand poète et plasticien Kurt Schwitters — son modèle à plus d'un égard — Eberhard Blum a d'abord étudié et pratiqué la musique. Devenu flûtiste virtuose, il s'est taillé une excellente réputation mondiale d'interprète des musiques dites « expérimentales », notamment de John Cage, Morton Feldman, Earle Brown, Karlheinz Stockhausen et de nombreux compositeurs émergents. Basé à Berlin, il a gravé plus de trente CD et ses enregistrements, aussi rigoureux qu'inspirés, de la poésie sonore de Kurt Schwitters, Raoul Hausmann, John Cage, Emmett Williams, entre autres, ainsi que ses performances en direct sur différentes scènes à travers le monde, y compris à l'occasion de plusieurs festivals de poésie Polyphonix, font autorité. Son activité de théoricien et de conférencier, souvent focalisée sur les intersections, chiasmes et connivences entre musique, poésie et peinture, est considérable. À partir de 2001, il amorce un virage et se consacre exclusivement aux arts plastiques. Il a exposé ses œuvres dans maints musées et galeries, surtout en Allemagne.

J.J.L.

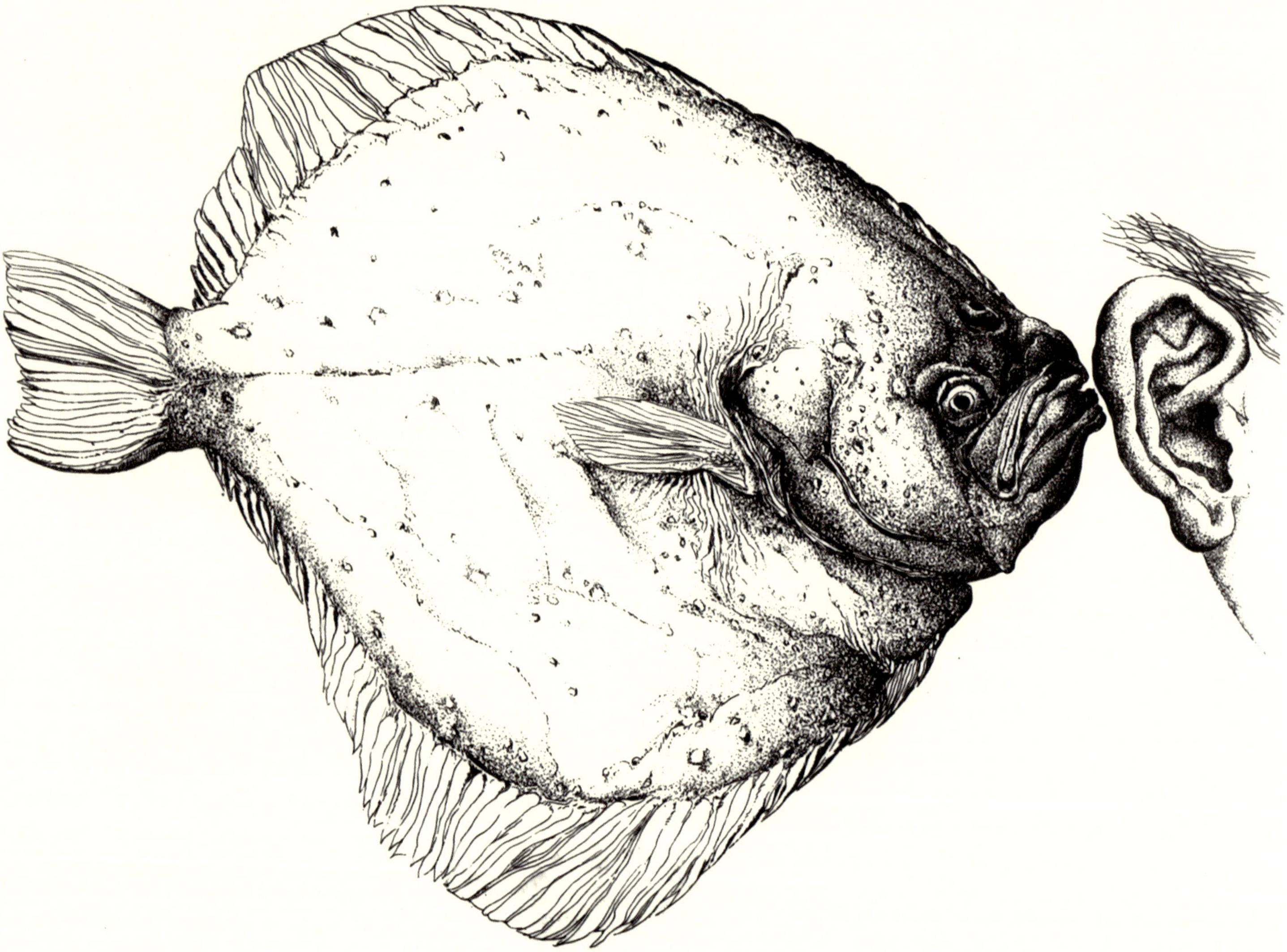

Monsieur le jour, Madame la nuit en seize parties. Illustration pour le roman *Le Turbot* (*Der Butt*), encre sur papier, 1977, 29,5 x 39,5 cm. Collection P.F.B.

89 Günter Grass
(né en 1927)

Günter Grass est l'une des plumes les plus acérées de l'Allemagne de l'après-guerre. Il est également représentatif d'une génération d'intellectuels confrontés à la nécessité d'affronter, d'une manière ou d'une autre, le poids de l'histoire allemande et la question de la responsabilité politique des intellectuels.

Né en 1927 à Dantzig, Grass se trouve, géographiquement et chronologiquement, au cœur des événements qui bouleversent l'Europe du XXe siècle. Il assiste à la montée du nazisme, et s'engage brièvement dans la Waffen SS à dix-sept ans, ainsi qu'il le révèle tardivement dans ses Mémoires. Grass devient après la guerre une des grandes figures de la gauche allemande. Il entre en 1955 au *Gruppe 47*, un cercle d'écrivains antifascistes. Son roman *Le Tambour* (1959) le rend célèbre. Dans les années 1960, il s'engage aux côtés des sociaux-démocrates, puis observe une position sévère, et controversée, à l'égard de la réunification allemande.

Günter Grass est artiste plasticien avant d'être écrivain : après des études d'art, il gagne sa vie comme sculpteur et graveur. Ses deux premières œuvres littéraires sont publiées en 1956 (un recueil de poèmes) et en 1957 (une pièce de théâtre). Il préside l'académie des Arts de Berlin dans les années 1980 et, en 1999, il reçoit le prix Nobel de littérature.

S.B.

« L'écriture, qui contracte ou étire le temps, l'annule. C'est dans le dessin que se trouve l'expression la plus condensée. Bien avant d'avoir écrit à partir du conte *Le Turbot* un roman de 700 pages, j'avais dessiné, au pinceau, à la plume d'oie, au crayon à mine dure ou tendre, ce gros poisson plat. »

90 André Malraux
(1901-1976)

Apprenti archéologue au Siam et au Cambodge (1923) — emprisonné en Indochine pour avoir tenté de rapporter en France des statues et bas-reliefs arrachés à des temples cambodgiens —, révolutionnaire en Chine, chef d'escadrille dans l'aviation républicaine espagnole (1936), résistant pendant la Seconde Guerre mondiale, chef de la brigade Alsace-Lorraine, lors de la campagne d'Alsace, ministre de l'Information (1945-1946) dans le cabinet du général de Gaulle, ministre d'État chargé des Affaires culturelles (1959-1969) après le retour au pouvoir de De Gaulle, l'écrivain André Malraux aura mené une vie d'homme d'action, inséparable des grands combats de son siècle.

Pourtant, il débuta en littérature par des poèmes en prose : *Lunes en papier*, *Jeunesse européenne* (1927). Puis vinrent les grands romans : *Les Conquérants* (1928), *La Voie royale* (1930), *La Condition humaine* (prix Goncourt, 1933), *Le Temps du mépris* (1935), *L'Espoir* (1937), et *Les Noyers de l'Altenburg* (1943). Après la guerre, Malraux se voua à une longue méditation sur l'art : *Psychologie de l'art* (1947-1949), *Les Voix du silence*, *Le Musée imaginaire de la sculpture mondiale* (1951-1954), *La Métamorphose des dieux (I. Le Surnaturel*, 1977 ; *II. L'Irréel*, 1974 ; *III. L'Intemporel*, 1976). Depuis les années 1930, il s'est amusé à orner ses lettres de séries de dessins *farfelus* (un mot qu'il a remis à la mode alors) autour du thème du « Dyable », pour accompagner ou même remplacer sa signature.

C.P.

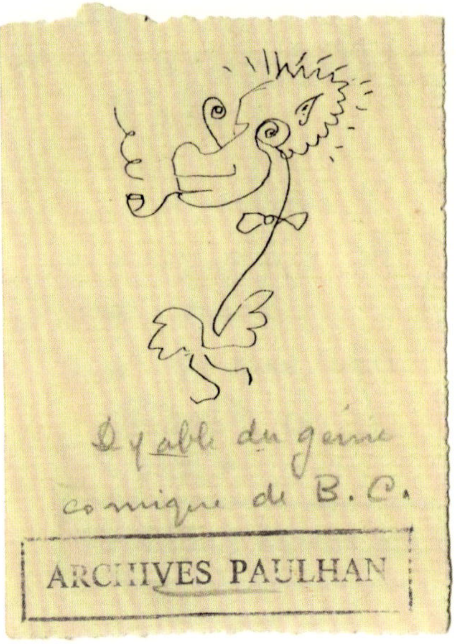

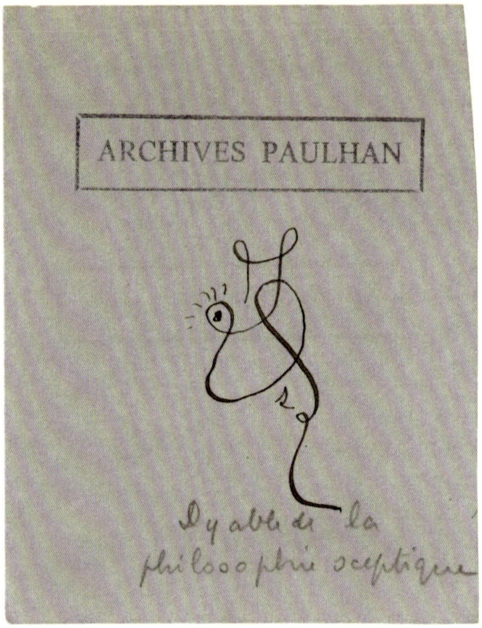

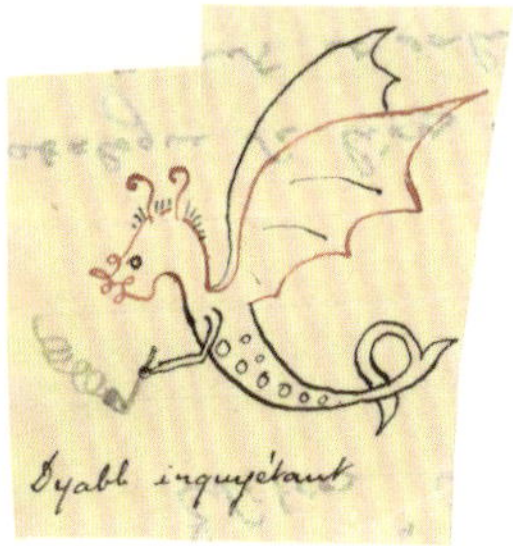

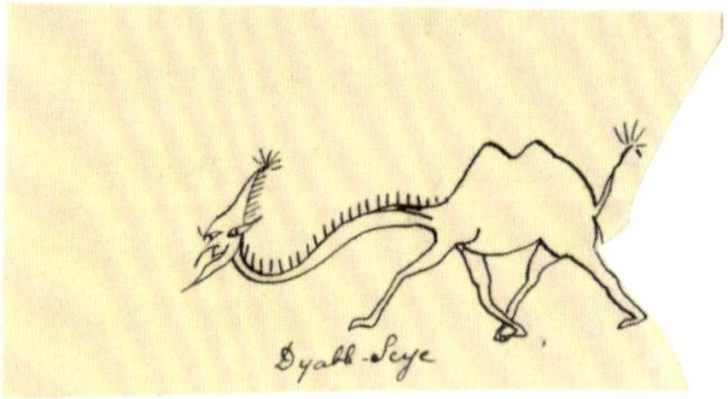

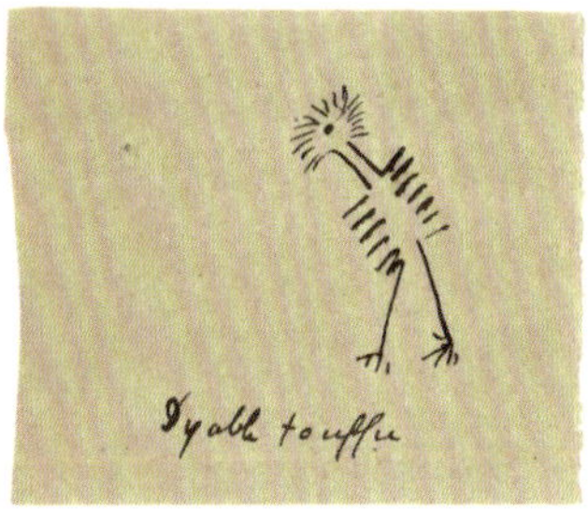

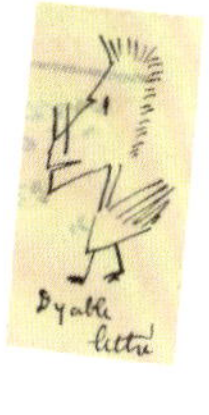

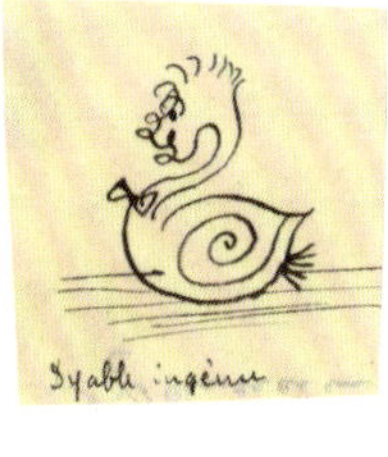

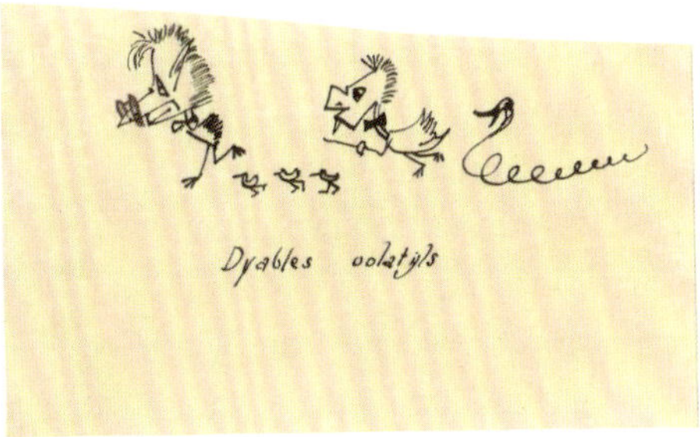

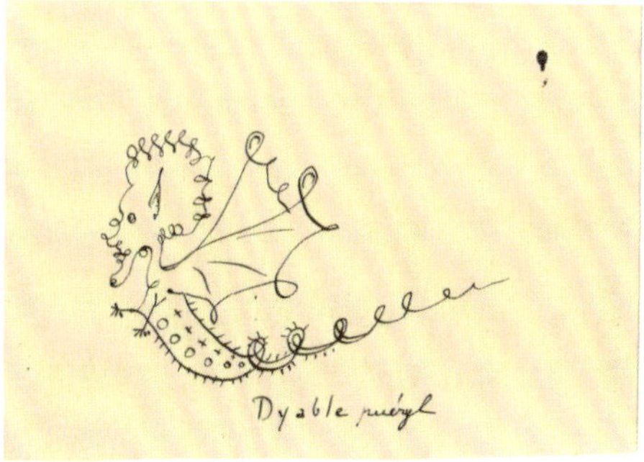

Dyable du génie comique de B[enjamin] C[rémieux], *Dyable de la philosophie sceptique, Dyable inquyétant, Dyable touffu, Dyable-scye, Dyable lettré, Dyable ingénu, Dyable puéryl, Dyables volatyls*, encre sur papier, sans date, formats divers. Fonds J. Paulhan / IMEC.

91 Jean Tardieu
(1903-1995)

Fils d'un peintre et d'une musicienne, le poète Jean Tardieu, qui fut aussi dramaturge, essayiste, traducteur de Goethe et de Hölderlin, fut marqué très jeune par sa rencontre avec André Gide et Roger Martin du Gard au cours des Décades de Pontigny. À partir de 1927 — année où il publia ses premiers poèmes dans *La NRF* — il se consacra uniquement à l'écriture et cessa de dessiner en marge de ses manuscrits, comme il l'avait abondamment fait dans ses cahiers de jeunesse.

Après avoir collaboré activement, durant la guerre, aux publications clandestines de la Résistance, il entama, avec *Qui est là ?*, publié dans la revue *L'Arbalète* en 1946, la rédaction d'une série de pièces en un acte, réunies dans les différents volumes du *Théâtre en chambre*, édités chez Gallimard.

Homme de radio depuis la Libération, Jean Tardieu fut animateur du « Club d'essai », puis conseiller de direction à l'ORTF. Il publia de très nombreux ouvrages : des poèmes (dont *Jours pétrifiés*, 1947 ; *Monsieur Monsieur*, 1951 ; *Margeries*, 1986), des œuvres dramatiques (*Un mot pour un autre*, 1951), ou des écrits sur l'art (*Le Miroir ébloui*, 1993).

C.P.

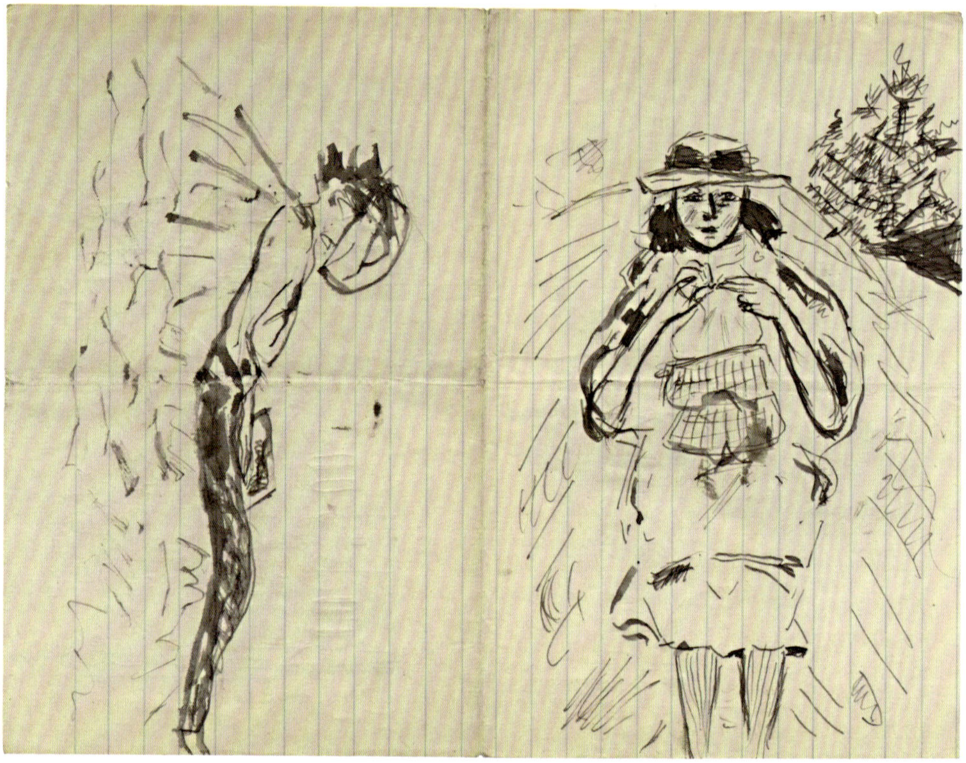

Pâques, encre sur papier, 1923, 26,3 x 20,3 cm. Fonds Tardieu / IMEC.

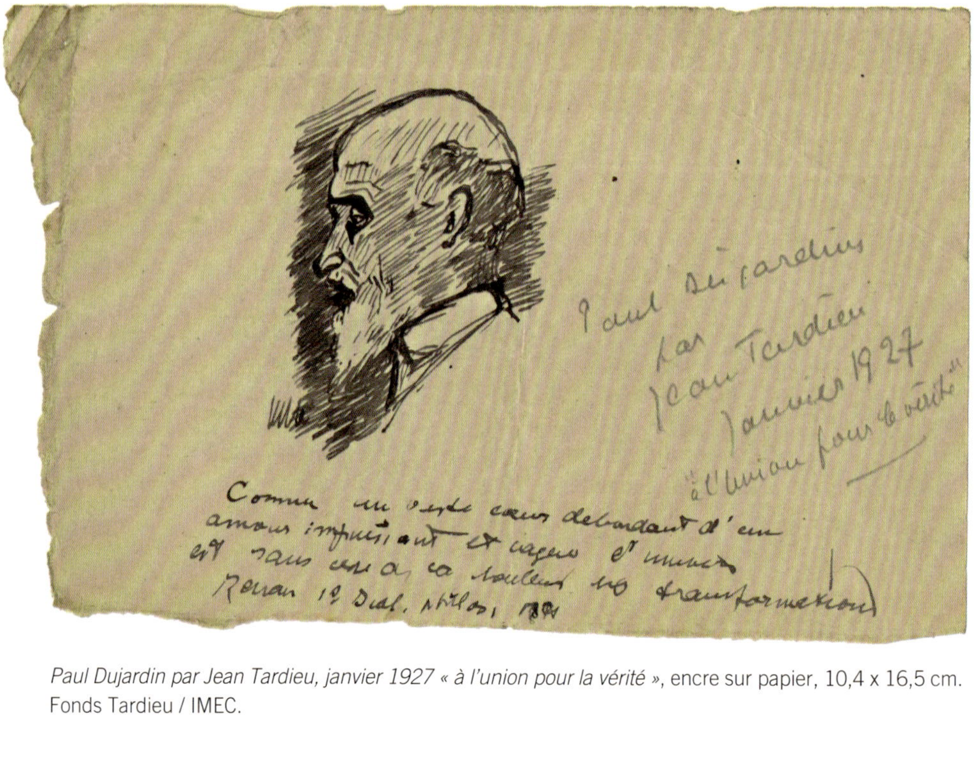

Paul Dujardin par Jean Tardieu, janvier 1927 « à l'union pour la vérité », encre sur papier, 10,4 x 16,5 cm. Fonds Tardieu / IMEC.

« J'aurais voulu écrire comme on éclabousse de couleurs une toile. Ou comme on frappe sur un gong.
Ou comme on chantonne.
Ou comme on crie. »

On vient chercher Monsieur Jean, 1990.

« Je n'ai fait que cela [mélanger les tubes de couleurs et le dictionnaire] toute ma vie. Ou plutôt j'ai cherché à transposer dans l'art d'écrire quelques-uns des secrets que j'avais cru saisir dans l'art de peindre ou de composer de la musique. »

On vient chercher Monsieur Jean, 1990.

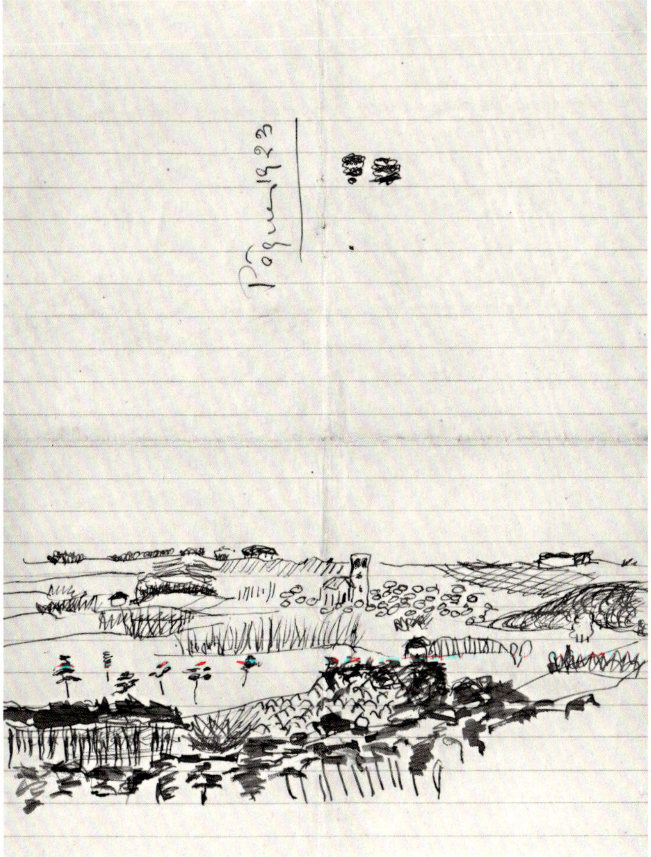

Pâques, encre sur papier, 1923, 26,3 x 20,3 cm.
Fonds Tardieu / IMEC.

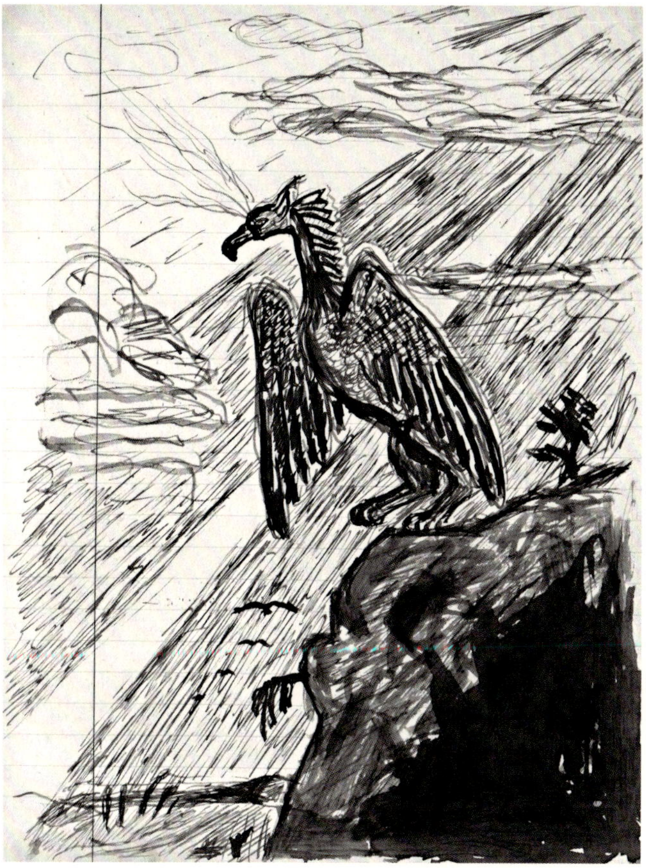

Sans titre, encre sur papier, 1923, 22 x 17 cm.
Fonds Tardieu / IMEC.

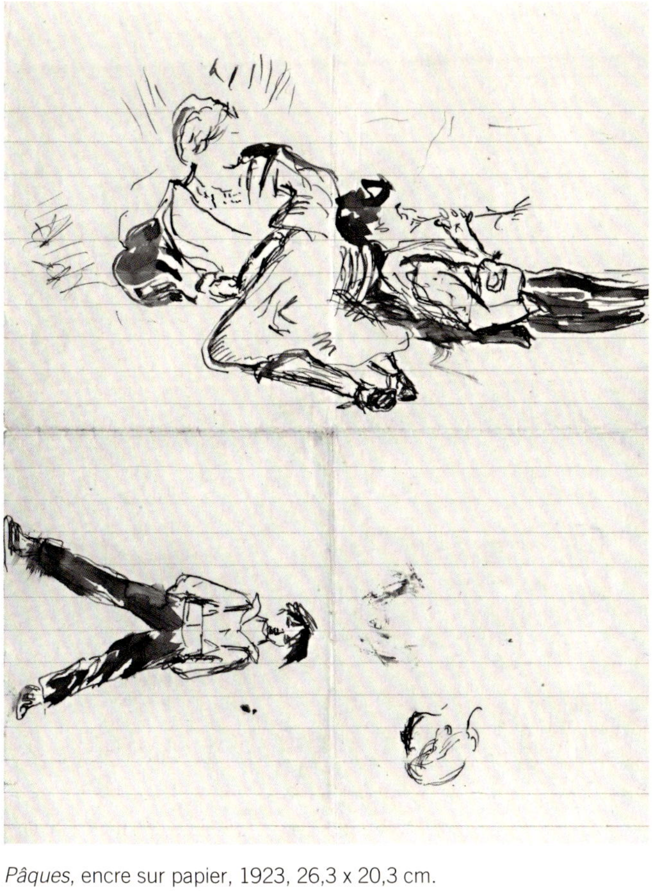

Pâques, encre sur papier, 1923, 26,3 x 20,3 cm.
Fonds Tardieu / IMEC.

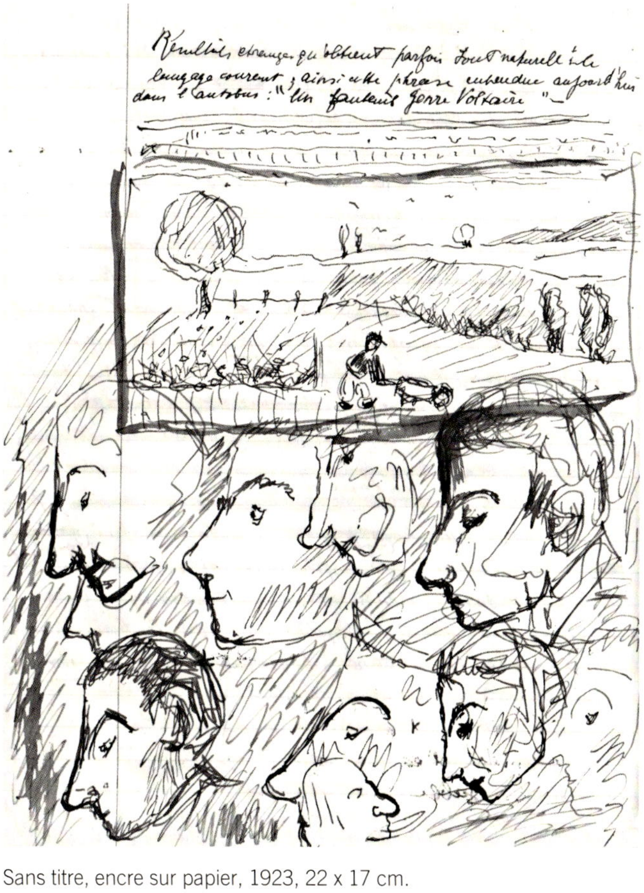

Sans titre, encre sur papier, 1923, 22 x 17 cm.
Fonds Tardieu / IMEC.

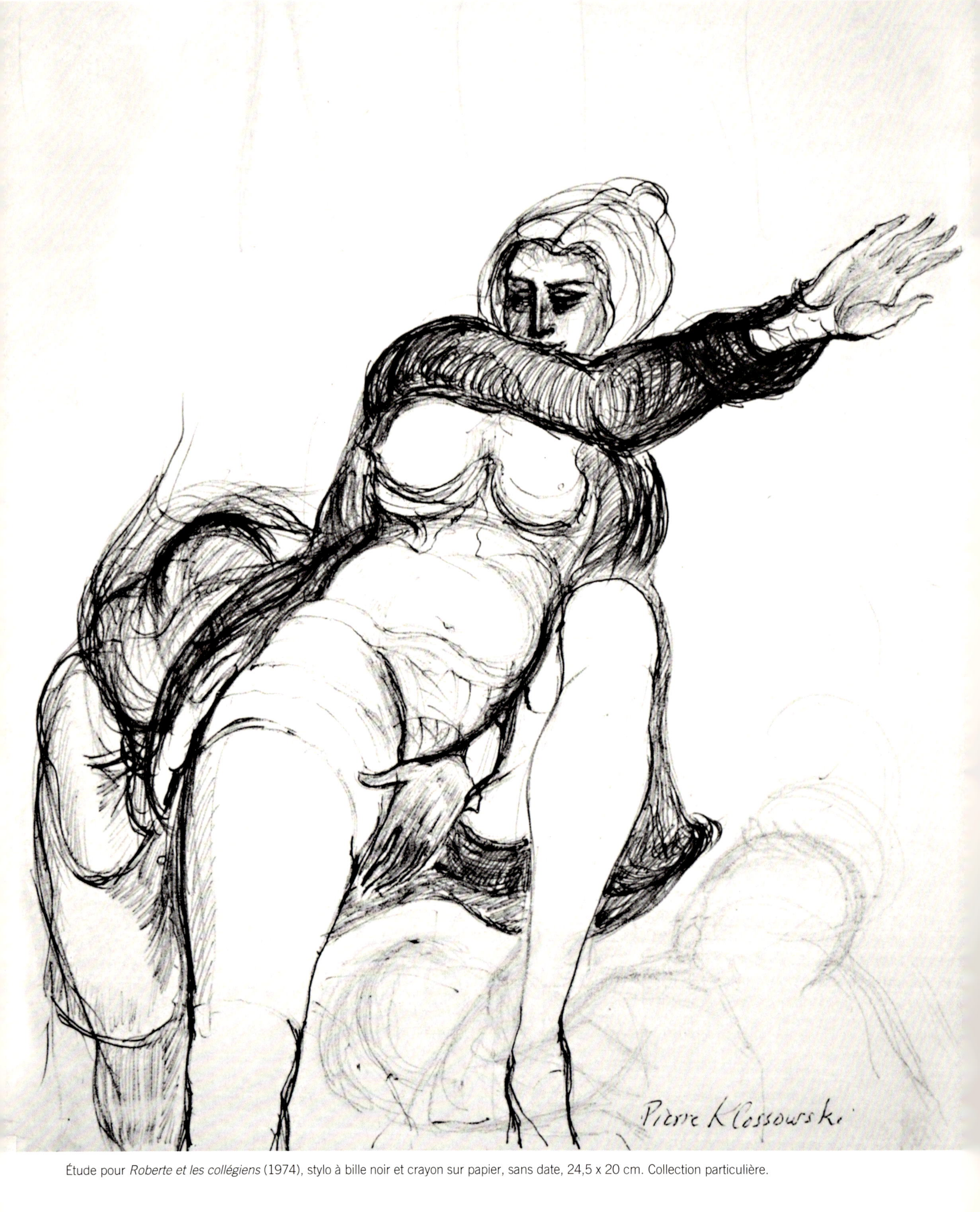

Étude pour *Roberte et les collégiens* (1974), stylo à bille noir et crayon sur papier, sans date, 24,5 x 20 cm. Collection particulière.

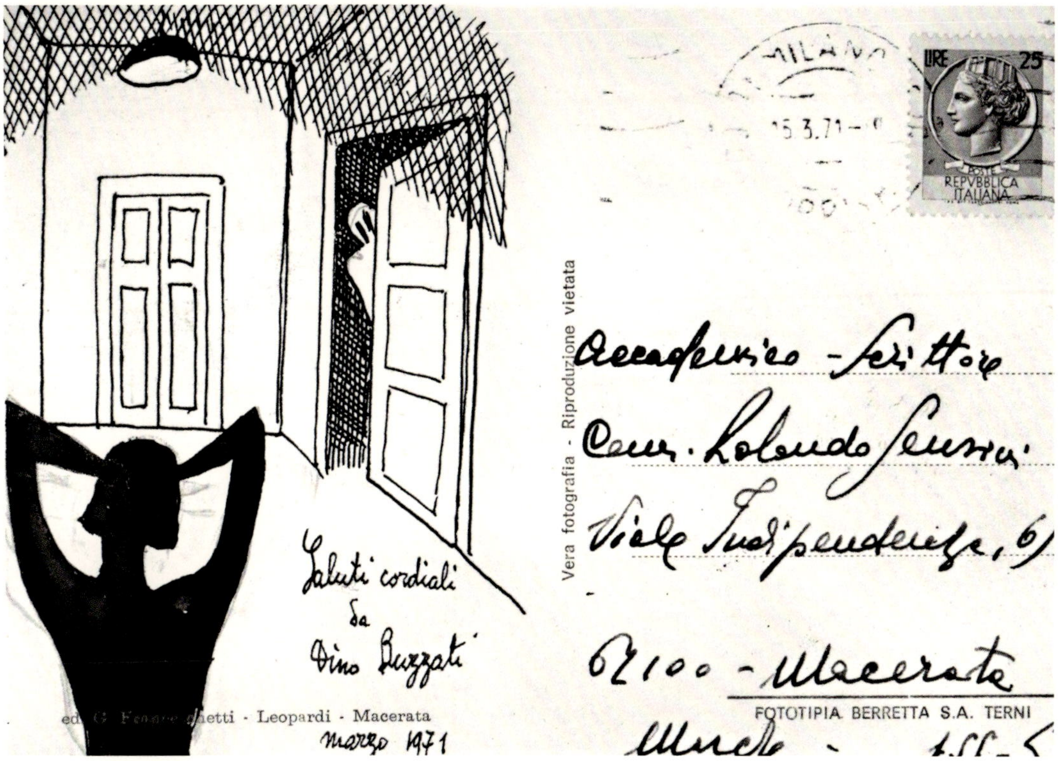

Dino Buzzati : carte postale illustrée, encre, 15 mars 1971, 10 x 14,5 cm. Collection P.F.B. © Eredi Buzzati.
Tutti i diritti riservati trattati da Agenzia Letteraria Internazionale, Milano.

92 Pierre Klossowski
(1905-2001)

Romancier, essayiste, traducteur et peintre, Pierre Klossowski est l'un des intellectuels les plus significatifs du XXe siècle. Frère du peintre Balthus, il grandit dans un milieu d'écrivains et d'artistes et noue, très jeune, des liens étroits avec Rilke, puis avec Gide, avec lequel il entretient pendant des années une relation quotidienne. Proche de la Société de psychanalyse parisienne dont la revue publie son premier texte sur Sade, il rencontre Georges Bataille en 1935, et participe avec lui à la revue *Acéphale* (1936-1939) et aux activités du groupe éponyme.

Pendant la Deuxième Guerre mondiale, Klossowski entreprend des études de théologie et traverse une crise religieuse profonde qu'il transpose dans son premier roman, *La Vocation suspendue* (1950). Il épouse Denise en 1947, personnage désormais central de ses fictions (notamment *Roberte, ce soir*, 1953). Ses traductions (de Hölderlin avec Pierre Jean Jouve en 1928 ; de Wittgenstein en 1961 ; de Virgile en 1964 ; de Nietzsche en 1989) et ses essais (*Le Bain de Diane*, 1957 ; *La Monnaie vivante*, 1970), suscitent l'admiration, notamment, de Maurice Blanchot, Gilles Deleuze, Michel Foucault. Il collabore également avec des cinéastes (Pierre Zucca, Raoul Ruiz, Alain Fleischer).

Pour donner corps à des textes fortement visuels, où s'affrontent spiritualité et incarnation, Pierre Klossowski dessine et peint une œuvre caractérisée par un « mélange d'austérité érotique et de débauche théologique » (Maurice Blanchot). Intriquant candeur et perversité, universalité du mythe et histoire personnelle, son travail interroge les pouvoirs du langage et la puissance de fascination muette de l'image.

S.B.

93 Dino Buzzati
(1906-1972)

Avant d'être écrivain, peintre ou dessinateur, Dino Buzzati se définissait surtout comme journaliste : entré au journal *Il Corriere della Sera*, en 1928 à Milan, en tant que rédacteur, correspondant de guerre, chroniqueur ou envoyé spécial, il continue d'y travailler jusqu'à sa mort. À partir de son premier récit fantastique, *Barnabo des montagnes* (1933), Buzzati ne cesse de publier romans (*Le Désert des Tartares*, 1940) et nouvelles (*Le K*, 1966), d'écrire pour l'opéra et le théâtre (*Un cas intéressant*, traduit par Albert Camus en 1956), de dessiner et de peindre (ses œuvres sont exposées à partir des années 1950).

Souvent comparé à Kafka, Buzzati bâtit des allégories désenchantées et inquiètes, qui transposent les angoisses de l'homme contemporain dans des univers fabuleux, proches du mythe. Son écriture elliptique et anguleuse explore les thèmes de l'attente ou de l'échec ; la dimension absurde de ses récits, à la limite du fantastique, mine l'apparente logique du réel.

Son œuvre picturale et graphique est inséparable de son œuvre littéraire. Influencé à la fois par le surréalisme, l'existentialisme et le Pop Art, Buzzati inscrit ses narrations graphiques (comme les *Poèmes-Bulles* (1969), qui viennent d'être réédités sous le titre *Orfi aux enfers*) dans la continuité de l'usage de la photo fait par André Breton dans ses récits, et des « romans-collages » de Max Ernst.

S.B.

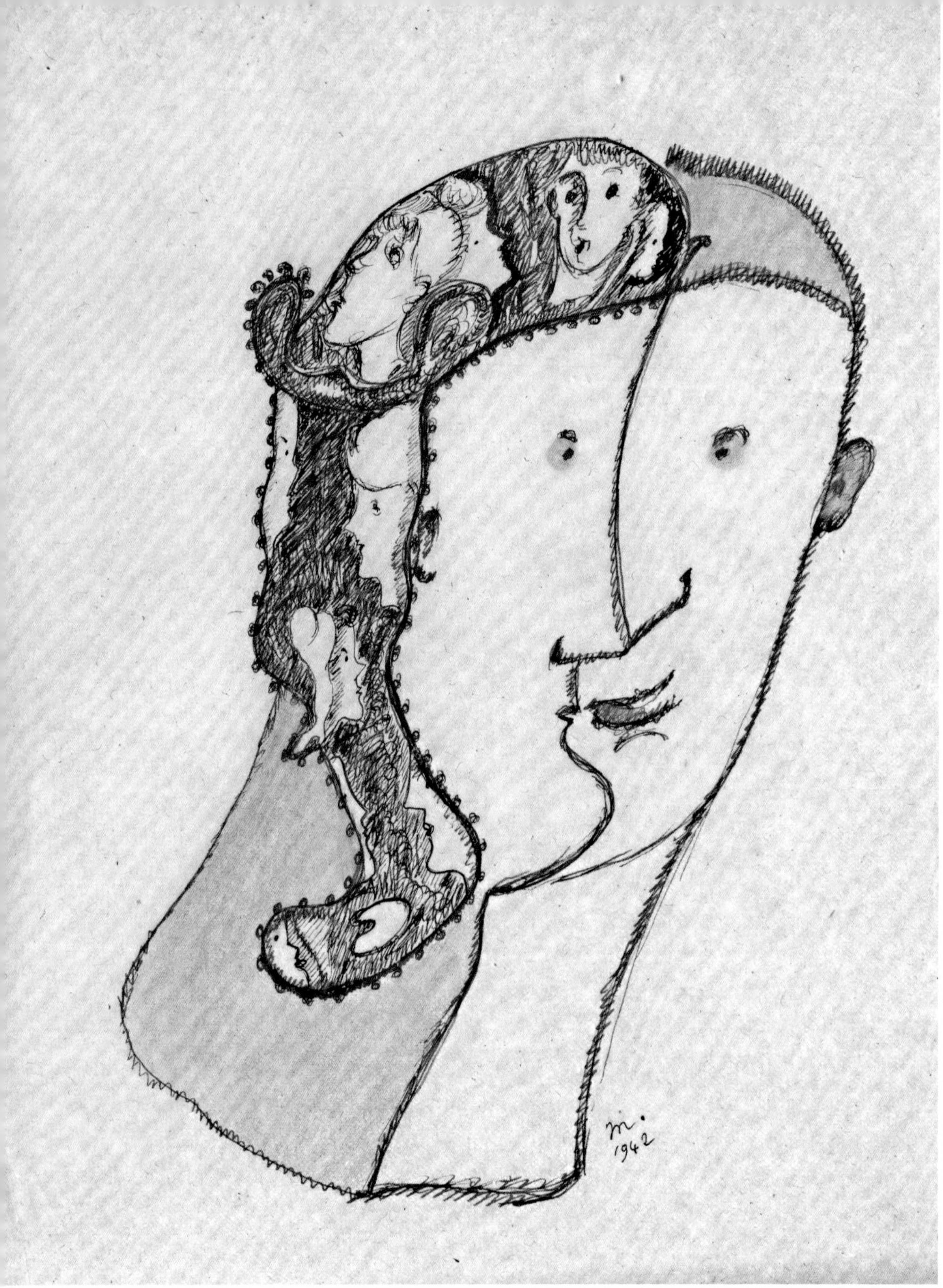

Maurice Sachs : sans titre, encre et crayon gras sur papier, 1942, 27 x 21 cm. Fonds Sachs / IMEC.

94 Maurice Sachs (1906-1945)

« Ah ! si nous pouvions d'un coup de pinceau, d'un coup de plume vider une bonne fois notre âme, nous aurions tous du génie. »

Tableau des mœurs de ce temps, 1954.

Fils d'une grande famille de joailliers juifs, Maurice Sachs connut, grâce à son amitié avec Jean Cocteau, la vie du Paris des Années folles qu'il décrivit dans *Au temps du bœuf sur le toit* (1939). Puis, au contact de Jacques et Raïssa Maritain, il s'amenda et se convertit — provisoirement — au catholicisme en 1925.

Tour à tour portier d'hôtel, éditeur, libraire, traducteur, voleur, galeriste ou conférencier, il publia son premier livre aux États-Unis en 1932 (*The Decade of Illusion*), puis *Alias*, un roman autobiographique, en 1935. Dans les pages de *La NRF*, il publia, tant bien que mal, plusieurs articles de critique d'art, dont un retentissant : « Contre les peintres d'aujourd'hui », en 1934. Devenu le secrétaire de Gide, après avoir renié publiquement Cocteau, il put entrer, à l'instigation de son nouveau mentor, au comité de lecture des Éditions de la NRF, activité qu'il n'eut pas la force de continuer longtemps.

Pendant la guerre, il versa dans le marché noir et la collaboration, ce qui le contraignit à fuir vers l'Allemagne où il aurait été assassiné alors qu'il travaillait sur les chantiers de Hambourg. Après sa mort furent publiés de nombreux inédits : *Le Sabbat* (1946), *La Chasse à courre* (1949), *Derrière cinq barreaux* (1952), *Tableau des mœurs de ce temps* (1954) et un roman picaresque inachevé, *Histoire de John Cooper d'Albany* (1955). C.P.

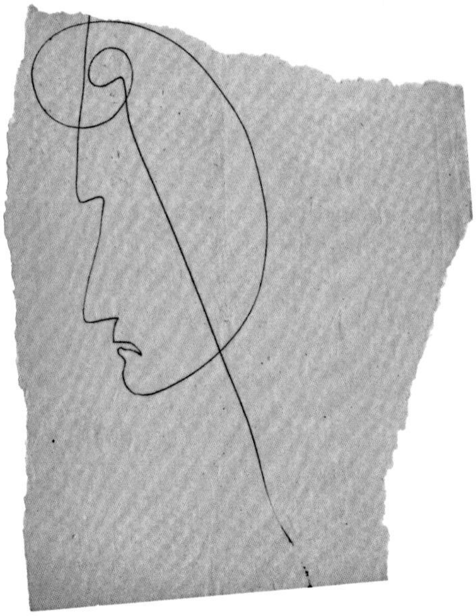

Jean Genet : sans titre, stylo sur papier, sans date, 24 x 19 cm. Fonds Genet / IMEC.

95 Jean Genet (1910-1986)

À la suite de fugues et de délits divers, le jeune Jean Genet, orphelin, fut mis en prison à quinze ans puis placé en détention jusqu'à sa majorité dans la colonie pénitentiaire de Mettray.

À dix-huit ans, il s'engagea dans l'armée, qu'il désertera en 1936. Après

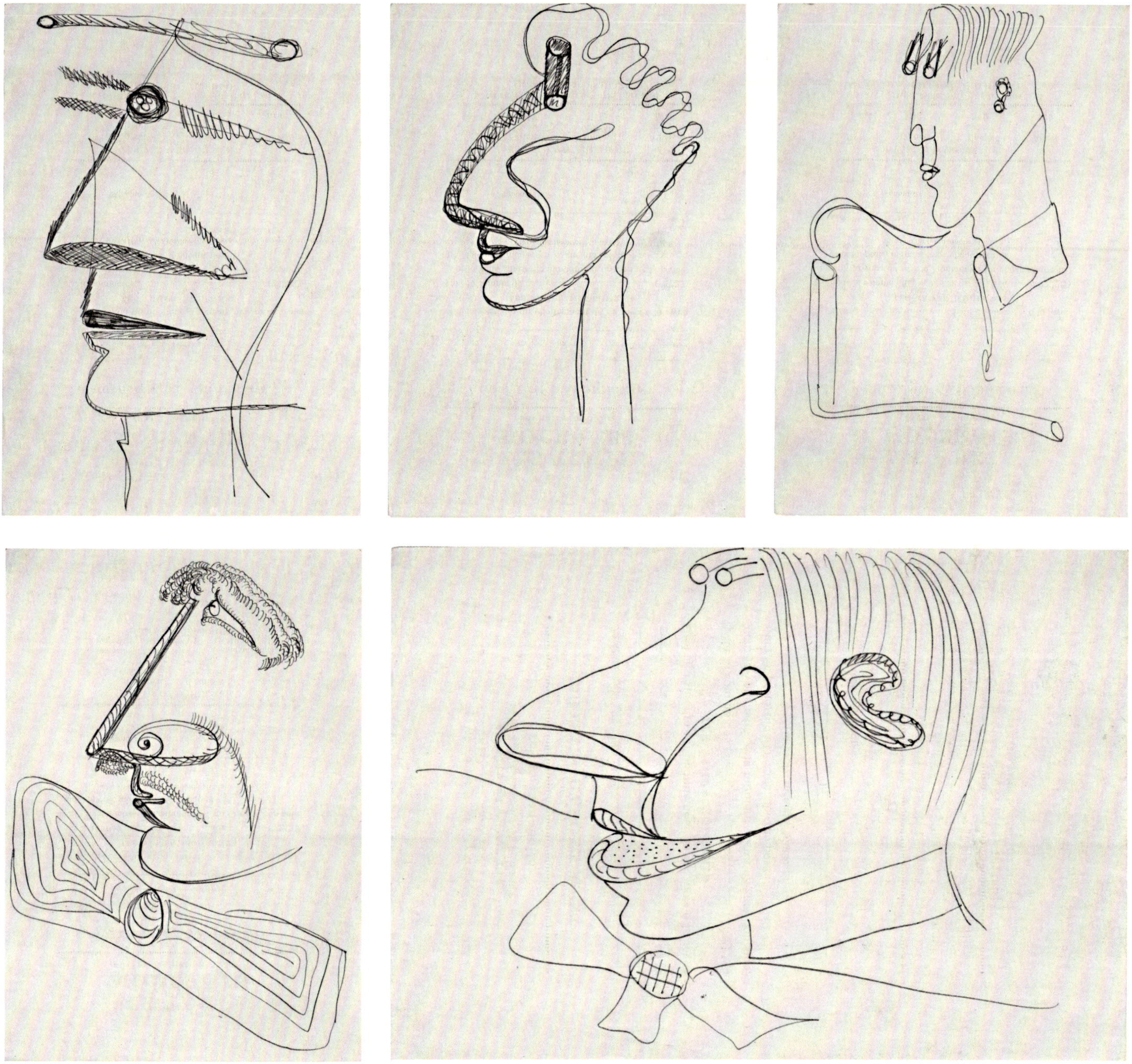

Jean Genet : dessins sans titres réalisés au dos d'un bulletin d'abonnement pour *Les Temps Modernes*, encre sur papier, sans date. Fonds Genet / IMEC.

une année d'errance à travers l'Europe, il revint à Paris où il fut inculpé une douzaine de fois pour désertion, vagabondages et vols. Incarcéré à la centrale de Fresnes, il fit imprimer à ses frais son premier poème, *Le Condamné à mort*, à l'automne 1942. C'est également en prison qu'il rédigea la même année *Notre-Dame-des-Fleurs*, et l'année suivante, *Le Miracle de la rose*. Grâce à ces quelques poèmes et romans écrits au secret, Jean Genet, soutenu par Jean Cocteau, échappa en 1943 à la condamnation à perpétuité pour récidive de vol. D'abord publié clandestinement par Paul Morihien (*Querelle de Brest*) ou Albert Skira (*Journal du voleur*), il devint l'auteur de prédilection des Éditions L'Arbalète qui firent paraître la plupart de ses livres. En 1952, Sartre publia *Saint Genet comédien et martyr*, qui le fit connaître du grand public, mais ce furent surtout ses pièces de théâtre (*Les Bonnes*, *Les Nègres*, *Les Paravents*), créées par Louis Jouvet et Roger Blin, qui assurèrent sa notoriété. Après un silence de vingt-cinq ans, son dernier livre, *Un captif amoureux*, retraçant ses séjours auprès des Palestiniens et des Panthères noires, fut publié le mois suivant sa mort, chez Gallimard. *C.P.*

96 Tadeusz Kantor
(1915-1990)

Tadeusz Kantor incarne l'artiste « total » tel que le XXe siècle l'a si souvent rêvé. Peintre, scénographe, poète, auteur de *happenings* et d'installations, théoricien de l'art, acteur de ses propres spectacles, professeur d'art, Kantor a cependant acquis sa renommée mondiale en tant qu'homme de théâtre.

Formé à Cracovie à la peinture et à la scénographie, il est d'abord influencé par le constructivisme et le dadaïsme, la peinture informelle et le surréalisme. Ses premiers spectacles sont créés par le théâtre clandestin qu'il fonde sous l'occupation nazie. En 1965, il lance avec d'autres artistes et théoriciens le théâtre Cricot 2, qui abritera ses créations les plus singulières. La première (1956) expose déjà les éléments caractéristiques de son style théâtral : les acteurs se meuvent comme des marionnettes, et le montage des scènes évoque les films muets. Ses recherches sur la nature du spectacle théâtral le conduisent à de nombreuses expérimentations. C'est sans doute son « théâtre de la mort », inauguré par *La Classe morte* (1975), qui paraît aujourd'hui le plus abouti. Kantor concilie deux courants antagonistes : d'une part, la rigueur de la forme pure héritée du constructivisme, de l'autre, la tradition symboliste, en quête de significations et d'émotions. Mais Kantor, malgré ce qu'en retient pour l'heure la postérité, se considérait avant tout comme un peintre. D'un voyage à Paris en 1947, il rapporte le goût des avant-gardes occidentales, et le désir actif de faire circuler les initiatives artistiques au-delà du rideau de fer. Parallèlement à son propre travail de création, Kantor reste également un animateur inlassable de la vie artistique polonaise et l'une de ses principales forces motrices. *S.B.*

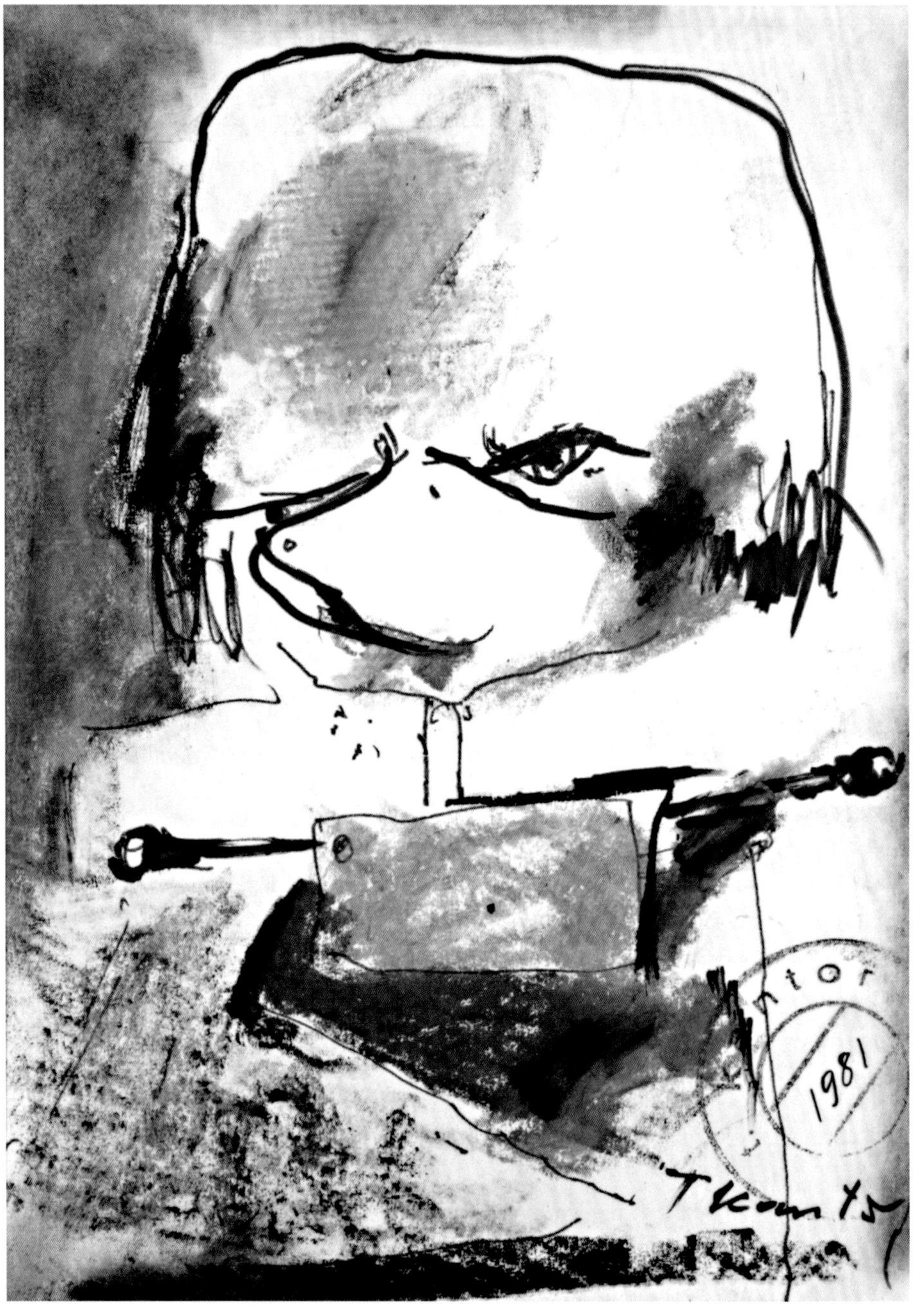

Sans titre, feutres et pastels sur papier, 1981, 22,5 x 16 cm. Collection P.F.B.

« Une œuvre d'art / une composition à part / immobilisée / et enfermée dans une structure et un système / incapable de se transformer et de / vivre / n'est qu'une illusion de création. [...]

il faut considérer comme / création / tout ce qui n'est pas encore / devenu / une prétendue œuvre d'art.

ce qui n'a pas encore été / immobilisé,
ce qui manifeste des impulsions / directes de vie, /
ce qui n'est pas encore "prêt", / "arrangé" [...]. »

Ma création, mon voyage. Commentaires intimes, 1991.

97 Roland Topor
(1938-1997)

La fertilité dont Roland Topor a fait preuve, dans presque tous les domaines de l'expression, laisse pantois. Écrivain, dessinateur, homme de théâtre et, par-dessus tout, raconteur, dont la verve caustique souffrait sans rougir la comparaison avec celle d'un Alphonse Allais, était-il un écrivain qui dessinait ou bien un plasticien qui écrivait ? Question oiseuse, bien sûr, et qu'il ne s'est jamais posée — pas plus en tout cas que la plupart de ses collègues en hybridités dynamiques ici mis à l'honneur —, la transgression, par l'humour, de toutes les prohibitions étant sa règle d'or.

Le mieux serait encore, comme pour les autres créateurs tous azimuts, de renoncer une fois pour toutes à le classer.

Citons, parmi ses nombreux ouvrages paniques (c'est-à-dire dédiés à Pan), *Le Locataire chimérique*, *La Princesse angine*, *La Cuisine cannibale*, *Le Bébé de Monsieur Laurent*, *Erika* et *Café panique*, un recueil, illustré de ses propres dessins, de trente-huit textes dont *L'Histoire du Goût-Bulgare*, *L'Histoire de Doux-Jésus*, *L'Histoire de Fermeture-Éclair*, *L'Histoire de Poney-Express*, *Vodka-aux-herbes* et *Bella Ciao* et *L'Histoire de Pisse-Vinaigre et de Salon de Thé*. Tout un programme.

J.J.L.

Empreinte de fessier féminin,
encre de Chine sur papier,
1975, 40 x 48,5 cm.
Collection particulière.

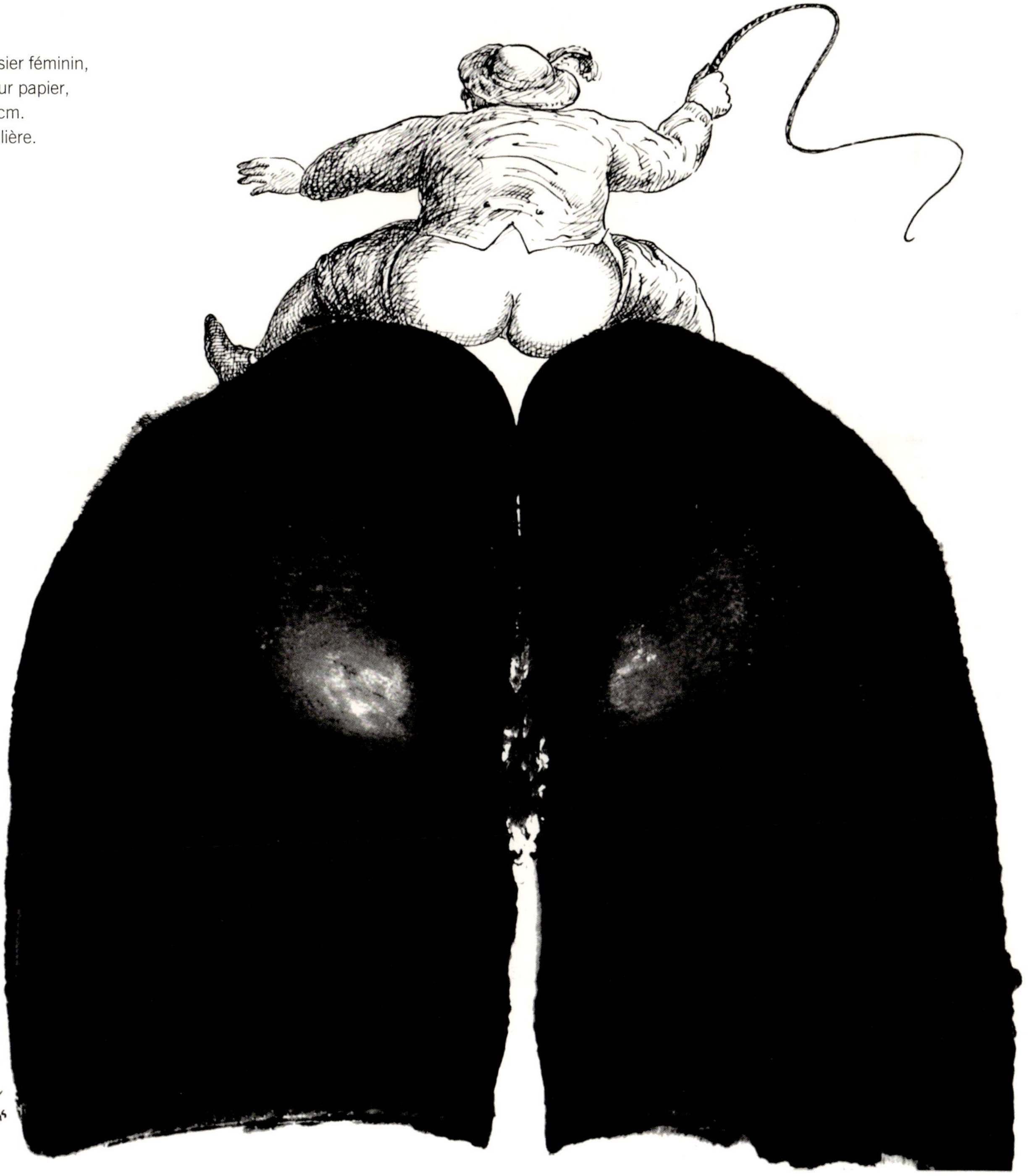

98 Copi (1939-1987)

Raúl Damonte, dit Copi, est né à Buenos Aires en 1939, d'un milieu d'intellectuels (journalistes et poètes) à la tête du grand journal *Critica*. L'arrivée du dictateur Perón au pouvoir contraint la famille à l'exil en Uruguay, mais aussi, pour une brève période de la petite enfance de Copi, en France, avant de retourner en Argentine.

Dessinateur et dramaturge, il se fait connaître par une première mise en scène à Buenos Aires en 1962. L'année suivante, il débarque à Paris, où il publie chaque semaine sa bande dessinée dite *La Femme assise*, au *Nouvel Observateur*.

C'est également au théâtre que le talent de Copi donne sa démesure, du monologue halluciné de la cosmonaute de *Loretta Strong* à l'agonie absurde d'*Eva Perón* (époque où les péronistes, installés en Espagne, saccagèrent le théâtre où Alfredo Arias et Facundo Bo, dans le rôle d'Eva, montaient la pièce), de *La Nuit de Madame Lucienne* à sa dernière pièce, *Une visite inopportune* (toutes deux créées par Jorge Lavelli), tournant en dérision le sida qui allait l'emporter. Mort en 1987, figure de l'underground parisien comme de la diaspora latino-américaine, Copi s'adonna également au roman (*L'Uruguayen*, *Le Bal des folles*, *La Guerre des pédés*) et à la nouvelle. D'abord publiées dans *Hara-Kiri*, les nouvelles du recueil *Une langouste pour deux* (« L'autoportrait de Goya », « Les potins de la femme assise », « Madame Pignou », « La servante », « Une langouste pour deux », « Les vieux travelos », « L'écrivain »), sont un concentré de son humour féroce et mélancolique. *E.L.*

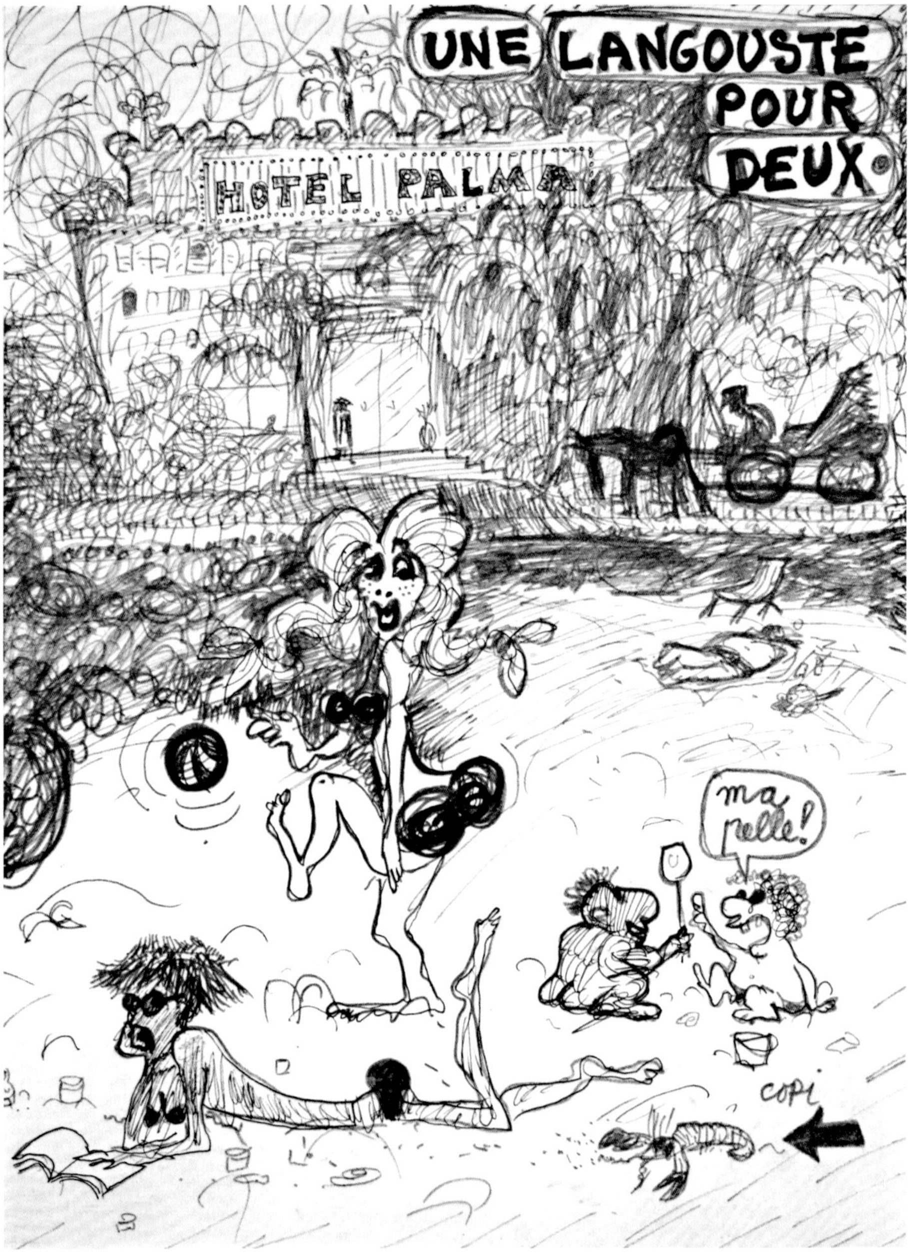

Une langouste pour deux, feutre et encre noire sur papier, sans date, 31 x 23,5 cm. Collection P.F.B.

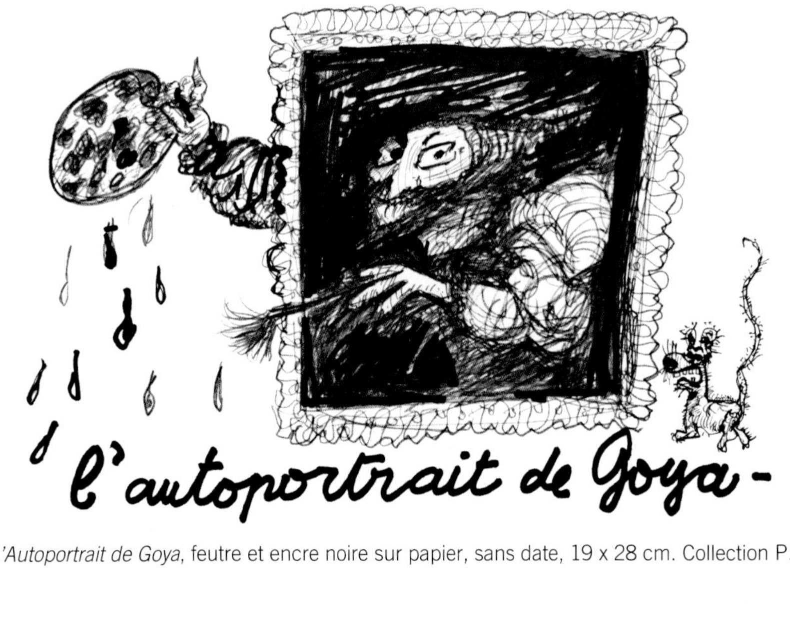

L'Autoportrait de Goya, feutre et encre noire sur papier, sans date, 19 x 28 cm. Collection P.F.B.

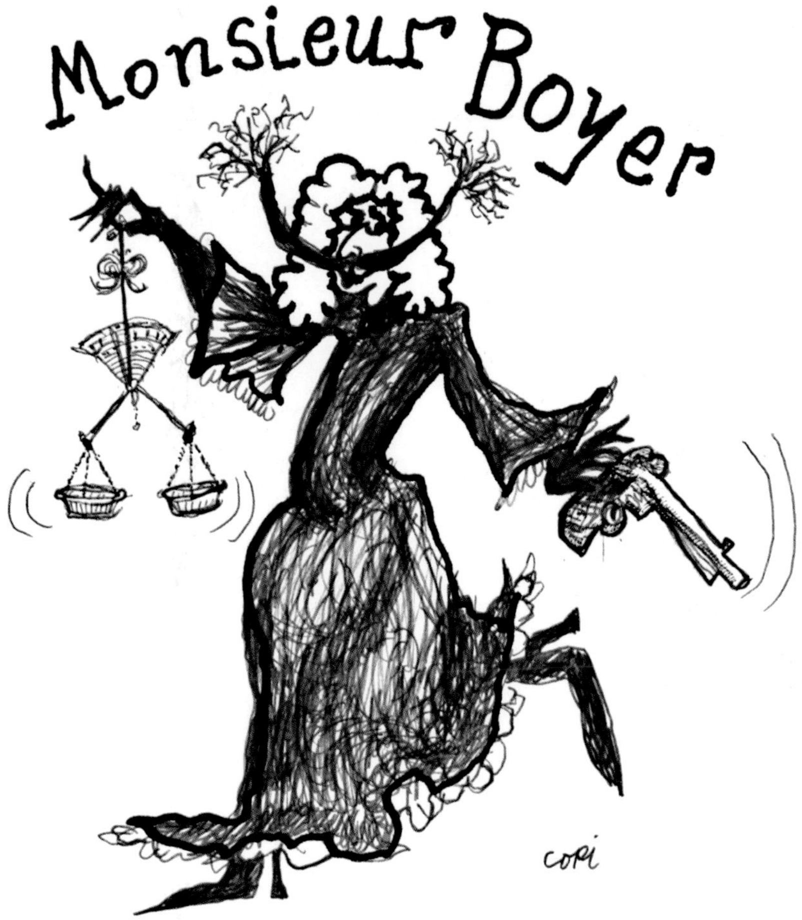

Monsieur Boyer, feutre et encre noire sur papier, sans date. Collection P.F.B.

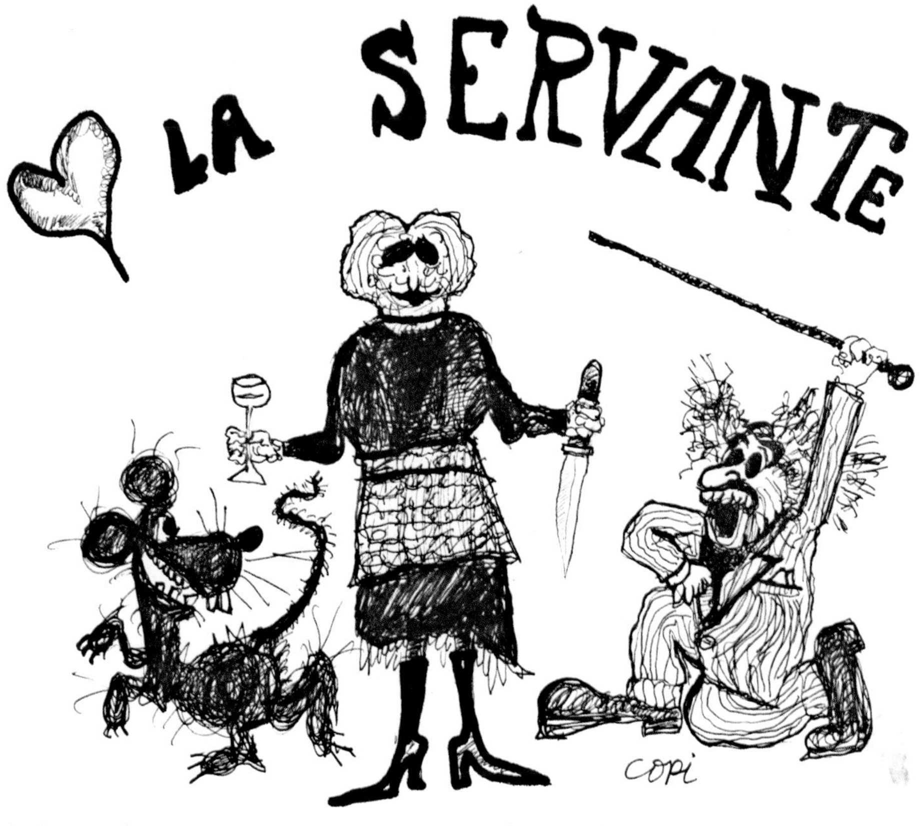

La Servante, feutre et encre noire sur papier, sans date. Collection P.F.B.

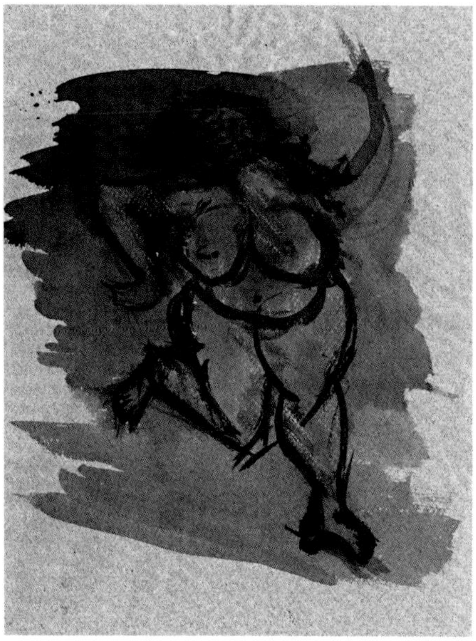

Sans titre, illustration pour *L'Au-delà* (1992), encre, lavis et pastels sur papier, sans date, 29,5 x 21 cm. Fonds Gabily / IMEC.

99 Didier-Georges Gabily

(1955-1996)

Ayant interrompu volontairement ses études en 1971, Didier-Georges Gabily séjourna pendant sept mois dans une abbaye où il étudia la théologie. Il continua à acquérir en autodidacte les éléments d'une culture littéraire, philosophique, picturale et cinématographique.

Devenu comédien un peu par hasard, il arriva à Paris au début des années 1970, où il fit la découverte déterminante de l'œuvre théâtrale d'Arthur Adamov et la connaissance de Bernard Dort. Celui-ci sut immédiatement reconnaître en son cadet « l'un des artisans les plus aigus et les plus exigeants de notre temps », un artiste, un poète dramatique, véritablement amoureux du plateau et des acteurs, et l'encouragea à écrire.

Parallèlement aux pièces qu'il rédigea et mit en scène, aux ateliers de formation et aux troupes qu'il dirigea, Didier-Georges Gabily publia trois romans : *Physiologie d'un accouplement* (1988), *Couvre-Feux* (1990), *L'Au-delà* (1992). *C.P.*

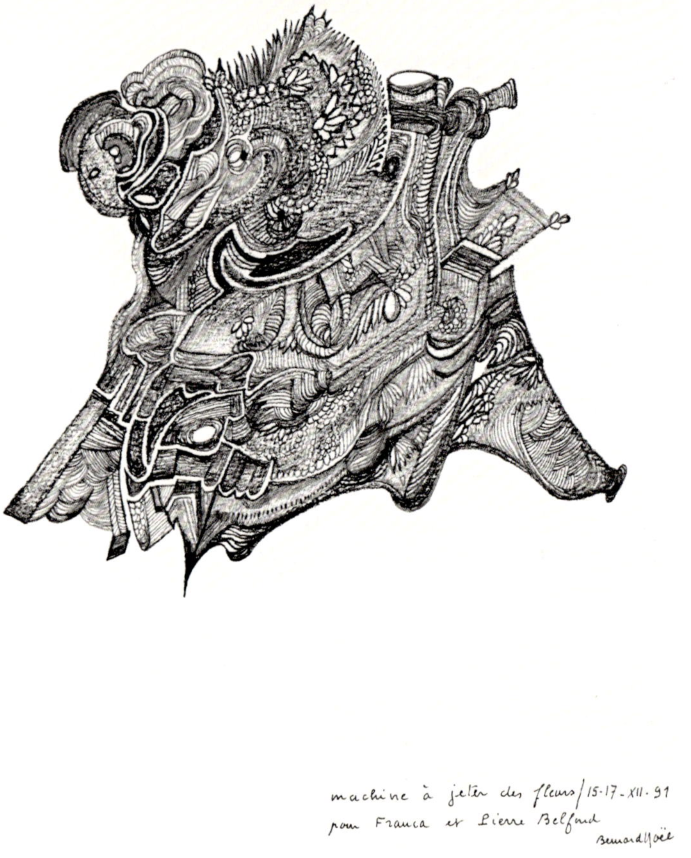

Machine à jeter des fleurs, mine de plomb, 15-17 décembre 1991, 24,5 x 19,5 cm. Collection P.F.B.

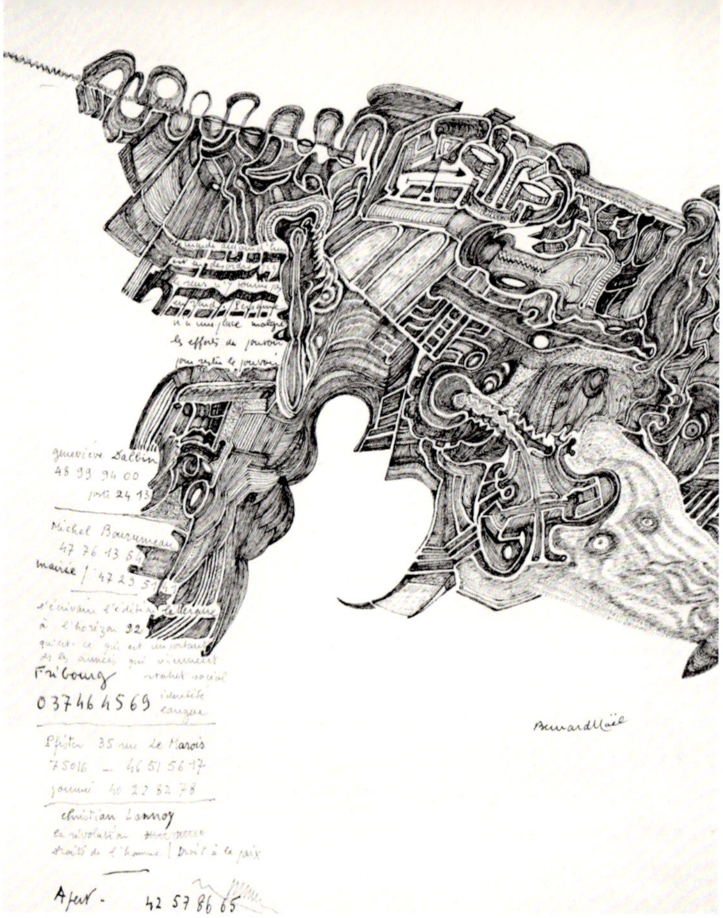

Composition, mine de plomb, sans date, 27 x 20,3 cm. Collection P.F.B.

100 Bernard Noël
(né en 1930)

L'œuvre multiforme de Bernard Noël, inaugurée en 1953 avec *Les Yeux chimère*, interroge les pouvoirs du langage et la place du corps dans la création, à travers une production expérimentale perpétuellement en quête d'elle-même.

Bernard Noël est marqué par les grands événements politiques du siècle : atrocités de la Seconde Guerre mondiale, guerres du Vietnam, de Corée et d'Algérie, violences coloniales, crimes communistes... Inspiré d'abord par la littérature engagée de l'après-guerre, puis par les surréalistes, fasciné par Artaud, il s'illustre dans plusieurs genres (traduction, poésie, roman, récit, essai, théâtre, écrits sur l'art). Son œuvre, saluée notamment par Aragon, Mandiargues et Blanchot, se tient pourtant toujours à la lisière de la poésie, dans des textes où se mêlent affect et trouées philosophiques, dimension organique et appels au sacré.

En 1971, *Le Château de Cène*, roman érotique d'une grande violence, est attaqué en justice. C'est pour Bernard Noël le point de départ d'une réflexion sur la censure, qui prive de parole et de sens, et sur les rapports entre art, pouvoir et pensée.

S.B.

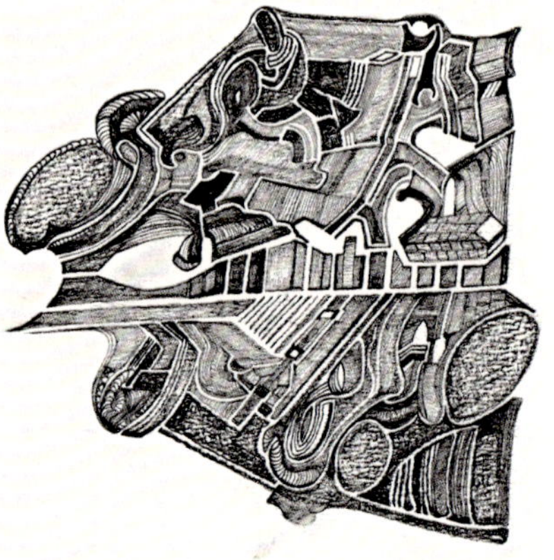

Sans titre, mine de plomb et crayons de couleur, 25-26 décembre 1991, 28 x 21,5 cm. Collection P.F.B.

« J'aime à penser qu'un poème est comme un événement naturel. L'événement que provoque une force naturelle. Un orage, par exemple. »

L'Espace du poème, 1998.

« La privation du sens — ou censure — est l'arme absolue de la démocratie : elle permet de tromper la conscience et de vider les têtes sans troubler la passivité des victimes. »

La Castration mentale, 1994.

101 Frédérick Tristan (né en 1931)

Écrivain très soucieux de la cohérence d'une œuvre protéiforme, Frédérick Tristan a publié des romans qui manient les concepts religieux et philosophiques les plus divers : *Le Singe égal du Ciel* (1972), *La Cendre et la Foudre* (1983), *La Chevauchée du vent* (1990), sont d'inspiration chinoise, *La Geste serpentine* (1978) d'inspiration arabe, *Les Égarés* (1983), *L'Aube du dernier jour* (1999) d'inspiration anglo-saxonne, *Naissance d'un spectre* (1969), *Les Tribulations héroïques de Balthasar Kober* (1980) d'inspiration allemande. Il est également l'auteur de recueils de poèmes, signés d'hétéronymes comme celui de Danielle Sarréra. Curieux de sujets aussi différents que le compagnonnage, l'alchimie et les renversements symboliques, la kabbale, la franc-maçonnerie, le soufisme, le tao, le paléo-christianisme, le yiddish, il a encore rédigé des essais érudits tels que *Les Premières Images chrétiennes* (1996), *Le Monde à l'envers* (1980), *L'Œil d'Hermès* (1982), *L'Anagramme du vide* (2005). Frédérick Tristan ne cesse de rattraper ce que la guerre lui a volé : sous le coup d'une émotion vive, il perdit en effet, en mai 1940, à neuf ans, la mémoire de son enfance et celle de ses rêves… *C.P*

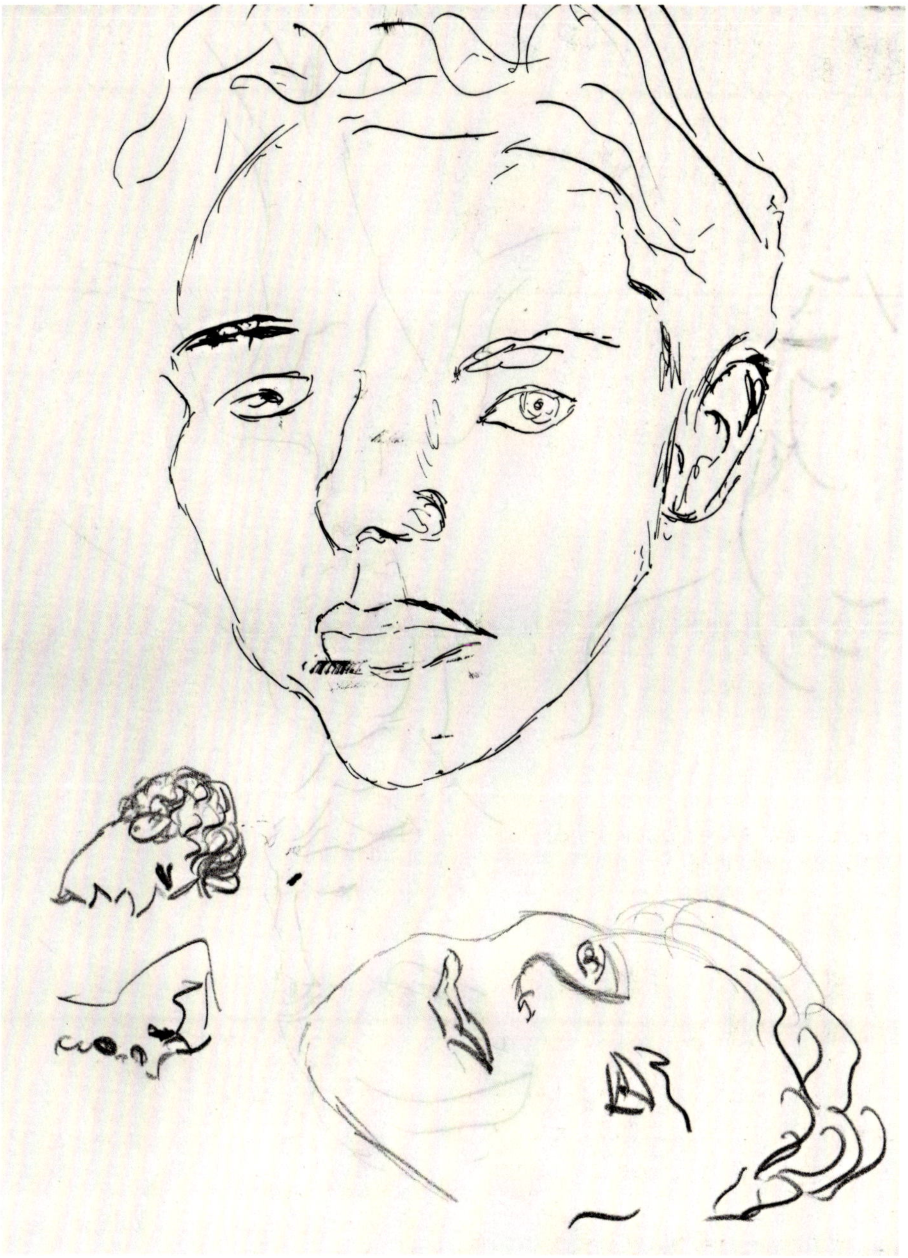

Gabriel Matzneff : Autoportraits, encre et crayon sur papier, sans date, 27 x 21 cm. Fonds Matzneff / IMEC.

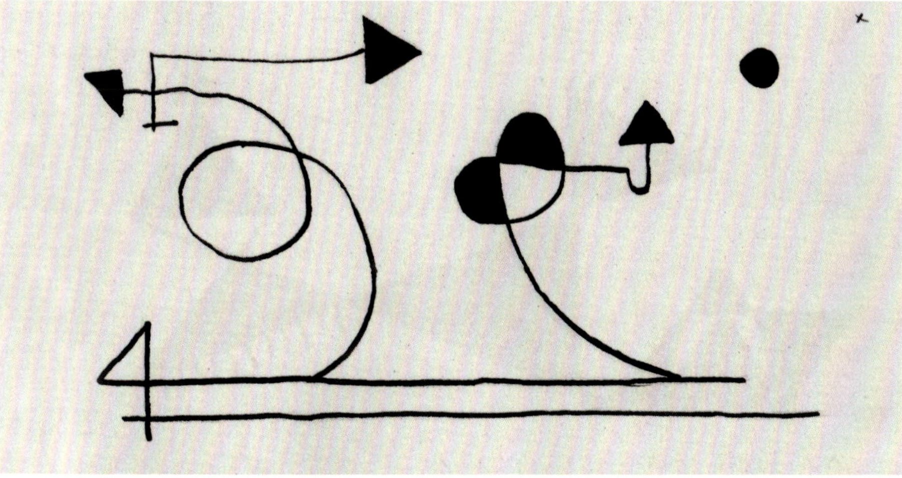

Sans titre, encre de Chine sur papier à dessin, 1947, 12,1 x 20,5 cm. Fonds Tristan / IMEC.

102 Gabriel Matzneff (né en 1936)

Né dans une famille de Russes blancs exilés en France en 1917, Gabriel Matzneff était étudiant en lettres classiques à la Sorbonne lorsqu'il fit la rencontre d'Henry de Montherlant en 1957. Plein d'admiration également pour Hergé, il fut remarqué dès 1962 par Philippe Tesson, qui l'engagea à *Combat*, où il tint une chronique hebdomadaire. Menant une existence de dandy baroque, dans laquelle les

« [...] c'est du chaos que peut sortir un ordre ou un plus grand désordre. C'est à l'intérieur de ce méli-mélo qu'il y a à mon avis intérêt pour un intellectuel ou un artiste — et je me crois beaucoup plus artiste qu'intellectuel — à raconter des aventures un peu extraordinaires. »

Frédérick Tristan, entretien avec Eric Dussert, *Le Matricule des anges,* octobre-décembre 1999.

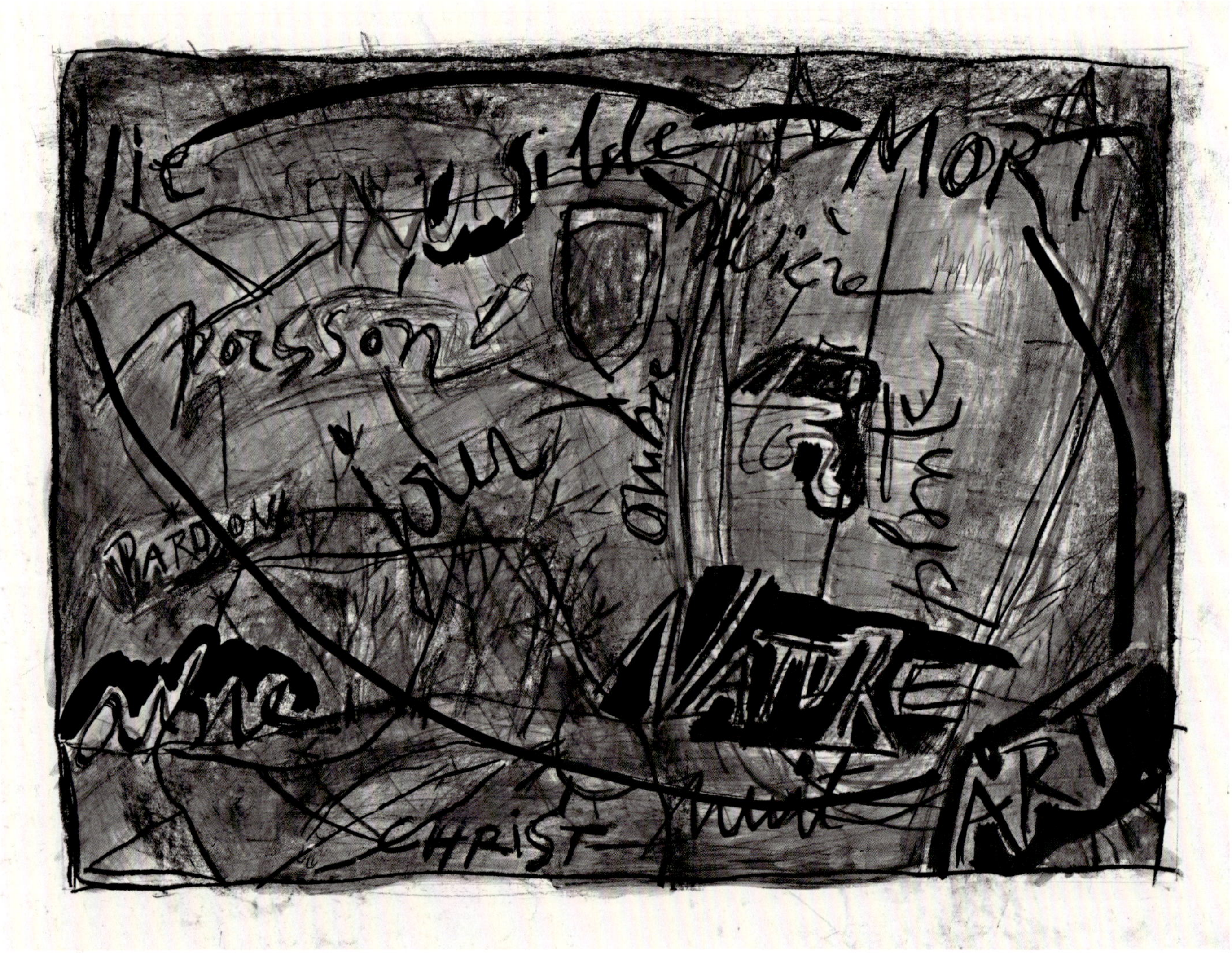

Bernard Lamarche-Vadel et Barbara Thaden, sans titre, peinture et encre sur papier, 1984, 42,2 x 59,5 cm. De la main des auteurs, au dos : « Réalisé en commun pour Yamamoto, catalogue mode 84. » Fonds Lamarche-Vadel / IMEC.

voyages, le libertinage, mais aussi l'obsession du suicide, le goût de l'Antiquité, la religion orthodoxe, tiennent une grande place, il publia en 1965 son premier livre, un recueil d'essais : *Le Défi. L'Archimandrite*, son premier roman, publié l'année suivante, sera suivi de nombreux autres, parmi lesquels *Nous n'irons plus au Luxembourg* (1972), *Ivre de vin perdu* (1981) ou *Voici venir le fiancé* (2006). Que ce soit dans ses « fictions » ou dans ses essais — dont *Les Moins de seize ans* (1974) ou *De la rupture* (1994) — l'auteur, qui se reconnaît une « inaptitude au bonheur », se place lui-même au centre de ses écrits, assumant la part autobiographique de son œuvre et la part littéraire de son hédonisme. La confession se fait plus impudique dans son journal intime, tenu depuis l'âge de seize ans, dont il livre régulièrement des passages depuis 1976 jusqu'à aujourd'hui. *C.P.*

103 Bernard Lamarche-Vadel

(1949-2000)

Écrivain, Bernard Lamarche-Vadel se fit d'abord connaître comme critique d'art. Élève de Gaëtan Picon, Roland Barthes et Jean Cassou, il étudia l'histoire, la sociologie de l'art et suivit les cours de Gilles Deleuze et de Jean-François Lyotard avant d'enseigner lui-même l'esthétique à Paris-VIII et Paris-I. Fondateur en 1979 de la revue *Artistes* consacrée à l'art contemporain, il a signé de nombreux articles, préfaces, études sur l'art, et notamment sur la photographie.

Bernard Lamarche-Vadel publia son premier recueil de poèmes, *Du chien les bonbonnes,* en 1976, puis plusieurs ouvrages, dont un volume de nouvelles, *L'Efficacité des rouges* (1978) et, en 1983, deux nouveaux recueils de poèmes : *Col de l'accent violent* et *Lisible pour M.* En 1993, il s'affirma comme une figure très singulière de la littérature française la plus contemporaine avec *Vétérinaires.* Puis il publia *Tout casse* (1995), *Sa vie, son œuvre* (1997) et, enfin, *L'Art, le suicide, la princesse et son agonie* (1998). Pour autant, il ne se cantonna pas au seul champ de la représentation littéraire et mena ses recherches également du côté de la photographie, de la vidéo, du dessin et de la peinture. Bernard Lamarche-Vadel s'est donné la mort le 30 avril 2000, entouré de sa collection de photographies et de tableaux contemporains. *C.P.*

104 Alain Fleischer (né en 1944)

Un certain nombre d'écrivains ont pratiqué la photographie, comme art à part entière s'entend, et non comme un violon d'Ingres ou un délassement. De Victor Hugo à Émile Zola, d'August Strindberg à Benjamin Péret, d'Allen Ginsberg à Michel Tournier, de Denis Roche à Jacques Henric, ils ont publié et exposé leurs photos. Pour cette raison, il eût fallu créer une « section photographie » dans notre panorama. Nous avons dû y renoncer, pour l'instant, et nous contenter d'une seule photographie censée les représenter toutes par son extrême singularité. Elle est signée d'un écrivain — romancier et essayiste — d'une fécondité inouïe, doublé, ou plutôt démultiplié, d'un photographe de premier ordre, d'un cinéaste (auteur de nombreux documentaires et films de fiction), d'un plasticien (installationniste multimédia), directeur du Studio national des Arts contemporains, Le Fresnoy. J'ai nommé Alain Fleischer, un des artistes majeurs de notre temps. Cette photographie ne compense pas l'absence de celles de ses collègues écrivains, elle la souligne.

J.J.L.

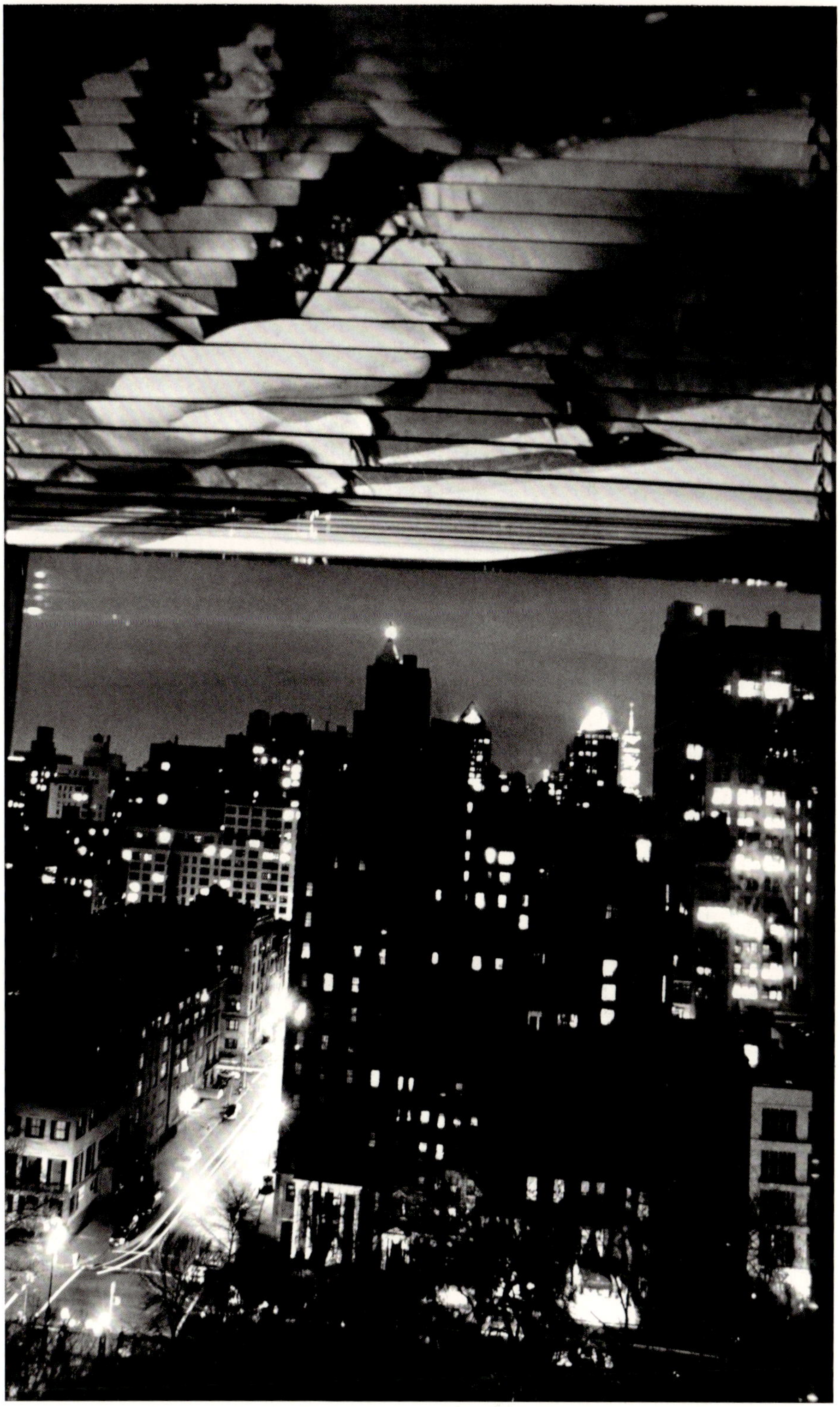

Exhibition in New York I, cibachrome sur aluminium, 1993, 92,2 x 74,2 cm.
Collection particulière.

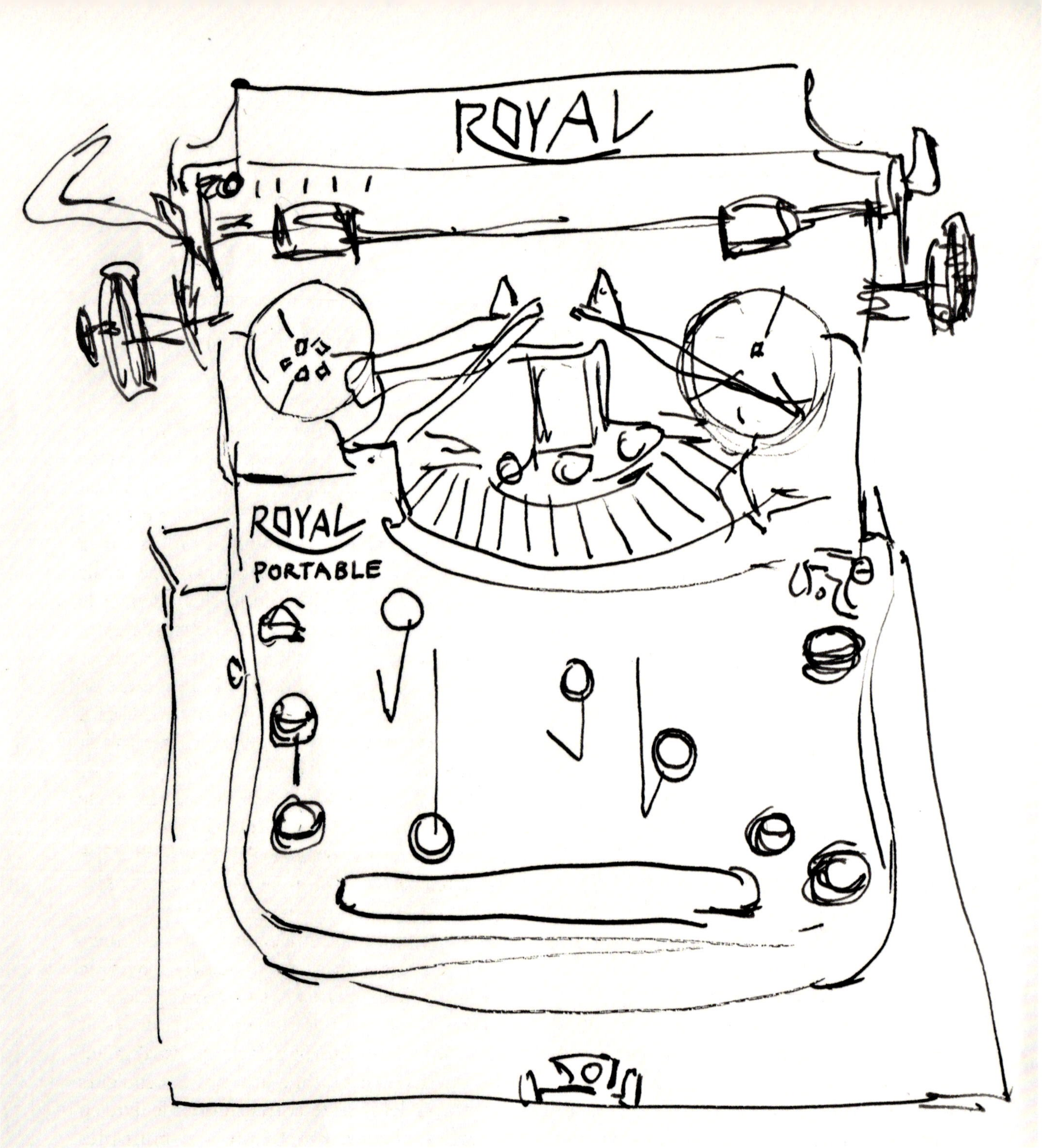

Machine à écrire portable Royal, encre sur papier, sans date, 21 x 29,7 cm.
Fonds Guibert / IMEC.

105 Hervé Guibert (1955-1991)

Hervé Guibert fit de sa courte existence, très tôt menacée par la maladie, une œuvre protéiforme mais extrêmement cohérente : il explora tous les ressorts de l'autobiographie et de l'autofiction avec *La Mort propagande* (1977), *Des aveugles* (1985), *Mes parents* (1986), *Vous m'avez fait former des fantômes* (1987), *Mauve le vierge* (1988), *L'Incognito* (1989), fit de la photographie une pratique quotidienne qu'il doubla parfois de l'exercice du dessin, et apporta un souffle nouveau à la critique sur la photographie et le cinéma avec les chroniques qu'il donna au *Monde* de 1977 à 1985. Plaçant le sida au cœur de ses derniers écrits, il rédigea, pressé par le temps, *À l'ami qui ne m'a pas sauvé la vie* (1990), *Le Protocole compassionnel* (1991), ou *Cytomégalo-virus* (publication posthume en 1992). Tenu de 1976 à sa mort, son journal, *Le Mausolée des amants*, a été publié en 2001. *C.P.*

PUBLICATION ORALE, PUBLICATION SUR TOILE

par Michèle Métail

Mon parcours de poète n'a pas commencé par une publication, mais par une transmission orale : le 23 mars 1973, je participai à l'émission « Art-Méthode-Création » sur France-Culture. Ce fut ma première intervention publique et cette rencontre fut décisive. Je découvris en effet l'usage du micro, capteur du souffle et des moindres inflexions de la voix, qui devint très vite pour moi le moyen privilégié de diffuser mes textes. Depuis, chacune de mes « Publications orales », unique et éphémère, travaille la voix parlée en fonction des paramètres musicaux (intensité-tempo-nuance), adjoignant parfois des projections de diapositives ou une bande-son, qui élargissent le champ de la perception.

Quelques années plus tard, je trouvai par hasard la photo d'une « mosaïque humaine » composée dans les gradins d'un stade pékinois. Des milliers d'individus disparaissaient derrière le rectangle de couleur, bleu, rouge, blanc, noir ou marron, qu'ils tenaient à bout de bras, transformés en pixels d'une image emblématique du progrès en marche : une imposante centrale thermique, presque à l'échelle 1. Le mode de réalisation impulsait une dimension dynamique à la représentation, devenait une véritable performance dès qu'une nouvelle image surgissait en retournant le rectangle. Ainsi me vint l'idée du premier « Gigantexte » : *Folio*, conçu comme le prototype d'une action qui pourrait en décupler l'échelle.

Réalisé en 1979 en collaboration avec Louis Roquin, ce prototype se présente sous la forme d'une casse en bois de 2,50 m de large sur 1 m de haut. À l'imitation des casses d'imprimerie, elle se divise en 144 loges où se rangent autant de carnets à spirale de 46 pages chacun, soit un total de 6 624 pages. L'idée était d'y inscrire un texte métamorphosable, qui jouerait à la fois sur la couleur et sur la tourne des pages. Après avoir dressé une liste de 21 expressions contenant le mot livre, nous avons découpé les lettres dans des papiers de couleur puis les avons collées sur les pages des carnets. Fragmentée à la manière de l'image chinoise, une lettre s'inscrit dans l'espace de 6 carnets ouverts ; chacune des expressions est affectée d'une couleur de lettre et d'une couleur de fond qui lui est propre, afin que chaque texte reste unique. Lorsque tous les carnets sont ouverts à la même page, un texte apparaît, par exemple en lettres jaunes sur fond violet, et il faut en tourner 144 pour découvrir le suivant. Ce geste banal, accompli normalement par le lecteur, prend ici une importance particulière, puisque l'ordre ou le désordre dans la tourne génère de nouveaux textes — combinaisons latentes dont l'association de couleurs révèle qu'ils n'étaient pas inscrits au départ. Le mélange des couleurs peut brouiller le texte et transformer le livre en simple tableau géométrique aux multiples facettes : texte à regarder, image à lire.

Les mosaïques humaines avaient ravivé en moi un attrait pour la Chine né dans les années 1960, lorsque j'avais senti pour la première fois l'odeur si particulière de l'encre et découvert l'écriture au pinceau sur papier de riz. En 1983, je pris la décision d'étudier le chinois ; et j'ai finalement consacré six années à la reconstitution d'un extraordinaire poème permutationnel

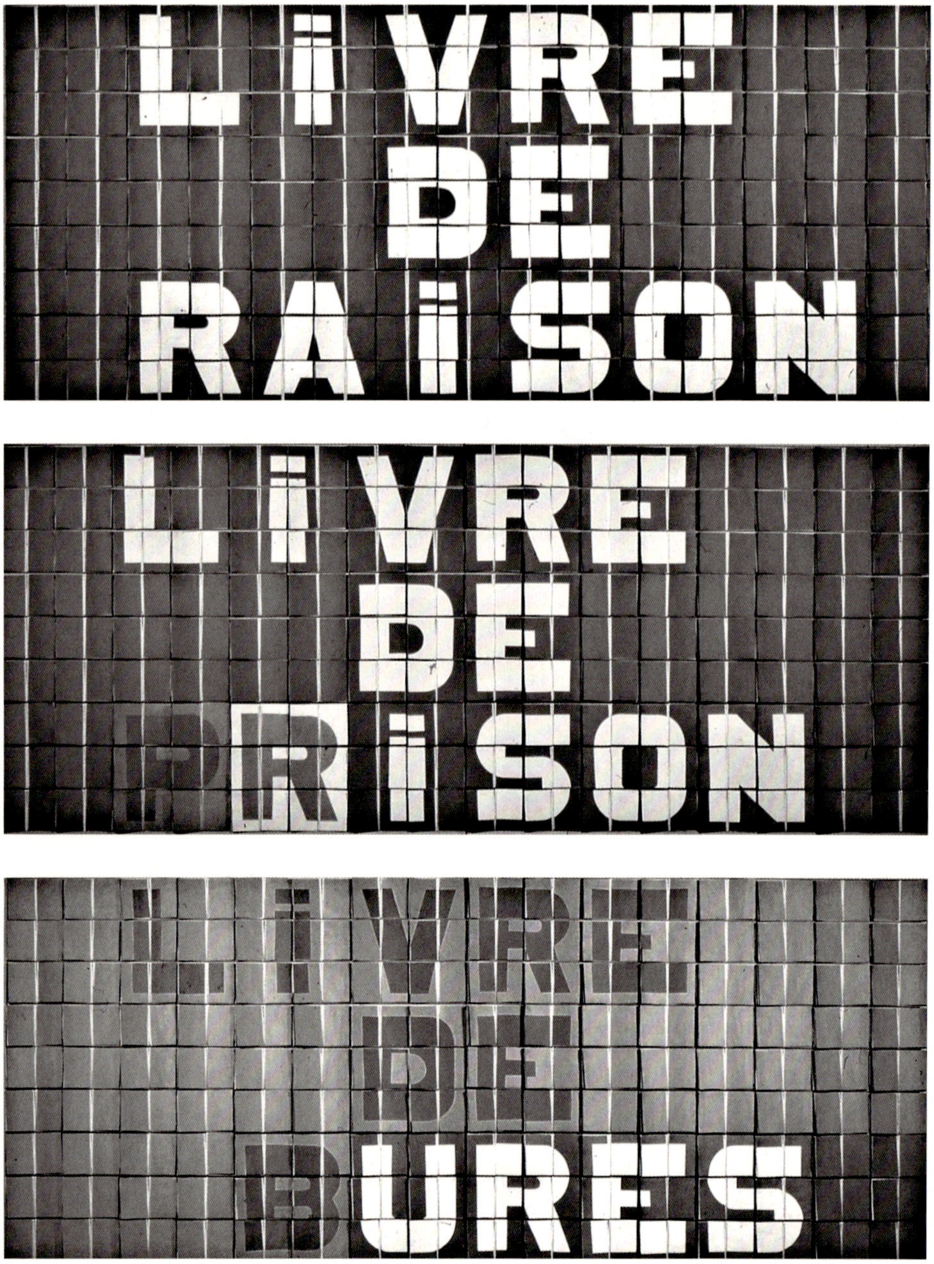

« Gigantexte N°1 », *Folio*, bois peint, 1979, 100 x 250 cm.
Collection particulière. © Michèle Métail.

datant du IVe siècle de notre ère, La *Carte de la sphère armillaire.* Il avait été brodé par une femme, Su Hui, qui, en se fondant sur les données cosmologiques et les diagrammes taoïstes répandus à son époque, avait associé la métrique à la couleur. 851 caractères disposés en carré et brodés en rouge, noir, violet, jaune et vert permettent de composer 3 120 poèmes, quatrains et huitains avec rimes, en variant les modes de lecture. Les dimensions originales du texte étaient certes modestes, mais *La Carte de la sphère armillaire* de Su Hui n'en demeurait pas moins un « Gigantexte », et ce travail de reconstitution une véritable création, au même titre que mes propres textes. Si les « Publications orales », qui projettent le mot dans l'espace par un geste sonore éphémère, représentent pour moi le stade ultime de l'acte d'écrire, ma fascination pour la calligraphie chinoise m'a incitée à concevoir depuis 2007 des « Publications sur toile », qui privilégient l'aspect visuel de l'écriture manuscrite. Le « Gigantexte » n°5, *Forêt de stèles*, transpose le long poème *Chinensis / Chinatown* qui relate mon expérience de la Chine et du Japon, à travers des voyages accomplis entre 1985 et 2006.

Il s'inspire de la tradition des forêts de stèles asiatiques, où sont gravés dans la pierre des textes parfois très anciens, qui permirent de conserver la trace de l'écriture de maints poètes. Ici, le poème est calligraphié sur 210 toiles peintes en gris, qui se combinent en divers modules pour composer 55 stèles écrites, auxquelles s'ajoute la « Stèle de parole » pour laquelle le texte n'est plus manuscrit mais enregistré. L'ensemble forme une allée où circule le lecteur, et fait écho à mon besoin d'agrandir l'espace habituellement dévolu au texte.

Michèle Métail

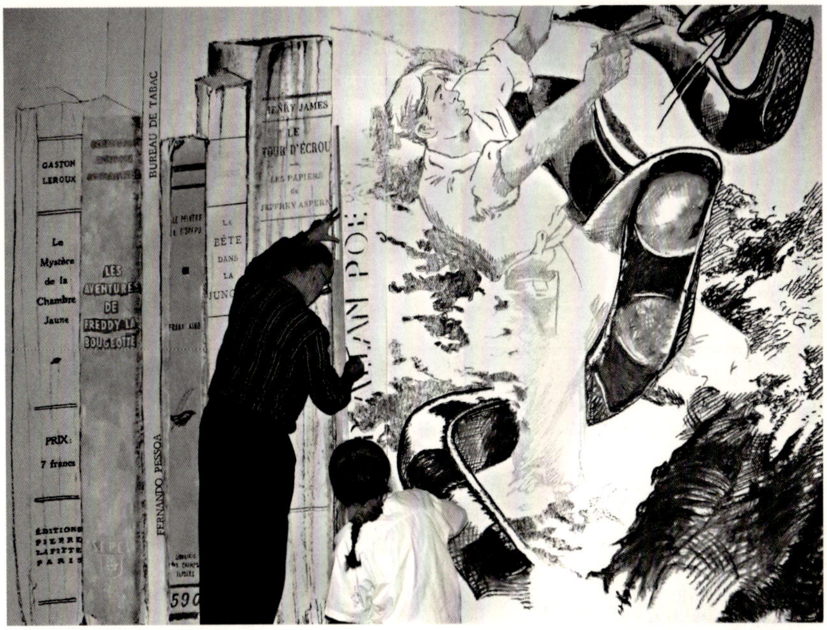

La grande Bibliothèque 5, fusain, mine de plomb et aquarelle sur papier, 2007, 316 x 412 cm. Collection particulière. © Jean Le Gac.

LA REVANCHE DU PEINTRE

par Jean Le Gac

MOI, PEINTRE, vacciné de longue date, ce serait drôle qu'après tous les avatars survenus dans le monde de l'art, et suivant ma première impulsion, j'en sois encore à défendre une cause perdue, le dessin. L'avouerai-je, c'est au *dessin d'imitation* que je pense plus qu'au *dessin d'artiste*, qu'au griffonnage, gribouillage, gribouillis. Dans le dessin d'imitation j'aime la maîtrise, l'oubli de soi et du style, la concentration qu'il exige, qui dirigent tout mon corps vers ma main. Sans doute dans cette préférence entre le souvenir de mon vieux titre de professeur de dessin, qui me force à aimer ce qui fut : le voir avec la main. Honte à moi ? Non ! Je me rappelle avec émotion que Bruno Schulz, l'admirable auteur des *Boutiques de cannelle*, exerça lui aussi ce métier.

Nous, les artistes sans étiquette d'aujourd'hui, avons ouvert portes et fenêtres à tout et à rien (même si dans rien il y a encore tout), jouant de la plasticité comme d'un possible débordement de tous les cadres. Je n'ai donc pas lieu de me plaindre d'impossibles distingos. Alors va pour les « dessins d'écrivains ». Je mettrai à part Hugo, Kubin, Artaud, Michaux, Klossowski... Je perçois généralement les « dessins d'écrivains » comme un genre en marge de leurs livres. J'en attends cependant beaucoup de surprises. J'aime assez que Claude Simon fut d'abord peintre, Rezvani aussi.

Voyez pourtant à l'inverse. Si je mets toujours du texte dans mes œuvres, je ne me pense pas écrivain. De même la photo que je fais cohabiter avec la peinture, les objets, le texte, ne fait pas de moi un photographe. Je mesure bien l'effort de qui ne s'exprime que par les mots, ou la photo, ou la peinture. J'irai même jusqu'à dire que je ne suis pas peintre. J'ai abandonné définitivement cette idée il y a très longtemps. J'assume un personnage : le « peintre ». Je fais des œuvres pour lui. Je suis sa petite main, rien de plus. Aussi je peux, comme ces derniers temps, pour en rester à notre sujet, dessiner des bibliothèques géantes avec l'intention de cacher sur les rayons un polar, *Le peintre a disparu*. Entre nous, il n'y a rien dans ce livre au-delà d'un titre de la collection « Le Masque ». Je ne l'ai pas choisi pour son contenu.

Ma revanche de peintre, peut-être ?

Jean Le Gac

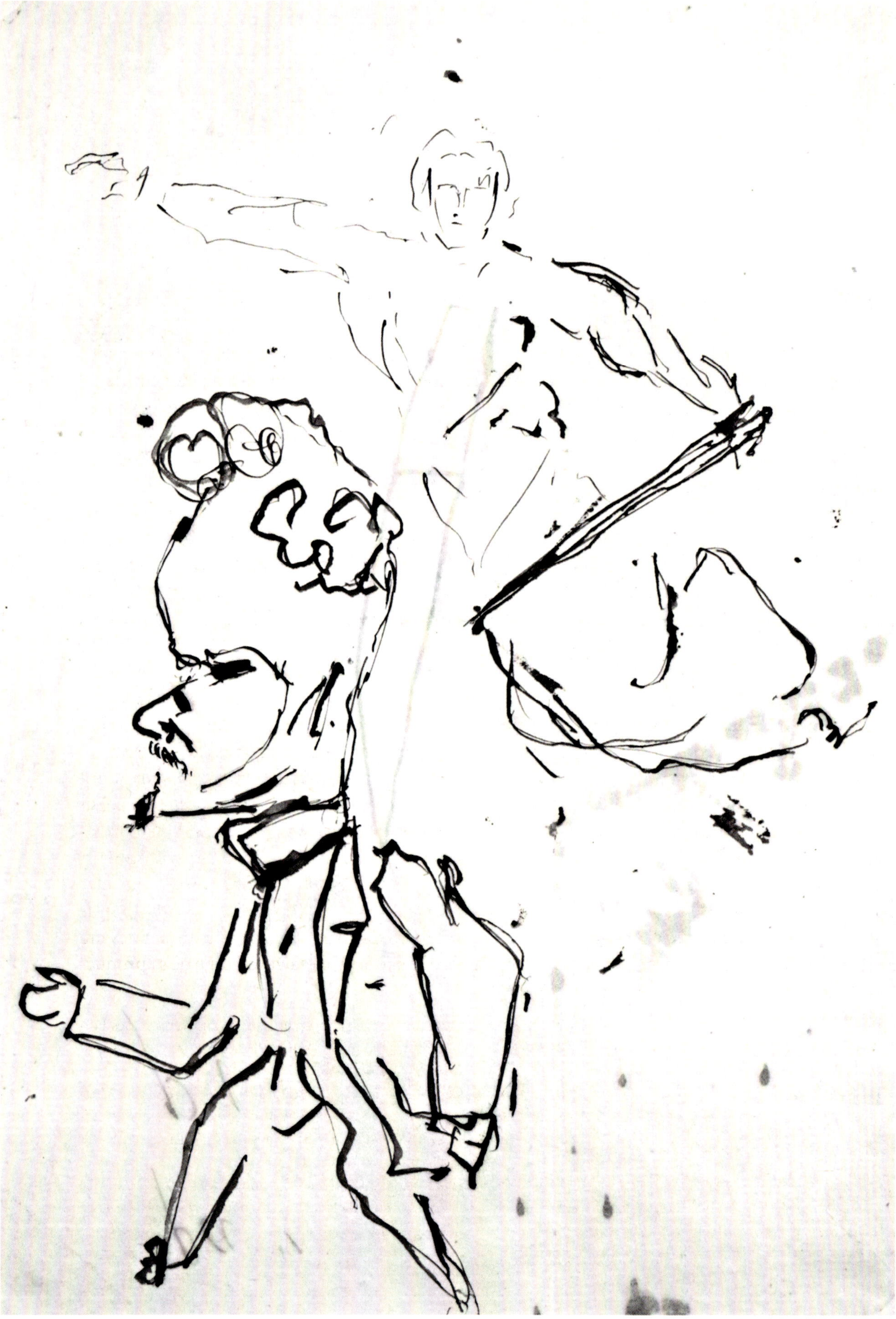

Victor Hugo : Portrait-charge d'Henri de Rochefort, encre sur papier, sans date, 21,3 x 15 cm. Collection P.F.B.

UN ENTRE-DEUX AVEC DES TROUS

par Emmanuelle Lambert

LONGTEMPS, le projet d'exposition dont ce livre serait le faux jumeau eut pour nom de code « dessins d'écrivains » ; son imperfection avait pour seul avantage le maintien de tous dans un état d'inquiétude intellectuelle et de défiance méthodologique pour le moins productif. Chacun de ces termes, par trop restrictif, demeurant le moins pire qui se pût trouver, la conception de l'exposition progressait donc malgré son nom de code. De plus en plus inapproprié à la lumière de nos avancées, il persistait, trônant sur l'en-tête de chacun de nos comptes-rendus, de tous nos courriers, de nos projets de contrats. Autant d'étapes insignifiantes pour le public mais qui constituent la part nécessaire et ingrate d'un travail de composition intellectuelle contingent, pour ne pas dire arbitraire, et gratifiant.

Le petit livre intitulé *Dessins d'écrivains* fut pourtant l'une des deux sources de l'exposition ; publié par les Éditions du Chêne en 2003, il présentait un florilège des belles pièces de la collection de l'éditeur Pierre Belfond[1]. Qui le feuilletait comprenait vite que, si le sujet apparent en était les « dessins » eux-mêmes, la captation de l'attention se faisait, à partie au moins égale, sur l'autre terme en forgeant le titre : les « écrivains ». À voir un dessin de Proust, et quelle qu'en soit la qualité, qui resterait insensible au nom de Proust même ?

Trois regards

L'éditeur reconnaît volontiers cette particularité de sa collection, dans un entretien inédit :

« C'est au fil des années, et sans arrière-pensées de spéculation ou autre, que s'est constituée ma collection. Je ne me considère d'ailleurs pas comme un véritable collectionneur. Je n'ai jamais eu l'idée de faire une collection méthodique de dessins d'écrivains, mais, au début de ma quête, comme je ne m'intéressais qu'à mes auteurs favoris, j'ai été désireux de posséder un dessin de Marcel Proust : à l'époque, ces dessins n'avaient aucune cote, je l'ai acheté sous les lazzis de la salle et les sarcasmes du commissaire-priseur[2]. »

L'autorité de la signature éprouvée face aux noms de Hugo, Baudelaire, Rimbaud, Verlaine ou Apollinaire, mettait donc tous ces « dessins » — terme générique commode, censé en réalité recouvrer toute production plastique — sur un plan d'égalité, comme document dont la valeur ou l'intérêt découlait *de facto* de l'impérieuse postérité du producteur dans un autre champ.

D'une certaine façon, ce rassemblement rejoignait harmonieusement la politique de l'Institut Mémoires de l'édition contemporaine, dont l'une des spécificités fondatrices est d'accueillir l'ensemble des archives des auteurs[3] sans discrimination, ou hiérarchisation, des différents documents, dans l'idée que tout doit être conservé. Fondé sur la réunion, par le nom de l'auteur précisément, d'ensembles disparates qui tous ont participé de sa vie comme de sa produc-

1. Qui avait publié, à l'occasion du 25e anniversaire des Éditions Belfond en 1988, un ouvrage hors commerce, rassemblant 25 dessins d'écrivains.

2. Entretien avec Claire Paulhan, juin 2007. On peut aussi consulter à ce sujet Pierre Belfond, *Scènes de la vie d'un éditeur* (nouvelle édition augmentée de *Les Pendus de Victor Hugo*), Fayard, 2007.

3. Il faudrait plutôt parler de producteurs : l'IMEC recueille les archives d'auteurs mais aussi de maisons d'édition, de revues ou encore d'institutions.

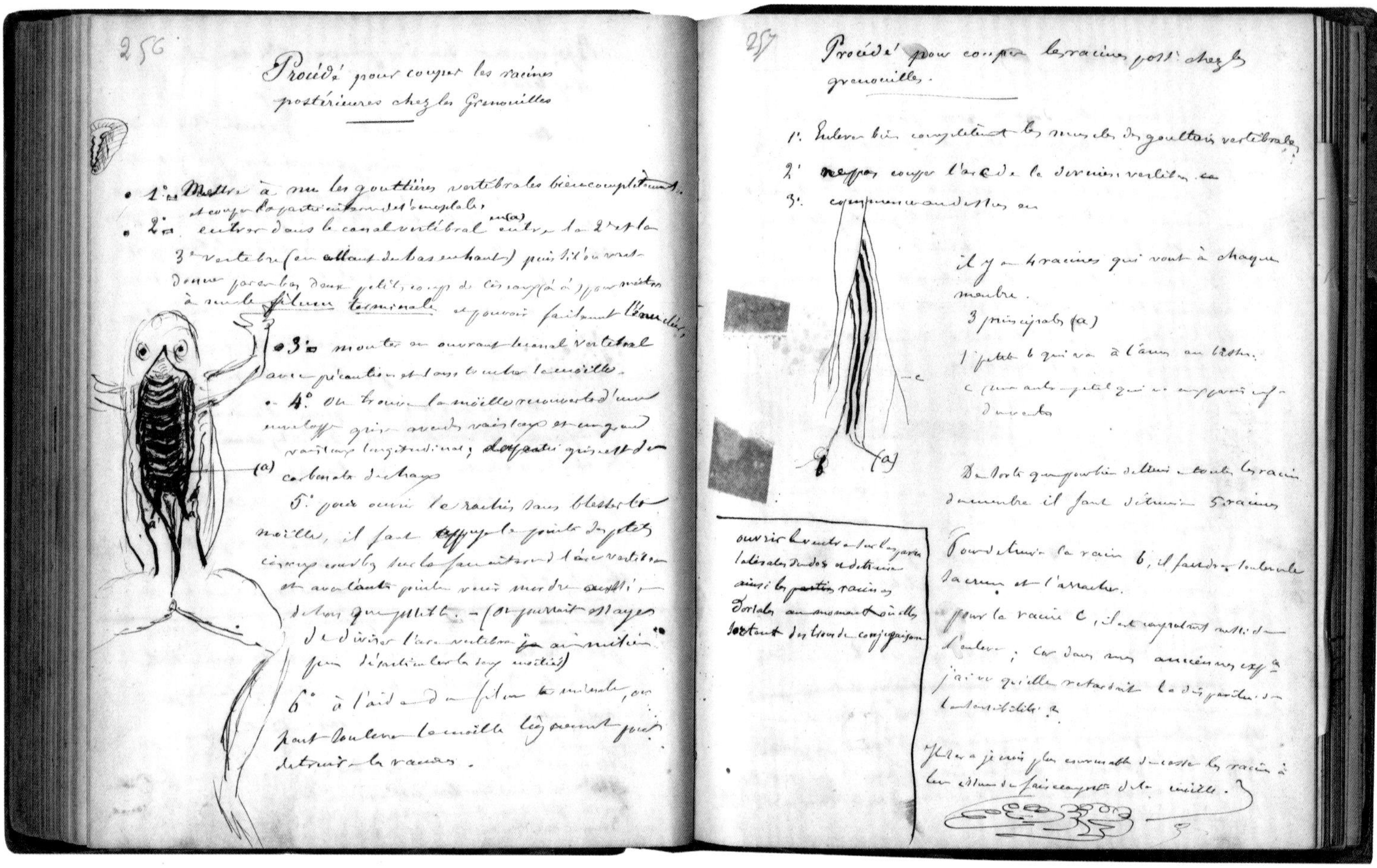

Claude Bernard : Croquis de dissection figurant sur une page de son journal de « résumés d'expériences », encre sur papier, juillet 1864, 25,6 x 42,5 cm. Fonds du Collège de France / IMEC.

tion et qui tous sont à ce titre étudiables et donc conservables, le fonds d'archives reste alors ouvert à l'interprétation, imprévisible, de futurs chercheurs. Ainsi la démarche du collectionneur et celle de l'Institut pouvaient-elles converger, et produire, avec l'accord d'un second collectionneur, ce qui nous semblait être l'une des expositions les plus considérables sur le sujet.

Dans cette perspective commune, le dessin ou l'œuvre plastique étaient pourtant envisagés, d'emblée et *a minima*, comme seule empreinte d'un double créateur : ces artistes, ces « écrivains » majeurs, avaient une autre activité, plus vraiment secrète[4], dans laquelle on espérait trouver la trace de leur géniale inspiration poétique. Mouvement bien naturel qui, une fois passée la première sidération face à tant de noms allégoriques de la poésie elle-même, n'en générait pas moins une sorte de perversion de la réception, dans le fait de ne regarder ces œuvres que comme la production, marginale voire hasardeuse, d'un écrivain renommé. Ainsi, non seulement on passait outre la question, si difficile soit-elle, de la valeur de l'œuvre elle-même, mais surtout, on balayait son inscription dans une triple histoire : celle de l'œuvre plastique du non-spécialiste, qui a pu connaître (ou pas) des variations, révélant (ou non) un style, celle de l'œuvre de l'écrivain, en écho à laquelle la production plastique peut être appréhendée, et enfin, une troisième histoire, plus laborieuse à circonscrire. Ces œuvres devaient-elles être prises dans un ensemble plus vaste comme l'histoire de la littérature, ou bien l'histoire de l'art, ou encore une autre histoire, bien ardue à écrire — celle des non-spécialistes, c'est-à-dire de ceux qui seraient par définition exclus de l'historiographie ?

4. Pour la plupart d'entre eux l'information est loin d'être une nouveauté, et beaucoup des œuvres ici publiées ont déjà été rendues publiques.

C'est ici qu'intervint la deuxième source de l'exposition, en la personne de son commissaire artistique qui acheva très vite de nous démontrer l'incomplétude, et donc l'inadéquation de notre malheureux titre. Il était acquis qu'un artiste comme Jean-Jacques Lebel devait excéder et remettre en question nos habitudes, enrichissant la réflexion que nous cherchons à produire, dans chaque exposition, sur l'archive. D'où notre enthousiasme à l'idée d'un travail commun. En retour, le caractère atypique de l'Institut Mémoires de l'édition contemporaine autorisait cette collaboration. Les discussions qui s'ensuivirent révélèrent néanmoins des points de frottement dépassant la simple question des procédures institutionnelles, pour affronter celle des modes de pensée.

Quand nous[5] regardions une pièce, nous la regardions toujours *en rapport* avec quelque chose, tout simplement parce que c'est ce que nous sommes tenus de faire : son intérêt historique, son intérêt documentaire, son intérêt génétique dans la production de l'œuvre, son intérêt artistique... sans en dégager, à supposer que cela puisse exister, un intérêt propre. Nous envisagions toujours la pièce dans un ensemble, ou en relation avec un système d'évaluation normé par différentes instances intellectuelles et professionnelles.

Le regard de Jean-Jacques Lebel était bien différent du nôtre : il cherchait à percevoir, en chaque œuvre, la trace de la pulsion créatrice, qui seule peut abolir la partition, artificielle car fruit d'une approche exclusivement générique, entre écriture et peinture. Nos « trucs d'archivistes » l'agaçaient au point que le mot même avait acquis dans son lexique une valeur péjorative. Cela nous valut quelques échanges goguenards. Et ce d'autant plus que notre malheureux titre, illustration parfaite de cette barrière entre écriture et peinture, n'avait toujours pas de remplaçant.

5. Ce « nous » recouvre l'équipe des expositions de l'IMEC, et surtout Claire Paulhan, qui s'est chargée d'exhumer les dessins cachés dans les quelque 400 fonds d'archives conservés à l'abbaye d'Ardenne et d'en proposer une sélection raisonnée.

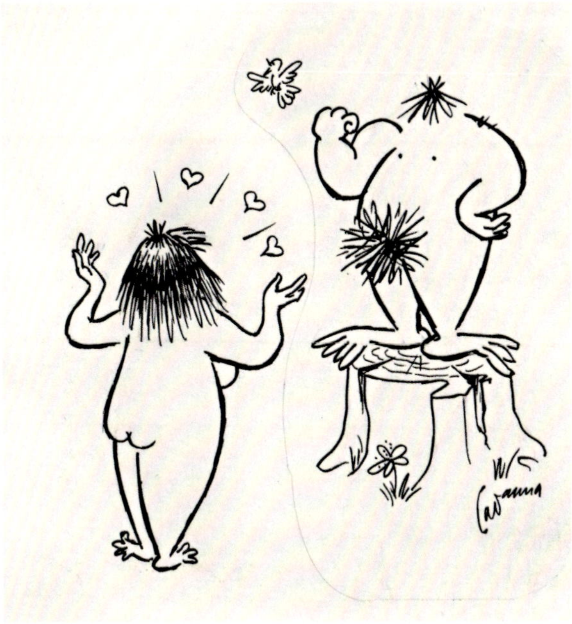

Cavanna : Sans titre, encre sur papier, sans date, 24,5 x 19 cm. Collection P.F.B.

Une lecture

Pour comprendre les lignes de force convergeant dans l'ensemble ici présenté (fruit d'une sélection drastique, dictée par la seule qualité picturale des pièces), il nous faut revenir un instant sur l'histoire de sa constitution.

Jamais nous n'avons eu l'intention de réaliser une monographie exhaustive, et ce pour au moins deux raisons. La première en est que l'IMEC n'a ni les missions ni les moyens d'une grande institution muséale — et, ajouterai-je, il n'en a pas non plus les intérêts. S'étant toujours donné pour but de replacer l'archive dans une dynamique créative, et non dans un tombeau mémoriel, l'Institut la considère, jusque dans son inachèvement, comme un sujet en elle-même, et non comme le support ou l'élément manquant d'une démonstration visant à restituer le pourquoi ou le comment d'une œuvre qui serait, elle, le sujet véritable de l'entreprise. C'est un point important car si chaque pièce d'archive est prise dans un réseau complexe, nominalement assignable à chacun des fonds dont elle relève, elle est aussi la part d'une collection plus vaste, et surtout, *non figée*, celle de l'Institut où elle a été déposée. Il ne s'agit plus alors de retracer la marche créative ou biographique par le moyen de l'archive, mais bien de dégager le dynamisme des réseaux formés par la concomitance de pièces d'archives au sein d'une collection en devenir.

La seconde est indépendante de la première : une telle monographie est tout simplement impossible à réaliser dans la mesure où son sujet même est inscrit dans une continuité historique et culturelle sujette à caution, la qualité de « dessiné » ou encore celle d'« écrivain » restant à expliciter, et déplaçant, à chaque interprétation, les ensembles à l'intérieur desquels la sélection pourrait se faire.

La position de Pierre Belfond, qui reconnaît la part indéfinissable du choix d'affinités présidant à la constitution de sa collection, est à cet égard révélatrice : « Je lis actuellement la biographie d'Ambroise Vollard, par Jean-Paul Morel : j'admire que Vollard, ce grand marchand de tableaux (je n'aime pas le terme de galeriste), ait procédé par coups de cœur, au gré des hasards et des ventes, sans trop se préoccuper des cotes et des spéculations possibles... Ainsi, je n'ai jamais compris ce qui me faisait lever la main quand je suis à Drouot, Artcurial, Versailles ou ailleurs. C'est assurément une pulsion bizarre qui pousse à surenchérir, et parfois à découvrir tout autre chose que ce que l'on aperçoit depuis le fond de la salle ![6] »

C'est en fonction d'autres critères que Jean-Jacques Lebel put par exemple fustiger — et à raison — notre inculture lorsque nous lui fîmes part de nos doutes à sélectionner une pièce de Jean Arp ; la postérité des uns façonnant peut-être l'ignorance des autres, ce dernier nous apparaissait *avant tout* comme un sculpteur et comme un peintre[11]. Entre les coups de cœur plus ou moins raisonnés d'un collectionneur, la connaissance aiguë et personnelle de tout l'œuvre des auteurs ou encore le travail bibliographique, il y avait autant de voies légitimes pour définir la question.

C'est pourquoi nous avons préféré prendre en compte les trois collections, françaises et centrées sur l'époque moderne et contemporaine, pour ce qu'elles étaient : des visions, plus ou moins argumentées, de cet entre-deux productif dans lequel évoluèrent les poètes, et dont Victor Hugo, avec qui nous commençons, est la personnification la plus éclatante.

Deux lignes finirent par se dégager, soit deux grandes questions : que dit une collection — et dit-elle quelque chose ? Qu'est-ce qui, dans une collection, laisse percevoir l'entre-deux créateur ? Toute la difficulté, et l'intérêt, de notre entreprise se résumant à une troisième question définitive : ces deux questionnements sont-ils compatibles ?

Notre sujet véritable se trouvait nécessairement dans le point d'articulation de ces deux axes : la question de la frontière. Une gageure en soi, puisqu'il s'agissait d'en montrer la perméabilité et bien souvent l'inexistence, sur plusieurs niveaux et entre ces niveaux eux-mêmes : entre archive et œuvre, entre écriture et peinture, entre peintres et écrivains ou entre peinture et écriture, entre la collection unifiée d'une personne et la collection démultipliée d'un Institut, entre dessin et peinture... autant d'éléments réunis depuis longtemps par Jean-Jacques Lebel et quelques-uns de ses amis explorateurs sous le terme de « zone-laboratoire ». Autant de dualités que nous nous proposions de déplacer, autant de pas de côté à faire et, surtout, autant d'automatismes (culturels pour la plupart) à éviter comme autant d'écueils nous déviant dans le sens d'un retour à la dualité. Après *L'un dans l'autre*, exacte transposition de la pensée de Jean-Jacques Lebel, trop référencé pour le public non averti[7], *L'un et l'autre*, trop ambigu, *L'un pour l'autre* nous parut réconcilier les forces en présence, recouvrant tant les pièces présentées que les ensembles d'où elles étaient issues, réunissant les deux entités supposées séparées (le créateur et son double), abolissant la question de la valeur et de l'historicité du jugement dont elle découle.

6. Entretien avec Claire Paulhan, juin 2007.

7. « L'un dans l'autre » est l'un des nombreux jeux auxquels se livraient les Surréalistes, une sorte de jeu du dictionnaire, où les participants devaient donner la définition d'un mot, mais une définition « poétique », dans une équivalence déplacée.

Au final, c'est bien une lecture que nous voulions faire : la prise en compte de toutes ces pièces, de tous ces noms et de toutes ces techniques, restituée dans un discours, ou une interprétation, à plusieurs voix. Les contradictions de l'objet étudié ayant fini par être productives, notre exposition, en plus d'une identité, avait trouvé un nom.

Un livre

Ces bases étant posées apparut une nouvelle difficulté, elle aussi fondée sur une bipartition, entre le voir et le lire cette fois-ci. Si le déplacement de la frontière constituait un sujet réalisable dans une exposition, entreprise éminemment visuelle et contingente, il en allait bien différemment pour le livre qui devait l'accompagner et lui survivre. L'accrochage des œuvres, leur répartition entre mur et vitrine, la liberté laissée aux visiteurs, le caractère de proposition de chaque exposition furent en effet autant d'éléments entrant en compte dans son élaboration. Pour créer des réseaux insoupçonnés d'un auteur à l'autre, on pouvait bénéficier de la participation d'au moins deux acteurs de la réception : le lieu et le visiteur, étant entendu qu'il y aurait autant d'expositions que de lieux, mais aussi que de regards s'y plongeant, regards encore démultipliés lors de la tournée dans d'autres lieux, le musée Berardo de Lisbonne au Portugal et le musée d'Ixelles en Belgique.

Le livre, quant à lui, nous posait un problème différent, pour une raison dont l'évidence n'abolit pas la difficulté : il est nécessairement en deux dimensions. L'accrochage pouvait ménager, sans mauvais jeu de mots, toutes sortes de décrochages, passant d'un rapprochement par affinités biographiques à une succession purement chronologique, incarnant l'écart entre les collections par la répartition entre vitrines et cimaises, hiérarchisant les différents types de discours sur les groupes ainsi formés (historiques, techniques, interprétatifs) dans le régime des textes, de la présentation générale au cartel, réservant au texte ayant un traitement parallèle à celui des pièces, autant de facilités que la forme livre n'offrait pas. On retrouvait alors la première question du classement et de sa légitimation : dans quel ordre, à quelle taille et, surtout, pourquoi dans cet ordre et à cette taille.

Éliminant vite la répartition par technique, pour le coup à contresens de l'exposition, nous avons pensé un temps à une pure succession de pièces, dans l'ordre chronologique de leur date de production supposée et en pleine page. Cela nous évitait d'avoir à créer des frontières quand notre propos même résidait dans leur remise en cause. Seul problème : tout bien pensé, cela abolissait carrément tout propos.

La maquette de cet ouvrage est ce qui s'accorde au plus près avec notre état d'esprit : certaines œuvres en pleine page, d'autres réduites, dans le souci de créer des ensembles. Un ordre chronologique par date de naissance (retour de la question originelle à la constitution des quatre collections présentées, celle de l'auteur) combiné avec des rapprochements biographiques (Louise Michel près du portrait de Blanqui effectué par Baudelaire) ou esthétiques, créant des ensembles mouvants, par auteur comme par courants ou affinités. Des notices biographiques, rendant justice au contexte de production des œuvres. Des citations des auteurs, en rapport avec leur pratique. Et deux textes d'artistes. Autant de choses qui rappellent l'exposition dont le corpus est tiré, mais qui l'excèdent.

Manque la présentation démonstrative de l'archive : noyée dans la masse des œuvres, il faut aller la chercher dans sa notice, et non plus dans sa vitrine. De ce point de vue, le livre devient paradoxalement moins explicite que l'exposition, alors qu'il en sera la trace la plus pérenne, et comme telle la plus propice à créer un effet d'attente nécessairement déçu en direction de la monographie.

Cela réactive une question fondamentale : le maillage que nous offrons ici est plein de trous, tout comme l'est la réalité des questions auxquelles nous nous sommes affrontés. Fort heureusement, dans ces interstices réside la liberté de proposer d'autres lectures.

Emmanuelle Lambert

Achevé d'imprimer sur les presses
de l'Entreprise d'arts graphiques Jean Genoud SA
au Mont-sur-Lausanne en décembre 2007

Dépôt légal : janvier 2008

IMPRIMÉ EN SUISSE